ZUIXIN XINGSHI SUSONG
WENSHU YANGSHI

最新刑事诉讼文书样式（参考样本）

第 2 版

胡云腾　黄祥青·主编

人民法院出版社

图书在版编目（CIP）数据

最新刑事诉讼文书样式：参考样本/胡云腾，黄祥青主编．--2版．--北京：人民法院出版社，2024.12．--ISBN 978-7-5109-4346-1

Ⅰ．D926.13

中国国家版本馆CIP数据核字第2024JP2264号

最新刑事诉讼文书样式（参考样本）（第2版）

胡云腾　黄祥青　**主编**

策划编辑／责任编辑　陈晓璇
出版发行　人民法院出版社
地　　址　北京市东城区东交民巷27号（100745）
电　　话　（010）67550520（责任编辑）　67550558（发行部查询）
　　　　　　65223677（读者服务部）
客服QQ　2092078039
网　　址　http://www.courtbook.com.cn
E－mail　courtpress@sohu.com
印　　刷　三河市国英印务有限公司
经　　销　新华书店

开　　本　787毫米×1092毫米　1/16
字　　数　664千字
印　　张　35.75
版　　次　2024年12月第1版　2024年12月第1次印刷
书　　号　ISBN 978-7-5109-4346-1
定　　价　130.00元

最新刑事诉讼文书样式（参考样本）

编 委 会 名 单

出版前言

刑事诉讼文书，是人民法院和其他办案机关在办理刑事案件过程中依法制作、使用的具有法律效力或者法律意义的公文，也包括刑事诉讼当事人及其他诉讼参与人在进行刑事诉讼活动中依法使用、出具的具有法律效力或者法律意义的文书。对于办案机关和诉讼参与人员而言，正确使用、制作刑事诉讼文书，既是依法履行法律职责、彰显刑事诉讼程序公正的应有之义，也是明确刑事诉讼当事人权利义务关系、正确适用刑事法律定罪量刑的必然要求。从司法实践看，刑事诉讼文书具有十分重要的功能作用：它们是正确实施国家刑事法律的重要保证，刑事诉讼活动依法进行的真实记录，衡量办案质量效率效果的重要标志，检验法官能力水平的重要尺度，指导刑事审判业务的鲜活样本，宣传公正司法的生动教材，记载刑事法治进程的公文信史等。[①] 规范刑事诉讼文书制作，统一刑事诉讼文书样式，确保刑事诉讼文书质量，对于切实保护当事人的合法权益，依法惩治违法犯罪，增强刑事诉讼文书的严肃性和执行力，树立司法权威并提升司法公信力，维护人民司法的良好形象，都具有十分重要的意义。

最高人民法院把统一、规范刑事诉讼文书作为刑事审判的一项基础性工作，高度重视刑事诉讼文书的制作质量。1992 年 5 月，最高人民法

---

① 参见周道鸾：《法院刑事诉讼文书样式的修改与完善》，载《人民司法》1999 年第 7 期。

院办公厅下发了经过5年调查研究拟制的《法院诉讼文书样式（试行)》，这个文件对于规范刑事诉讼文书制作、提高刑事诉讼文书质量，发挥了显著作用。为了总结近5年的试行经验，1996年10月最高人民法院成立了诉讼文书修改领导小组，决定先对试行样式中的刑事诉讼文书样式部分进行修改。1999年4月，最高人民法院专门下发了《法院刑事诉讼文书（样本)》，对人民法院的刑事诉讼文书的样式和制作提出了统一要求，这个司法解释文件对于促进刑事审判工作规范化、提高刑事诉讼文书制作质量水平，意义重大，影响深远。① 为及时回应新时代人民群众和社会各界对刑事诉讼文书的关切，进一步提升刑事诉讼文书的质量，2018年最高人民法院发布了《关于加强和规范裁判文书释法说理的指导意见》，突出强调了裁判文书说理的重大意义和价值，明确提出将裁判文书的制作和释法说理作为考核法官业务能力和审判质效的必备内容，确立为法官业绩考核的重要指标，纳入法官业绩档案。不仅如此，2015年开始推行的裁判文书上网公开制度，亦对统一、规范诉讼文书制作、提升诉讼文书制作水平提出了新的要求。

应当说明的是，近年来，刑法修正案接续出台，刑事诉讼法两次整体性修改，最高人民法院虽然对部分刑事诉讼文书陆续作了补充性修订，但尚未来得及对1999年4月30日印发的《法院刑事诉讼文书样式》（样本）作全面修改，该文本目前还在适用。刑事诉讼文书样式全面、系统性修订是一项复杂工程，目前尚未完成。本书第一版出版之后，最高人民法院于2021年发布了新的《关于适用〈中华人民共和国刑事诉讼法〉的解释》。为了帮助司法人员及时了解刑事法律修改对刑事诉讼文书样式带来的新变化，提升法官诉讼文书特别是裁判文书制作能力，提高诉讼文书写作质效，减少诉讼文书制作瑕疵和疏漏，我们编写了本书。总体

① 参见周道鸾：《法院刑事诉讼文书样式的修改与完善》，载《人民司法》1999年第7期。

来看，本书具有以下特点：

1. **所选文书来源权威，内容准确。**本书共收录法院刑事诉讼文书样式共164种，主要从目前适用的《法院刑事诉讼文书样式》（样本）、《最高人民法院办公厅关于印发一审未成年人刑事案件适用普通程序的刑事判决书样式和一审未成年人刑事公诉案件适用简易程序的刑事判决书样式的通知》《最高人民法院办公厅关于印发一审未成年人刑事案件适用普通程序的刑事判决书等4份补充样式的通知》《最高人民法院关于印发人民法院特赦案件法律文书样式的通知》中选取。同时，鉴于2018年10月26日第十三届全国人民代表大会常务委员会第六次会议通过了《关于修改〈中华人民共和国刑事诉讼法〉的决定》，对《刑事诉讼法》作出了重大修改，认罪认罚从宽制度是此次修改的主要内容之一。为此，本书收录了最高人民法院刑事审判第一庭根据新《刑事诉讼法》编写的适用认罪认罚从宽制度案件的文书样式，供办案人员参考使用。

2. **文书样式收录全面，编排科学。**本书收录了适用于立案、一审、二审、再审、执行和申诉等诉讼阶段的各种文书样式，既包括一审、二审、再审判决书、裁定书，也包括决定、命令、告、笔录、证票、书函、书状等，并按照文书类型编排，检索方便。还收录了关于裁判文书撰写的规定及权威解读，旨在为办案人员撰写、制作刑事诉讼文书提供帮助参考。

3. **按照最新法律、司法解释修订，方便使用。**本书在最高人民法院原颁布的文书样式的基础上，根据《最高人民法院关于人民法院案件案号的若干规定》对有关文书样式的案号进行了修改，同时，根据2017年《刑法》、2018年《刑事诉讼法》、2021年《最高人民法院关于适用〈中华人民共和国刑事诉讼法〉的解释》等最新法律和司法解释，参考2016年《民事诉讼文书样式》，对原有文书样式进行了梳理，对与现行规定不一致的地方进行了修改，将其中涉及的已被废止和已失效的法律规定替换，并将相关法律规定附在每个文书样式之后，方便读者查阅、使用。

我们深知，制作刑事诉讼文书是刑事审判工作的重要组成部分，是广大刑事法官的一项重要任务，统一、规范刑事诉讼文书样式是人民法院刑事审判业务的一项基本建设。行文规范、准确、清楚、说理透彻的高质量刑事诉讼文书，是让人民群众在每一个刑事司法案件中感受到公平正义的直接途径。希望本书能为提升人民法院刑事诉讼文书的制作水平和质效有所帮助，对展示法院公正形象、推进司法公开、提升人民群众对公平正义的获得感有所助益。

需要说明的是，十多年前，对刑事诉讼文书样式极有研究且十分热心这项工作的周道鸾先生，就多次要我主持刑事诉讼文书样式的修订再版工作，把这项事业延续下去。我由于事务繁忙、工作不力、难度较大等主客观原因，直到他逝世也没有完成，实在有负老领导的厚望。退休以后，可以利用闲暇时间做点研究了却他的这一心愿，故约几位同仁做点拾遗补缺工作。本书正是在原文书样式的基础上进行的修改完善，基本上保留了原书的风貌，权供广大法官和使用者及读者参考。由于时间和水平有限，修订的文书样式中难免存在错漏，尚请读者批评指正。

胡云腾

二〇二四年十二月

目　录

第一部分　刑事诉讼文书样式（参考样本）

一、裁判文书类

三、报告类

四、笔录类

五、证票类

六、书函类

七、通知类

八、其他类

九、书状类

第二部分　刑事诉讼文书撰写相关规定

第一部分

刑事诉讼文书样式(参考样本)

一、裁判文书类

1. 刑事判决书（一审公诉案件适用普通程序用）

×××人民法院

刑事判决书

（一审公诉案件适用普通程序用）

（××××）……刑初……号①

公诉机关×××人民检察院。

被告人……（写明姓名、性别、出生年月日、民族、工作单位和职务、住址和因本案所受强制措施情况等，现羁押处所）。

辩护人……（写明姓名、工作单位和职务）。

×××人民检察院以××检××刑诉〔××××〕××号起诉书指控被告人×××犯××罪，向本院提起公诉。本院于××××年××月××日受理后，依法组成合议庭，公开（或者不公开）开庭审理了本案。×××人民检察院指派检察员×××出庭支持公诉，被害人×××及其法定代理人×××、诉讼代理人×××，被

① 案号的编制、使用应根据《最高人民法院关于人民法院案件案号的若干规定》（2018 年修改）等执行。根据该规定，案号的基本要素为收案年度、法院代字、专门审判代字、类型代字、案件编号。收案年度是收案的公历自然年，用阿拉伯数字表示。法院代字是案件承办法院的简化标识，用中文汉字、阿拉伯数字表示。专门审判代字是最高人民法院确定的专门审判类别简称，用 1 个中文汉字表示。类型代字是案件类型的简称，用中文汉字表示。案件编号是收案的次序号，用阿拉伯数字表示。案号各基本要素的编排规格为：“（”＋收案年度＋“）”＋法院代字＋专门审判代字＋类型代字＋案件编号＋“号”。每个案件编定的案号均应具有唯一性。

告人×××及其法定代理人×××、辩护人×××，证人×××，鉴定人×××，翻译人员×××等到庭参加诉讼。现已审理终结。

×××人民检察院指控……（概述人民检察院指控被告人犯罪的事实、证据和适用法律的意见）。

被告人×××辩称……（概述被告人对指控的犯罪事实予以辩解、自行辩护的意见和有关证据）。辩护人×××提出的辩护意见是……（概述辩护人的辩护意见和有关证据）。

经审理查明，……（首先写明经庭审查明的事实；其次写明经举证、质证定案的证据及其来源；最后对控辩双方有异议的事实、证据进行分析、认证）。

本院认为，……（根据查证属实的事实、证据和有关法律规定，论证公诉机关指控的犯罪是否成立，被告人的行为是否构成犯罪，犯的什么罪，应否从轻、减轻、免除处罚或者从重处罚。对于控辩双方关于适用法律方面的意见，应当有分析地表示是否予以采纳，并阐明理由）。依照……（写明判决的法律依据）的规定，判决如下：

……〔写明判决结果。分三种情况：

第一，定罪判刑的，表述为：

“一、被告人×××犯××罪，判处……（写明主刑、附加刑）。

（刑期从判决执行之日起计算。判决执行以前先行羁押的，羁押一日折抵刑期一日，即自××××年××月××日起至××××年××月××日止）。

二、被告人×××……（写明决定追缴、退赔或者发还被害人、没收财物的名称、种类和数额）。”

第二，定罪免刑的，表述为：

“被告人×××犯××罪，免予刑事处罚（如有追缴、退赔或者没收财物的，续写第二项）。”

第三，宣告无罪的，无论是适用《中华人民共和国刑事诉讼法》第二百条第（二）项还是第（三）项，均应表述为：

“被告人×××无罪”。〕

如不服本判决，可在接到判决书的第二日起十日内，通过本院或者直接向×××人民法院提出上诉。书面上诉的，应当提交上诉状正本一份，副本×份。

审　判　长　×××
审　判　员　×××
审　判　员　×××

××××年××月××日
（院印）

本件与原本核对无异

法官助理　×××
书记员　×××

【说明】

一、本样式根据《中华人民共和国刑事诉讼法》第一百八十五条、第二百条的规定制订，供第一审人民法院对于公诉案件按照第一审普通程序审理终结后，根据已经查明的事实、证据，依据有关法律规定，作出被告人有罪或者无罪，犯的什么罪，判处什么刑罚或者免除处罚，或者宣告无罪等处理决定时使用。

二、本判决书样式由首部、事实、理由、判决结果和尾部五个部分组成。

（一）首部

1. 法院名称，一般应与院印的文字一致，但是基层人民法院的名称前应冠以省、自治区、直辖市的名称；判处涉外案件时，各级人民法院均应冠以“中华人民共和国”的国名。

2. 案号，由收案年度、法院代字、专门审判代字、类型代字、案件编号组成。如四川省成都市金牛区人民法院1998年立案的第18号刑事案件，表述为“（1998）川0106刑初18号”。案号写在文书名称下一行的右端，其最末一字与下面的正文右端各行看齐。案号上下各空一行。

3. 公诉机关，直接写“公诉机关×××人民检察院”。在“公诉机关”与“×××人民检察院”之间不用标点符号，也不用空格。

4. 被害人和法定代理人、诉讼代理人出庭参加诉讼的，在审判经过段的“出庭人员”中写明（未出庭的不写）。

5. 被告人的基本情况有变化时，应在样式要求的基础上，根据不同情况作相应改动：

（1）被告人如有与案情有关的别名、化名，应在其姓名后面用括号加以注明。

（2）被告人的“出生年月日”，应写被告人准确的出生年月日；确实查不清出生年月日的，也可以写年龄。但对于未成年被告人，必须写出生年月日。

(3) 被告人曾受过刑事处罚、行政处罚，或者在限制人身自由期间有逃跑等法定或者酌定从重处罚情节的，应当写明其事由和时间。被告人系累犯的，应当写明最后一次刑事处罚执行完毕的时间。

(4) 因本案所受强制措施情况，应写明被拘留、逮捕等羁押时间，以便于折抵刑期。如果拘留、逮捕时间与实际抓获到案时间不一致的，应当在事实、证据部分予以说明。

(5) 被告人项内书写的各种情况之间，一般可用逗号隔开；如果某项内容较多，可视行文需要，另行采用分号或者句号。

(6) 被告人的住址应写户籍所在地；户籍所在地和经常居住地不一致的，可以列明经常居住地。

(7) 同案被告人有二人以上的，按起诉书的顺序列项书写。

(8) 被告人是外国人的，应在其中文译名后用括号写明其外文姓名、护照号码、国籍。

(9) 被告人信息系其自报的，应在其姓名后注明，即“被告人×××（自报）”，或“被告人自报×××……”但是因被告人身份信息是重要事实，要尽量调取户籍证明等材料予以证明，避免使用自报，尤其是在死刑案件中，一定要有户籍资料。

6. 辩护人是律师的，只写姓名、工作单位和职务，即“辩护人×××，×××律师事务所律师”；辩护人是人民团体或者被告人所在单位推荐的，只写姓名、工作单位和职务；辩护人是被告人的监护人、亲友的，还应写明其与被告人的关系；辩护人如果是法律援助机构指派的，写为“辩护人×××，×××律师事务所律师，××法律援助机构指派”。同案被告人有二人以上并各有辩护人的，分别在各被告人项的下一行列项书写辩护人的情况。同一律所的两个律师同时担任辩护人的，也应当分行列明。

7. 如存在指定管辖情况，应当列明，表述为“经×××人民法院指定管辖”。如存在召开庭前会议的情况，应列明，表述为“依法组成合议庭，召开了庭前会议”。不公开审理的，应概括说明理由，表述为“因本案涉及国家秘密（或者个人隐私、被告人系未成年人等），不公开开庭审理了本案”。如存在延期审理或延长审理期限的情况应列明，表述为“到庭参加诉讼。本案依法延期审理（或延长审理期限）”。如存在审判委员会讨论决定的情况，应列明，表述为“本案经合议庭评议，并经审判委员会讨论决定，现已审理终结”。出庭的被告人、辩护人有多人的，可以概写为“上列被告人及其辩护人”。出庭支持公诉的如系检察长、副检察长、检察员的，均应表述为“检察员”。

8. 对于前案依据《中华人民共和国刑事诉讼法》第二百条第（三）项规定作出无罪判决，人民检察院又起诉的，原判决不予撤销，但应在案件审判经过段“×××人民检察院以××检××刑诉〔××××〕××号起诉书”一句前，增写“被告人×××曾于××××年××月××日被×××人民检察院以×××罪向×××人民法院提起公诉。因证据不足，指控的犯罪不能成立，被×××人民法院依法判决宣告无罪。”

9. 对于经第二审人民法院发回重审的案件，原审法院重审以后，在制作判决书时，将“本院依法组成合议庭，开庭审理了本案”替换为以下内容：“本院于××××年××月××日作出（××××）……刑初……号刑事判决，被告人×××提出上诉（或者×××人民检察院提出抗诉）。×××人民法院于××××年××月××日作出（××××）……刑终……号刑事裁定，撤销原判，发回重审。本院依法另行组成合议庭，公开（或者不公开）开庭审理了本案。”

（二）事实

事实是判决的基础，是判决理由和判决结果的根据。制作判决书，首先要把事实叙述清楚。书写判决事实时，应当注意以下几点：

1. 按照样式规定，事实部分包括四个方面的内容：人民检察院指控被告人犯罪的事实和证据；被告人的辩解和辩护人的辩护意见；经法庭审理查明的事实和据以定案的证据，并分四个部分书写，以充分体现控辩式的审理方式。

2. 叙述事实时，审理查明的事实与证据证明的事实要匹配，也就是说写入审理查明事实的内容要有相应证据予以印证。事实要素要表述完整，写明案件发生的时间、地点，被告人的动机、目的、手段，实施行为的过程、危害结果和被告人在案发后的表现等内容，并以是否具备犯罪构成要件事实为重点，兼叙影响定罪量刑的各种情节，并注意避免以法律性判断代替事实描述。对于涉及个人隐私的，或者可能会对当事人声誉造成不良影响的，在事实中可以适当简略或者模糊表述。

3. 叙述事实要层次清楚，重点突出。一般按时间先后顺序叙述；一人犯数罪的，应当按所涉罪行主次的顺序叙述；一般共同犯罪案件，应当以主犯为主线进行叙述；集团犯罪案件，可以先综述集团的形成和共同的犯罪行为，再按首要分子、主犯、从犯、胁从犯或者罪重、罪轻的顺序分别叙述各个被告人的犯罪事实。

4. 认定事实的证据必须做到：（1）证据要尽可能写得明确、具体。证据的写法，应当因案而异。案情简单或者控辩双方没有异议的，可以集中表述；案情复杂或者控辩双方有异议的，应当进行分析、认证；一人犯数罪或者共同犯罪案件，还可以分项或者逐人逐罪叙述证据或者对证据进行分析、认证。对控辩双方没有争议的证据，在控辩主张中可不予叙述，而只在“经审理查明”的证据部分具体表述，以避免不必要的重复。(2) 证据罗列要有逻辑顺序，要注重构建证据链条，强化证据之间的关联性；可以根据案件特点、构成要件事实将证据分组罗列，尤其是作案过程较为复杂的案件，要善于分组列举证据，并归纳每组证据所要证明的事实。(3) 对于证明同一事项的多个证据可以集中表述。(4) 在表述证据时要注重证据的合法性、真实性和关联性，例如物证、书证要说明来源、取证主体，鉴定意见要写明鉴定机构等。(5) 证据的表述要注重规范性，能够依据法律事实进行提炼、归纳、总结，尤其是言词证据，不要过于琐碎、口语化。(6) 特别要注意通过对证据的具体分析、认证来证明判决所确认的犯罪事实。防止并杜绝用“以上事实，证据充分，被告也供认不讳，足以认定”的抽象、笼统的说法或者用简单罗列证据的方法，来代替对证据的具体分析、认证。(7) 判决认定事实所载的证据必须经过当庭查证属实，未经当庭举证、质证，不得写入判决书作为证据使用。

5. 法官认证和采信证据的过程应当在判决书中充分体现出来，可设专门一段写明对证据的认证意见。

6. 叙述证据时，应当注意保守国家秘密、商业秘密、个人隐私，保护报案人、控告人、举报人、被害人、证人的安全和名誉。

（三）理由

理由是判决的灵魂，是将犯罪事实和判决结果有机联系在一起的纽带。其核心内容是针对案情特点，运用法律规定、政策精神和犯罪构成理论，阐述公诉机关的指控是否成立，被告人的行为是否构成犯罪，犯的什么罪，依法应当如何处理，为判决结果打下基础。书写判决理由时，应当注意以下几点：

1. 理由的论述一定要有针对性、逻辑性。要注意结合具体案情，充分摆事实、讲道理。说理力求透彻，逻辑严密，使理由具有较强的说服力。防止理由部分不说理或者说理不充分，只引用法律条文，不阐明适用法律的道理，切忌说空话、套话，理由千篇一律。对于被告人或辩护人针对证据不足以认定案件事实的辩解或意见，要通过构建证据链条、分析证据之间的印证关系来回应，不能仅列明证据名称。对于被告人及辩护人所提有关法律适用等意见，要注重从不同角度切入论证，在论证过程中要突出逻辑层级，尽量使用法律术语，并注意语言精练，充分体现理论功底。

2. 确定罪名，应当以《刑法》和《最高人民法院关于执行〈中华人民共和国刑法〉确定罪名的规定》《最高人民法院、最高人民检察院关于执行〈中华人民共和国刑法〉确定罪名的补充规定》（一）至（八）为依据。一人犯数罪的，一般先定重罪，后定轻罪；共同犯罪案件，应在分清各被告人在共同犯罪中的地位、作用和刑事责任的前提下，依次确定首要分子、主犯、从犯或者胁从犯、教唆犯的罪名。

3. 如果被告人具有从轻、减轻、免除处罚或者从重处罚等一种或者数种情节的，应当分别或者综合予以认定。

4. 对控辩双方适用法律方面的意见应当有分析地表明是否予以采纳，并阐明理由。

5. 判决的法律依据，根据《最高人民法院关于司法解释工作的规定》，应当包括司法解释在内。在引用法律条文时，应当注意：

（1）要准确、完整、具体。准确，就是要恰如其分地符合判决结果；完整，就是要把据以定性处理的法律依据全部引用；具体，就是要引出法律依据条文外延最小的规定，即凡条下分款分项的，应写明第×条第×款第（×）项；有的条文只分项不分款的，则写明第×条第（×）项。

（2）要有一定的条理和顺序。一份裁判文书应当引用两条以上的法律条文的，应当先引用有关定罪与确定量刑幅度的条文，后引用从轻、减轻、免除处罚或者从重处罚的条文；判决结果既有主刑，又有附加刑内容的，应当先引用适用主刑的条文，后引用适用附加刑的条文；某种犯罪需要援引其他条款的法定刑处罚（即援引法定刑）的，应当先引用本条条文，再按本条的规定，引用相应的他罪条文；一人犯数罪的，应当逐罪引用法律条文；共同犯罪的，既可集中引用有关的法律条文，也可逐人逐罪引用有关的法律条文。

（3）引用的法律依据中，既有法律规定又有司法解释规定的，应当先引用法律规定，再引用相关的司法解释；同时适用修订前后刑法的，对修订前的刑法，称“1979年《中华人民共和国刑法》”。对修订后的刑法，称“1997年修订的《中华人民共和国刑法》”“经××××年《中华人民共和国刑法修正案（×）》修正的《中华人民共和国刑法》”。既有实体法又有程序法的，应当先引用实体法。

（4）引用的法律一句中，涉及第×条第×款第（×）项，项应加全角括号。

（四）判决结果

判决结果（又称“主文”）是依照有关法律的具体规定，对被告人作出的定性处理的结论，应当字斟句酌，认真推敲。书写判决结果时，应当注意以下几点：

1. 判处的各种刑罚，应按法律规定写明全称。既不能随意简化，如将“判处死刑，缓期二年执行”的，简写为判处“死缓”；也不能“画蛇添足”，如将宣告缓刑的，写为“判处有期徒刑×年，缓期×年执行”。

2. 有期徒刑的刑罚应当写明刑种、刑期和主刑的折抵办法以及起止时间。本样式系按判处有期徒刑、拘役的模式设计起止时间的。如系判处死刑缓期二年执行的，起止时间表述为："死刑缓期二年执行的期间，从高级人民法院核准之日起计算"；如系判处管制的，表述为："刑期从判决执行之日起计算；判决执行以前先行羁押的，羁押一日折抵刑期二日"。对同一被告人既被判处有期徒刑又并处罚金的，应当在判处的有期徒刑和罚金刑之后另起一段，分别用括号注明有期徒刑刑期起止的日期和缴纳罚金的期限。

3. 关于对三类特殊案件判决结果的表述。根据《最高人民法院关于适用〈中华人民共和国刑事诉讼法〉的解释》第二百九十五条第一款第（六）项、第（七）项的规定，对被告人因不满16周岁不予刑事处罚和被告人是精神病人，在不能辨认或者不能控制自己行为的时候造成危害结果不予刑事处罚的，均应当在判决结果中宣告"被告人×××不负刑事责任"，其中被告人是精神病人，符合强制医疗条件的，应当根据"依法不负刑事责任的精神病人的强制医疗程序"一章的相关规定进行审理并作出判决。依照本条第一款第（十）项的规定，对被告人死亡的，应当裁定终止审理；但有证据证明被告人无罪，经缺席审理确认无罪的，应当判决宣告被告人无罪。

4. 适用《中华人民共和国刑事诉讼法》第二百条第（三）项规定宣告被告人无罪的，应当将"证据不足，×××人民检察院指控的犯罪不能成立"作为判决的理由，而不应当作为判决的主文。

5. 追缴、退赔和发还被害人、没收的财物，应当写明其名称、种类和数额。财物多、种类杂的，可以在判决结果中概括表述，另列清单，作为判决书的附件。

6. 数罪并罚的，应当分别定罪量刑（包括主刑和附加刑），然后按照刑法关于数罪并罚的原则，决定执行的刑罚。

7. 一案多人的，应当以罪责的主次或者判处刑罚的轻重为顺序，逐人分项定罪判处。

（五）尾部

1. 如果适用《中华人民共和国刑法》第六十三条第二款的规定在法定刑以下判处刑罚的，应当在交待上诉权之后，另起一行写明："本判决依法报请最高人民法院核准后生效"。

2. 判决书的尾部应当由参加审判案件的合议庭组成人员署名。合议庭成员有陪审员的，署名为"人民陪审员"。

3. 判决书尾部的年月日，为作出判决的日期。当庭宣判的，应当写当庭宣判的日期；定期或者委托宣判的，应当写签发判决书的日期（裁定书亦同）。当庭宣告判决的，不服判决的上诉和抗诉的期限，仍应当从接到判决书的第二日起计算。

4. 判决书原本上不写“本件与原本核对无异”。此句文字应制成专用印戳，由书记员将正本与原本核对无异之后，加盖在正本末页的年月日的左下方、书记员署名的左上方。

三、本说明可供制作其他刑事诉讼文书时参阅。

【相关规定】

《中华人民共和国刑事诉讼法》第一百八十五条　合议庭开庭审理并且评议后，应当作出判决。对于疑难、复杂、重大的案件，合议庭认为难以作出决定的，由合议庭提请院长决定提交审判委员会讨论决定。审判委员会的决定，合议庭应当执行。

第二百条　在被告人最后陈述后，审判长宣布休庭，合议庭进行评议，根据已经查明的事实、证据和有关的法律规定，分别作出以下判决：

（一）案件事实清楚，证据确实、充分，依据法律认定被告人有罪的，应当作出有罪判决；

（二）依据法律认定被告人无罪的，应当作出无罪判决；

（三）证据不足，不能认定被告人有罪的，应当作出证据不足、指控的犯罪不能成立的无罪判决。

《最高人民法院关于适用〈中华人民共和国刑事诉讼法〉的解释》第二百九十五条第一款第（六）项、第（七）项、第（十）项　对第一审公诉案件，人民法院审理后，应当按照下列情形分别作出判决、裁定：

（六）被告人因未达到刑事责任年龄，不予刑事处罚的，应当判决宣告被告人不负刑事责任；

（七）被告人是精神病人，在不能辨认或者不能控制自己行为时造成危害结果，不予刑事处罚的，应当判决宣告被告人不负刑事责任；被告人符合强制医疗条件的，应当依照本解释第二十六章的规定进行审理并作出判决；

（十）被告人死亡的，应当裁定终止审理；但有证据证明被告人无罪，经缺席审理确认无罪的，应当判决宣告被告人无罪。

《中华人民共和国刑法》第六十三条第二款　犯罪分子虽然不具有本法规定的减轻处罚情节，但是根据案件的特殊情况，经最高人民法院核准，也可以在法定刑以下判处刑罚。

2. 刑事判决书（一审单位犯罪案件用）

×××人民法院

刑 事 判 决 书

（一审单位犯罪案件用）

（××××）……刑初……号

公诉机关×××人民检察院。

被告单位……（写明单位名称、住所地）。

诉讼代表人……（写明姓名、工作单位和职务）。

辩护人……（写明姓名、工作单位和职务）。

被告人……（写明直接负责的主管人员、其他直接责任人员的姓名、性别、出生年月日、民族、工作单位和职务、住址以及因本案所受强制措施情况等，现羁押处所）。

辩护人……（写明姓名、工作单位和职务）。

×××人民检察院以××检××刑诉〔××××〕××号起诉书指控被告单位×××犯××罪，被告人×××犯××罪，向本院提起公诉。本院于××××年××月××日受理后，依法组成合议庭，公开（或者不公开）开庭审理了本案。×××人民检察院指派检察员×××出庭支持公诉，被害人×××及其法定代理人×××、诉讼代理人×××，被告单位的诉讼代表人×××及其辩护人×××，证人×××，被告人×××及其辩护人×××，证人×××，鉴定人×××，翻译人员×××等到庭参加诉讼。现已审理终结。

×××人民检察院指控……（概述人民检察院指控被告单位和被告人犯罪的事实、证据和适用法律的意见）。

被告单位×××辩称……（概述被告单位对指控的犯罪事实予以辩解、自行辩护的意见和有关证据）。辩护人×××提出的辩护意见是……（概述辩护人的辩护意见和有关证据）。

被告人×××辩称……（概述被告人对指控的犯罪事实予以辩解、自行辩护的意见和有关证据）。辩护人×××提出的辩护意见是……（概述辩护人的辩护意见和主要证据）。

经审理查明，……（首先写明经法庭审理查明的有关被告单位犯罪的事实和被告人犯罪的事实；其次写明据以定案的证据及其来源；最后对控辩双方有异议的事实、证据进行分析、认证）。

本院认为，……（根据查证属实的事实、证据和法律规定，论证公诉机关指控的单位犯罪是否成立，被告单位及其直接负责的主管人员、其他直接责任人员的行为是否构成犯罪，犯的什么罪，应否实行“双罚制”，应否从轻、减轻、免除处罚或者从重处罚。对于控辩双方关于适用法律方面的意见，应当有分析地表示是否予以采纳，并阐明理由）。依照……（写明判决的法律依据）的规定，判决如下：

……〔写明判决结果。分三种情况：

第一，定罪判刑的，表述为：

“一、被告单位×××犯××罪，判处罚金×××元，……（写明缴纳期限）；

二、被告人×××犯××罪，判处……（写明主刑、附加刑）。

（刑期从判决执行之日起计算。判决执行以前先行羁押的，羁押一日折抵刑期一日，即自××××年××月××日起至××××年××月××日止）。

（如有追缴、退赔或者发还被害人、没收财物的，应在以上各项之后续项写明）。”

第二，定罪免刑的，表述为：

“一、被告单位×××犯××罪，免予刑事处罚；

二、被告人×××犯××罪，免予刑事处罚。

（如有追缴、退赔或者发还被害人、没收财物的，应在以上各项之后续项写明）。”

第三，宣告无罪的，无论是适用《中华人民共和国刑事诉讼法》第二百条第（二）项还是第（三）项，均应表述为：

“一、被告单位×××无罪；

二、被告人×××无罪。”〕

如不服本判决，可在接到判决书的第二日起十日内，通过本院或者直接向×××人民法院提出上诉。书面上诉的，应当提交上诉状正本一份，副本×份。

审 判 长 ×××
审 判 员 ×××
审 判 员 ×××

××××年××月××日
（院印）

本件与原本核对无异

法官助理 ×××
书 记 员 ×××

【说明】

一、本样式根据《中华人民共和国刑法》第三十条、第三十一条和《最高人民法院关于适用〈中华人民共和国刑事诉讼法〉的解释》中有关“单位犯罪案件的审理”的规定制订，供第一审人民法院对于实行“双罚制的”单位犯罪的公诉案件，按照第一审普通程序审理终结后，根据已经查明的事实、证据，依据有关法律规定，作出被告单位和被告人有罪或者无罪，犯的什么罪，判处什么刑罚或者免除处罚，或者宣告无罪等处理决定时使用。对于《刑法》规定只实行“单罚制”的单位犯罪，即单位犯罪只处罚直接负责的主管人员和其他直接责任人员的案件，不适用本样式。

二、本判决书样式由首部、事实、理由、判决结果和尾部五个部分组成。与“一审公诉案件适用普通程序用”的刑事判决书样式相比较，按本样式制作判决书时应当注意以下几点：

（一）首部

1. 由于立法规定对单位犯罪实行“双罚制”，因此，本样式“被告单位”项下还需列“诉讼代表人”。作为单位犯罪的直接负责的主管人员和其他直接责任人员的“被告人”的基本情况，与其他自然人犯罪的“被告人”项的内容相同，但要突出其在所在单位的任职情况，以表明其行为与职务有关。

2. 关于诉讼代表人，根据《最高人民法院关于适用〈中华人民共和国刑事诉讼法〉的解释》第三百三十六条、第三百三十七规定，被告单位的诉讼代表人，应当是法定代表人、实际控制人或者主要负责人；法定代表人、实际控制人或者主要负责人被指控为单位犯罪直接责任人员或者因客观原因无法出庭的，应当由被告单位委托其他负责人或者职工作为诉讼代表人。但是，有关人员被指控为单位犯罪直接责任人员或者知道案件情况、负有作证义务的除外。根据前款规定难以确定诉讼代表人的，可以由被告单位委托律师等单位以外的人员作为诉讼代表人。诉讼代表人不得同时担任被告单位或者被指控为单位犯罪直接责任人员的有关人员的辩护人。诉讼代表人不符合前述规定的，人民法院应当要求人民检察院另行确定。

3. 人民法院审理单位犯罪案件，被告单位被注销或者宣告破产，但单位犯罪中直接负责的主管人员和其他直接责任人员应当负刑事责任的，仍应在首部写明被告单位的基本情况，并增加其被注销或者被宣告破产的内容，然后再写明其他被告人的基本情况。

（二）事实

1. 本样式事实部分“经审理查明”的内容是按被告单位和被告人的行为均已构成犯罪的模式设计的；如果条件变化，即如果被告人的行为不构成犯罪时，则应作相应的改动。

2. 对“经审理查明”的犯罪事实的叙述，按照单位犯罪的具体情况，既可一并叙述，也可分别叙述，但对于“直接负责的主管人员和其他直接责任人员”，除对单位犯罪应承担罪责外，还有其他犯罪事实的，则应单独列项表述。

（三）理由

在论证被告人的行为已经构成犯罪的情况下，要根据刑法总则和分则条文的具体规定，对本案是否构成单位犯罪和实行“双罚制”进行重点阐述。

（四）判决结果

本样式是按照单位犯罪的“单位”和“直接负责的主管人员和其他直接责任人员”均定罪判刑、定罪免刑或者宣告无罪设计的。如果条件变化，如有的定罪判刑，有的定罪免刑，或者有的定罪判刑（免刑），有的宣告无罪等，则应作相应改动。

审理期间，被告单位被吊销营业执照、宣告破产但尚未完成清算、注销登记的，应当继续审理。被告单位被撤销、注销，但单位犯罪中直接负责的主管人员和其他直接责任人员应当负刑事责任的，判决结果的第一项写为“对被告单位终止审理”，并在理由部分阐明终止审理的理由；第二项写为对被告人（直接负责的主管人员和其他直接责任人员）作出的判决，即定罪处刑的意见。

三、对于单位犯罪案件中有附带民事诉讼内容的，除文书名称改为“刑事附带民事判决书”外，其他相关部分均应作相应的修改或者补充。

四、按本样式制作判决书时，应当注意参阅一审公诉案件适用普通程序用的刑事判决书样式及其说明。

【相关规定】

《中华人民共和国刑法》第三十条 公司、企业、事业单位、机关、团体实施的危害社会的行为，法律规定为单位犯罪的，应当负刑事责任。

第三十一条 单位犯罪的，对单位判处罚金，并对其直接负责的主管人员和其他直接责任人员判处刑罚。本法分则和其他法律另有规定的，依照规定。

《最高人民法院关于适用〈中华人民共和国刑事诉讼法〉的解释》第三百三十五条 人民法院受理单位犯罪案件，除依照本解释第二百一十八条的有关规定进行审查外，还应当审查起诉书是否列明被告单位的名称、住所地、联系方式，法定代表人、实际控制人、主要负责人以及代表被告单位出庭的诉讼代表人的姓名、职务、联系方式。需要人民检察院补充材料的，应当通知人民检察院在三日以内补送。

第三百三十六条 被告单位的诉讼代表人，应当是法定代表人、实际控制人或者主要负责人；法定代表人、实际控制人或者主要负责人被指控为单位犯罪直接责任人员或者因客观原因无法出庭的，应当由被告单位委托其他负责人或者职工作为诉讼代表人。但是，有关人员被指控为单位犯罪直接责任人员或者知道案件情况、负有作证义务的除外。

依据前款规定难以确定诉讼代表人的，可以由被告单位委托律师等单位以外的人员作为诉讼代表人。

诉讼代表人不得同时担任被告单位或者被指控为单位犯罪直接责任人员的有关人员的辩护人。

第三百三十七条 开庭审理单位犯罪案件，应当通知被告单位的诉讼代表人出庭；诉讼代表人不符合前条规定的，应当要求人民检察院另行确定。

被告单位的诉讼代表人不出庭的，应当按照下列情形分别处理：

（一）诉讼代表人系被告单位的法定代表人、实际控制人或者主要负责人，无正当理由拒不出庭的，可以拘传其到庭；因客观原因无法出庭，或者下落不明的，应当要求人民检察院另行确定诉讼代表人；

（二）诉讼代表人系其他人员的，应当要求人民检察院另行确定诉讼代表人。

第三百三十八条 被告单位的诉讼代表人享有刑事诉讼法规定的有关被告人的诉讼权利。开庭时，诉讼代表人席位置于审判台前左侧，与辩护人席并列。

第三百三十九条　被告单位委托辩护人的，参照适用本解释的有关规定。

第三百四十条　对应当认定为单位犯罪的案件，人民检察院只作为自然人犯罪起诉的，人民法院应当建议人民检察院对犯罪单位追加起诉。人民检察院仍以自然人犯罪起诉的，人民法院应当依法审理，按照单位犯罪直接负责的主管人员或者其他直接责任人员追究刑事责任，并援引刑法分则关于追究单位犯罪中直接负责的主管人员和其他直接责任人员刑事责任的条款。

第三百四十一条　被告单位的违法所得及其他涉案财物，尚未被依法追缴或者查封、扣押、冻结的，人民法院应当决定追缴或者查封、扣押、冻结。

第三百四十二条　为保证判决的执行，人民法院可以先行查封、扣押、冻结被告单位的财产，或者由被告单位提出担保。

第三百四十三条　采取查封、扣押、冻结等措施，应当严格依照法定程序进行，最大限度降低对被告单位正常生产经营活动的影响。

第三百四十四条　审判期间，被告单位被吊销营业执照、宣告破产但尚未完成清算、注销登记的，应当继续审理；被告单位被撤销、注销的，对单位犯罪直接负责的主管人员和其他直接责任人员应当继续审理。

第三百四十五条　审判期间，被告单位合并、分立的，应当将原单位列为被告单位，并注明合并、分立情况。对被告单位所判处的罚金以其在新单位的财产及收益为限。

第三百四十六条　审理单位犯罪案件，本章没有规定的，参照适用本解释的有关规定。

3. 刑事附带民事判决书（一审公诉案件适用普通程序用）

×××人民法院
刑事附带民事判决书
（一审公诉案件适用普通程序用）

（××××）……刑初……号

公诉机关×××人民检察院。

附带民事诉讼原告人……（写明姓名、性别、出生年月日、民族、工作单位和职务、住址等）。

附带民事诉讼代理人……（写明姓名、工作单位和职务）。

被告人……（写明姓名、性别、出生年月日、民族、工作单位和职务、住址、因本案所受强制措施情况等，现羁押处所）。

辩护人……（写明姓名、工作单位和职务）。

附带民事诉讼代理人……（写明姓名、工作单位和职务）。

×××人民检察院以××检××刑诉〔××××〕××号起诉书指控被告人×××犯××罪，向本院提起公诉。在诉讼过程中，附带民事诉讼原告人向本院提起附带民事诉讼。本院依法组成合议庭，公开（或者不公开）开庭进行了合并审理。×××人民检察院指派检察员×××出庭支持公诉，附带民事诉讼原告人×××及其法定（诉讼）代理人×××，被告人×××及其法定代理人×××、辩护人×××，证人×××，鉴定人×××，翻译人员×××等到庭参加诉讼。现已审理终结。

×××人民检察院指控……（概述人民检察院指控被告人犯罪的事实、证据和适用法律的意见）。

附带民事诉讼原告人诉称……（概述附带民事诉讼原告人的诉讼请求和有关证据）。

被告人×××辩称……（概述被告人对人民检察院指控的犯罪事实和附带民事诉讼原告人的诉讼请求予以辩解、自行辩护的意见和有关证据）。辩护人×××提出的辩护意见是……（概述辩护人的辩护意见和有关证据）。

经审理查明，……（首先写明经法庭审理查明的事实，既要写明经法庭查明的全部犯罪事实，又要写明由于被告人的犯罪行为使被害人遭受经济损失的事实；其次写明据以定案的证据及其来源；最后对控辩双方有异议的事实、证据进行分析、认证）。

本院认为，……（根据查证属实的事实、证据和法律规定，论证公诉机关指控的犯罪是否成立，被告人的行为是否构成犯罪，犯的什么罪，应否追究刑事责任；论证被害人是否由于被告人的犯罪行为而遭受经济损失，被告人对被害人的经济损失应否负民事赔偿责任；应否从轻、减轻、免除处罚或者从重处罚。对于控辩双方关于适用法律方面的意见，应当有分析地表示是否予以采纳，并阐明理由）。依照……（写明判决的法律依据）的规定，判决如下：

……〔写明判决结果。分四种情况：

第一，定罪判刑并应当赔偿经济损失的，表述为：

“一、被告人×××犯××罪，……（写明主刑、附加刑）。

（刑期从判决执行之日起计算。判决执行以前先行羁押的，羁押一日折抵刑期一日，即自××××年××月××日起至××××年××月××日止）。

二、被告人×××应于本判决生效之日起××日内，赔偿附带民事诉讼原告人×××……（写明受偿人的姓名、赔偿的金额和支付的日期）。”

第二，定罪免刑并应当赔偿经济损失的，表述为：

“一、被告人×××犯××罪，免予刑事处罚；

二、被告人×××应于本判决生效之日起××日内，赔偿附带民事诉讼原告人×××……（写明受偿人的姓名、赔偿的金额和支付的日期）。”

第三，宣告无罪但应当赔偿经济损失的，表述为：

“一、被告人×××无罪；

二、被告人×××应于本判决生效之日起××日内，赔偿附带民事诉讼原告人×××……（写明受偿人的姓名、赔偿的金额和支付的日期）。”

第四，宣告无罪且不赔偿经济损失的，表述为：

“一、被告人×××无罪；

二、被告人×××不承担民事赔偿责任。”〕

如不服本判决，可在接到判决书的第二日起十日内，通过本院或者直接向×××人民法院提出上诉。书面上诉的，应当提交上诉状正本一份，副本×份。

审 判 长 ×××
审 判 员 ×××
审 判 员 ×××

××××年××月××日
（院印）

本件与原本核对无异

法官助理 ×××
书 记 员 ×××

【说明】

一、本样式根据《中华人民共和国刑法》第三十六条第一款、《中华人民共和国刑事诉讼法》第一百零一条和《最高人民法院关于适用〈中华人民共和国刑事诉讼法〉的解释》中有关附带民事诉讼的规定制订，供第一审人民法院审理公诉案件过程中，在确定被告人是否承担刑事责任的同时，附带解决被告人对于被害人所遭受的物质损失（即经济损失）是否承担民事赔偿责任时使用。

二、附带民事诉讼如系被害人提起的，应在“附带民事诉讼原告人”项内的“单位和职务、住址”之后，续写“系本案被害人”；如果被害人是无行为能力或者限制行为能力的人，应当在第一项“附带民事诉讼原告人×××”之后，列第二项“法定代理人×××”，并注明其与被害人的关系；如果被害人已经死亡，经更换当事人，由他的近亲属提起附带民事诉讼的，应当将其近亲属列为“附带民事诉讼原告人×××”，并注明其与死者的关系。

三、附带民事诉讼如系公诉机关提起的，本样式应作如下改动：

（一）删去首部的“附带民事诉讼原告人”项；

（二）将案件审判经过段的“犯×××罪……提起附带民事诉讼”，改为“犯×××罪，同时致使……（写明受损失单位的名称或者被害人的姓名）遭受经济损失一案，向本院提起刑事附带民事诉讼”；并将“附带民事诉讼原告人×××”从到庭参加诉讼的人员中删去。

（三）在控方指控项中增加有关附带民事诉讼的意见，并把“概述附带民事诉讼原告人的诉讼请求和有关证据”的内容删去。

四、根据《最高人民法院关于适用〈中华人民共和国刑事诉讼法〉的解释》第一百八十条第一款的规定：“附带民事诉讼中依法负有赔偿责任的人包括：（一）刑事被告人以及未被追究刑事责任的其他共同侵害人；（二）刑事被告人的监护人；（三）死刑罪犯的遗产继承人；（四）共同犯罪案件中，案件审结前死亡的被告人的遗产继承人；（五）对被害人的物质损失依法应当承担赔偿责任的其他单位和个人。”因此，刑事附带民事诉讼如有除“被告人”以外的“附带民事诉讼被告人”的，应当在“被告人”项后单独列项，并在文书的相应部分增加有关内容。同时，刑事被告人为多人，但其中只有部分人是民事赔偿主体，在其后加“暨附带民事诉讼被告人”，其他人仍列为“被告人”。

五、刑事附带民事案件在判决理由部分，除需要引用刑法和刑事诉讼法的有关条文外，还可以同时引用民事法律规定，作为判决的法律依据。

六、公诉案件，人民法院在判决前，如果经调解，双方当事人就经济损失的赔偿已达成调解协议的，可以制作《刑事附带民事调解书》，经双方当事人签收后即具有法律效力，但不能制作《民事调解书》；刑事部分单独审结的，则应当制作《刑事判决书》。赔偿金额在判决前被告人已一次付清的，应当记入笔录，经双方当事人、审判人员、书记员签名或者盖章后即发生法律效力；如果当事人要求制作调解书的，也可以制作《刑事附带民事调解书》。经调解无法达成协议或者调解书签收前当事人反悔的，附带民事诉讼则应当同刑事诉讼一并判决，并制作《刑事附带民事判决书》。

七、审理刑事附带民事案件，根据《最高人民法院关于适用〈中华人民共和国刑事诉讼法〉的解释》第三百八十条的规定，对附带民事判决或者裁定的上诉、抗诉期限，应当按照刑事部分的上诉、抗诉期限确定。附带民事部分另行审判的，上诉期限也应当按照《中华人民共和国刑事诉讼法》规定的期限确定。

八、刑事附带民事诉讼不同于单纯的刑事诉讼，它要在刑事诉讼过程中依照民事诉讼程序附带解决民事赔偿问题。因此，在制作这种判决书时，应当注意在首部、事实、理由和判决结果部分完整地反映出刑事附带民事诉讼这一特点。

九、按本样式制作判决书时，注意参阅一审公诉案件适用普通程序用的刑事判决书样式及其说明。对于附带民事赔偿部分在判决前调解达成协议，需要制作《刑事附带民事调解书》的，可以参阅一审自诉案件用刑事附带民事调解书样式。

【相关规定】

《中华人民共和国刑法》第三十六条　由于犯罪行为而使被害人遭受经济损失的，对犯罪分子除依法给予刑事处罚外，并应根据情况判处赔偿经济损失。

承担民事赔偿责任的犯罪分子，同时被判处罚金，其财产不足以全部支付的，或者被判处没收财产的，应当先承担对被害人的民事赔偿责任。

《中华人民共和国刑事诉讼法》第一百零一条　被害人由于被告人的犯罪行为而遭受物质损失的，在刑事诉讼过程中，有权提起附带民事诉讼。被害人死亡或者丧失行为能力的，被害人的法定代理人、近亲属有权提起附带民事诉讼。

如果是国家财产、集体财产遭受损失的，人民检察院在提起公诉的时候，可以提起附带民事诉讼。

《最高人民法院关于适用〈中华人民共和国刑事诉讼法〉的解释》第三百八十条　上诉、抗诉必须在法定期限内提出。不服判决的上诉、抗诉的期限为十日；不服裁定的上诉、抗诉的期限为五日。上诉、抗诉的期限，从接到判决书、裁定书的第二日起计算。

对附带民事判决、裁定的上诉、抗诉期限，应当按照刑事部分的上诉、抗诉期限确定。附带民事部分另行审判的，上诉期限也应当按照刑事诉讼法规定的期限确定。

4. 刑事判决书（一审公诉案件适用简易程序用）

×××人民法院
刑 事 判 决 书
（一审公诉案件适用简易程序用）

（××××）……刑初……号

公诉机关×××人民检察院。

被告人……（写明姓名、性别、出生年月日、民族、工作单位和职务、住址、因本案所受强制措施情况等，现羁押处所）。

辩护人……（写明姓名、工作单位和职务）。

×××人民检察院以××检××刑诉〔××××〕××号起诉书指控被告人×××犯××罪，向本院提起公诉。本院于××××年××月××日受理后，依法适用简易程序，实行独任审判，公开（或者不公开）开庭审理了本案。×××人民检察院检察员×××出庭支持公诉，被告人×××、辩护人×××等到庭参加诉讼。现已审理终结。

经审理查明，……（写明经法庭审理查明的被告人的犯罪事实）。

上述事实，被告人×××在开庭审理过程中亦无异议，并有……（列明具体证据名称）予以证实，足以认定。

本院认为，……（写明定罪量刑理由，对于被告人及辩护人的意见，予以回应）。依照……（写明判决的法律依据）的规定，判决如下：

被告人×××犯××罪，判处……（写明判处的具体内容）。

（刑期从判决执行之日起计算。判决执行以前先行羁押的，羁押一日折抵刑期一日。即自××××年××月××日起至××××年××月××日止）。

如不服本判决，可在接到判决书的第二日起十日内，通过本院或者直接向×××人民法院提出上诉。书面上诉的，应当提交上诉状正本一份，副本×份。

审 判 员 ×××

××××年××月××日
（院印）

本件与原本核对无异

法官助理 ×××
书 记 员 ×××

【说明】

一、本样式根据《中华人民共和国刑事诉讼法》第三编第二章第三节简易程序和《最高人民法院关于适用〈中华人民共和国刑事诉讼法〉的解释》中有关简易程序的规定制订，供基层人民法院对于公诉案件按照第一审简易程序审理终结后，作出处理决定时使用。

二、适用简易程序审理自诉案件的，按“自诉案件用”的文书样式，参照本样式制作刑事判决书。

三、对辩护人没有出庭的，删去文书样式中相应的内容。

四、对有附带民事诉讼内容且控辩双方没有异议的，可以参阅刑事附带民事判决书样式，在本样式的相应部分增加有关内容。

五、人民法院对公诉案件的被告人可能判处免予刑事处罚的，可以适用简易程序。对这类案件制作判决书时，判决理由和判决结果部分的表述应当作相应改动。

六、根据《最高人民法院关于适用〈中华人民共和国刑事诉讼法〉的解释》第三百六十六条规定，适用简易程序独任审判过程中，发现对被告人可能判处的有期徒刑超过三年的，应当转由合议庭审理。故适用简易程序审理的案件可能是合议庭审理，也可能是独任审判。

5. 刑事判决书（一审公诉案件适用速裁程序用）

×××人民法院

刑事判决书[①]

（一审公诉案件适用速裁程序用）

（××××）……刑初……号

<table>
<tr><td>公诉机关</td><td colspan="2">×××人民检察院</td></tr>
<tr><td>被告人
基本情况</td><td colspan="2">被告人×××，……（写明姓名、性别、出生年月日、民族、工作单位和职务、住址、因本案所受强制措施情况等，现羁押处所）。</td></tr>
<tr><td>辩护人</td><td colspan="2">×××，××律师事务所律师。</td></tr>
<tr><td>公诉机关
指控情况</td><td>起诉书文号</td><td></td></tr>
<tr><td>被告人及
辩护人意见</td><td colspan="2">被告人×××对指控事实、罪名及量刑建议没有异议，同意适用速裁程序且签字具结，在开庭审理过程中亦无异议。</td></tr>
<tr><td>判决理由</td><td colspan="2">公诉机关指控被告人×××犯××罪罪名成立，量刑建议适当，应予采纳。被告人认罪认罚，且具有……情节，对其可以从轻（减轻）处罚。（依次叙述被告人具有的从重、减轻、从轻等法定和酌定情节）</td></tr>
</table>

① 原载最高人民法院刑事审判第一庭编著：《认罪认罚从宽制度的理解与适用》，人民法院出版社2018年版。

续表

法律依据	《中华人民共和国刑法》第××条。
判决结果	被告人×××犯××罪，判处…… （刑期从判决执行之日起计算。判决执行以前先行羁押的，羁押一日折抵刑期一日。即自××年××月××日起至××年××月××日止。）
权利告知	如不服本判决，可在接到判决书的第二日起十日内，通过本院或者直接向××××中级人民法院提出上诉。书面上诉的，应当提交上诉状正本一份，副本二份。
审　判　员　××× ××年××月××日 （院印） 本件与原件核对无异 法官助理　××× 书　记　员　×××	

【说明】

人民法院适用速裁程序审理刑事案件，判决时使用本样式。依法不需要签署认罪认罚具结书的，不用表述"且签字具结"。

【相关规定】

《中华人民共和国刑事诉讼法》第二百二十二条 基层人民法院管辖的可能判处三年有期徒刑以下刑罚的案件，案件事实清楚，证据确实、充分，被告人认罪认罚并同意适用速裁程序的，可以适用速裁程序，由审判员一人独任审判。

人民检察院在提起公诉的时候，可以建议人民法院适用速裁程序。

第二百二十三条 有下列情形之一的，不适用速裁程序：

（一）被告人是盲、聋、哑人，或者是尚未完全丧失辨认或者控制自己行为能力的精神病人的；

（二）被告人是未成年人的；

（三）案件有重大社会影响的；

（四）共同犯罪案件中部分被告人对指控的犯罪事实、罪名、量刑建议或者适用速裁程序有异议的；

（五）被告人与被害人或者其法定代理人没有就附带民事诉讼赔偿等事项达成调解或者和解协议的；

（六）其他不宜适用速裁程序审理的。

第二百二十四条　适用速裁程序审理案件，不受本章第一节规定的送达期限的限制，一般不进行法庭调查、法庭辩论，但在判决宣告前应当听取辩护人的意见和被告人的最后陈述意见。

适用速裁程序审理案件，应当当庭宣判。

第二百二十五条　适用速裁程序审理案件，人民法院应当在受理后十日以内审结；对可能判处的有期徒刑超过一年的，可以延长至十五日。

第二百二十六条　人民法院在审理过程中，发现有被告人的行为不构成犯罪或者不应当追究其刑事责任、被告人违背意愿认罪认罚、被告人否认指控的犯罪事实或者其他不宜适用速裁程序审理的情形的，应当按照本章第一节或者第三节的规定重新审理。

《最高人民法院关于适用〈中华人民共和国刑事诉讼法〉的解释》第三百六十九条　对人民检察院在提起公诉时建议适用速裁程序的案件，基层人民法院经审查认为案件事实清楚，证据确实、充分，可能判处三年有期徒刑以下刑罚的，在将起诉书副本送达被告人时，应当告知被告人适用速裁程序的法律规定，询问其是否同意适用速裁程序。被告人同意适用速裁程序的，可以决定适用速裁程序，并在开庭前通知人民检察院和辩护人。

对人民检察院未建议适用速裁程序的案件，人民法院经审查认为符合速裁程序适用条件的，可以决定适用速裁程序，并在开庭前通知人民检察院和辩护人。

被告人及其辩护人可以向人民法院提出适用速裁程序的申请。

第三百七十条　具有下列情形之一的，不适用速裁程序：

（一）被告人是盲、聋、哑人的；

（二）被告人是尚未完全丧失辨认或者控制自己行为能力的精神病人的；

（三）被告人是未成年人的；

（四）案件有重大社会影响的；

（五）共同犯罪案件中部分被告人对指控的犯罪事实、罪名、量刑建议或者适用速裁程序有异议的；

（六）被告人与被害人或者其法定代理人没有就附带民事诉讼赔偿等事项达成调解、和解协议的；

（七）辩护人作无罪辩护的；

（八）其他不宜适用速裁程序的情形。

第三百七十一条 适用速裁程序审理案件，人民法院应当在开庭前将开庭的时间、地点通知人民检察院、被告人、辩护人，也可以通知其他诉讼参与人。

通知可以采用简便方式，但应当记录在案。

第三百七十二条 适用速裁程序审理案件，可以集中开庭，逐案审理。公诉人简要宣读起诉书后，审判人员应当当庭询问被告人对指控事实、证据、量刑建议以及适用速裁程序的意见，核实具结书签署的自愿性、真实性、合法性，并核实附带民事诉讼赔偿等情况。

第三百七十三条 适用速裁程序审理案件，一般不进行法庭调查、法庭辩论，但在判决宣告前应当听取辩护人的意见和被告人的最后陈述。

第三百七十四条 适用速裁程序审理案件，裁判文书可以简化。

适用速裁程序审理案件，应当当庭宣判。

第三百七十五条 适用速裁程序审理案件，在法庭审理过程中，具有下列情形之一的，应当转为普通程序或者简易程序审理：

（一）被告人的行为可能不构成犯罪或者不应当追究刑事责任的；

（二）被告人违背意愿认罪认罚的；

（三）被告人否认指控的犯罪事实的；

（四）案件疑难、复杂或者对适用法律有重大争议的；

（五）其他不宜适用速裁程序的情形。

第三百七十六条 决定转为普通程序或者简易程序审理的案件，审理期限应当从作出决定之日起计算。

第三百七十七条 适用速裁程序审理的案件，第二审人民法院依照刑事诉讼法第二百三十六条第一款第三项的规定发回原审人民法院重新审判的，原审人民法院应当适用第一审普通程序重新审判。

6. 刑事判决书（一审公诉适用简易程序审理认罪认罚案件用）

×××人民法院

刑事判决书①

（一审公诉适用简易程序审理认罪认罚案件用）

（××××）……刑初……号

公诉机关×××人民检察院。

被告人……（写明姓名、性别、出生年月日、民族、工作单位和职务、住址、因本案所受强制措施情况等，现羁押处所）。

辩护人×××，××律师事务所律师。

×××人民检察院以××检××刑诉〔××××〕××号起诉书指控被告人×××犯××罪，向本院提起公诉。本院于××××年××月××日受理后，依法组成合议庭，适用简易程序公开开庭审理了本案。××××人民检察院指派检察员×××出庭支持公诉，被告人×××及其辩护人×××到庭参加诉讼。现已审理终结。

公诉机关指控，……（简要概述指控的犯罪事实、到案情况、立功情况）。公诉机关提交了……等证据证实。

公诉机关认为，被告人×××……（简要概述犯罪构成），应当以××罪追究其刑事责任；……（简要概述量刑建议）。

被告人×××对指控事实、罪名及量刑建议没有异议，同意适用简易程序，且签字具结，在开庭审理过程中亦无异议。其辩护人提出的辩护意见是……

经审理查明的事实、证据与公诉机关的指控一致。另查明，……（被告人调解或和解情况、被害人意见、退赔情况等）。

本院认为，被告人×××构成××罪。公诉机关的指控成立。辩护人的辩护意

① 原载最高人民法院刑事审判第一庭编著：《认罪认罚从宽制度的理解与适用》，人民法院出版社2018年版。

见是否采纳。被告人×××到案后能如实供述自己的罪行，愿意接受处罚，对其可以从轻处罚，（划线部分依次叙述被告人具有的从重、减轻、从轻等法定和酌定情节。）公诉机关的量刑建议适当（量刑建议不当的不写）。依照《中华人民共和国刑法》第××条（列明引用的法律、司法解释条文）、《中华人民共和国刑事诉讼法》第二百零一条之规定，判决如下：

被告人×××犯××罪，判处……

（刑期从判决执行之日起计算。判决执行前先行羁押的，羁押一日折抵刑期一日，即自××年×月×日起至××年×月×日止。）

如不服本判决，可在接到判决书的第二日起十日内，通过本院或者直接向××××××中级人民法院提出上诉。书面上诉的，应当提交上诉状正本一份，副本二份。

审 判 长　×××
人民陪审员　×××
人民陪审员　×××

××××年××月××日
（院印）

本件与原件核对无异

法官助理　×××
书 记 员　×××

【说明】

人民法院适用简易程序审理认罪认罚刑事案件，判决时使用本样式。依法不需要签署认罪认罚具结书的，不用表述“且签字具结”。

【相关规定】

《中华人民共和国刑事诉讼法》第二百零一条　对于认罪认罚案件，人民法院依法作出判决时，一般应当采纳人民检察院指控的罪名和量刑建议，但有下列情形的除外：

（一）被告人的行为不构成犯罪或者不应当追究其刑事责任的；

（二）被告人违背意愿认罪认罚的；

（三）被告人否认指控的犯罪事实的；

（四）起诉指控的罪名与审理认定的罪名不一致的；

（五）其他可能影响公正审判的情形。

人民法院经审理认为量刑建议明显不当，或者被告人、辩护人对量刑建议提出异议的，人民检察院可以调整量刑建议。人民检察院不调整量刑建议或者调整量刑建议后仍然明显不当的，人民法院应当依法作出判决。

7. 刑事判决书（一审公诉适用普通程序审理认罪认罚案件用）

×××人民法院
刑事判决书[①]

（一审公诉适用普通程序审理认罪认罚案件用）

（××××）……刑初……号

公诉机关×××人民检察院。

被告人……（写明姓名、性别、出生年月日、民族、工作单位和职务、住址、因本案所受强制措施情况等，现羁押处所）。

辩护人×××，××律师事务所律师。

×××人民检察院以××检××刑诉〔××××〕××号起诉书指控被告人×××犯××罪，向本院提起公诉。本院于××××年××月××日受理后，依法组成合议庭，适用普通程序公开开庭审理了本案。×××人民检察院指派检察员×××出庭支持公诉，被告人×××及其辩护人×××到庭参加诉讼。现已审理终结。

公诉机关指控，……（简要概述指控的犯罪事实、到案情况、立功情况）。公诉机关提交了……等证据证实。

为证实上述指控，公诉机关当庭宣读、出示了……等证据。

公诉机关认为，被告人×××……（简要概述犯罪构成），其行为触犯了《中华人民共和国刑法》第××条之规定，应当以××罪追究其刑事责任；……（简要概述量刑建议）。

被告人×××对指控事实、罪名及量刑建议没有异议且签字具结，在开庭审理过程中亦无异议。其辩护人提出的辩护意见是……

经审理查明，……（简要概述审理查明的犯罪事实及赔偿、谅解等量刑情节）。

---

① 原载最高人民法院刑事审判第一庭编著：《认罪认罚从宽制度的理解与适用》，人民法院出版社2018年版。

上述事实有经庭审质证、确认的……（简要罗列证据名称）等证据证实，足以认定。

本院认为，被告人×××……（简要概述犯罪构成），构成××罪，应予依法惩处。公诉机关的指控成立。辩护人的辩护意见是……。被告人×××到案后能如实供述自己的罪行，愿意接受处罚，对其可以从轻处罚。（划线部分依次叙述被告人具有的从重、减轻、从轻等法定和酌定情节。）公诉机关的量刑建议适当（量刑建议不当的不写）。依照《中华人民共和国刑法》第××条（列明引用的法律、司法解释条文）、《中华人民共和国刑事诉讼法》第二百零一条之规定，判决如下：

被告人×××犯××罪，判处……

（刑期从判决执行之日起计算。判决执行前先行羁押的，羁押一日折抵刑期一日，即自××年×月×日起至××年×月×日止。）

如不服本判决，可在接到判决书的第二日起十日内，通过本院或者直接向××××人民法院提出上诉。书面上诉的，应当提交上诉状正本一份，副本二份。

审 判 长 ×××

人民陪审员 ×××

人民陪审员 ×××

××年××月××日

本件与原件核对无异　　（院印）

法官助理 ×××

书 记 员 ×××

【说明】

一、人民法院适用普通程序审理认罪认罚刑事案件，判决时使用本样式。依法不需要签署认罪认罚具结书的，不用表述“且签字具结。”

二、审理查明的证据部分应当简要罗列证据名称，但不能仅罗列证据种类。例如可表述为：上述事实有经庭审质证、确认的证人×××、×××、×××的证言，被害人×××的陈述，被告人×××的供述等证据。

【相关规定】

《中华人民共和国刑事诉讼法》第二百零一条 对于认罪认罚案件，人民法院依法作出判决时，一般应当采纳人民检察院指控的罪名和量刑建议，但有下列情形的除外：

（一）被告人的行为不构成犯罪或者不应当追究其刑事责任的；

（二）被告人违背意愿认罪认罚的；

（三）被告人否认指控的犯罪事实的；

（四）起诉指控的罪名与审理认定的罪名不一致的；

（五）其他可能影响公正审判的情形。

人民法院经审理认为量刑建议明显不当，或者被告人、辩护人对量刑建议提出异议的，人民检察院可以调整量刑建议。人民检察院不调整量刑建议或者调整量刑建议后仍然明显不当的，人民法院应当依法作出判决。

8. 刑事判决书（一审未成年人刑事案件适用普通程序用）

×××人民法院

刑事判决书

（一审未成年人刑事案件适用普通程序用）

（××××）……刑初……号

公诉机关×××人民检察院。

被告人……（写明姓名、性别、出生年月日、民族、工作单位、学校、住址，所受强制措施情况等，现羁押处所）。

法定代理人……（写明姓名、工作单位和职务、住址、与被告人的关系）。

合适成年人……（写明姓名、工作单位和职务、住址、与被告人的关系）。

指定辩护人（或者辩护人）……（写明姓名、工作单位和职务）。

×××人民检察院以××检××刑诉〔××××〕××号起诉书指控被告人×××犯××罪，向本院提起公诉。本院于××××年××月××日受理后，依法组成合议庭，因本案被告人系未成年人（或者因本案涉及未成年被告人），依法不公开开庭审理了本案。×××人民检察院指派检察员×××出庭支持公诉，被害人×××及其法定代理人×××、诉讼代理人×××，被告人×××及其法定代理人×××、合适成年人×××、辩护人×××，证人×××，鉴定人×××，翻译人员×××等到庭参加诉讼。现已审理终结。

×××人民检察院指控……（概述人民检察院指控被告人犯罪的事实、证据和适用法律的意见）。

被告人×××辩称……（概述被告人对指控的犯罪事实予以辩解、自行辩护的意见和有关证据）。法定代理人×××、合适成年人×××……（概述对公诉机关指控被告人犯罪的意见、提供的有关证据）。辩护人×××提出的辩护意见是……（概述辩护人的辩护意见和有关证据）。

×××根据《最高人民法院关于适用〈中华人民共和国刑事诉讼法〉的解释》，

向法庭提交了被告人×××的情况调查报告。

经审理查明，……（首先写明经庭审查明的事实；其次写明经举证、质证定案的证据及其来源；最后对控辩双方有异议的事实、证据进行分析、认证）。

根据《最高人民法院关于适用〈中华人民共和国刑事诉讼法〉的解释》的规定，在法庭审理过程中，本院了解到……（概述被告人的家庭情况、社会交往、成长经历、性格特点、平时表现等同被告人实施被指控犯罪密切相关的情况，以及实施被指控的犯罪前后的表现。

本院认为，……（根据查证属实的事实、证据和有关法律规定，论证公诉机关指控的犯罪是否成立，被告人的行为是否构成犯罪，犯的什么罪，应否从轻、减轻、免除处罚或者从重处罚。对于控、辩双方关于适用法律方面的意见，应当有分析地表示是否予以采纳，并阐明理由。结合庭审查明的未成年被告人的成长轨迹，剖析未成年被告人走上犯罪道路的主客观方面的原因）。依照……（写明判决的法律根据）的规定，判决如下：

……〔写明判决结果。分三种情况：

第一，定罪判刑的，表述为：

“一、被告人×××犯××罪，判处……（写明主刑、附加刑）。（刑期从判决执行之日起计算。判决执行以前先行羁押的，羁押一日折抵刑期一日，即自××××年××月××日起至××××年××月××日止）。

二、被告人×××……（写明决定追缴、退赔或者发还被害人、没收财物的名称、种类和数额）。”

第二，定罪免刑的，表述为：

“被告人×××犯××罪，免予刑事处罚（如有追缴、退赔或者没收财物的，续写第二项）。”

第三，宣告无罪的，不论是适用《中华人民共和国刑事诉讼法》第二百条第（二）项还是第（三）项，均应表述为：

“被告人×××无罪”。〕

如不服本判决，可在接到判决书的第二日起十日内，通过本院或者直接向×××人民法院提出上诉。书面上诉的，应当提交上诉状正本一份，副本×份。

审　判　长　×××

人民陪审员　×××

人民陪审员　×××

××××年×月×日
（院印）

本件与原本核对无异

法官助理　×××
书 记 员　×××

【说明】

一、本样式根据《中华人民共和国刑事诉讼法》和《最高人民法院关于适用〈中华人民共和国刑事诉讼法〉的解释》以及审理未成年人刑事案件实践的需要制定，供第一审人民法院适用普通程序审理未成年人刑事案件时使用。

二、未成年人犯罪有别于成年人犯罪。制作未成年人刑事判决书，应当根据案件的实际情况，充分体现“教育、感化、挽救”的方针和“教育为主、惩罚为辅”的原则，反映“寓教于审、惩教结合”的特点。

三、未成年人刑事裁判文书语言表述应当简洁、通俗易懂、注重说理，便于未成年被告人及其法定代理人理解。

四、首部

1. 未成年被告人的基本情况

（1）姓名。如果未成年被告人属于《中华人民共和国刑事诉讼法》第一百六十条第二款规定的“对于犯罪事实清楚，证据确实、充分，确实无法查明其身份的，也可以按其自报的姓名起诉、审判”情形的，可以按照被告人自报的姓名予以表述，但应当用括号注明“自报”。

（2）被告人自报的姓名在侦查、起诉、审判阶段都不一致的，由法官根据案件情况综合考虑予以确定。

（3）出生年月日。应当写经审理查明的未成年被告人出生的年、月、日。属于《最高人民法院关于审理未成年人刑事案件具体应用法律若干问题的解释》第四条第一款规定的“没有充分证据证明被告人实施被指控的犯罪时已经达到法定刑事责任年龄且确实无法查明的，应当推定其没有达到相应法定刑事责任年龄”情形的，可以分别表述为“实施被指控的犯罪时不满十四周岁”、“实施被指控的犯罪时已满十四周岁不满十六周岁”和“实施被指控的犯罪时已满十六周岁不满十八周岁”，同时用括号注明“推定”。

（4）属于第二款规定的“相关证据足以证明被告人实施被指控的犯罪时已经达到法定刑事责任年龄，但是无法准确查明被告人具体出生日期”的，首部应当直接写明被告人“实施被指控的犯罪时已满××周岁”。

（5）工作单位、学校、住址。应当写查明的工作单位、学校和住址。住址应写户籍所在地。在户籍所在地以外地方犯罪的，应当写明其被采取强制措施前经常居住地。

（6）属于《中华人民共和国刑事诉讼法》第一百六十条第二款规定的“对于犯罪事实清楚，证据确实、充分，确实无法查明其身份的，也可以按其自报的姓名起诉、审判”情形的，可以不写。

（7）所受强制措施的情况。表述为“因涉嫌犯××罪于××××年××月××日被刑事拘留、逮捕（或者被采取其他强制措施）”。

（8）首部应当写明以前是否有因犯罪受到刑事处罚的情形。

2. 法定代理人

（1）未成年被告人没有法定代理人或者无法查到法定代理人的，可以不写法定代理人。

（2）未成年被告人的法定代理人无法出庭或者确实不宜出庭的，应当写明法定代理人，并在审理经过段出庭人员中表述为：“被告人×××的法定代理人×××经法院通知未出庭”或者“被告人×××的法定代理人×××因特殊原因未出庭”等内容。

（3）被告人犯罪时未成年，开庭审理时已成年的，不列法定代理人。

3. 社会调查员参加庭审的，在审理经过段“翻译人员×××”后增加表述为：“翻译人员×××，社会调查员×××等到庭参加诉讼。现已审理终结。”

4. 对未成年人刑事案件实行指定管辖的，在审理经过段可以表述为：“按照××中级人民法院指定管辖的决定，×××人民检察院以××检××刑诉〔××××〕××号起诉书……”直接接审理经过段。

五、事实

（1）概述被告人的性格特点、家庭情况、社会交往、成长经历及实施被指控的犯罪前后的表现等情况时，应当简明扼要，注意保护未成年被告人及其家庭的隐私。写明与被告人量刑密切相关的情况即可。

控辩双方对未成年被告人调查报告反映的情况提出的意见，应予客观表述。

对于人民法院自行调查未成年被告人情况的，可直接在判决书“经审理查明”事实证据之后，表述为：“根据《最高人民法院关于适用〈中华人民共和国刑事诉讼法〉的解释》的规定，本院经自行调查了解到……”。

（2）事实部分要注意写明有关未成年被告人年龄证据情况；控辩双方对年龄及证据的意见；对控辩双方有异议的年龄、证据要进行分析、认证。

六、理由

注意写明有关认定或者推定未成年被告人实施犯罪时年龄的理由。

对于依照《最高人民法院关于审理未成年人刑事案件具体应用法律若干问题的解释》第四条第一款规定，对被告人的年龄适用推定的，在“本院认为”部分可以表述为：“鉴于通过法庭调查确实无法查明被告人的出生年、月、日，本院根据掌握的现有证据材料，依法推定被告人实施被指控的犯罪时不满十四周岁（或者实施被指控的犯罪时已满十四周岁不满十六周岁，或者实施被指控的犯罪时不满十八周岁）”。

七、对隐私案件的未成年被害人，为保护被害人的名誉，在裁判文书中应当只写姓、不写名，表述为“张某”“王某某”。

隐私案件的未成年被害人提起附带民事诉讼的，则应当在首部“附带民事诉讼原告人”部分表述其真实姓名。

对于未成年刑事案件的证人，应当写明其真实姓名。

八、对于第一审未成年被告人刑事附带民事判决书，可以参阅《法院刑事诉讼文书样式》（样本）3、6、9① 及其说明制作。第二审刑事附带民事判决书，可以参阅《法院刑事诉讼文书样式》（样本）12、15② 及其说明制作。

九、对于第二审未成年被告人刑事判决书、裁定书，可以参阅本样式以及《法院刑事诉讼文书样式》（样本）11、13、16、17、18③ 及其说明制作。

---

① 现分别为刑事附带民事判决书（一审公诉案件适用普通程序用）、刑事附带民事判决书（一审自诉案件用）、刑事附带民事调解书（一审自诉案件用）。

② 现分别为刑事附带民事判决书（二审改判用）、刑事附带民事调解书（二审自诉案件用）。

③ 现分别为刑事判决书（二审改判用）、刑事裁定书（二审维持原判用）、刑事裁定书（二审发回重审用）、刑事裁定书（二审维持、撤销、变更一审裁定用）、刑事裁定书（准许撤回上诉、抗诉用）。

【相关规定】

《中华人民共和国刑事诉讼法》第二百七十九条 公安机关、人民检察院、人民法院办理未成年人刑事案件，根据情况可以对未成年犯罪嫌疑人、被告人的成长经历、犯罪原因、监护教育等情况进行调查。

《最高人民法院关于适用〈中华人民共和国刑事诉讼法〉的解释》第五百四十六条 人民法院审理未成年人刑事案件，应当贯彻教育、感化、挽救的方针，坚持教育为主、惩罚为辅的原则，加强对未成年人的特殊保护。

第五百六十八条 对人民检察院移送的关于未成年被告人性格特点、家庭情况、社会交往、成长经历、犯罪原因、犯罪前后的表现、监护教育等情况的调查报告，以及辩护人提交的反映未成年被告人上述情况的书面材料，法庭应当接受。

必要时，人民法院可以委托社区矫正机构、共青团、社会组织等对未成年被告人的上述情况进行调查，或者自行调查。

第五百七十五条 对未成年被告人情况的调查报告，以及辩护人提交的有关未成年被告人情况的书面材料，法庭应当审查并听取控辩双方意见。上述报告和材料可以作为办理案件和教育未成年人的参考。

人民法院可以通知作出调查报告的人员出庭说明情况，接受控辩双方和法庭的询问。

《最高人民法院关于审理未成年人刑事案件具体应用法律若干问题的解释》第四条 对于没有充分证据证明被告人实施被指控的犯罪时已经达到法定刑事责任年龄且确实无法查明的，应当推定其没有达到相应法定刑事责任年龄。

相关证据足以证明被告人实施被指控的犯罪时已经达到法定刑事责任年龄，但是无法准确查明被告人具体出生日期的，应当认定其达到相应法定刑事责任年龄。

9. 刑事判决书（一审自诉案件用）

×××人民法院

刑 事 判 决 书

（一审自诉案件用）

（××××）……刑初……号

自诉人……（写明姓名、性别、出生年月日、民族、工作单位和职务、住址等）。

诉讼代理人……（写明姓名、工作单位和职务）。

被告人……（写明姓名、性别、出生年月日、民族、工作单位和职务、住址等）。

辩护人……（写明姓名、工作单位和职务）。

自诉人×××以被告人×××犯××罪，于××××年××月××日向本院提起控诉。本院于××××年××月××日受理后，依法实行独任审判（或者组成合议庭），公开（或者不公开）开庭审理了本案。自诉人×××及其诉讼代理人×××、被告人×××及其辩护人×××均到庭参加诉讼。现已审理终结。

自诉人×××诉称……（概述其指控被告人犯罪的事实、证据和诉讼请求）。

被告人×××辩称……（概述其对自诉人的指控予以辩解、自行辩护的意见和有关证据）。辩护人×××提出的辩护意见是……（概述辩护人的辩护意见和有关证据）。

经审理查明，……（首先写明经法庭审理查明的事实；其次写明据以定案的证据及其来源；最后对控辩双方有异议的事实、证据进行分析、认证）。

本院认为……（写明根据查证属实的事实、证据和法律规定，论证自诉人的指控是否成立，被告人的行为是否构成犯罪，犯的什么罪，是否从轻、减轻、免除处罚或者从重处罚。对于控辩双方有关适用法律方面的意见，应当有分析地表示是否予以采纳，并阐明理由）。依照……（写明判决的法律依据）的规定，判决如下：

……〔写明判决结果。分三种情况：

第一，定罪判刑的，表述为：

“被告人×××犯××罪，判处……（写明判处的刑罚）。

（刑期从判决执行之日起计算。判决执行以前先行羁押的，羁押一日折抵刑期一日，即自××××年××月××日起至××××年××月××日止）。”

第二，定罪免刑的，表述为：

“被告人×××犯××罪，免予刑事处罚。”

第三，宣告无罪的，表述为：

“被告人×××无罪”。〕

如不服本判决，可在接到判决书的第二日起十日内，通过本院或者直接向×××人民法院提出上诉。书面上诉的，应当提交上诉状正本一份，副本×份。

审 判 长 ×××
审 判 员 ×××
审 判 员 ×××

××××年××月××日
（院印）

本件与原本核对无异

法官助理 ×××
书 记 员 ×××

【说明】

一、本样式根据《中华人民共和国刑事诉讼法》第三编第二章第二节和《最高人民法院关于适用〈中华人民共和国刑事诉讼法〉的解释》中有关自诉案件第一审程序的规定制订，供基层人民法院对直接受理的自诉案件审理终结后，根据已经查明的事实、证据，依据有关法律的规定，作出处理决定时使用。

二、自诉案件和自诉人的范围，按《中华人民共和国刑事诉讼法》第二百一十条、《最高人民法院关于适用〈中华人民共和国刑事诉讼法〉的解释》第一条、《最高人民法院关于审理拒不执行判决、裁定刑事案件适用法律若干问题的解释》第三条的规定确定。

三、自诉人如有诉讼代理人的应当在“自诉人”项后另起一行列项书写；自诉人、被告人如系未成年人，其法定代理人同样应在各自的项后另起一行列项书写。表述为“法定代理人……（写明姓名、工作单位和职务、住址、与自诉人的关系）”。法定代理人与自诉人的关系可以在最后列明，也可以在其姓名后括号标注。

四、如存在自诉单位，应在首部列明，表述为：

“自诉单位……（单位名称、住所地）。

法定代表人……（写明姓名、职务）。

诉讼代表人……（写明姓名、性别、工作单位和职务）。

诉讼代理人……（写明姓名、工作单位和职务）。”

如法定代表人和诉讼代表人系同一人，可仅列明法定代表人。

五、如存在被告单位，应在首部列明，表述为：

“被告单位……（单位名称、住所地）。

诉讼代表人……（写明姓名、工作单位和职务）。

辩护人……（写明姓名、工作单位和职务）。”

指控单位犯罪的应考虑是否适用双罚制，如涉及，应当增加列明直接负责的主管人员、其他直接责任人员作为被告人。

六、如自诉单位法定代表人×××、诉讼代表人×××、诉讼代理人×××、被告单位诉讼代表人×××、辩护人×××到庭参加诉讼，应在审理经过段列明。且自诉单位诉称、被告单位辩称内容应当列明。在本院认为中，也应当对自诉单位的指控是否成立、被告单位的行为是否构成犯罪的情况予以说明。判决主文中相应增加对被告单位的判决内容。

七、对于《中华人民共和国刑事诉讼法》第二百一十条第（三）项规定的“被害人有证据证明对被告人侵犯自己人身、财产权利的行为应当依法追究刑事责任，而公安机关或者人民检察院不予追究被告人刑事责任”的自诉案件，人民法院在审理终结制作本判决书时，应当按照《中华人民共和国刑事诉讼法》第一百一十二条、第一百八十条的规定，将公安机关或者人民检察院作出不予追究的书面决定的内容在“案件由来”部分表述清楚。

八、判决主文中，如有追缴、退赔或者发还被害人财物、没收财物的，应在判决各项之后续项写明。

九、判决结果中“宣告无罪”的表述，是按经开庭审理后决定宣告无罪设计的；如果在开庭前的审查阶段即确认被告人无罪的，则应当按驳回起诉用的刑事裁定书样式制作刑事裁定书。

十、按本样式制作判决书时，注意参阅一审公诉案件适用普通程序用的刑事判决书样式及其说明。

十一、本说明可供制作其他自诉案件诉讼文书时参阅。

【相关规定】

《中华人民共和国刑事诉讼法》第一百一十二条　人民法院、人民检察院或者公安机关对于报案、控告、举报和自首的材料，应当按照管辖范围，迅速进行审查，认为有犯罪事实需要追究刑事责任的时候，应当立案；认为没有犯罪事实，或者犯罪事实显著轻微，不需要追究刑事责任的时候，不予立案，并且将不立案的原因通知控告人。控告人如果不服，可以申请复议。

第一百八十条　对于有被害人的案件，决定不起诉的，人民检察院应当将不起诉决定书送达被害人。被害人如果不服，可以自收到决定书后七日以内向上一级人民检察院申诉，请求提起公诉。人民检察院应当将复查决定告知被害人。对人民检察院维持不起诉决定的，被害人可以向人民法院起诉。被害人也可以不经申诉，直接向人民法院起诉。人民法院受理案件后，人民检察院应当将有关案件材料移送人民法院。

第二百一十条　自诉案件包括下列案件：

（一）告诉才处理的案件；

（二）被害人有证据证明的轻微刑事案件；

（三）被害人有证据证明对被告人侵犯自己人身、财产权利的行为应当依法追究刑事责任，而公安机关或者人民检察院不予追究被告人刑事责任的案件。

《最高人民法院关于适用〈中华人民共和国刑事诉讼法〉的解释》第一条　人民法院直接受理的自诉案件包括：

（一）告诉才处理的案件：

1. 侮辱、诽谤案（刑法第二百四十六条规定的，但严重危害社会秩序和国家利益的除外）；

2. 暴力干涉婚姻自由案（刑法第二百五十七条第一款规定的）；

3. 虐待案（刑法第二百六十条第一款规定的，但被害人没有能力告诉或者因受到强制、威吓无法告诉的除外）；

4. 侵占案（刑法第二百七十条规定的）。

（二）人民检察院没有提起公诉，被害人有证据证明的轻微刑事案件：

1. 故意伤害案（刑法第二百三十四条第一款规定的）；

2. 非法侵入住宅案（刑法第二百四十五条规定的）；

3. 侵犯通信自由案（刑法第二百五十二条规定的）；

4. 重婚案（刑法第二百五十八条规定的）；

5. 遗弃案（刑法第二百六十一条规定的）；

6. 生产、销售伪劣商品案（刑法分则第三章第一节规定的，但严重危害社会秩序和国家利益的除外）；

7. 侵犯知识产权案（刑法分则第三章第七节规定的，但严重危害社会秩序和国家利益的除外）；

8. 刑法分则第四章、第五章规定的，对被告人可能判处三年有期徒刑以下刑罚的案件。

本项规定的案件，被害人直接向人民法院起诉的，人民法院应当依法受理。对其中证据不足、可以由公安机关受理的，或者认为对被告人可能判处三年有期徒刑以上刑罚的，应当告知被害人向公安机关报案，或者移送公安机关立案侦查。

（三）被害人有证据证明对被告人侵犯自己人身、财产权利的行为应当依法追究刑事责任，且有证据证明曾经提出控告，而公安机关或者人民检察院不予追究被告人刑事责任的案件。

《最高人民法院关于审理拒不执行判决、裁定刑事案件适用法律若干问题的解释》第三条 申请执行人有证据证明同时具有下列情形，人民法院认为符合刑事诉讼法第二百一十条第三项规定的，以自诉案件立案审理：

（一）负有执行义务的人拒不执行判决、裁定，侵犯了申请执行人的人身、财产权利，应当依法追究刑事责任的；

（二）申请执行人曾经提出控告，而公安机关或者人民检察院对负有执行义务的人不予追究刑事责任的。

10. 刑事附带民事判决书（一审自诉案件用）

×××人民法院

刑事附带民事判决书

（一审自诉案件用）

（××××）……刑初……号

自诉人暨附带民事诉讼原告人……（写明姓名、性别、出生年月日、民族、工作单位和职务、住址等）。

诉讼代理人……（写明姓名、工作单位和职务）

附带民事诉讼代理人……（写明姓名、工作单位和职务）。

被告人……（写明姓名、性别、出生年月日、民族、工作单位和职务、住址等）。

辩护人……（写明姓名、工作单位和职务）。

附带民事诉讼代理人……（写明姓名、工作单位和职务）。

自诉人×××以被告人×××犯××罪，并由此造成经济损失为由，于××××年××月××日向本院提起控诉。本院于××××年××月××日受理后，依法实行独任审判（或者组成合议庭），公开（或者不公开）开庭审理了本案。自诉人×××及其诉讼代理人×××、被告人×××及其辩护人×××等到庭参加诉讼。现已审理终结。

自诉人×××诉称……（概述自诉人指控被告人犯罪和由此造成经济损失的事实、证据和诉讼请求）。

被告人×××辩称……（概述被告人对自诉人的指控予以辩解、自行辩护的意见和有关证据）。辩护人×××提出的辩护意见是……（概述辩护人的辩护意见和有关证据）。

经审理查明，……（首先写明经法庭审理查明的被告人的犯罪事实包括由此造成被害人经济损失的事实；其次写明据以定案的证据及其来源；最后对控辩双方有异议的事实、证据进行分析、认证）。

本院认为，……（写明根据查证属实的事实、证据和法律规定，论证自诉人暨附带民事诉讼原告人的指控是否成立，被告人的行为是否构成犯罪，应如何处罚，被告人的行为是否给被害人造成经济损失和应否承担民事赔偿责任。对于控辩双方有关适用法律方面的意见，应当有分析地表示是否予以采纳，并阐明理由）。依照……（写明判决的法律依据）的规定，判决如下：

……〔写明判决结果。分四种情况：

第一，定罪判刑并应当赔偿经济损失的，表述为：

“一、被告人×××犯××罪，……（写明判处的刑罚）；

（刑期从判决执行之日起计算。判决执行以前先行羁押的，羁押一日折抵刑期一日，即自××××年××月××日起至××××年××月××日止）。

二、被告人×××应于本判决生效之日起××日内，赔偿自诉人×××……（写明赔偿的金额和支付日期）。”

第二，定罪免刑并应当赔偿经济损失的，表述为：

“一、被告人×××犯××罪，免予刑事处罚；

二、被告人×××应于本判决生效之日起××日内，赔偿自诉人×××……（写明赔偿的金额和支付日期）。”

第三，宣告无罪但应当赔偿经济损失的，表述为：

“一、被告人×××无罪；

二、被告人×××应于本判决生效之日起××日内，赔偿自诉人×××……（写明赔偿的金额和支付日期）。”

第四，宣告无罪并且不赔偿经济损失的，表述为：

“一、被告人×××无罪；

二、被告人×××不承担民事赔偿责任。”〕

如不服本判决，可在接到判决书的第二日起十日内，通过本院或者直接向×××人民法院提出上诉。书面上诉的，应当提交上诉状正本一份，副本×份。

审　判　员　×××

××××年××月××日

（院印）

本件与原本核对无异

法官助理　×××

书　记　员　×××

【说明】

一、本样式根据《中华人民共和国刑法》第三十六条、第三十七条和《中华人民共和国刑事诉讼法》第七十七条以及《最高人民法院关于适用〈中华人民共和国刑事诉讼法〉的解释》的有关规定制订，供基层人民法院审理刑事自诉并提起附带民事诉讼案件的过程中，在确定被告人是否承担刑事责任的同时，附带解决被告人对于被害人所遭受的物质损失（即经济损失）是否承担民事赔偿责任时使用。

二、本样式是按被告人的行为构成犯罪并应当赔偿经济损失的模式设计的。如果条件变化，判决结果则应作相应改动。

三、按本样式制作判决书时，注意参阅一审公诉案件适用普通程序用的刑事附带民事判决书以及一审自诉案件用的刑事判决书样式及其说明。

【相关规定】

《中华人民共和国刑法》第三十六条　由于犯罪行为而使被害人遭受经济损失的，对犯罪分子除依法给予刑事处罚外，并应根据情况判处赔偿经济损失。

承担民事赔偿责任的犯罪分子，同时被判处罚金，其财产不足以全部支付的，或者被判处没收财产的，应当先承担对被害人的民事赔偿责任。

第三十七条　对于犯罪情节轻微不需要判处刑罚的，可以免予刑事处罚，但是可以根据案件的不同情况，予以训诫或者责令具结悔过、赔礼道歉、赔偿损失，或者由主管部门予以行政处罚或者行政处分。

《中华人民共和国刑事诉讼法》第七十七条　被监视居住的犯罪嫌疑人、被告人应当遵守以下规定：

（一）未经执行机关批准不得离开执行监视居住的处所；

（二）未经执行机关批准不得会见他人或者通信；

（三）在传讯的时候及时到案；

（四）不得以任何形式干扰证人作证；

（五）不得毁灭、伪造证据或者串供；

（六）将护照等出入境证件、身份证件、驾驶证件交执行机关保存。

被监视居住的犯罪嫌疑人、被告人违反前款规定，情节严重的，可以予以逮捕；需要予以逮捕的，可以对犯罪嫌疑人、被告人先行拘留。

11. 刑事判决书（一审自诉、反诉并案审理用）

×××人民法院

刑事判决书

（一审自诉、反诉并案审理用）

（××××）……刑初……号

自诉人（反诉被告人）……（写明姓名、性别、出生年月日、民族、工作单位和职务、住址等）。

诉讼代理人（辩护人）……（写明姓名、工作单位和职务）。

被告人（反诉自诉人）……（写明姓名、性别、出生年月日、民族、工作单位和职务、住址等）。

辩护人（诉讼代理人）……（写明姓名、工作单位和职务）。

自诉人×××以被告人×××犯××罪，于××××年××月××日向本院提诉。被告人×××于××××年××月××日以自诉人×××犯××罪提起反诉。本院于××××年××月××日受理后，依法组成合议庭（或者实行独任审判），公开（或者不公开）开庭进行了合并审理。自诉人（反诉被告人）×××及其诉讼代理人（辩护人）×××、被告人（反诉自诉人）×××及其辩护人（诉讼代理人）×××等到庭参加诉讼。现已审理终结。

自诉人×××诉称……（概述自诉人指控被告人犯罪的事实、证据和诉讼请求）。

被告人×××辩称……（概述被告人对自诉人的指控予以辩解、自行辩护的意见和有关证据）。辩护人×××提出的辩护意见是……（概述辩护人的辩护意见和有关证据）。

反诉自诉人×××诉称……（概述自诉人指控被告人犯罪的事实证据和诉讼请求）。

反诉被告人×××辩称……（概述反诉被告人对反诉自诉人的指控予以辩解、

自行辩护的意见和有关证据）。辩护人×××提出的辩护意见是……（概述辩护人的辩护意见和有关证据）。

经审理查明，……（首先写明经法庭审理查明的事实；其次写明据以定案的证据及其来源；最后对自诉、反诉各方有异议的事实、证据进行分析、认证）。

本院认为，……（写明根据查证属实的事实、证据和有关法律规定，论证自诉人、反诉自诉人的指控是否成立，被告人或者反诉被告人或者双方的行为是否构成犯罪，犯的什么罪，应当如何处罚。对于控辩双方有关适用法律方面的意见，应当有分析地表示是否予以采纳，并阐明理由）。依照……（写明判决的法律依据）的规定，判决如下：

……〔写明判决结果。分四种情况：

第一，被告人构成犯罪，反诉被告人无罪的，表述为：

“一、被告人×××犯××罪，……（写明判处的刑罚）；

（刑期从判决执行之日起计算。判决执行以前先行羁押的，羁押一日折抵刑期一日，即自××××年××月××日起至××××年××月××日止）；

二、反诉被告人×××无罪。”

第二，被告人无罪，反诉被告人构成犯罪的，表述为：

“一、被告人×××无罪；

二、反诉被告人×××犯××罪，……（写明判处的刑罚）。

（刑期从判决执行之日起计算。判决执行以前先行羁押的，羁押一日折抵刑期一日，即自××××年××月××日起至××××年××月××日止）。”

第三，双方都构成犯罪的，表述为：

“一、被告人×××犯××罪，……（写明判处的刑罚）；

（刑期从判决执行之日起计算。判决执行以前先行羁押的，羁押一日折抵刑期一日，即自××××年××月××日起至××××年××月××日止）；

二、反诉被告人×××犯××罪，……（写明判处的刑罚）。

（刑期从判决执行之日起计算。判决执行以前先行羁押的，羁押一日折抵刑期一日，即自××××年××月××日起至××××年××月××日止）。”

第四，双方都不构成犯罪的，表述为：

“一、被告人×××无罪；

二、反诉被告人×××无罪。”〕

如不服本判决，可在接到判决书的第二日起十日内，通过本院或者直接向×××人民法院提出上诉。书面上诉的，应当提交上诉状正本一份，副本×份。

审 判 长 ×××
审 判 员 ×××
审 判 员 ×××

××××年××月××日
（院印）

本件与原本核对无异

法官助理 ×××
书 记 员 ×××

【说明】

一、本样式根据《中华人民共和国刑事诉讼法》第二百一十三条和《最高人民法院关于适用〈中华人民共和国刑事诉讼法〉的解释》第三百三十四条的规定制订，供基层人民法院在受理自诉案件之后，被告人又提起反诉，经审查反诉能够成立，通过并案审理，作出处理决定时使用。

二、本判决书样式，适用于有附带民事诉讼内容的自诉案件时，应当作如下改动：

（一）将文书名称中的“刑事判决书”，改为“刑事附带民事判决书”。

（二）在当事人称谓、控辩主张、审理查明的事实、判决理由和判决结果部分相应增加有关附带民事的内容。

三、按本样式制作判决书时，注意参阅一审公诉案件用和一审自诉案件用的刑事判决书样式及其说明。

【相关规定】

《中华人民共和国刑事诉讼法》第二百一十三条 自诉案件的被告人在诉讼过程中，可以对自诉人提起反诉。反诉适用自诉的规定。

《最高人民法院关于适用〈中华人民共和国刑事诉讼法〉的解释》第三百三十四条 告诉才处理和被害人有证据证明的轻微刑事案件的被告人或者其法定代理人

在诉讼过程中，可以对自诉人提起反诉。反诉必须符合下列条件：

（一）反诉的对象必须是本案自诉人；

（二）反诉的内容必须是与本案有关的行为；

（三）反诉的案件必须符合本解释第一条第一项、第二项的规定。

反诉案件适用自诉案件的规定，应当与自诉案件一并审理。自诉人撤诉的，不影响反诉案件的继续审理。

12. 刑事裁定书（驳回自诉用）

×××人民法院

刑 事 裁 定 书

（驳回自诉用）

（××××）……刑初……号

自诉人……（写明姓名、性别、出生年月日、民族、工作单位和职务、住址等）。

被告人……（写明姓名、性别、出生年月日、民族、工作单位和职务、住址等）。

自诉人×××以被告人×××犯××罪，于××××年××月××日向本院提起控诉。

本院审查认为，……（简写驳回自诉的理由）。依照……（写明裁定的法律依据）的规定，裁定如下：

驳回自诉人×××对被告人×××的起诉。

如不服本裁定，可在接到裁定书的第二日起五日内，通过本院或者直接向×××人民法院提出上诉。书面上诉的，应当提交上诉状正本一份，副本×份。

审 判 员 ×××

××××年××月××日

（院印）

本件与原本核对无异

法官助理 ×××

书 记 员 ×××

【说明】

一、本样式根据《中华人民共和国刑事诉讼法》第二百一十一条第一款第（二）项和《最高人民法院关于适用〈中华人民共和国刑事诉讼法〉的解释》第三百二十一条的规定制订，供基层人民法院在受理自诉案件之后，经审查发现控诉缺乏罪证，自诉人提不出补充证据又不愿撤回自诉的，驳回自诉时使用。

二、本样式适用于有附带民事诉讼内容的自诉案件时，应当作如下改动：

（一）将文书名称中的“刑事裁定书”，改为“刑事附带民事裁定书”。

（二）在当事人称谓、控辩主张和驳回自诉的理由中，增加有关附带民事诉讼的内容。

（三）按本样式制作裁定书时，注意参阅一审自诉案件用的刑事附带民事判决书样式及其说明。

三、如组成合议庭审理的，则对审判组织作相应修改。

【相关规定】

《中华人民共和国刑事诉讼法》第二百一十一条第一款第（二）项 人民法院对于自诉案件进行审查后，按照下列情形分别处理：

（二）缺乏罪证的自诉案件，如果自诉人提不出补充证据，应当说服自诉人撤回自诉，或者裁定驳回。

《最高人民法院关于适用〈中华人民共和国刑事诉讼法〉的解释》第三百二十一条 对已经立案，经审查缺乏罪证的自诉案件，自诉人提不出补充证据的，人民法院应当说服其撤回起诉或者裁定驳回起诉；自诉人撤回起诉或者被驳回起诉后，又提出了新的足以证明被告人有罪的证据，再次提起自诉的，人民法院应当受理。

13. 刑事附带民事调解书（一审自诉案件用）

×××人民法院

刑事附带民事调解书

（一审自诉案件用）

（××××）……刑初……号

自诉人暨附带民事诉讼原告人……（写明姓名、性别、出生年月日、民族、工作单位和职务、住址等）。

被告人……（写明姓名、性别、出生年月日、民族、工作单位和职务、住址等）。

自诉人×××以被告人×××犯××罪，并造成经济损失为由，于××××年××月××日向本院提起控诉。本院受理后，依法实行独任审判（或者组成合议庭），公开（或者不公开）开庭进行了审理。

经审理查明，……（概述经法庭审理查明的事实），双方当事人……（写明对认定的事实没有异议或者基本上没有意见的情况）。

在本院主持调解下，……（概述被告人愿意承担民事赔偿责任和双方互相谅解的情况）。双方当事人自愿达成如下协议：

一、自诉人×××自愿放弃对被告人×××的指控；

二、被告人×××赔偿自诉人×××……（写明赔偿数额、支付方式和给付期限）。

上述协议不违反有关法律规定，本院予以确认。

本调解书经双方当事人签收后即具有法律效力。

审 判 员 ×××

××××年××月××日

（院印）

本件与原本核对无异

法官助理 ×××

书 记 员 ×××

【说明】

一、本样式根据《中华人民共和国刑法》第三十六条、《中华人民共和国刑事诉讼法》第一百零一条、第二百一十二条和《最高人民法院关于适用〈中华人民共和国刑事诉讼法〉的解释》第一百九十条的规定制订，供基层人民法院在审理一审自诉案件过程中，对于告诉才处理和被害人有证据证明的轻微刑事或者刑事附带民事诉讼案件，经法院主持调解，双方当事人达成协议时使用。经调解达成协议的自诉案件，也可以不制作刑事调解书，只制作调解笔录，由当事人阅后盖章（或者签字），并由审判人员署名后存卷。

二、自诉人如有诉讼代理人的，应在“自诉人”项后另起一行列项续写；被告人如有辩护人的，应在“被告人”项后另起一行列项续写；自诉人、被告人如系未成年人的，其法定代理人同样应在各该项后另起一行列项续写。上述人员的基本情况应写明姓名、工作单位和职务。

三、对于没有附带民事诉讼的刑事自诉案件，经调解，需要制作调解书时，应作如下改动：

（一）将“刑事附带民事调解书”改为“刑事调解书”；

（二）在案由和协议条款中只写明有关刑事部分的内容。

四、本调解书样式不适用于《中华人民共和国刑事诉讼法》第二百一十条第（三）项规定的案件。

五、法院认为有必要或者当事人要求在刑事调解书上写明控辩主张及其证据和法院定案的证据的，可以概括表述。

六、如组成合议庭审理的，则对审判组织作相应修改。

【相关规定】

《中华人民共和国刑法》第三十六条 由于犯罪行为而使被害人遭受经济损失的，对犯罪分子除依法给予刑事处罚外，并应根据情况判处赔偿经济损失。

承担民事赔偿责任的犯罪分子，同时被判处罚金，其财产不足以全部支付的，或者被判处没收财产的，应当先承担对被害人的民事赔偿责任。

《中华人民共和国刑事诉讼法》第一百零一条 被害人由于被告人的犯罪行为而遭受物质损失的，在刑事诉讼过程中，有权提起附带民事诉讼。被害人死亡或者丧失行为能力的，被害人的法定代理人、近亲属有权提起附带民事诉讼。

如果是国家财产、集体财产遭受损失的，人民检察院在提起公诉的时候，可以提起附带民事诉讼。

第二百一十条第（三）项　自诉案件包括下列案件：

（三）被害人有证据证明对被告人侵犯自己人身、财产权利的行为应当依法追究刑事责任，而公安机关或者人民检察院不予追究被告人刑事责任的案件。

第二百一十二条　人民法院对自诉案件，可以进行调解；自诉人在宣告判决前，可以同被告人自行和解或者撤回自诉。本法第二百一十条第三项规定的案件不适用调解。

人民法院审理自诉案件的期限，被告人被羁押的，适用本法第二百零八条第一款、第二款的规定；未被羁押的，应当在受理后六个月以内宣判。

《最高人民法院关于适用〈中华人民共和国刑事诉讼法〉的解释》第一百九十条　人民法院审理附带民事诉讼案件，可以根据自愿、合法的原则进行调解。经调解达成协议的，应当制作调解书。调解书经双方当事人签收后即具有法律效力。

调解达成协议并即时履行完毕的，可以不制作调解书，但应当制作笔录，经双方当事人、审判人员、书记员签名后即发生法律效力。

14. 刑事裁定书（准许撤诉或者按撤诉处理用）

×××人民法院
刑事裁定书
（准许撤诉或者按撤诉处理用）

（××××）……刑初……号

自诉人……（写明姓名、性别、出生年月日、民族、工作单位和职务、住址等）。

被告人……（写明姓名、性别、出生年月日、民族、工作单位和职务、住址等）。

自诉人×××以被告人×××犯××罪，于××××年××月××日向本院提起控诉。本院受理后，在诉讼过程中……（简述自诉人申请撤诉或者法院按撤诉处理的事由）。

本院认为，……（简写是否准许撤诉或者按撤诉处理的理由）。依照……（写明裁定的法律依据）的规定，裁定如下：

……〔写明裁定内容。分两种情况：

第一，准许自诉人申请撤诉的，表述为：

“准许自诉人×××撤诉。”

第二，按撤诉处理的，表述为：

“对自诉人的控诉按撤诉处理。”〕

如不服本裁定，可在接到裁定书的第二日起五日内，通过本院或者直接向×××人民法院提出上诉。书面上诉的，应当提交上诉状正本一份，副本×份。

审 判 员 ×××

××××年××月××日

（院印）

本件与原本核对无异

法官助理 ×××

书 记 员 ×××

【说明】

一、本样式根据《中华人民共和国刑事诉讼法》第二百一十一条第一款第（二）项和《最高人民法院关于适用〈中华人民共和国刑事诉讼法〉的解释》第一百九十五条第一款、第二百九十六条、第三百二十九条的规定制订，适用于在宣告判决前，人民检察院要求撤回起诉，经审查准许撤诉的案件和人民法院受理自诉案件之后，在审理过程中因自诉人的自诉缺乏罪证，自诉人提不出补充证据或者自诉人在宣告判决前同被告人自行和解而申请撤诉，经审查裁定准许撤诉，或者在法庭审理过程中，自诉人经两次合法传唤，无正当理由拒不到庭或者未经法庭许可中途退庭，依法按撤诉处理时使用。

二、对“自诉人申请撤诉”的具体事由，应分别表述为“因缺乏罪证，自诉人又提不出补充证据而申请撤诉”，或者“自诉人在宣告判决前，同被告人自行和解而申请撤回自诉”。

三、本裁定书样式是按自诉人系一案一人且只有本诉的情形下设计的。如果自诉人是二人以上的，部分自诉人撤诉不影响案件的继续审理；被告人提起反诉的，不影响反诉案件的继续审理。

四、对于人民检察院在宣告判决前要求撤回起诉，经审查准许撤诉的，应当对本样式首部的当事人项、案件由来和要求撤回起诉的事由，以及准许撤诉的理由作相应改动。

五、对不准许撤诉的，可以口头予以裁定，不另行制作裁定书。

六、对于有诉讼代理人、辩护人参加诉讼的自诉案件，在首部的相关部分应分别列项写明。

七、如组成合议庭审理的，则对审判组织作相应修改。

【相关规定】

《中华人民共和国刑事诉讼法》第二百一十一条第一款第（二）项 人民法院对于自诉案件进行审查后，按照下列情形分别处理：

（二）缺乏罪证的自诉案件，如果自诉人提不出补充证据，应当说服自诉人撤回自诉，或者裁定驳回。

《最高人民法院关于适用〈中华人民共和国刑事诉讼法〉的解释》第一百九十五条第一款 附带民事诉讼原告人经传唤，无正当理由拒不到庭，或者未经法庭许可中途退庭的，应当按撤诉处理。

第二百九十六条 在开庭后、宣告判决前，人民检察院要求撤回起诉的，人民法院应当审查撤回起诉的理由，作出是否准许的裁定。

第三百二十九条 判决宣告前，自诉案件的当事人可以自行和解，自诉人可以撤回自诉。

人民法院经审查，认为和解、撤回自诉确属自愿的，应当裁定准许；认为系被强迫、威吓等，并非自愿的，不予准许。

15. 刑事判决书（二审改判用）

×××人民法院

刑事判决书

（二审改判用）

（××××）……刑终……号

原公诉机关×××人民检察院。

上诉人（原审被告人）……（写明姓名、性别、出生年月日、民族、出生地、文化程度、职业或工作单位和职务、住址和因本案所受强制措施情况等，现羁押处所）。

辩护人……（写明姓名、工作单位和职务）。

×××人民法院审理×××人民检察院指控原审被告人×××犯××罪一案，于××××年××月××日作出（××××）……刑初……号刑事判决。原审被告人×××不服，提出上诉。本院依法组成合议庭，公开（或者不公开）开庭审理了本案。×××人民检察院指派检察员×××出庭履行职务。上诉人（原审被告人）×××及其辩护人×××等到庭参加诉讼。现已审理终结。

……（首先概述原判决认定的事实、证据、理由和判处结果；其次概述上诉、辩护的意见；最后概述人民检察院在二审中提出的新意见）。

经审理查明，……（首先写明经二审审理查明的事实；其次写明二审据以定案的证据；最后针对上诉理由中与原判认定的事实、证据有异议的问题进行分析、认证）。

本院认为，……（根据二审查明的事实、证据和有关法律规定，论证原审法院判决认定的事实、证据和适用法律是否正确。对于上诉人、辩护人或者出庭履行职务的检察人员等在适用法律、定性处理方面的意见，应当有分析地表示是否予以采纳，并阐明理由）。依照……（写明判决的法律依据）的规定，判决如下：

……〔写明判决结果。分两种情况：

第一，全部改判的，表述为：

“一、撤销×××人民法院（××××）……刑初……号刑事判决；

二、上诉人（原审被告人）×××……（写明改判的具体内容）。

（刑期从……）”

第二，部分改判的，表述为：

“一、维持×××人民法院（××××）……刑初……号刑事判决的第×项，即……（写明维持的具体内容）；

二、撤销×××人民法院（××××）……刑初……号刑事判决的第×项，即……（写明撤销的具体内容）；

三、上诉人（原审被告人）×××……（写明部分改判的具体内容）。

（刑期从……）”。〕

本判决为终审判决。

审 判 长 ×××
审 判 员 ×××
审 判 员 ×××

××××年××月××日
（院印）

本件与原本核对无异

法官助理 ×××
书 记 员 ×××

【说明】

一、本样式根据《中华人民共和国刑事诉讼法》第二百三十六条第一款第（二）、（三）项的规定制订，供第二审人民法院在受理当事人不服一审判决提出上诉或者公诉机关提出抗诉的刑事案件后，经审理查明原判决在适用法律上有错误或者量刑不当，或者原判决事实不清楚、证据不足，经二审查清事实后予以改判时使用。

二、本样式是按公诉案件的被告人提出上诉的模式设计的。如果条件变换，首部各项，应作如下改动：

（一）在公诉案件中

1. 被告人的辩护人或者近亲属经被告人同意而提出上诉的，上诉人仍为原审被告人，但应将审理经过段中"原审被告人×××不服，提出上诉"一句改为"原审被告人×××的近亲属（或者辩护人）×××经征得原审被告人×××同意，提出上诉"。

2. 检察机关提出抗诉的，第一项"原公诉机关"改为"抗诉机关"；第二项改为"原审被告人"项；第三项为"辩护人"项。如果在同一案件中，既有被告人上诉，又有检察机关抗诉的，第一项改为"抗诉机关"项，第二项、第三项不变。

被害人及其法定代理人请求人民检察院提出抗诉，人民检察院根据《中华人民共和国刑事诉讼法》第二百二十九条规定决定抗诉的，应在审理经过段中的"原审被告人×××不服，提出上诉"一句之后，续写"被害人（或者其法定代理人）×××不服，请求×××人民检察院提出抗诉。×××人民检察院决定并于××××年××月××日向本院提出抗诉"。

（二）在自诉案件中

1. 自诉人提出上诉的，第一项写"上诉人（原审自诉人）"，第二项写"原审被告人"；被告人提出上诉的，第一项写"上诉人（原审被告人）"，第二项写"原审自诉人"；自诉人和被告人都提出上诉的，第一项写"上诉人（原审自诉人）"，第二项写"上诉人（原审被告人）"。

2. 如果自诉人有诉讼代理人、被告人有辩护人的，应当分别在各自的项下增写"诉讼代理人"项或者"辩护人"项。

3. 如果自诉人、被告人系未成年人，其法定代理人或者指定代理人提出上诉的，应当把"上诉人（原审××人的×定代理人）"项增写在被代理人之前，随后续写"原审自诉人"项或者"原审被告人"项。

在共同犯罪案件的数个被告人中，有的上诉，有的不上诉的，前面列写提出上诉的"上诉人（原审被告人）"项，后面续写未提出上诉的"原审被告人"项。

首部的原公诉机关和诉讼参与人项作了改动之后，案件的由来和审判经过段以及其他有关各处，应当注意作相应的改动。

三、关于案件由来部分，要写明案件的来源和重要节点信息，案件是发回重审的，要写明发回重审的具体过程；开过庭前会议的，要写明庭前会议的具体时间；有过延期审理或者延长期限的，要写明延期审理或者延长期限的情况等。

四、对于第二审人民法院未开庭审理的，在本院依法组成合议庭之后，将“公开开庭审理了本案”，改写为：“经过阅卷，讯问被告人、听取其他当事人、辩护人、诉讼代理人的意见，认为事实清楚，决定不开庭审理。”

五、概述各方意见时，原审被告人或自诉人上诉的，按照上诉人、原审被告人、检察机关的顺序进行概述；检察机关提出抗诉的，按照抗诉机关、二审检察机关、原审被告人的顺序进行概述；既有检察机关抗诉又有上诉人提出上诉的，则按照抗诉机关、二审检察机关、上诉人、原审被告人的顺序进行概述。

六、书写判决书的事实和理由部分时，注意掌握以下几点：

（一）二审改判用的刑事判决书写作的重点，应当针对一审判决中的错误，以及上诉、抗诉的意见和理由，进行叙事和说理。

（二）对各方意见有分歧的要详写，没有异议的可以略写；对上诉、抗诉意见都应当进行分析、论证，充分阐明肯定或者否定的理由。

（三）注意避免文字上不必要的重复。二审判决认定的事实和证据与原判没有变动的，可采取“此繁彼简”的方法，重点叙述原判认定的事实和证据，而对第二审“审理查明”的事实和证据，则进行概括叙述。

（四）判决理由中的“法律依据”，包括程序法和实体法。在具体引用时，应当先引用程序法的有关规定，再引用实体法的有关规定。如适用司法解释的，应在其后一并引用。

七、判决结果应当根据对原审判决结果的改判情况作相应改动。

（一）如果原审判决主文未分项表述，第二审人民法院依法对该主文内容作部分改判的，可表述为：

“一、维持×××人民法院（××××）……刑×……号刑事判决中……（写明维持的内容）；

二、撤销×××人民法院（××××）……刑×……号刑事判决中……（写明撤销的内容）；

三、……（写明改判的内容）。”

（二）如果多名上诉人中有上诉人撤诉的，第二审人民法院依法对该主文内容作部分改判的，可表述为：

“一、准许上诉人×××撤回上诉；

二、维持×××人民法院（××××）……刑初……号刑事判决的第×项，即……（写明维持的具体内容）；

二、撤销×××人民法院（××××）……刑初……号刑事判决的第×项，即……（写明撤销的具体内容）；

三、上诉人（原审被告人）×××……（写明部分改判的具体内容）。

（刑期从……）”。]

八、第二审人民法院对原判认定事实清楚、证据充分，只是认定的罪名不当的，在不加重原判刑罚的情况下，可以判决变更罪名。

九、第二审人民法院审理上诉、抗诉案件的判决结果如果是在法定刑以下判处刑罚，并且依法应当报请最高人民法院核准的，在尾部写明：“本判决报请最高人民法院核准后生效”。

十、按本样式制作判决书时，注意参阅第一审公诉案件和自诉案件用的刑事判决书样式及其说明。

【相关规定】

《中华人民共和国刑事诉讼法》第二百二十九条　被害人及其法定代理人不服地方各级人民法院第一审的判决的，自收到判决书后五日以内，有权请求人民检察院提出抗诉。人民检察院自收到被害人及其法定代理人的请求后五日以内，应当作出是否抗诉的决定并且答复请求人。

第二百三十六条　第二审人民法院对不服第一审判决的上诉、抗诉案件，经过审理后，应当按照下列情形分别处理：

（一）原判决认定事实和适用法律正确、量刑适当的，应当裁定驳回上诉或者抗诉，维持原判；

（二）原判决认定事实没有错误，但适用法律有错误，或者量刑不当的，应当改判；

（三）原判决事实不清楚或者证据不足的，可以在查清事实后改判；也可以裁定撤销原判，发回原审人民法院重新审判。

原审人民法院对于依照前款第三项规定发回重新审判的案件作出判决后，被告人提出上诉或者人民检察院提出抗诉的，第二审人民法院应当依法作出判决或者裁定，不得再发回原审人民法院重新审判。

16. 刑事附带民事判决书（二审改判用）

×××人民法院

刑事附带民事判决书

（二审改判用）

（××××）……刑终……号

原公诉机关×××人民检察院。

上诉人（原审被告人）……（写明姓名、性别、出生年月日、民族、出生地、文化程度、职业或者工作单位和职务、住址和因本案所受强制措施情况等，现羁押处所）。

辩护人……（写明姓名、工作单位和职务）。

原审附带民事诉讼原告人……（写明姓名、性别、出生年月日、民族、出生地、文化程度、职业或者工作单位和职务、住址等）。

委托代理人……（写明姓名、性别、工作单位和职务）。

×××人民法院审理×××人民检察院指控原审被告人×××犯××罪、原审附带民事诉讼原告人×××提起附带民事诉讼一案，于××××年××月××日作出（××××）……刑初……号刑事附带民事判决。原审被告人×××不服，提出上诉。本院依法组成合议庭，公开（或者不公开）开庭审理了本案。×××人民检察院指派检察员×××出庭履行职务。上诉人（原审被告人）×××及其辩护人×××、附带民事诉讼原告人×××及其诉讼代理人×××等到庭参加诉讼。现已审理终结。

……（首先概述原判决认定的事实、证据、理由和判处结果；其次概述上诉、辩护的意见；最后，概述人民检察院和原审附带民事诉讼原告人在二审中提出的新意见）。

经审理查明，……（首先写明经二审审理查明的事实；其次写明二审据以定案的证据；最后针对上诉理由中与原判认定的事实、证据有异议的问题进行分析、认证。）

本院认为，……（根据二审查明的事实、证据和有关法律规定，论证原审法院判决认定的事实、证据和适用法律包括判处被告人赔偿经济损失是否正确。对于上诉人、辩护人或者出庭履行职务的检察人员等在适用法律、定性处理和赔偿经济损失方面的意见，应当有分析地表示是否予以采纳，并阐明理由）。依照……（写明判决的法律依据）的规定，判决如下：

……〔写明判决结果。分两种情况：

第一，全部改判的，表述为：

"一、撤销×××人民法院（××××）……刑初……号刑事附带民事判决；

二、上诉人（原审被告人）×××……（写明改判的刑事和附带民事的内容）。

（刑期从……）"

第二，部分改判的，表述为：

"一、维持×××人民法院（××××）……刑初……号刑事附带民事判决的第×项，即……（写明维持的具体内容）；

二、撤销×××人民法院（××××）……刑初……号刑事附带民事判决的第×项，即……（写明撤销的具体内容）；

三、上诉人（原审被告人）×××……（写明部分改判的刑事和附带民事的具体内容）。

（刑期从……）"〕

本判决为终审判决。

审　判　长　×××
审　判　员　×××
审　判　员　×××

××××年××月××日
（院印）

本件与原本核对无异

法官助理　×××
书　记　员　×××

【说明】

一、本样式根据《中华人民共和国刑事诉讼法》第二百三十六条第一款第（二）、（三）项的规定制订，供第二审人民法院在受理当事人对第一审人民法院的刑事附带民事判决的刑事或者民事部分不服，提出上诉，或者公诉机关提出抗诉的案件之后，经审理查明，原判决在适用法律上有错误，或者量刑、责令赔偿损失不当，或者事实不清、证据不足，经二审查清事实后予以改判时使用。

二、本样式是按对刑事和附带民事部分都提出上诉的模式设计的；如果只对其中一部分提出上诉，应按不同情况作相应改动。

（一）只对刑事部分提出上诉的

1. 文书名称应改为"刑事判决书"；

2. 案件由来段的"被告人×××……提出上诉"，改为"被告人×××对刑事部分判决不服，提出上诉"；

3. 事实、理由和判决结果中关于经济损失和赔偿问题的内容从略。

（二）只对附带民事部分提出上诉的

1. 文书名称不变；

2. 案件由来的"被告人×××……提出上诉"，改为"被告人（或者附带民事诉讼被告人）×××对附带民事部分判决不服，提出上诉"；

3. 事实部分应当重点写明由于被告人的犯罪行为使被害人遭受经济损失的事实和证据；

4. 理由部分应当着重写明上诉人对附带民事部分提出上诉的理由是否成立，意见应否采纳；

5. 判决结果部分可只对附带民事部分作出判决，刑事部分不再涉及。如果发现第一审判决中的刑事部分确有错误，根据《最高人民法院关于适用〈中华人民共和国刑事诉讼法〉的解释》第四百零九条第（二）项的规定，应当对刑事部分按照审判监督程序进行再审，并将附带民事诉讼部分与刑事部分一并审理。

三、本样式是按公诉案件被告人提出上诉，经二审法院开庭审理的模式设计的。如果条件变化，首部各项和其他有关各处如何改动，可以参阅第二审改判用刑事判决书的样式及其说明。

四、按本样式制作判决书时，应当注意参阅一审公诉案件适用普通程序用刑事附带民事判决书的样式及其说明。

【相关规定】

《中华人民共和国刑事诉讼法》第二百三十六条 第二审人民法院对不服第一审判决的上诉、抗诉案件，经过审理后，应当按照下列情形分别处理：

（一）原判决认定事实和适用法律正确、量刑适当的，应当裁定驳回上诉或者抗诉，维持原判；

（二）原判决认定事实没有错误，但适用法律有错误，或者量刑不当的，应当改判；

（三）原判决事实不清楚或者证据不足的，可以在查清事实后改判；也可以裁定撤销原判，发回原审人民法院重新审判。

原审人民法院对于依照前款第三项规定发回重新审判的案件作出判决后，被告人提出上诉或者人民检察院提出抗诉的，第二审人民法院应当依法作出判决或者裁定，不得再发回原审人民法院重新审判。

《最高人民法院关于适用〈中华人民共和国刑事诉讼法〉的解释》第四百零九条 第二审人民法院审理对附带民事部分提出上诉，刑事部分已经发生法律效力的案件，应当对全案进行审查，并按照下列情形分别处理：

（一）第一审判决的刑事部分并无不当的，只需就附带民事部分作出处理；

（二）第一审判决的刑事部分确有错误的，依照审判监督程序对刑事部分进行再审，并将附带民事部分与刑事部分一并审理。

17. 刑事裁定书（二审维持原判用）

×××人民法院
刑事裁定书

（二审维持原判用）

（××××）……刑终……号

原公诉机关×××人民检察院。

上诉人（原审被告人）……（写明姓名、性别、出生年月日、民族、出生地、文化程度、职业或者工作单位和职务、住址和因本案所受强制措施情况等，现羁押处所）。

辩护人……（写明姓名、工作单位和职务）。

×××人民法院审理×××人民检察院指控原审被告人×××犯××罪一案，于××××年××月××日作出（××××）……刑初……号刑事判决。原审被告人×××不服，提出上诉。本院依法组成合议庭，公开（或者不公开）开庭审理了本案。×××人民检察院指派检察员×××出庭履行职务。上诉人（原审被告人）×××及其辩护人×××等到庭参加诉讼。现已审理终结。

……（首先概述原判决认定的事实、证据、理由和判决结果；其次概述上诉、辩护的意见；最后概述人民检察院在二审中提出的新意见）。

经审理查明，……（首先写明经二审审理查明的事实；其次写明二审据以定案的证据；最后针对上诉理由中与原判认定的事实、证据有异议的问题进行分析、认证）。

本院认为，……（根据二审查明的事实、证据和有关法律规定，论证原审法院判决认定事实、证据和适用法律是正确的。对于上诉人、辩护人或者出庭履行职务的检察人员等在适用法律、定性处理方面的意见，应当逐一作出回答，阐明不予采纳的理由）。依照……（写明裁定的法律依据）的规定，裁定如下：

驳回上诉，维持原判。

本裁定为终审裁定。

审 判 长 ×××
审 判 员 ×××
审 判 员 ×××

××××年××月××日
（院印）

本件与原本核对无异

法官助理 ×××
书 记 员 ×××

【说明】

一、本样式根据《中华人民共和国刑事诉讼法》第二百三十六条第一款第（一）项的规定制订，供第二审人民法院在受理当事人不服第一审人民法院判决提出上诉，或者公诉机关提出抗诉的案件后，经审理查明原审法院判决在认定事实和适用法律方面没有错误，量刑适当，决定驳回上诉、抗诉，维持原判时使用。

二、制作本裁定书应当主要针对上诉、抗诉等提出的意见，进行分析、论证，阐明原判认定的事实、证据和适用法律、定性处理为什么正确，上诉、抗诉的理由为什么不能成立。驳回的理由应当具体、充分，有理有据，说服力强。对于证据不足以认定案件事实的上诉、抗诉理由，可以通过构建证据链条、分析证据之间的印证关系进行回应。对于法律适用方面的上诉、抗诉理由，要注重从不同角度切入论证，在论证过程中要突出不同论证角度之间的逻辑关系，充分体现理论水平，尽量使用法律术语，并注意语言精练。对于量刑轻重方面的上诉、抗诉理由，可以重点阐明原判适用的法定刑幅度以及法定、酌定量刑情节准确、适当，量刑结论合法、合理。

三、为了避免文字上不必要的重复，在叙述原判决的基本内容时，可以采取“此繁彼简”的方法，重点叙述原判认定的事实，而对于原判引用的证据可以概括列明证据名称，对第二审“审理查明”的事实和证据进行概括叙述。二审查明的事实和证据未发生显著变化的，可表述为：“经审理查明的事实、证据与原审判决相同”。

四、本样式是按公诉案件的被告人提出上诉的模式设计的。如果条件变化，首部各项和其他相关各处应作相应改动。

五、第二审人民法院审理上诉、抗诉案件的裁定结果如果是在法定刑以下判处刑罚，并且依法应当报请最高人民法院核准的，在尾部写明：“本裁定报经最高人民法院核准后生效”。

六、按本样式制作裁定书，注意参阅二审改判用刑事判决书的样式及其说明。

【相关规定】

《中华人民共和国刑事诉讼法》第二百三十六条 第二审人民法院对不服第一审判决的上诉、抗诉案件，经过审理后，应当按照下列情形分别处理：

（一）原判决认定事实和适用法律正确、量刑适当的，应当裁定驳回上诉或者抗诉，维持原判；

（二）原判决认定事实没有错误，但适用法律有错误，或者量刑不当的，应当改判；

（三）原判决事实不清楚或者证据不足的，可以在查清事实后改判；也可以裁定撤销原判，发回原审人民法院重新审判。

原审人民法院对于依照前款第三项规定发回重新审判的案件作出判决后，被告人提出上诉或者人民检察院提出抗诉的，第二审人民法院应当依法作出判决或者裁定，不得再发回原审人民法院重新审判。

第二百四十八条 中级人民法院判处死刑缓期二年执行的案件，由高级人民法院核准。

《最高人民法院关于适用〈中华人民共和国刑事诉讼法〉的解释》第四百九十七条第二款 认定故意犯罪，情节恶劣，应当执行死刑的，在判决、裁定发生法律效力后，应当层报最高人民法院核准执行死刑。

18. 刑事附带民事裁定书（二审维持原判用）

×××人民法院

刑事附带民事裁定书

（二审维持原判用）

（××××）……刑终……号

原公诉机关×××人民检察院。

上诉人（原审被告人）……（写明姓名、性别、出生年月日、民族、出生地、文化程度、职业或者工作单位和职务、住址和因本案所受强制措施情况等，现羁押处所）。

辩护人……（写明姓名、工作单位和职务）。

原审附带民事诉讼原告人……（写明姓名、性别、出生年月日、民族、出生地、文化程度、职业或者工作单位和职务、住址等）。

×××人民法院审理×××人民检察院指控原审被告人×××犯××罪、原审附带民事诉讼原告人×××提起附带民事诉讼一案，于××××年××月××日作出（××××）……刑初……号刑事附带民事判决。原审被告人×××不服，提出上诉。本院依法组成合议庭，公开（或者不公开）开庭审理了本案。×××人民检察院指派检察员×××出庭履行职务。上诉人（原审被告人）×××及其辩护人×××、附带民事诉讼原告人×××及其诉讼代理人×××等到庭参加诉讼。现已审理终结。

……（首先概述原判决认定的事实、证据、理由和判处结果；其次概述上诉、辩护的意见；最后概述人民检察院和原审附带民事诉讼原告人在二审中提出的新意见）。

经审理查明，……（首先写明经二审审理查明的事实；其次写明二审据以定案的证据；最后针对上诉理由中与原判认定的事实、证据有异议的问题进行分析、认证）。

本院认为，……（根据二审查明的事实、证据和有关法律规定，论证原审法院认定事实、证据和适用法律包括判处被告人赔偿经济损失是正确的。对于上诉人、辩护人或者出庭履行职务的检察人员等在适用法律、定性处理方面的意见，应当逐一进行回答，说明不予采纳的理由）。依照……（写明裁定的法律依据）的规定，裁定如下：

驳回上诉，维持原判。

本裁定为终审裁定。

审 判 长 ×××
审 判 员 ×××
审 判 员 ×××

××××年××月××日
（院印）

本件与原本核对无异

法官助理 ×××
书 记 员 ×××

【说明】

一、本样式根据《中华人民共和国刑事诉讼法》第二百三十六条第一款第（一）项的规定制订，供第二审人民法院在受理当事人不服第一审人民法院刑事附带民事判决提出上诉，或者人民检察院提出抗诉的案件后，经审理查明原判决在认定事实和适用法律方面没有错误，量刑和责令赔偿经济损失均无不当，决定驳回上诉，维持原判时使用。

二、本样式是按原审被告人不服原判提出上诉的模式设计的。如果条件变化，首部各项和其他相关各处如何改动，可参阅二审改判用的刑事附带民事判决书样式及其说明。对于只对第一审刑事附带民事判决中附带民事部分判决不服提出上诉（或抗诉），第二审判决结果是驳回上诉（抗诉），维持原判的，文书名称仍使用“刑事附带民事裁定书”。

三、按本样式制作裁定书时，请注意参阅第二审改判用刑事附带民事判决书和维持原判用的刑事裁定书样式及其说明。

【相关规定】

《中华人民共和国刑事诉讼法》第二百三十六条　第二审人民法院对不服第一审判决的上诉、抗诉案件，经过审理后，应当按照下列情形分别处理：

（一）原判决认定事实和适用法律正确、量刑适当的，应当裁定驳回上诉或者抗诉，维持原判；

（二）原判决认定事实没有错误，但适用法律有错误，或者量刑不当的，应当改判；

（三）原判决事实不清楚或者证据不足的，可以在查清事实后改判；也可以裁定撤销原判，发回原审人民法院重新审判。

原审人民法院对于依照前款第三项规定发回重新审判的案件作出判决后，被告人提出上诉或者人民检察院提出抗诉的，第二审人民法院应当依法作出判决或者裁定，不得再发回原审人民法院重新审判。

19. 刑事附带民事调解书（二审自诉案件用）

×××人民法院
刑事附带民事调解书
（二审自诉案件用）

（××××）……刑终……号

上诉人（原审附带民事诉讼被告人）……（写明姓名、性别、出生年月日、民族、出生地、文化程度、职业或者工作单位和职务、住址等）。

原审自诉人暨附带民事诉讼原告人……（写明姓名、性别、出生年月日、民族、出生地、文化程度、职业或者工作单位和职务、住址等）。

×××人民法院审理自诉人暨附带民事诉讼原告人×××诉被告人×××犯××罪并赔偿经济损失一案，于××××年××月××日作出（××××）……刑初……号刑事附带民事判决。原审被告人×××不服，提出上诉。本院依法组成合议庭，公开（或者不公开）开庭审理了本案。

……（概述原审判决认定的事实包括给被害人造成经济损失的事实、判处结果、上诉人的上诉理由、对方当事人的辩解等）。

经审理查明，……（首先写明经二审审理查明的事实包括原审被告人给被害人造成经济损失的事实；其次写明双方当事人对此没有异议）。

经本院主持调解，……（写明被告人承认错误，愿意赔偿经济损失的态度和双方当事人互相谅解的简要情况）。双方当事人自愿达成如下协议：

一、原审自诉人×××自愿放弃对被告人×××刑事部分的指控；

二、上诉人（原审被告人）×××自愿放弃上诉；

三、原审被告人×××赔偿原审自诉人×××……（写明赔偿金额、支付方式、给付期限）。

上述协议不违反有关法律规定，本院予以确认。

本调解书经双方当事人签收后，即具有法律效力。原审（××××）……刑初……号刑事附带民事判决自动撤销。

审　判　长　×××
审　判　员　×××
审　判　员　×××

××××年××月××日
（院印）

本件与原本核对无异

法官助理　×××
书　记　员　×××

【说明】

一、本样式根据《中华人民共和国刑事诉讼法》第二百一十二条、第二百四十二条和《最高人民法院关于适用〈中华人民共和国刑事诉讼法〉的解释》第四百一十一条的规定制订，供第二审人民法院在审理二审自诉刑事附带民事诉讼案件的过程中，双方当事人达成调解协议时使用。

二、首部上诉人项如系原审自诉人暨附带民事诉讼原告人时，应当在该项后括注“原审自诉人暨附带民事诉讼原告人”；原审自诉人暨附带民事诉讼原告人项则改为“原审被告人”。其他各项的内容也应当作相应的变动。原审自诉人暨附带民事诉讼原告人在二审中如有诉讼代理人的，应当在其后另行列项书写；原审被告人在二审中如有辩护人的，也应当在其后另行列项书写；自诉人暨附带民事诉讼原告人、被告人如系未成年人的，其法定代理人应当在各当事人项后，另行列项书写。

三、协议内容应当在调解书中写明确、具体。

四、本调解书样式适用于刑事自诉案件时，各部分应作相应变动，即文书名称应改为“刑事调解书”；在案件由来、原判决认定事实、本院审理查明以及协议条款中，删去有关附带民事诉讼的内容。

五、本调解书样式不适用原审法院依照《中华人民共和国刑事诉讼法》第二百一十条第（三）项规定作出判决的上诉案件。

【相关规定】

《中华人民共和国刑事诉讼法》第二百一十条 自诉案件包括下列案件：

（一）告诉才处理的案件；

（二）被害人有证据证明的轻微刑事案件；

（三）被害人有证据证明对被告人侵犯自己人身、财产权利的行为应当依法追究刑事责任，而公安机关或者人民检察院不予追究被告人刑事责任的案件。

第二百一十二条 人民法院对自诉案件，可以进行调解；自诉人在宣告判决前，可以同被告人自行和解或者撤回自诉。本法第二百一十条第三项规定的案件不适用调解。

人民法院审理自诉案件的期限，被告人被羁押的，适用本法第二百零八条第一款、第二款的规定；未被羁押的，应当在受理后六个月以内宣判。

第二百四十二条 第二审人民法院审判上诉或者抗诉案件的程序，除本章已有规定的以外，参照第一审程序的规定进行。

《最高人民法院关于适用〈中华人民共和国刑事诉讼法〉的解释》第四百一十一条 对第二审自诉案件，必要时可以调解，当事人也可以自行和解。调解结案的，应当制作调解书，第一审判决、裁定视为自动撤销。当事人自行和解的，依照本解释第三百二十九条的规定处理；裁定准许撤回自诉的，应当撤销第一审判决、裁定。

20. 刑事裁定书（二审发回重审用）

×××人民法院
刑事裁定书

（二审发回重审用）

（××××）……刑终……号

原公诉机关×××人民检察院。

上诉人（原审被告人）……（写明姓名、性别、出生年月日、民族、出生地、文化程度、职业或者工作单位和职务、住址和因本案所受强制措施情况等，现羁押处所）。

辩护人……（写明姓名、工作单位和职务）。

×××人民法院审理×××人民检察院指控原审被告人×××犯××罪一案，于××××年××月××日作出（××××）……刑初……号刑事判决，认定被告人×××犯××罪，判处……（写明判决结果）。被告人×××不服，以……（概述上诉的理由）为由，提出上诉。本院依法组成合议庭审理了本案。现已审理终结。

本院认为，……（具体写明原判事实不清、证据不足，或者违反法律规定的诉讼程序的情形，阐明发回重审的理由）。依照……（写明裁定的法律依据）的规定，裁定如下：

一、撤销×××人民法院（××××）……刑初……号刑事判决；

二、发回×××人民法院重新审判。

本裁定为终审裁定。

审　判　长　×××
审　判　员　×××
审　判　员　×××

××××年××月××日

（院印）

本件与原本核对无异

法 官 助 理 ×××

书 记 员 ×××

【说明】

一、本样式根据《中华人民共和国刑事诉讼法》第二百三十六条第一款第（三）项、第二百三十八条和《最高人民法院关于严格执行公开审判制度的若干规定》第七条第一款第（一）项的规定制订，供第二审人民法院在受理当事人不服一审判决提出上诉或者人民检察院提出抗诉的刑事案件后，经审理认为，原判决事实不清楚或者证据不足，或者违反法律规定的诉讼程序，决定撤销原判，发回重新审判时使用。

二、由于发回重审的裁定只解决程序问题，没有对案件的实体问题作出处理，因此，不需具体叙述原判认定的事实、证据、理由和上诉、抗诉的意见和理由等。对于其核心内容，只需在案件的由来段中，用最精练的文字，即“以……为由，提出上诉（或者抗诉）”表述即可。

三、在本裁定书中，原则上应当具体写明发回重审的理由；对于以违反法律规定的诉讼程序为由发回重审的，应当按照《中华人民共和国刑事诉讼法》第二百三十八条规定的五种情形具体写明，不再向原审法院另行附函说明，特殊情况除外。

四、本样式是按公诉案件的被告人提出上诉且未经开庭审理而设计的。如果条件变化，首部各项如何改动，可参阅第二审改判用的刑事判决书、刑事附带民事判决书样式及其说明。

【相关规定】

《中华人民共和国刑事诉讼法》第二百三十六条 第二审人民法院对不服第一审判决的上诉、抗诉案件，经过审理后，应当按照下列情形分别处理：

（一）原判决认定事实和适用法律正确、量刑适当的，应当裁定驳回上诉或者抗诉，维持原判；

（二）原判决认定事实没有错误，但适用法律有错误，或者量刑不当的，应当改判；

（三）原判决事实不清楚或者证据不足的，可以在查清事实后改判；也可以裁定撤销原判，发回原审人民法院重新审判。

原审人民法院对于依照前款第三项规定发回重新审判的案件作出判决后，被告人提出上诉或者人民检察院提出抗诉的，第二审人民法院应当依法作出判决或者裁定，不得再发回原审人民法院重新审判。

第二百三十八条　第二审人民法院发现第一审人民法院的审理有下列违反法律规定的诉讼程序的情形之一的，应当裁定撤销原判，发回原审人民法院重新审判：

（一）违反本法有关公开审判的规定的；

（二）违反回避制度的；

（三）剥夺或者限制了当事人的法定诉讼权利，可能影响公正审判的；

（四）审判组织的组成不合法的；

（五）其他违反法律规定的诉讼程序，可能影响公正审判的。

《最高人民法院关于严格执行公开审判制度的若干规定》第七条　凡应当依法公开审理的案件没有公开审理的，应当按下列规定处理：

（一）当事人提起上诉或者人民检察院对刑事案件的判决、裁定提起抗诉的，第二审人民法院应当裁定撤销原判决，发回重审；

（二）当事人申请再审的，人民法院可以决定再审；人民检察院按照审判监督程序提起抗诉的，人民法院应当决定再审。

上述发回重审或者决定再审的案件应当依法公开审理。

21. 刑事裁定书（二审维持、撤销、变更一审裁定用）

×××人民法院

刑事裁定书

（二审维持、撤销、变更一审裁定用）

（××××）……刑终……号

原公诉机关×××人民检察院。

上诉人（原审被告人）……（写明姓名、性别、出生年月日、民族、出生地、文化程度、职业或者工作单位和职务、住址和因本案所受强制措施情况等，现羁押处所）。

×××人民法院审理×××人民检察院指控被告人×××犯××罪一案，于××××年××月××日作出（××××）……刑初……号刑事裁定。原审被告人×××不服，提出上诉。本院依法组成合议庭，审理了本案。现已审理终结。

……（概述原审裁定认定的主要事实、理由和裁定结果以及上诉人的上诉理由）。

经审理查明，……（写明二审法院查明的事实）。

本院认为，……（写明二审裁定维持、变更或者撤销一审法院裁定的理由）。依照……（写明裁定的法律依据）的规定，裁定如下：

……〔写明裁定结果。分三种情况：

第一，驳回上诉，维持原裁定的，表述为：

“驳回上诉，维持原裁定。”

第二，撤销原裁定，发回重审的，表述为：

“一、撤销×××人民法院（××××）……刑初……号刑事裁定；

二、发回×××人民法院重新审判。”

第三，变更原裁定的，表述为：

“一、撤销×××人民法院（××××）……刑初……号刑事裁定；

二、……（写明变更裁定的具体内容）”。〕

本裁定为终审裁定。

审　判　长　×××
审　判　员　×××
审　判　员　×××

××××年××月××日
（院印）

本件与原本核对无异

法官助理　×××
书　记　员　×××

【说明】

一、本样式根据《中华人民共和国刑事诉讼法》第二百四十条的规定制订，供第二审人民法院在受理不服第一审刑事裁定提出上诉、抗诉的刑事案件后，按照审理查明的事实，决定驳回上诉、抗诉；或者撤销原裁定，发回重审；或者变更原裁定时使用。

二、由于不服一审裁定而上诉、抗诉的案件，主要是程序问题，内容单一，因此，制作本裁定书时，要求文字简洁、明了。

三、本样式是按公诉案件的被告人提出上诉的模式设计的。如果适用于人民检察院提出抗诉的公诉案件、自诉人提出上诉的自诉案件和其他案件时，首部各项和其他各处如何改动，可以参阅第二审改判用的刑事判决书样式及其说明。

【相关规定】

《中华人民共和国刑事诉讼法》第二百四十条　第二审人民法院对不服第一审裁定的上诉或者抗诉，经过审查后，应当参照本法第二百三十六条、第二百三十八条和第二百三十九条的规定，分别情形用裁定驳回上诉、抗诉，或者撤销、变更原裁定。

22. 刑事裁定书（准许撤回上诉、抗诉用）

×××人民法院

刑事裁定书

（准许撤回上诉、抗诉用）

（××××）……刑终……号

原公诉机关×××人民检察院。

上诉人（原审被告人）……（写明姓名、性别、出生年月日、民族、出生地、文化程度、职业或者工作单位和职务、住址和因本案所受强制措施情况等，现羁押处所）。

×××人民法院审理×××人民检察院指控原审被告人×××犯××罪一案，于××××年××月××日作出（××××）……刑初……号刑事判决，判处……（写明判处结果）。被告人×××不服，提出上诉。本院审理过程中，上诉人（原审被告人）×××申请撤回上诉。

本院认为，……（写明准许上诉人撤回上诉的理由）。依照……（写明裁定的法律依据）的规定，裁定如下：

准许上诉人×××撤回上诉。

×××人民法院（××××）……刑初……号刑事判决自本裁定送达之日起发生法律效力。

本裁定为终审裁定。

审　判　长　×××
审　判　员　×××
审　判　员　×××

××××年××月××日

（院印）

本件与原本核对无异

法 官 助 理　×××

书　记　员　×××

【说明】

一、本样式根据《最高人民法院关于适用〈中华人民共和国刑事诉讼法〉的解释》第三百八十五条、第三百八十六条、第三百九十七条的规定制订，供中级以上人民法院在受理上诉、抗诉案件后，对上诉人申请撤回上诉或者抗诉机关的上级人民检察院撤回抗诉的案件，经审查后决定准许撤回上诉、抗诉时使用。

二、本裁定书样式是按上诉人申请撤回上诉的模式设计的。如果用于人民检察院撤回抗诉的案件时，应作如下改动：

（一）"原公诉机关"改为"抗诉机关"；"上诉人"改为"原审被告人"。

（二）"被告人×××不服，提出上诉"一句改为："抗诉机关即原公诉机关×××人民检察院提出抗诉。"

（三）"上诉人……申请撤回上诉"一句改为："×××人民检察院认为抗诉不当，向本院撤回抗诉。"

（四）"本院认为"之后的"理由"改写为："×××人民检察院撤回抗诉的要求，符合法律规定。"

（五）裁定结果项表述为：

"准许×××人民检察院撤回抗诉。

×××人民法院（××××）……刑初……号刑事判决自本裁定送达之日起发生法律效力。"

三、第二审人民法院对接到开庭通知后人民检察院不派员出庭的抗诉案件裁定按人民检察院撤回抗诉处理的，裁定结果表述为：

"本案按×××人民检察院撤回抗诉处理。

×××人民法院（××××）……刑初……号刑事判决自本裁定送达之日起发生法律效力。"

四、本样式按上诉人是一案一人设计的。如果是共同犯罪案件的上诉人中有的要求撤回上诉，有的没有要求撤回上诉的，准许上诉人撤回上诉后，不影响案件的继续审理。

五、如系自诉案件的自诉人提出上诉后，不仅要求撤回上诉，而且要求撤回原诉（自诉），经审查予以准许时，裁定结果则应当表述为："准许上诉人×××撤回上诉和自诉。×××人民法院（××××）……刑初……号刑事判决自本裁定送达之日起即视为撤销。"在裁定书中"上诉人（即原审自诉人）×××申请撤回上诉"一句之后增写"和自诉"。

六、对于在上诉、抗诉期满前，上诉人或者人民检察院要求撤回上诉或者抗诉的，第一审判决、裁定在上诉、抗诉期满之日起生效。因此，裁定结果中应当将"自本裁定送达之日起"，改为"自本裁定确定之日起"发生法律效力。

七、不准许上诉人撤诉的，可以口头裁定，不再制作裁定书。

【相关规定】

《最高人民法院关于适用〈中华人民共和国刑事诉讼法〉的解释》第三百八十五条 人民检察院在抗诉期限内要求撤回抗诉的，人民法院应当准许。

人民检察院在抗诉期满后要求撤回抗诉的，第二审人民法院可以裁定准许，但是认为原判存在将无罪判为有罪、轻罪重判等情形的，应当不予准许，继续审理。

上级人民检察院认为下级人民检察院抗诉不当，向第二审人民法院要求撤回抗诉的，适用前两款规定。

第三百八十六条 在上诉、抗诉期满前撤回上诉、抗诉的，第一审判决、裁定在上诉、抗诉期满之日起生效。在上诉、抗诉期满后要求撤回上诉、抗诉，第二审人民法院裁定准许的，第一审判决、裁定应当自第二审裁定书送达上诉人或者抗诉机关之日起生效。

第三百九十七条 开庭审理上诉、抗诉的公诉案件，应当通知同级人民检察院派员出庭。

抗诉案件，人民检察院接到开庭通知后不派员出庭，且未说明原因的，人民法院可以裁定按人民检察院撤回抗诉处理。

23. 刑事判决书（按一审程序再审改判用）

×××人民法院

刑 事 判 决 书

（按一审程序再审改判用）

（××××）……刑再初……号

原公诉机关×××人民检察院。

原审被告人……（写明姓名、性别、出生年月日、民族、出生地、文化程度、职业或者工作单位和职务、住址等，现羁押处所）。

辩护人……（写明姓名、工作单位和职务）。

×××（写明省、自治区、直辖市和市）人民法院审理×××人民检察院指控原审被告人×××犯××罪一案，于××××年××月××日作出（××××）……刑初……号刑事判决，认定×××犯××罪，判处……（写明主刑和附加刑）。宣判后，×××未上诉，人民检察院未抗诉。该判决发生法律效力后，……（写明提起再审的根据或者再审案件的由来）。本院依法另行组成合议庭，公开（或者不公开）开庭审理了本案。×××人民检察院检察员×××出庭履行职务。被害人×××、原审被告人×××及其辩护人×××等到庭参加诉讼。现已审理终结。

……（概述原审判决认定的事实、证据、判决的理由和判决结果）。

……（概述再审中原审被告人的辩解和辩护人的辩护意见。对人民检察院在再审中提出的意见，应当一并写明）。

经再审查明，……（写明再审认定的事实和证据，并就诉讼双方对原判有异议的事实、证据作出分析、认证）。

本院认为，……（根据再审查明的事实、证据和有关法律规定，对原判和诉讼各方的主要意见作出分析，阐明改判的理由）。依照……（写明判决的法律依据）的规定，判决如下：

……〔写明判决结果。分两种情况：

第一，全部改判的，表述为：

“一、撤销本院（××××）……刑×……号刑事判决；

二、原审被告人×××……（写明改判的内容）。”

第二，部分改判的，表述为：

“一、维持本院（××××）……刑×……号刑事判决的第×项，即……（写明维持的具体内容）；

二、撤销本院（××××）……刑×……号刑事判决的第×项，即……（写明撤销的具体内容）；

三、原审被告人×××……（写明部分改判的内容）。”〕

如不服本判决，可在接到判决书的第二日起十日内，通过本院或者直接向×××人民法院提出上诉。书面上诉的，应当提交上诉状正本一份，副本×份。

审　判　长　×××
审　判　员　×××
审　判　员　×××

××××年××月××日
（院印）

本件与原本核对无异

法官助理　×××
书　记　员　×××

【说明】

一、本样式根据《中华人民共和国刑事诉讼法》第二百五十六条，《最高人民法院关于适用〈中华人民共和国刑事诉讼法〉的解释》第四百七十二条第一款第（三）项、第（四）项和第二款的规定制订，供各级人民法院对本院已经发生法律效力的一审判决，经提起再审程序后，另行组成合议庭，就案件的实体问题进行再审，确认原判在认定事实、适用法律上确有错误，或者事实不清，证据不足，不能认定原审被告人有罪的，决定予以改判时使用。

二、“提起再审的根据”有以下两种情况：

（一）如果是根据《中华人民共和国刑事诉讼法》第二百五十四条第一款和《最高人民法院关于适用〈中华人民共和国刑事诉讼法〉的解释》第四百六十条的规定，由原第一审人民法院决定再审的，写为：“本院又于××××年××月××日作出（××××）……刑申……号再审决定，本案由本院另行组成合议庭进行再审”；

（二）如果是根据《中华人民共和国刑事诉讼法》第二百五十三条的规定，因当事人及其法定代理人、近亲属的申诉，原第一审人民法院决定再审的，写为“×××向本院提出申诉，本院于××××年××月××日作出（××××）……刑申……号再审决定，本案由本院另行组成合议庭进行再审”。

三、“再审案件的由来”有以下两种情况：

（一）上级人民法院指令原第一审人民法院再审的，写为：“×××人民法院于××××年××月××日作出（××××）……刑申……号再审决定，指令本院另行组成合议庭对本案进行再审”；

（二）上级人民法院指令原第一审人民法院以外的人民法院再审的，写为：“×××人民法院于××××年××月××日作出（××××）……刑申……号再审决定，指令本院对本案进行再审”。

四、本样式系按有被害人且被害人到庭参加诉讼的公诉案件设计的。

五、本样式系按公诉案件设计的。适用于自诉案件时，应当在首部作如下改动：

（一）“原审自诉人”项排在第一，“原审被告人”项排在第二，等等；

（二）“×××人民检察院指控……一案”，改为“原审自诉人×××以原审被告人×××犯××罪提出控诉”；

（三）“×××人民检察院检察员×××出庭履行职务”，改为“原审自诉人×××”。

六、“经再审查明……”中，如果有不能认定的事实，应当分两部分写，第一部分是根据再审认定的事实和证据；第二部分是根据再审不能认定的事实和证据。

七、本判决书的理由部分，应当根据不同情况有针对性地论述改判的理由：

（一）宣告无罪的，分为两种情况：（1）依据法律认定原审被告人无罪的，应当根据再审认定的事实、证据和有关法律规定，通过分析论证，说明原审被告人的行为不构成犯罪，原判错误；并针对决定再审理由、申诉理由，以及原审被告人及其辩护人的辩解辩护意见等进行评判，表示是否予以采纳。（2）证据不足，不能认定被告人有罪的，应当根据再审认定的事实、证据和有关法律规定，阐明原判认定原审被告人犯×××罪的事实不清、证据不足，指控的犯罪不能成立。

（二）定罪正确，量刑不当的，应当根据再审认定的事实、证据和有关法律规定，通过分析论证，说明原判定性正确，但量刑不当，以及对原审被告人为什么应当从轻、减轻、免除处罚或者从重处罚，并针对决定再审理由、申诉理由，以及原审被告人及其辩护人的辩解辩护意见等进行评判，表示是否予以采纳。

（三）变更罪名的，应当根据再审认定的事实、证据和有关法律规定，通过分析论证，说明原判定性有误，但原审被告人的行为仍构成犯罪，以及犯何罪，是否应当从轻、减轻、免除处罚或者从重处罚；并针对决定再审理由、申诉理由，以及原审被告人及其辩护人的辩解辩护意见等进行评判，表示是否予以采纳。

八、如果再审判决对原判结果中的内容部分维持、部分改判的，表述时，应当分项写明。如：

“（一）维持本院（××××）……刑初……号刑事判决中……（写明维持的内容）；

（二）撤销本院（××××）……刑初……号刑事判决中……（写明撤销的内容）；

（三）对原审被告人×××……（写明改判的内容）。”

如果是根据《中华人民共和国刑事诉讼法》第二百五十五条和《最高人民法院关于适用〈中华人民共和国刑事诉讼法〉的解释》第四百六十一条第二款的规定，由原审人民法院以外的人民法院再审的，制作时应注意相应变动，即将上述“本院”变动为“×××人民法院”。

【相关规定】

《中华人民共和国刑事诉讼法》第二百五十三条 当事人及其法定代理人、近亲属的申诉符合下列情形之一的，人民法院应当重新审判：

（一）有新的证据证明原判决、裁定认定的事实确有错误，可能影响定罪量刑的；

（二）据以定罪量刑的证据不确实、不充分、依法应当予以排除，或者证明案件事实的主要证据之间存在矛盾的；

（三）原判决、裁定适用法律确有错误的；

（四）违反法律规定的诉讼程序，可能影响公正审判的；

（五）审判人员在审理该案件的时候，有贪污受贿，徇私舞弊，枉法裁判行为的。

第二百五十四条第一款 各级人民法院院长对本院已经发生法律效力的判决和裁

定，如果发现在认定事实上或者在适用法律上确有错误，必须提交审判委员会处理。

第二百五十五条 上级人民法院指令下级人民法院再审的，应当指令原审人民法院以外的下级人民法院审理；由原审人民法院审理更为适宜的，也可以指令原审人民法院审理。

第二百五十六条 人民法院按照审判监督程序重新审判的案件，由原审人民法院审理的，应当另行组成合议庭进行。如果原来是第一审案件，应当依照第一审程序进行审判，所作的判决、裁定，可以上诉、抗诉；如果原来是第二审案件，或者是上级人民法院提审的案件，应当依照第二审程序进行审判，所作的判决、裁定，是终审的判决、裁定。

人民法院开庭审理的再审案件，同级人民检察院应当派员出席法庭。

《最高人民法院关于适用〈中华人民共和国刑事诉讼法〉的解释》第四百六十条 各级人民法院院长发现本院已经发生法律效力的判决、裁定确有错误的，应当提交审判委员会讨论决定是否再审。

第四百六十一条 上级人民法院发现下级人民法院已经发生法律效力的判决、裁定确有错误的，可以指令下级人民法院再审；原判决、裁定认定事实正确但适用法律错误，或者案件疑难、复杂、重大，或者有不宜由原审人民法院审理情形的，也可以提审。

上级人民法院指令下级人民法院再审的，一般应当指令原审人民法院以外的下级人民法院审理；由原审人民法院审理更有利于查明案件事实、纠正裁判错误的，可以指令原审人民法院审理。

第四百七十二条 再审案件经过重新审理后，应当按照下列情形分别处理：

（一）原判决、裁定认定事实和适用法律正确、量刑适当的，应当裁定驳回申诉或者抗诉，维持原判决、裁定；

（二）原判决、裁定定罪准确、量刑适当，但在认定事实、适用法律等方面有瑕疵的，应当裁定纠正并维持原判决、裁定；

（三）原判决、裁定认定事实没有错误，但适用法律错误或者量刑不当的，应当撤销原判决、裁定，依法改判；

（四）依照第二审程序审理的案件，原判决、裁定事实不清、证据不足的，可以在查清事实后改判，也可以裁定撤销原判，发回原审人民法院重新审判。

原判决、裁定事实不清或者证据不足，经审理事实已经查清的，应当根据查清的事实依法裁判；事实仍无法查清，证据不足，不能认定被告人有罪的，应当撤销原判决、裁定，判决宣告被告人无罪。

24. 刑事判决书（按二审程序再审改判用）

×××人民法院

刑 事 判 决 书

（按二审程序再审改判用）

（××××）……刑再终……号

原公诉机关×××人民检察院。

原审被告人……（写明姓名、性别、出生年月日、民族、出生地、文化程度、职业或者工作单位和职务、住址等，现羁押处所）。

辩护人……（写明姓名、工作单位和职务）。

×××（写明省、自治区、直辖市和市）人民法院审理×××人民检察院指控被告人×××犯××罪一案，于××××年××月××日作出（××××）……刑初……号刑事判决，认定×××犯××罪，判处……（写明主刑和附加刑）。宣判后，×××提出上诉。本院于××××年××月××日作出（××××）……刑终……号刑事判决（或者裁定）……（写明裁判结果）。上述裁判发生法律效力后，……（写明提起再审的根据或者再审案件的由来）。本院依法另行组成合议庭，公开（或者不公开）开庭审理了本案。×××人民检察院检察员×××出庭履行职务。被害人×××、原审被告人×××及其辩护人×××等到庭参加诉讼。现已审理终结。

……（概述原判认定的事实、证据、判决的理由和判决结果）。

……（概述再审中原审被告人的辩解和辩护人的辩护意见。对人民检察院在再审中提出的意见，应当一并写明）。

经再审查明，……（写明再审认定的事实和证据，并就诉讼双方对原判有异议的事实、证据作出分析、认证）。

本院认为，……（根据再审查明的事实、证据和有关法律规定，对原判和诉讼各方主要意见作出分析，阐明改判的理由）。依照……（写明判决的法律依据）的规定，判决如下：

……〔写明判决结果。分六种情况：

第一，原系一审，提审后全部改判的，表述为：

“一、撤销×××人民法院（××××）……刑初……号刑事判决；

二、被告人×××……（写明改判的内容）。”

第二，原系一审，提审后部分改判的，表述为：

“一、维持×××人民法院（××××）……刑初……号刑事判决的第×项，即……（写明维持的具体内容）；

二、撤销×××人民法院（××××）……刑初……号刑事判决的第×项，即……（写明撤销的具体内容）；

三、被告人×××……（写明部分改判的内容）。”

第三，原系二审维持原判，再审后全部改判的，表述为：

“一、撤销本院（××××）……刑终……号刑事裁定和×××人民法院（××××）……刑初……号刑事判决；

二、被告人×××……（写明改判的内容）。”

第四，原系二审维持原判，再审后部分改判的，表述为：

“一、维持本院（××××）……刑终……号刑事裁定和×××人民法院（××××）……刑初……号刑事判决中……（写明维持的具体内容）；

二、撤销本院（××××）……刑终……号刑事裁定和×××人民法院（××××）……刑初……号刑事判决中……（写明撤销的具体内容）；

三、被告人×××……（写明部分改判的内容）。”

第五，原系二审改判，再审后全部改判的，表述为：

“一、撤销本院（××××）……刑终……号刑事判决和×××人民法院（××××）……刑初……号刑事判决；

二、被告人×××……（写明改判的内容）。”

第六，原系二审改判，再审后部分改判的，表述为：

“一、维持本院（××××）……刑终……号刑事判决的第×项，即……（写明维持的具体内容）；

二、撤销本院（××××）……刑终……号刑事判决的第×项，即……（写明撤销的具体内容）；

三、被告人×××……（写明改判的内容）。”〕

本判决为终审判决。

审 判 长 ×××
审 判 员 ×××
审 判 员 ×××

××××年××月××日
（院印）

本件与原本核对无异

法官助理 ×××
书 记 员 ×××

【说明】

一、本样式根据《中华人民共和国刑事诉讼法》第二百五十六条，《最高人民法院关于适用〈中华人民共和国刑事诉讼法〉的解释》第四百七十二条第一款第（三）项、第（四）项和第二款的规定制订，供中级以上人民法院对下级人民法院和本院已经发生法律效力的裁判，经提起再审程序后，组成合议庭或者另行组成合议庭，就案件的实体问题进行再审，确认原判在认定事实、适用法律上确有错误，或者事实不清，证据不足，不能认定原审被告人有罪的，决定予以改判时使用。

二、如果系人民检察院按照审判监督程序提出抗诉的，首部第一项应写“抗诉机关”。

三、当事人的称谓，不论原来是第一审的，还是第二审的，均写为“原审被告人”，一案多名原审被告人的，将提出申诉的原审被告人排在没有提出申诉的原审被告人之前。需要指出的是，在原审被告人已被执行死刑，再审将宣告其无罪时，可以在“原审被告人”项上一行，增写“申诉人”。

四、本样式按照被告人提出上诉、检察机关未提出抗诉的情形设计。有其他情形的，制作时请注意相应变动：

（一）被告人上诉、检察机关亦抗诉的，变动为“宣判后，×××提出上诉，×××人民检察院提出抗诉”。

（二）被告人未上诉、检察机关抗诉的，变动为“宣判后，×××人民检察院提出抗诉”。

五、“提起再审的根据”有以下五种情况：

（一）根据《中华人民共和国刑事诉讼法》第二百五十四条第一款和《最高人民法院关于适用〈中华人民共和国刑事诉讼法〉的解释》第四百六十条的规定，原第二审人民法院决定再审的，写为：“经本院审判委员会决定，又于××××年××月××日作出（××××）……刑申……号再审决定，本案由本院另行组成合议庭进行再审”。

（二）根据《中华人民共和国刑事诉讼法》第二百五十三条的规定，因当事人及其法定代理人、近亲属的申诉，原第二审人民法院决定再审的，写为“×××向本院提出申诉，本院于××××年××月××日作出（××××）……刑申……号再审决定，本案由本院另行组成合议庭进行再审”。

（三）人民检察院按照审判监督程序提出再审检察建议的，写为“×××人民检察院于××××年××月××日以……刑申再建〔××××〕……号再审检察建议，建议本院按照审判监督程序对本案重新审判，本院于××××年××月××日作出（××××）……刑申……号再审决定，本案由本院进行再审”。

（四）上级人民法院提审的，写为：“本院于××××年××月××日作出（××××）……刑申……号再审决定，本案由本院提审”。

（五）人民检察院按照审判监督程序提出抗诉的，写为：“×××人民检察院于××××年××月××日以……刑抗〔××××〕……号刑事抗诉书向本院提出抗诉”。

六、“再审案件的由来”有以下两种情况：

（一）上级人民法院指令原第二审人民法院再审的，写为：“×××人民法院于××××年××月××日作出（××××）……刑申……号再审决定，指令本院另行组成合议庭对本案进行再审”。

（二）上级人民法院指令原第二审人民法院以外的人民法院再审的，写为：“×××人民法院于××××年××月××日作出（××××）……刑申……号再审决定，指令本院对本案进行再审”。

七、上级人民法院按照审判监督程序提审的案件和人民检察院按照审判监督程序提出抗诉或是再审检察建议的案件，首部合议庭的组成情况应当表述为：“本院依法组成合议庭”。

八、未开庭审理的，应当将“本院依法组成合议庭”之后至“现已审理终结”之前的内容，改写为：“经过阅卷，讯问被告人，听取其他当事人、辩护人、诉讼代理人的意见，认为事实清楚，决定不开庭审理。”

九、人民检察院按照审判监督程序提出抗诉的，事实部分应当首先写明人民检察院的抗诉意见，然后再写明被告人的辩解和辩护人的辩护意见。

十、“概述原判认定的事实、证据、判决理由和判决结果”中的“原判”，不仅包括原第一审，还包括原第二审。

十一、“经再审查明……”中，如果有不能认定的事实，应当分两部分写，一部分是根据再审认定的事实和证据；另一部分是根据再审不能认定的事实和证据。

十二、本判决书理由部分的写法，可以参阅按一审程序再审改判用的刑事判决书样式说明的第六条。

十三、再审法院为原第二审人民法院以外的人民法院时，将“判决结果”中的第三、第四、第五、第六种情况中的“本院”变动为“×××人民法院”。

【相关规定】

《中华人民共和国刑事诉讼法》第二百五十三条 当事人及其法定代理人、近亲属的申诉符合下列情形之一的，人民法院应当重新审判：

（一）有新的证据证明原判决、裁定认定的事实确有错误，可能影响定罪量刑的；

（二）据以定罪量刑的证据不确实、不充分、依法应当予以排除，或者证明案件事实的主要证据之间存在矛盾的；

（三）原判决、裁定适用法律确有错误的；

（四）违反法律规定的诉讼程序，可能影响公正审判的；

（五）审判人员在审理该案件的时候，有贪污受贿，徇私舞弊，枉法裁判行为的。

第二百五十四条第一款 各级人民法院院长对本院已经发生法律效力的判决和裁定，如果发现在认定事实上或者在适用法律上确有错误，必须提交审判委员会处理。

第二百五十五条 上级人民法院指令下级人民法院再审的，应当指令原审人民法院以外的下级人民法院审理；由原审人民法院审理更为适宜的，也可以指令原审人民法院审理。

第二百五十六条 人民法院按照审判监督程序重新审判的案件，由原审人民法院审理的，应当另行组成合议庭进行。如果原来是第一审案件，应当依照第一审程序进行审判，所作的判决、裁定，可以上诉、抗诉；如果原来是第二审案件，或者是上级人民法院提审的案件，应当依照第二审程序进行审判，所作的判决、裁定，是终审的判决、裁定。

人民法院开庭审理的再审案件，同级人民检察院应当派员出席法庭。

《最高人民法院关于适用〈中华人民共和国刑事诉讼法〉的解释》第四百六十条　各级人民法院院长发现本院已经发生法律效力的判决、裁定确有错误的，应当提交审判委员会讨论决定是否再审。

第四百六十一条　上级人民法院发现下级人民法院已经发生法律效力的判决、裁定确有错误的，可以指令下级人民法院再审；原判决、裁定认定事实正确但适用法律错误，或者案件疑难、复杂、重大，或者有不宜由原审人民法院审理情形的，也可以提审。

上级人民法院指令下级人民法院再审的，一般应当指令原审人民法院以外的下级人民法院审理；由原审人民法院审理更有利于查明案件事实、纠正裁判错误的，可以指令原审人民法院审理。

第四百七十二条　再审案件经过重新审理后，应当按照下列情形分别处理：

（一）原判决、裁定认定事实和适用法律正确、量刑适当的，应当裁定驳回申诉或者抗诉，维持原判决、裁定；

（二）原判决、裁定定罪准确、量刑适当，但在认定事实、适用法律等方面有瑕疵的，应当裁定纠正并维持原判决、裁定；

（三）原判决、裁定认定事实没有错误，但适用法律错误或者量刑不当的，应当撤销原判决、裁定，依法改判；

（四）依照第二审程序审理的案件，原判决、裁定事实不清、证据不足的，可以在查清事实后改判，也可以裁定撤销原判，发回原审人民法院重新审判。

原判决、裁定事实不清或者证据不足，经审理事实已经查清的，应当根据查清的事实依法裁判；事实仍无法查清，证据不足，不能认定被告人有罪的，应当撤销原判决、裁定，判决宣告被告人无罪。

《人民检察院办理刑事申诉案件规定》第四十五条　经复查认为人民法院已经发生法律效力的刑事判决、裁定确有错误，具有下列情形之一的，应当按照审判监督程序向人民法院提出抗诉：

（一）原判决、裁定认定事实、适用法律确有错误致裁判不公或者原判决、裁定的主要事实依据被依法变更或者撤销的；

（二）认定罪名错误且明显影响量刑的；

（三）量刑明显不当的；

（四）据以定罪量刑的证据不确实、不充分，或者主要证据之间存在矛盾，或者依法应当予以排除的；

（五）有新的证据证明原判决、裁定认定的事实确有错误，可能影响定罪量刑的；

（六）违反法律关于追诉时效期限的规定的；

（七）违反法律规定的诉讼程序，可能影响公正审判的；

（八）审判人员在审理案件的时候有贪污受贿、徇私舞弊、枉法裁判行为的。

经复查认为人民法院已经发生法律效力的刑事判决、裁定，符合前款规定情形之一，经检察长决定，可以向人民法院提出再审检察建议。再审检察建议未被人民法院采纳的，可以提请上一级人民检察院抗诉。

25. 刑事判决书（再审后的上诉、抗诉案件二审改判用）

×××人民法院
刑事判决书

（再审后的上诉、抗诉案件二审改判用）

（××××）……刑再终……号

原公诉机关×××人民检察院。

上诉人（原审被告人）……（写明姓名、性别、出生年月日、民族、出生地、文化程度、职业或者工作单位和职务、住址等，现羁押处所）。

辩护人……（写明姓名、工作单位和职务）。

×××（写明省、自治区、直辖市和市）人民法院审理×××人民检察院指控被告人×××犯××罪一案，于××××年××月××日作出（××××）……刑再初……号刑事判决（或者裁定）……（写明裁判结果）。原审被告人×××不服，提出上诉。本院依法组成合议庭，公开（或者不公开）开庭审理了本案。×××人民检察院检察员×××出庭履行职务。被害人×××、上诉人（原审被告人）×××及其辩护人×××等到庭参加诉讼。现已审理终结。

……〔概述一审法院的再审判决（或者裁定）认定的事实、证据、判决的理由和判决结果〕。

……（概述上诉人、辩护人的主要意见。对人民检察院在二审中提出的意见，应当一并写明）。

经审理查明，……（写明二审认定的事实和证据，并就诉讼双方对原判有异议的事实、证据作出分析、认证）。

本院认为，……（根据二审查明的事实、证据和有关法律规定，对原判和诉讼各方的主要意见作出分析，阐明改判的理由）。依照……（写明判决的法律依据）的规定，判决如下：

……〔写明判决结果。分四种情况：

第一，一审法院再审裁定维持原判，二审全部改判的，表述为：

“一、撤销×××人民法院（××××）……刑再初……号刑事裁定和×××人民法院（××××）……刑初……号刑事判决；

二、被告人×××……（写明改判的内容）。”

第二，一审法院再审裁定维持原判，二审部分改判的，表述为：

“一、维持×××人民法院（××××）……刑再初……号刑事裁定和×××人民法院（××××）……刑初……号刑事判决中……（写明维持的具体内容）；

二、撤销×××人民法院（××××）……刑再初……号刑事裁定和×××人民法院（××××）……刑初……号刑事判决中……（写明撤销的具体内容）；

三、被告人×××……（写明部分改判的内容）。”

第三，一审法院再审撤销原判，二审又全部撤销再审判决的，表述为：

“一、撤销×××人民法院（××××）……刑再初……号刑事判决和×××人民法院（××××）……刑初……号刑事判决；

二、被告人×××……（写明改判的内容）。”

第四，一审法院再审撤销原判，二审部分维持、部分撤销再审判决的，表述为：

“一、维持×××人民法院（××××）……刑再初……号刑事判决的第×项，即……（写明维持的具体内容）；

二、撤销×××人民法院（××××）……刑再初……号刑事判决的第×项，即……（写明撤销的具体内容）；

三、被告人×××……（写明部分改判的内容）。”〕

本判决为终审判决。

审　判　长　×××

审　判　员　×××

审　判　员　×××

××××年××月××日

（院印）

本件与原本核对无异

法官助理　×××

书　记　员　×××

【说明】

一、本样式根据《中华人民共和国刑事诉讼法》第二百五十六条和第二百三十六条第一款第（二）项、第（三）项的规定制订，供第二审人民法院在收到不服第一审人民法院的再审裁定或者判决提出上诉或者抗诉的刑事案件后，按照第二审程序审理查明第一审人民法院的再审裁定或者判决，在认定事实上或者适用法律上仍有错误，或者仍然事实不清，经进一步查证属实后，决定依法改判时使用。

二、人民检察院抗诉的：（一）首部第一项"原公诉机关"改为"抗诉机关"；（二）事实部分应当首先写明人民检察院的抗诉意见，然后再写明被告人的辩解和辩护人的辩护意见。

三、本判决书理由部分的写法，可以参阅一审程序再审改判用的刑事判决书样式说明的第六条。

四、制作本判决书时，可以参阅二审改判用刑事判决书样式的说明。

【相关规定】

《中华人民共和国刑事诉讼法》第二百五十六条　人民法院按照审判监督程序重新审判的案件，由原审人民法院审理的，应当另行组成合议庭进行。如果原来是第一审案件，应当依照第一审程序进行审判，所作的判决、裁定，可以上诉、抗诉；如果原来是第二审案件，或者是上级人民法院提审的案件，应当依照第二审程序进行审判，所作的判决、裁定，是终审的判决、裁定。

人民法院开庭审理的再审案件，同级人民检察院应当派员出席法庭。

第二百三十六条　第二审人民法院对不服第一审判决的上诉、抗诉案件，经过审理后，应当按照下列情形分别处理：

（一）原判决认定事实和适用法律正确、量刑适当的，应当裁定驳回上诉或者抗诉，维持原判；

（二）原判决认定事实没有错误，但适用法律有错误，或者量刑不当的，应当改判；

（三）原判决事实不清楚或者证据不足的，可以在查清事实后改判；也可以裁定撤销原判，发回原审人民法院重新审判。

原审人民法院对于依照前款第三项规定发回重新审判的案件作出判决后，被告人提出上诉或者人民检察院提出抗诉的，第二审人民法院应当依法作出判决或者裁定，不得再发回原审人民法院重新审判。

26. 刑事裁定书（按一审程序再审维持原判用）

×××人民法院

刑 事 裁 定 书

（按一审程序再审维持原判用）

（××××）……刑再初……号

原公诉机关×××人民检察院。

原审被告人……（写明姓名、性别、出生年月日、民族、出生地、文化程度、职业或者工作单位和职务、住址等，现羁押处所）。

辩护人……（写明姓名、工作单位和职务）。

×××（写明省、自治区、直辖市和市）人民法院审理×××人民检察院指控被告人×××犯××罪一案，于××××年××月××日作出（××××）……刑初……号刑事判决。该判决发生法律效力后，……（写明提起再审的根据或者再审案件的由来）。本院依法另行组成合议庭，公开（或者不公开）开庭审理了本案。×××人民检察院检察员×××出庭履行职务。被害人×××、原审被告人×××及其辩护人×××等到庭参加诉讼。现已审理终结。

……（概述原审判决认定的事实、证据、判决的理由和结果）。

……（概述再审中原审被告人的辩解和辩护人的辩护意见。对人民检察院在再审中提出的意见，应当一并写明）。

经再审查明，……（写明再审认定的事实和证据，并就诉讼双方对原判有异议的事实、证据作出分析、认证）。

本院认为，……（根据再审查明的事实、证据和有关法律规定，通过分析论证，具体写明原判定罪准确，量刑适当，应予维持，被告人的辩解和辩护人的辩护意见不予采纳的理由）。依照……（写明裁定的法律依据）的规定，裁定如下：

维持本院（××××）……刑×……号刑事判决。

如不服本裁定，可在接到裁定书的第二日起五日内，通过本院或者直接向××

×人民法院提出上诉。书面上诉的，应当提交上诉状正本一份，副本×份。

审 判 长 ×××
审 判 员 ×××
审 判 员 ×××

××××年××月××日
（院印）

本件与原本核对无异

法官助理 ×××
书 记 员 ×××

【说明】

一、本样式根据《中华人民共和国刑事诉讼法》第二百五十六条和《最高人民法院关于适用〈中华人民共和国刑事诉讼法〉的解释》第四百七十二条第（一）项的规定制订，供各级人民法院对本院已经发生法律效力的一审判决，经提起再审程序后，另行组成合议庭，就案件的实体问题进行再审，确认原判在认定事实上和适用法律上没有错误，决定维持原判时使用。

二、制作本裁定书时，可以参阅一审程序再审改判用的刑事判决书样式说明的第二条、第三条、第五条和第七条。

【相关规定】

《中华人民共和国刑事诉讼法》第二百五十六条第一款 人民法院按照审判监督程序重新审判的案件，由原审人民法院审理的，应当另行组成合议庭进行。如果原来是第一审案件，应当依照第一审程序进行审判，所作的判决、裁定，可以上诉、抗诉；如果原来是第二审案件，或者是上级人民法院提审的案件，应当依照第二审程序进行审判，所作的判决、裁定，是终审的判决、裁定。

《最高人民法院关于适用〈中华人民共和国刑事诉讼法〉的解释》第四百七十二条 再审案件经过重新审理后，应当按照下列情形分别处理：

（一）原判决、裁定认定事实和适用法律正确、量刑适当的，应当裁定驳回申诉或者抗诉，维持原判决、裁定；

（二）原判决、裁定定罪准确、量刑适当，但在认定事实、适用法律等方面有瑕疵的，应当裁定纠正并维持原判决、裁定；

（三）原判决、裁定认定事实没有错误，但适用法律错误或者量刑不当的，应当撤销原判决、裁定，依法改判；

（四）依照第二审程序审理的案件，原判决、裁定事实不清、证据不足的，可以在查清事实后改判，也可以裁定撤销原判，发回原审人民法院重新审判。

原判决、裁定事实不清或者证据不足，经审理事实已经查清的，应当根据查清的事实依法裁判；事实仍无法查清，证据不足，不能认定被告人有罪的，应当撤销原判决、裁定，判决宣告被告人无罪。

27. 刑事裁定书（按二审程序再审维持原判用）

×××人民法院

刑 事 裁 定 书

（按二审程序再审维持原判用）

（××××）……刑再终……号

原公诉机关×××人民检察院。

原审上诉人（原审被告人）……（写明姓名、性别、出生年月日、民族、出生地、文化程度、职业或者工作单位和职务、住址等，现羁押处所）。

辩护人……（写明姓名、工作单位和职务）。

×××（写明省、自治区、直辖市和市）人民法院审理×××人民检察院指控被告人×××犯××罪一案，于××××年××月××日作出（××××）……刑初……号刑事判决，认定×××犯××罪，判处……（写明主刑和附加刑）。宣判后，×××提出上诉。本院于××××年××月××日作出（××××）……刑终……号刑事判决（或裁定）。上述裁判发生法律效力后，……（写明提起再审的根据或者再审案件的由来）。本院依法另行组成合议庭，公开（或者不公开）开庭审理了本案。×××人民检察院检察员×××出庭履行职务。被害人×××、原审被告人×××及其辩护人×××等到庭参加诉讼。现已审理终结。

……（概述原判认定的事实、证据、判决的理由和结果）。

……（概述再审中原审被告人的辩解和辩护人的辩护意见。对人民检察院在再审中提出的意见，应当一并写明）。

经再审查明，……（写明再审认定的事实和证据，并就诉讼双方对原判有异议的事实、证据作出分析、认证）。

本院认为，……（根据再审查明的事实、证据和有关法律规定，通过分析论证，具体写明原判定罪准确，量刑适当，应予维持，被告人的辩解和辩护人的辩护意见不予采纳的理由）。依照……（写明裁定的法律依据）的规定，裁定如下：

……〔写明裁定结果。分三种情况：

第一，原系一审的，表述为：

“维持×××人民法院（××××）……刑初……号刑事判决。”

第二，原系二审维持原判的，表述为：

“维持本院（××××）……刑终……号刑事裁定和×××人民法院（××××）……刑初……号刑事判决。”

第三，原系二审改判的，表述为：

“维持本院（××××）……刑终……号刑事判决。”〕

本裁定为终审裁定。

审 判 长 ×××
审 判 员 ×××
审 判 员 ×××

××××年××月××日
（院印）

本件与原本核对无异

法官助理 ×××
书 记 员 ×××

【说明】

一、本样式根据《中华人民共和国刑事诉讼法》第二百五十六条和《最高人民法院关于适用〈中华人民共和国刑事诉讼法〉的解释》第四百七十二条第一款第（一）项的规定制订，供中级以上人民法院对下级人民法院和本院已经发生法律效力的裁判，经提起再审程序后，组成合议庭或者依法另行组成合议庭，就案件的实体问题进行再审，确认原判在认定事实上和适用法律上没有错误，决定维持原判时使用。

二、制作本裁定书时，可以参阅二审程序再审改判用的刑事判决书样式说明的第四条、第五条、第六条、第七条、第八条、第九条、第十条、第十一条、第十二条、第十三条。

【相关规定】

《中华人民共和国刑事诉讼法》第二百五十六条　人民法院按照审判监督程序重新审判的案件，由原审人民法院审理的，应当另行组成合议庭进行。如果原来是第一审案件，应当依照第一审程序进行审判，所作的判决、裁定，可以上诉、抗诉；如果原来是第二审案件，或者是上级人民法院提审的案件，应当依照第二审程序进行审判，所作的判决、裁定，是终审的判决、裁定。

人民法院开庭审理的再审案件，同级人民检察院应当派员出席法庭。

《最高人民法院关于适用〈中华人民共和国刑事诉讼法〉的解释》第四百七十二条　再审案件经过重新审理后，应当按照下列情形分别处理：

（一）原判决、裁定认定事实和适用法律正确、量刑适当的，应当裁定驳回申诉或者抗诉，维持原判决、裁定；

（二）原判决、裁定定罪准确、量刑适当，但在认定事实、适用法律等方面有瑕疵的，应当裁定纠正并维持原判决、裁定；

（三）原判决、裁定认定事实没有错误，但适用法律错误或者量刑不当的，应当撤销原判决、裁定，依法改判；

（四）依照第二审程序审理的案件，原判决、裁定事实不清、证据不足的，可以在查清事实后改判，也可以裁定撤销原判，发回原审人民法院重新审判。

原判决、裁定事实不清或者证据不足，经审理事实已经查清的，应当根据查清的事实依法裁判；事实仍无法查清，证据不足，不能认定被告人有罪的，应当撤销原判决、裁定，判决宣告被告人无罪。

28. 刑事裁定书（再审后的上诉、抗诉案件二审维持原判用）

×××人民法院

刑事裁定书

（再审后的上诉、抗诉案件二审维持原判用）

（××××）……刑再终……号

原公诉机关×××人民检察院。

上诉人（原审被告人）……（写明姓名、性别、出生年月日、民族、出生地、职业、文化程度或者工作单位和职务、住址等，现羁押处所）。

辩护人……（写明姓名、工作单位和职务）。

×××（写明省、自治区、直辖市和市）人民法院审理×××人民检察院指控被告人×××犯××罪一案，于××××年××月××日作出（××××）……刑再初……号刑事判决（或者裁定）……（写明裁判结果）。宣判后，×××提出上诉。本院依法组成合议庭，公开（或者不公开）开庭审理了本案。×××人民检察院检察员×××出庭履行职务。被害人×××、上诉人（原审被告人）×××及其辩护人×××等到庭参加诉讼。现已审理终结。

……〔概述一审法院的再审判决（或者裁定）认定的事实、证据、判决的理由和结果〕。

……（概述上诉、辩护的主要意见。对人民检察院在二审中提出的意见，应当一并写明）。

经审理查明，……（写明二审法院认定的事实和证据，并就诉讼双方对原判有异议的事实、证据作出分析、认证）。

本院认为，……（根据二审查明的事实、证据和有关法律规定，通过分析论证，具体写明原判定罪准确，量刑适当，应予维持，上诉理由不能成立，辩护意见不予采纳的理由）。依照……（写明裁定的法律依据）的规定，裁定如下：

……〔写明裁定结果。分两种情况：

第一，一审法院再审系裁定维持原判的，表述为：

“驳回上诉，维持×××人民法院（××××）……刑再初……号刑事裁定和×××人民法院（××××）……刑初……号刑事判决。”

第二，一审法院再审系判决改变原判的，表述为：

“驳回上诉，维持×××人民法院（××××）……刑再初……号刑事判决。”〕

本裁定为终审裁定。

审　判　长　×××
审　判　员　×××
审　判　员　×××

××××年××月××日
（院印）

本件与原本核对无异

法 官 助 理　×××
书　记　员　×××

【说明】

一、本样式根据《中华人民共和国刑事诉讼法》第二百五十六条和第二百三十六条第一款第（一）项的规定制订，供第二审人民法院在收到不服第一审人民法院的再审裁定或者判决提出上诉或者抗诉的刑事案件后，按照第二审程序审理查明第一审人民法院的再审裁定或者判决，在认定事实上和适用法律上没有错误，决定维持原判时使用。

二、人民检察院抗诉的，事实部分应当首先写明人民检察院的抗诉意见，然后再写明原审被告人的辩解和辩护人的辩护意见。

三、制作本裁定书时，可以参阅二审维持原判决用刑事裁定书样式的说明。

【相关规定】

《中华人民共和国刑事诉讼法》第二百五十六条　人民法院按照审判监督程序

重新审判的案件，由原审人民法院审理的，应当另行组成合议庭进行。如果原来是第一审案件，应当依照第一审程序进行审判，所作的判决、裁定，可以上诉、抗诉；如果原来是第二审案件，或者是上级人民法院提审的案件，应当依照第二审程序进行审判，所作的判决、裁定，是终审的判决、裁定。

人民法院开庭审理的再审案件，同级人民检察院应当派员出席法庭。

第二百三十六条 第二审人民法院对不服第一审判决的上诉、抗诉案件，经过审理后，应当按照下列情形分别处理：

（一）原判决认定事实和适用法律正确、量刑适当的，应当裁定驳回上诉或者抗诉，维持原判；

（二）原判决认定事实没有错误，但适用法律有错误，或者量刑不当的，应当改判；

（三）原判决事实不清楚或者证据不足的，可以在查清事实后改判；也可以裁定撤销原判，发回原审人民法院重新审判。

原审人民法院对于依照前款第三项规定发回重新审判的案件作出判决后，被告人提出上诉或者人民检察院提出抗诉的，第二审人民法院应当依法作出判决或者裁定，不得再发回原审人民法院重新审判。

29. 刑事裁定书（减刑用）

×××人民法院

刑 事 裁 定 书

（减刑用）

（××××）……刑执……号

罪犯……（写明姓名、性别、出生年月日、民族、出生地、文化程度和现服刑监所）。

×××人民法院于××××年××月××日作出了（××××）……刑初……号刑事判决，以被告人×××犯××罪，判处……（写明主刑的刑种、刑期和附加剥夺政治权利及其刑期）。……（写明上诉、抗诉后二审法院的裁判结果和执行中的刑种、刑期变更情况）。执行机关……（写明机关名称）于××××年××月××日提出减刑建议书，报送本院审理。本院依法组成合议庭进行了审理。现已审理终结。

执行机关……（简述执行机关所提罪犯确有悔改或者立功、重大立功表现的事实和证据）。

经审理查明，……（写明确认罪犯在服刑期间确有悔改表现或者立功、重大立功表现的具体事实和证据）。

本院认为，……（写明应予减刑的理由）。依照……（写明裁定的法律依据）的规定，裁定如下：

……（写明罪犯姓名和对其减刑的具体内容）。

本裁定送达后即发生法律效力。

审 判 长　×××
审 判 员　×××
审 判 员　×××

××××年××月××日
（院印）

本件与原本核对无异

法官助理 ×××
书 记 员 ×××

【说明】

一、本样式根据《中华人民共和国刑法》第七十八条、第七十九条，《中华人民共和国刑事诉讼法》第二百七十三条第二款，《最高人民法院关于适用〈中华人民共和国刑事诉讼法〉的解释》第五百三十四条、第五百三十八条和《最高人民法院关于办理减刑、假释案件具体应用法律的规定》第二条至第九条的规定制订，供中级以上人民法院对于在服刑期间确有悔改或者立功、重大立功表现的被判处管制、拘役、有期徒刑、无期徒刑的犯罪分子予以减刑时使用。

二、样式首部的案件由来部分，关于二审裁判结果的表述，分三种情况：

（一）二审维持原判的，写为："被告人×××不服，提出上诉（或者×××人民检察院提出抗诉）。×××人民法院于××××年××月××日以（××××）……刑终……号刑事裁定，驳回上诉（或者抗诉），维持原判。"

（二）二审部分改判的，写为："被告人×××不服，提出上诉（或者×××人民检察院提出抗诉）。×××人民法院于××××年××月××日以（××××）……刑终……号刑事判决，……（写明维持、撤销和改判的具体内容）。"

（三）二审全部改判的，写为："被告人×××不服，提出上诉（或者×××人民检察院提出抗诉）。×××人民法院于××××年××月××日以（××××）……刑终……号刑事判决，撤销原判，改判被告人×××犯××罪，判处……（写明主刑的刑种、刑期和附加剥夺政治权利及其刑期）等。同时将前句"刑事判决"后的"以罪犯×××犯××罪，判处……等"删去。

三、在裁定书中叙述罪犯表现，必须写明罪犯确有悔改或者立功、重大立功表现的具体事实。这是裁定予以减刑的事实根据，切勿写空话、套话。

四、裁定结果的表述应当确切、明了。现将各种不同裁定结果的写法规范如下：

（一）在主刑方面

1. 由较重的刑种减为较轻的刑种的，表述为：“将罪犯×××的刑罚，减为……（写明减轻后的刑种、刑期）。”

2. 由同一刑种的较长刑期减为较短刑期的，表述为：“对罪犯×××减去……（写明刑种和减去的刑期）。”

3. 减轻有期徒刑或者拘役，同时缩短缓刑考验期限的，表述为：“将罪犯×××的刑罚，减为……（写明减轻后的刑种、刑期和缩短后的缓刑考验期限）。”

（二）在附加刑方面

在减刑的同时，又缩短剥夺政治权利期限的，应当在主刑后面续写“剥夺政治权利改为……（写明具体期限）”。对于依法不予缩短剥夺政治权利期限的，则应当续写“剥夺政治权利×年不变”。

五、在裁定生效后，对变更刑种后的刑期，从裁定减刑之日起计算。

六、依照《中华人民共和国刑法》第七十九条的规定，对减刑案件，人民法院应当组成合议庭进行审理，不得独任审判。因此，减刑裁定书应当由合议庭署名。

【相关规定】

《中华人民共和国刑法》第七十八条　被判处管制、拘役、有期徒刑、无期徒刑的犯罪分子，在执行期间，如果认真遵守监规，接受教育改造，确有悔改表现的，或者有立功表现的，可以减刑；有下列重大立功表现之一的，应当减刑：

（一）阻止他人重大犯罪活动的；

（二）检举监狱内外重大犯罪活动，经查证属实的；

（三）有发明创造或者重大技术革新的；

（四）在日常生产、生活中舍己救人的；

（五）在抗御自然灾害或者排除重大事故中，有突出表现的；

（六）对国家和社会有其他重大贡献的。

减刑以后实际执行的刑期不能少于下列期限：

（一）判处管制、拘役、有期徒刑的，不能少于原判刑期的二分之一；

（二）判处无期徒刑的，不能少于十三年；

（三）人民法院依照本法第五十条第二款规定限制减刑的死刑缓期执行的犯罪分子，缓期执行期满后依法减为无期徒刑的，不能少于二十五年，缓期执行期满后依法减为二十五年有期徒刑的，不能少于二十年。

第七十九条 对于犯罪分子的减刑，由执行机关向中级以上人民法院提出减刑建议书。人民法院应当组成合议庭进行审理，对确有悔改或者立功事实的，裁定予以减刑。非经法定程序不得减刑。

《中华人民共和国刑事诉讼法》第二百七十三条 罪犯在服刑期间又犯罪的，或者发现了判决的时候所没有发现的罪行，由执行机关移送人民检察院处理。

被判处管制、拘役、有期徒刑或者无期徒刑的罪犯，在执行期间确有悔改或者立功表现，应当依法予以减刑、假释的时候，由执行机关提出建议书，报请人民法院审核裁定，并将建议书副本抄送人民检察院。人民检察院可以向人民法院提出书面意见。

《最高人民法院关于适用〈中华人民共和国刑事诉讼法〉的解释》第五百三十四条 对减刑、假释案件，应当按照下列情形分别处理：

（一）对被判处死刑缓期执行的罪犯的减刑，由罪犯服刑地的高级人民法院在收到同级监狱管理机关审核同意的减刑建议书后一个月以内作出裁定；

（二）对被判处无期徒刑的罪犯的减刑、假释，由罪犯服刑地的高级人民法院在收到同级监狱管理机关审核同意的减刑、假释建议书后一个月以内作出裁定，案情复杂或者情况特殊的，可以延长一个月；

（三）对被判处有期徒刑和被减为有期徒刑的罪犯的减刑、假释，由罪犯服刑地的中级人民法院在收到执行机关提出的减刑、假释建议书后一个月以内作出裁定，案情复杂或者情况特殊的，可以延长一个月；

（四）对被判处管制、拘役的罪犯的减刑，由罪犯服刑地的中级人民法院在收到同级执行机关审核同意的减刑建议书后一个月以内作出裁定。

对社区矫正对象的减刑，由社区矫正执行地的中级以上人民法院在收到社区矫正机构减刑建议书后三十日以内作出裁定。

第五百三十八条 审理减刑、假释案件，应当组成合议庭，可以采用书面审理的方式，但下列案件应当开庭审理：

（一）因罪犯有重大立功表现提请减刑的；

（二）提请减刑的起始时间、间隔时间或者减刑幅度不符合一般规定的；

（三）被提请减刑、假释罪犯系职务犯罪罪犯，组织、领导、参加、包庇、纵容黑社会性质组织罪犯，破坏金融管理秩序罪犯或者金融诈骗罪犯的；

（四）社会影响重大或者社会关注度高的；

（五）公示期间收到不同意见的；

（六）人民检察院提出异议的；

（七）有必要开庭审理的其他案件。

《最高人民法院关于办理减刑、假释案件具体应用法律的规定》第二条　对于罪犯符合刑法第七十八条第一款规定“可以减刑”条件的案件，在办理时应当综合考察罪犯犯罪的性质和具体情节、社会危害程度、原判刑罚及生效裁判中财产性判项的履行情况、交付执行后的一贯表现等因素。

第三条　“确有悔改表现”是指同时具备以下条件：

（一）认罪悔罪；

（二）遵守法律法规及监规，接受教育改造；

（三）积极参加思想、文化、职业技术教育；

（四）积极参加劳动，努力完成劳动任务。

对职务犯罪、破坏金融管理秩序和金融诈骗犯罪、组织（领导、参加、包庇、纵容）黑社会性质组织犯罪等罪犯，不积极退赃、协助追缴赃款赃物、赔偿损失，或者服刑期间利用个人影响力和社会关系等不正当手段意图获得减刑、假释的，不认定其“确有悔改表现”。

罪犯在刑罚执行期间的申诉权利应当依法保护，对其正当申诉不能不加分析地认为是不认罪悔罪。

第四条　具有下列情形之一的，可以认定为有“立功表现”：

（一）阻止他人实施犯罪活动的；

（二）检举、揭发监狱内外犯罪活动，或者提供重要的破案线索，经查证属实的；

（三）协助司法机关抓捕其他犯罪嫌疑人的；

（四）在生产、科研中进行技术革新，成绩突出的；

（五）在抗御自然灾害或者排除重大事故中，表现积极的；

（六）对国家和社会有其他较大贡献的。

第（四）项、第（六）项中的技术革新或者其他较大贡献应当由罪犯在刑罚执行期间独立或者为主完成，并经省级主管部门确认。

第五条　具有下列情形之一的，应当认定为有“重大立功表现”：

（一）阻止他人实施重大犯罪活动的；

（二）检举监狱内外重大犯罪活动，经查证属实的；

（三）协助司法机关抓捕其他重大犯罪嫌疑人的；

（四）有发明创造或者重大技术革新的；

（五）在日常生产、生活中舍己救人的；

（六）在抗御自然灾害或者排除重大事故中，有突出表现的；

（七）对国家和社会有其他重大贡献的。

第（四）项中的发明创造或者重大技术革新应当是罪犯在刑罚执行期间独立或者为主完成并经国家主管部门确认的发明专利，且不包括实用新型专利和外观设计专利；第（七）项中的其他重大贡献应当由罪犯在刑罚执行期间独立或者为主完成，并经国家主管部门确认。

第六条 被判处有期徒刑的罪犯减刑起始时间为：不满五年有期徒刑的，应当执行一年以上方可减刑；五年以上不满十年有期徒刑的，应当执行一年六个月以上方可减刑；十年以上有期徒刑的，应当执行二年以上方可减刑。有期徒刑减刑的起始时间自判决执行之日起计算。

确有悔改表现或者有立功表现的，一次减刑不超过九个月有期徒刑；确有悔改表现并有立功表现的，一次减刑不超过一年有期徒刑；有重大立功表现的，一次减刑不超过一年六个月有期徒刑；确有悔改表现并有重大立功表现的，一次减刑不超过二年有期徒刑。

被判处不满十年有期徒刑的罪犯，两次减刑间隔时间不得少于一年；被判处十年以上有期徒刑的罪犯，两次减刑间隔时间不得少于一年六个月。减刑间隔时间不得低于上次减刑减去的刑期。

罪犯有重大立功表现的，可以不受上述减刑起始时间和间隔时间的限制。

第七条 对符合减刑条件的职务犯罪罪犯，破坏金融管理秩序和金融诈骗犯罪罪犯，组织、领导、参加、包庇、纵容黑社会性质组织犯罪罪犯，危害国家安全犯罪罪犯，恐怖活动犯罪罪犯，毒品犯罪集团的首要分子及毒品再犯，累犯，确有履行能力而不履行或者不全部履行生效裁判中财产性判项的罪犯，被判处十年以下有期徒刑的，执行二年以上方可减刑，减刑幅度应当比照本规定第六条从严掌握，一次减刑不超过一年有期徒刑，两次减刑之间应当间隔一年以上。

对被判处十年以上有期徒刑的前款罪犯，以及因故意杀人、强奸、抢劫、绑架、放火、爆炸、投放危险物质或者有组织的暴力性犯罪被判处十年以上有期徒刑的罪犯，数罪并罚且其中两罪以上被判处十年以上有期徒刑的罪犯，执行二年以上方可减刑，减刑幅度应当比照本规定第六条从严掌握，一次减刑不超过一年有期徒刑，两次减刑之间应当间隔一年六个月以上。

罪犯有重大立功表现的，可以不受上述减刑起始时间和间隔时间的限制。

第八条 被判处无期徒刑的罪犯在刑罚执行期间，符合减刑条件的，执行二年以上，可以减刑。减刑幅度为：确有悔改表现或者有立功表现的，可以减为二十二年有期徒刑；确有悔改表现并有立功表现的，可以减为二十一年以上二十二年以下有期徒刑；有重大立功表现的，可以减为二十年以上二十一年以下有期徒刑；确有悔改表现并有重大立功表现的，可以减为十九年以上二十年以下有期徒刑。无期徒刑罪犯减为有期徒刑后再减刑时，减刑幅度依照本规定第六条的规定执行。两次减刑间隔时间不得少于二年。

罪犯有重大立功表现的，可以不受上述减刑起始时间和间隔时间的限制。

第九条 对被判处无期徒刑的职务犯罪罪犯，破坏金融管理秩序和金融诈骗犯罪罪犯，组织、领导、参加、包庇、纵容黑社会性质组织犯罪罪犯，危害国家安全犯罪罪犯，恐怖活动犯罪罪犯，毒品犯罪集团的首要分子及毒品再犯，累犯以及因故意杀人、强奸、抢劫、绑架、放火、爆炸、投放危险物质或者有组织的暴力性犯罪的罪犯，确有履行能力而不履行或者不全部履行生效裁判中财产性判项的罪犯，数罪并罚被判处无期徒刑的罪犯，符合减刑条件的，执行三年以上方可减刑，减刑幅度应当比照本规定第八条从严掌握，减刑后的刑期最低不得少于二十年有期徒刑；减为有期徒刑后再减刑时，减刑幅度比照本规定第六条从严掌握，一次不超过一年有期徒刑，两次减刑之间应当间隔二年以上。

罪犯有重大立功表现的，可以不受上述减刑起始时间和间隔时间的限制。

30. 刑事裁定书（假释用）

×××人民法院
刑 事 裁 定 书
（假释用）

（××××）……刑执……号

罪犯……（姓名、性别、出生年月日、民族、出生地、文化程度、现服刑监所和原住址）。

×××人民法院于××××年××月××日作出了（××××）……刑初……号刑事判决，以被告人×××犯××罪，判处……（写明具体刑种、刑期）。……（上诉、抗诉的写明二审裁判结果。未经二审的写明“判决发生法律效力后”）交付执行。……（续写执行中的刑种、刑期变更情况）。执行机关……（写明机关名称）于××××年××月××日提出假释建议书，报送本院审理。本院依法组成合议庭进行了审理。现已审理终结。

执行机关……（简述执行机关所提罪犯确有悔改表现、假释后不致再危害社会或者具有的特殊情况）。

经审理查明，……（写明确认罪犯在服刑期间确有悔改表现，假释后不致再危害社会或者有特殊情况的具体事实和证据）。

本院认为，……（写明应予假释的理由）。依照……（写明裁定的法律依据）的规定，裁定如下：

对罪犯×××予以假释，剥夺政治权利×年不变。（假释考验期限，从假释之日起计算，即自××××年××月××日起，至××××年××月××日止。）

本裁定送达后即发生法律效力。

审 判 长 ×××
审 判 员 ×××
审 判 员 ×××

××××年××月××日

（院印）

本件与原本核对无异

法官助理 ×××

书 记 员 ×××

【说明】

一、本样式根据《中华人民共和国刑法》第八十一条、第八十二条、第八十三条和《中华人民共和国刑事诉讼法》第二百七十三条第二款，《最高人民法院关于适用〈中华人民共和国刑事诉讼法〉的解释》第五百三十四条，以及《最高人民法院关于办理减刑、假释案件具体应用法律的规定》第二十三条的规定制订，供人民法院对于在服刑期间确有悔改表现，假释后不致再危害社会，或者具有特殊情况的罪犯依法予以假释时使用。

二、样式首部的案件由来部分，关于二审裁判结果的写法，可以参阅减刑用刑事裁定书样式的说明二。

三、对于依法应报送最高人民法院核准的具有特殊情况的假释案件，在裁定的有关部分应当写明相应的事实、理由和法律依据。根据《最高人民法院关于办理减刑、假释案件具体应用法律的规定》第二十四条的规定，《中华人民共和国刑法》第八十一条第一款规定的“特殊情况”，是指有国家政治、国防、外交等方面特殊需要的情况。

根据《最高人民法院关于适用〈中华人民共和国刑事诉讼法〉的解释》第三百四十一条的规定，裁定书尾部“本裁定送达后即发生法律效力”，应当改写为“本裁定依法报请最高人民法院核准”。

【相关规定】

《中华人民共和国刑法》第八十一条 被判处有期徒刑的犯罪分子，执行原判刑期二分之一以上，被判处无期徒刑的犯罪分子，实际执行十三年以上，如果认真遵守监规，接受教育改造，确有悔改表现，没有再犯罪的危险的，可以假释。如果有特殊情况，经最高人民法院核准，可以不受上述执行刑期的限制。

对累犯以及因故意杀人、强奸、抢劫、绑架、放火、爆炸、投放危险物质或者有组织的暴力性犯罪被判处十年以上有期徒刑、无期徒刑的犯罪分子，不得假释。

对犯罪分子决定假释时，应当考虑其假释后对所居住社区的影响。

第八十二条 对于犯罪分子的假释，依照本法第七十九条规定的程序进行。非经法定程序不得假释。

第八十三条 有期徒刑的假释考验期限，为没有执行完毕的刑期；无期徒刑的假释考验期限为十年。

假释考验期限，从假释之日起计算。

《中华人民共和国刑事诉讼法》第二百七十三条 罪犯在服刑期间又犯罪的，或者发现了判决的时候所没有发现的罪行，由执行机关移送人民检察院处理。

被判处管制、拘役、有期徒刑或者无期徒刑的罪犯，在执行期间确有悔改或者立功表现，应当依法予以减刑、假释的时候，由执行机关提出建议书，报请人民法院审核裁定，并将建议书副本抄送人民检察院。人民检察院可以向人民法院提出书面意见。

《最高人民法院关于适用〈中华人民共和国刑事诉讼法〉的解释》第四百二十条 报请最高人民法院核准因罪犯具有特殊情况，不受执行刑期限制的假释案件，应当按照下列情形分别处理：

（一）中级人民法院依法作出假释裁定后，应当报请高级人民法院复核。高级人民法院同意的，应当书面报请最高人民法院核准；不同意的，应当裁定撤销中级人民法院的假释裁定；

（二）高级人民法院依法作出假释裁定的，应当报请最高人民法院核准。

第五百三十四条 对减刑、假释案件，应当按照下列情形分别处理：

（一）对被判处死刑缓期执行的罪犯的减刑，由罪犯服刑地的高级人民法院在收到同级监狱管理机关审核同意的减刑建议书后一个月以内作出裁定；

（二）对被判处无期徒刑的罪犯的减刑、假释，由罪犯服刑地的高级人民法院在收到同级监狱管理机关审核同意的减刑、假释建议书后一个月以内作出裁定，案情复杂或者情况特殊的，可以延长一个月；

（三）对被判处有期徒刑和被减为有期徒刑的罪犯的减刑、假释，由罪犯服刑地的中级人民法院在收到执行机关提出的减刑、假释建议书后一个月以内作出裁定，案情复杂或者情况特殊的，可以延长一个月；

（四）对被判处管制、拘役的罪犯的减刑，由罪犯服刑地的中级人民法院在收到同级执行机关审核同意的减刑建议书后一个月以内作出裁定。

对社区矫正对象的减刑，由社区矫正执行地的中级以上人民法院在收到社区矫正机构减刑建议书后三十日以内作出裁定。

《最高人民法院关于办理减刑、假释案件具体应用法律的规定》第二十三条　被判处有期徒刑的罪犯假释时，执行原判刑期二分之一的时间，应当从判决执行之日起计算，判决执行以前先行羁押的，羁押一日折抵刑期一日。

被判处无期徒刑的罪犯假释时，刑法中关于实际执行刑期不得少于十三年的时间，应当从判决生效之日起计算。判决生效以前先行羁押的时间不予折抵。

被判处死刑缓期执行的罪犯减为无期徒刑或者有期徒刑后，实际执行十五年以上，方可假释，该实际执行时间应当从死刑缓期执行期满之日起计算。死刑缓期执行期间不包括在内，判决确定以前先行羁押的时间不予折抵。

第二十四条　刑法第八十一条第一款规定的“特殊情况”，是指有国家政治、国防、外交等方面特殊需要的情况。

31. 刑事裁定书（核准或者不予核准有特殊情况的假释用）

×××人民法院

刑 事 裁 定 书

（核准或者不予核准有特殊情况的假释用）

（××××）……刑执核……号

罪犯……（姓名、性别、出生年月日、民族、出生地、文化程度、现服刑监所和原住址）。

×××人民法院于×××年××月××日作出（××××）……刑初……号刑事判决，以被告人×××犯××罪，判处……（写明具体刑种、刑期）。……（上诉、抗诉的写明二审裁判结果。未经二审的写明“判决发生法律效力后交付执行”）。……（续写执行中的刑种、刑期变更情况）。执行机关……（写明机关名称）于××××年××月××日以该犯具有特殊情况，不受执行刑期限制为由，向×××中级（或者高级）人民法院提出假释建议书。经×××中级（或者高级）人民法院审理后，依法报请本院核准。本院依法组成合议庭进行了审理。现已审理终结。

……（简述原审人民法院认定罪犯有特殊情况的事实和证据）。

经审理查明，……（写明有特殊情况的具体事实或者不属于特殊情况的事实）。

本院认为，……（写明应予假释或者不准假释的理由）。依照……（写明裁定的法律依据）的规定，裁定如下：

……〔写明裁定结果。分两种情况：

第一，核准假释的，表述为：

“一、核准×××人民法院（××××）……刑执……号对罪犯×××假释的刑事裁定。

二、对犯罪×××予以假释。

第二，不核准假释的，表述为：

"一、撤销×××人民法院（××××）……刑执……号对罪犯×××假释的刑事裁定；

二、对罪犯×××不准假释。"〕

本裁定送达后即发生法律效力。

审 判 长 ×××
审 判 员 ×××
审 判 员 ×××

××××年××月××日
（院印）

本件与原本核对无异

法官助理 ×××
书 记 员 ×××

【说明】

一、本样式根据《中华人民共和国刑法》第八十一条第一款，《最高人民法院关于适用〈中华人民共和国刑事诉讼法〉的解释》第四百二十条、第四百二十二条的规定制订，供最高人民法院对罪犯在服刑期间具有特殊情况依法核准假释用。

二、对于因犯罪分子具有特殊情况，不受执行刑期限制的假释案件，中级人民法院依法作出假释裁定后，应即报请高级人民法院复核。高级人民法院同意假释的，应当制作报请核准假释的报告，报请最高人民法院核准；高级人民法院不同意假释的，应当裁定撤销中级人民法院的假释裁定。

三、报请核准因犯罪分子具有特殊情况，不受执行刑期限制的假释案件，应当报送报请核准的报告、罪犯具有特殊情况的报告、假释裁定书各五份，以及全案案卷。

【相关规定】

《中华人民共和国刑法》第八十一条第一款 被判处有期徒刑的犯罪分子，执行原判刑期二分之一以上，被判处无期徒刑的犯罪分子，实际执行十三年以上，如果认真遵守监规，接受教育改造，确有悔改表现，没有再犯罪的危险的，可以假释。如果有特殊情况，经最高人民法院核准，可以不受上述执行刑期的限制。

《最高人民法院关于适用〈中华人民共和国刑事诉讼法〉的解释》第四百二十条　报请最高人民法院核准因罪犯具有特殊情况，不受执行刑期限制的假释案件，应当按照下列情形分别处理：

（一）中级人民法院依法作出假释裁定后，应当报请高级人民法院复核。高级人民法院同意的，应当书面报请最高人民法院核准；不同意的，应当裁定撤销中级人民法院的假释裁定；

（二）高级人民法院依法作出假释裁定的，应当报请最高人民法院核准。

第四百二十一条　报请最高人民法院核准因罪犯具有特殊情况，不受执行刑期限制的假释案件，应当报送报请核准的报告、罪犯具有特殊情况的报告、假释裁定书各五份，以及全部案卷。

第四百二十二条　对因罪犯具有特殊情况，不受执行刑期限制的假释案件，最高人民法院予以核准的，应当作出核准裁定书；不予核准的，应当作出不核准裁定书，并撤销原裁定。

32. 刑事裁定书（维持或者撤销减刑、假释用）

×××人民法院

刑事裁定书

（维持或者撤销减刑、假释用）

（××××）……刑执……号

罪犯……（姓名、性别、年龄、民族、出生地、文化程度、现服刑监所或者住址）。

××××年××月××日，本院作出了（××××）……刑执……号刑事裁定，将（对）罪犯……（写明减刑的具体刑期或者宣告假释）。×××人民检察院认为对罪犯×××减刑（或者假释）的裁定不当，在法定期间向本院提出书面纠正意见。本院依法重新组成合议庭进行了审理。现已审理终结。

×××人民检察院认为……（写明认为减刑或者假释裁定不当的事实和理由）。

经审理查明，……（写明对人民检察院纠正意见中所列事实、证据查证的结果）。

本院认为，……（写明维持或者撤销减刑或假释裁定的理由）。依照……（写明裁定的法律依据）的规定，裁定如下：

……〔写明裁定结果。分两种情况：

第一，裁定维持减刑或者假释的，分别表述为：

（一）裁定维持减刑的，表述为：

维持本院××××年××月××日（××××）……刑执……号对罪犯×××减刑的刑事裁定。

（二）裁定维持假释的，表述为：

维持本院××××年××月××日（××××）……刑执……号对罪犯×××予以假释的刑事裁定。

第二，裁定撤销减刑或者假释的，分别表述为：

（一）裁定撤销减刑的，表述为：

撤销本院××××年××月××日（××××）……刑执……号对罪犯×××减刑的刑事裁定。

（二）裁定撤销假释的，表述为：

“一、撤销本院××××年××月××日（××××）……刑执……号对罪犯×××予以假释的刑事裁定；

二、对罪犯×××收监执行未执行完毕的刑罚（即自××××年××月××日起，至××××年××月××日止）。”〕

本裁定为最终裁定。

审　判　长　×××
审　判　员　×××
审　判　员　×××

××××年××月××日
（院印）

本件与原本核对无异

法官助理　×××
书　记　员　×××

【说明】

一、本样式根据《中华人民共和国刑事诉讼法》第二百七十四条、《中华人民共和国刑法》第八十六条第三款和《最高人民法院关于适用〈中华人民共和国刑事诉讼法〉的解释》第五百四十二条、第五百三十九条的规定制订，供中级人民法院和高级人民法院对本院作出的减刑、假释裁定，经重新审理后作出最终裁定时使用。

二、本样式是按人民检察院对人民法院作出的减刑、假释裁定提出书面纠正意见的情形设计的。对于被假释的犯罪分子，在假释考验期限内再犯罪，或者被发现判决宣告以前还有其他罪没有判决，应当撤销假释的，由审判新罪的人民法院在审判新罪时予以撤销。对于在假释考验期限内，有违反法律、行政法规或者国务院公安部门有关假释的监督管理规定的行为，尚未构成新的犯罪，依照法定程序撤销假释的，参阅本样式制作。

三、对于本院发现已发生法律效力的减刑、假释裁定确有错误，依法应当纠正的，将首部案件由来段的“×××人民检察院……”，改写为“本院发现原裁定对罪犯×××减刑（或者宣告假释）不当，决定另行组成合议庭重新审理”，尾部改写为“本裁定送达后即发生法律效力”。

【相关规定】

《中华人民共和国刑事诉讼法》第二百七十四条　人民检察院认为人民法院减刑、假释的裁定不当，应当在收到裁定书副本后二十日以内，向人民法院提出书面纠正意见。人民法院应当在收到纠正意见后一个月以内重新组成合议庭进行审理，作出最终裁定。

《中华人民共和国刑法》第八十六条　被假释的犯罪分子，在假释考验期限内犯新罪，应当撤销假释，依照本法第七十一条的规定实行数罪并罚。

在假释考验期限内，发现被假释的犯罪分子在判决宣告以前还有其他罪没有判决的，应当撤销假释，依照本法第七十条的规定实行数罪并罚。

被假释的犯罪分子，在假释考验期限内，有违反法律、行政法规或者国务院有关部门关于假释的监督管理规定的行为，尚未构成新的犯罪的，应当依照法定程序撤销假释，收监执行未执行完毕的刑罚。

《最高人民法院关于适用〈中华人民共和国刑事诉讼法〉的解释》第五百三十九条　人民法院作出减刑、假释裁定后，应当在七日以内送达提请减刑、假释的执行机关、同级人民检察院以及罪犯本人。人民检察院认为减刑、假释裁定不当，在法定期限内提出书面纠正意见的，人民法院应当在收到意见后另行组成合议庭审理，并在一个月以内作出裁定。

对假释的罪犯，适用本解释第五百一十九条的有关规定，依法实行社区矫正。

第五百四十二条　罪犯在缓刑、假释考验期限内犯新罪或者被发现在判决宣告前还有其他罪没有判决，应当撤销缓刑、假释的，由审判新罪的人民法院撤销原判决、裁定宣告的缓刑、假释，并书面通知原审人民法院和执行机关。

33. 刑事裁定书（撤销缓刑用）

×××人民法院

刑 事 裁 定 书

（撤销缓刑用）

（××××）……刑执……号

罪犯……（姓名、性别、年龄、民族、出生地、文化程度、现住址）

××××年××月××日，本院作出了（××××）……刑×……号刑事判决（或者裁定），以……罪，判处被告人×××……（具体刑种、刑期）、宣告缓刑……（刑期）。原判已发生法律效力并交付执行。×××执行机关于××××年××月××日书面建议本院撤销对罪犯×××的缓刑。本院依法组成合议庭进行了审理。现已审理终结。

执行机关……（简述公安机关提出罪犯在缓刑考验期限内，违反法律、行政法规或者国务院公安部门有关缓刑的监督管理规定的事实和理由）。

经审理查明：……（详述查证后认定的罪犯在缓刑考验期限内，违反法律、行政法规或者国务院公安部门有关缓刑的监督管理规定的事实和证据）。

本院认为……（写明撤销缓刑的具体理由）。依照《中华人民共和国刑法》第七十七条第二款和《最高人民法院关于适用〈中华人民共和国刑事诉讼法〉的解释》第五百四十三条的规定，裁定如下：

一、撤销本院（××××）……刑×……号刑事判决中对罪犯×××宣告缓刑……（期限）的执行部分；

二、对罪犯×××收监执行原判……（刑种、刑期）。（刑期自××××年××月××日起至××××年××月××日止）。

本裁定送达后即发生法律效力。

审　判　长　×××
审　判　员　×××
审　判　员　×××

××××年××月××日
（院印）

本件与原本核对无异

法官助理　×××
书　记　员　×××

【说明】

一、本样式根据《中华人民共和国刑法》第七十七条第二款和《最高人民法院关于适用〈中华人民共和国刑事诉讼法〉的解释》第五百四十三条的规定制订，供各级人民法院对被宣告缓刑的犯罪分子，在缓刑考验期限内违反法律、行政法规或者国务院公安部门有关监督管理规定，情节严重，应当撤销缓刑，执行原判刑罚时使用。

二、对于在缓刑考验期限内再犯罪或者发现判决宣告以前还有其他罪没有判决，应当撤销缓刑的，由审判新罪的人民法院在审判新罪时予以撤销。审判新罪的下级人民法院可以撤销上级人民法院判决或者裁定宣告的缓刑。

【相关规定】

《中华人民共和国刑法》第七十七条第二款　被宣告缓刑的犯罪分子，在缓刑考验期限内，违反法律、行政法规或者国务院有关部门关于缓刑的监督管理规定，或者违反人民法院判决中的禁止令，情节严重的，应当撤销缓刑，执行原判刑罚。

《最高人民法院关于适用〈中华人民共和国刑事诉讼法〉的解释》第五百四十三条　人民法院收到社区矫正机构的撤销缓刑建议书后，经审查，确认罪犯在缓刑考验期限内具有下列情形之一的，应当作出撤销缓刑的裁定：

（一）违反禁止令，情节严重的；

（二）无正当理由不按规定时间报到或者接受社区矫正期间脱离监管，超过一个月的；

（三）因违反监督管理规定受到治安管理处罚，仍不改正的；

（四）受到执行机关二次警告，仍不改正的；

（五）违反法律、行政法规和监督管理规定，情节严重的其他情形。

人民法院收到社区矫正机构的撤销假释建议书后，经审查，确认罪犯在假释考验期限内具有前款第二项、第四项规定情形之一，或者有其他违反监督管理规定的行为，尚未构成新的犯罪的，应当作出撤销假释的裁定。

34. 刑事裁定书（减、免罚金用）

×××人民法院
刑事裁定书
（缓、减、免罚金用）

（××××）……刑执……号

罪犯……（写明姓名和案由）一案，本院于××××年××月××日作出了（××××）……刑×……号刑事判决（或者裁定），其中对罪犯×××判处罚金人民币……（写明具体数额）。在执行期间，罪犯×××……（写明罪犯申请缓、减、免罚金的事由和罚金数额）。本院经查证，罪犯×××……（扼要写明查证的事实），缴纳罚金确有困难。依照……（写明裁定的法律依据）的规定，裁定如下：

……（写明对罪犯×××延期缴纳、减少罚金的数额和"余额继续追缴"或者免除罚金的具体数额）。

本裁定送达后即发生法律效力。

审　判　长　×××
审　判　员　×××
审　判　员　×××

××××年××月××日
（院印）

本件与原本核对无异

法官助理　×××
书　记　员　×××

【说明】

一、本样式根据《中华人民共和国刑法》第五十三条、《中华人民共和国刑事诉讼法》第二百七十一条和《最高人民法院关于适用〈中华人民共和国刑事诉讼法〉的解释》第五百二十四条的规定制订，供各级人民法院在执行独立判处罚金刑或者附加判处罚金刑的判决、裁定期间，对由于遭遇不能抗拒的灾祸等原因缴纳罚金确有困难的罪犯，申请延期缴纳、酌情减少或者免除罚金时使用。

二、罚金在判决规定的期限内一次或者分期缴纳。期满无故不缴纳的，人民法院应当强制缴纳。经强制缴纳仍不能全部缴纳的，人民法院在任何时候，包括在判处的主刑执行完毕后，发现被执行人有可以执行的财产的，应当随时追缴。因此，对于裁定减少罚金数额后，依法仍应追缴的余额，应当在裁定结果中写明。

三、本裁定书由作出发生法律效力的判决或者裁定的人民法院制作。

【相关规定】

《中华人民共和国刑法》第五十三条 罚金在判决指定的期限内一次或者分期缴纳。期满不缴纳的，强制缴纳。对于不能全部缴纳罚金的，人民法院在任何时候发现被执行人有可以执行的财产，应当随时追缴。

由于遭遇不能抗拒的灾祸等原因缴纳确实有困难的，经人民法院裁定，可以延期缴纳、酌情减少或者免除。

《中华人民共和国刑事诉讼法》第二百七十一条 被判处罚金的罪犯，期满不缴纳的，人民法院应当强制缴纳；如果由于遭遇不能抗拒的灾祸等原因缴纳确实有困难的，经人民法院裁定，可以延期缴纳、酌情减少或者免除。

《最高人民法院关于适用〈中华人民共和国刑事诉讼法〉的解释》第五百二十四条 因遭遇不能抗拒的灾祸等原因缴纳罚金确有困难，被执行人申请延期缴纳、酌情减少或者免除罚金的，应当提交相关证明材料。人民法院应当在收到申请后一个月以内作出裁定。符合法定条件的，应当准许；不符合条件的，驳回申请。

35. 刑事裁定书（终止审理用）

×××人民法院

刑 事 裁 定 书

（终止审理用）

（××××）……刑×……号

公诉机关×××人民检察院。

被告人……（写明姓名、性别、出生年月日、民族、出生地、文化程度、职业或者工作单位和职务）。

×××人民检察院于××××年××月××日以××检××刑诉〔××××〕××号起诉书，指控被告人×××犯××罪，向本院提起公诉。在审理过程中，被告人×××于××××年××月××日死亡（或者属于告诉才处理的案件；或者犯罪已过追诉时效期限，并且不是必须追诉或者经特赦令免除刑罚的）。依照……（写明裁定的法律依据）的规定，裁定如下：

本案终止审理。

本裁定送达后即发生法律效力。

审 判 长　×××
审 判 员　×××
审 判 员　×××

××××年××月××日
（院印）

本件与原本核对无异

法官助理　×××
书 记 员　×××

【说明】

一、本样式根据《中华人民共和国刑事诉讼法》第十六条第（五）项和《最高人民法院关于适用〈中华人民共和国刑事诉讼法〉的解释》第二百九十五条第一款第（八）、（九）、（十）项的规定制订，供各级人民法院对于刑事案件的被告人在审理过程中死亡，或者属于告诉才处理的案件，或者犯罪已过追诉时效期限并且不是必须追诉，或者经特赦令免除刑罚，决定终止审理时使用。但是根据已经查明的案件事实和认定的证据材料，能够确认被告人无罪，应当判决宣告被告人无罪的除外。

二、本样式适用于自诉案件时，应当将“公诉机关”改写为“自诉人”；将“×××人民检察院”改写为“自诉人×××”；将“向本院提起公诉”改写为“向本院提起控诉”。

三、本样式系按一人一案的模式设计的。如果死亡的被告人系共同犯罪案件的成员，裁定结果则应当表述为：“对被告人×××终止审理。”

四、本样式系按第一审程序设计的，适用于第二审程序时，应当按照第二审刑事裁定书或者判决书的特点，对首部有关各处作相应的改动。

五、本裁定书的案号应当根据不同审级确定。被告人已死亡的，本裁定书应当向其法定代理人及其近亲属送达。

【相关规定】

《中华人民共和国刑事诉讼法》第十六条第（五）项　有下列情形之一的，不追究刑事责任，已经追究的，应当撤销案件，或者不起诉，或者终止审理，或者宣告无罪：

（五）犯罪嫌疑人、被告人死亡的；

《最高人民法院关于适用〈中华人民共和国刑事诉讼法〉的解释》第二百九十五条第一款第（八）、（九）、（十）项　对第一审公诉案件，人民法院审理后，应当按照下列情形分别作出判决、裁定：

（八）犯罪已过追诉时效期限且不是必须追诉，或者经特赦令免除刑罚的，应当裁定终止审理；

（九）属于告诉才处理的案件，应当裁定终止审理，并告知被害人有权提起自诉；

（十）被告人死亡的，应当裁定终止审理；但有证据证明被告人无罪，经缺席审理确认无罪的，应当判决宣告被告人无罪。

36. 刑事裁定书（中止审理用）

×××人民法院
刑事裁定书
（中止审理用）

（××××）……刑×……号

公诉机关×××人民检察院。

被告人……（写明姓名、性别、出生年月日、民族、出生地、文化程度、职业或者工作单位和职务、住址以及因本案所受强制措施情况等，现羁押处所）。

×××人民检察院于××××年××月××日以××检××刑诉〔××××〕××号起诉书，指控被告人×××犯××罪，向本院提起公诉。

本院在审理过程中，因……（写明需要中止审理的原因）。依照……（写明裁定的法律依据）的规定，裁定如下：

本案中止审理。

审 判 长　×××
审 判 员　×××
审 判 员　×××

××××年××月××日
（院印）

本件与原本核对无异

法官助理　×××
书 记 员　×××

【说明】

一、本样式根据《最高人民法院关于适用〈中华人民共和国刑事诉讼法〉的解释》第三百一十四条、第三百三十二条的规定制订，供各级人民法院对于刑事案件的被告人在审理过程中，因患精神病或者其他严重疾病，或者脱逃，或者其他不能抗拒的原因，致使案件无法继续审理，决定中止案件审理时使用。

二、对于自诉案件、二审刑事案件或者再审案件需要中止审理的，可以参阅本样式拟制。

三、本裁定书的案号应当根据不同审级确定。

【相关规定】

《中华人民共和国刑事诉讼法》第二百零六条 在审判过程中，有下列情形之一，致使案件在较长时间内无法继续审理的，可以中止审理：

（一）被告人患有严重疾病，无法出庭的；

（二）被告人脱逃的；

（三）自诉人患有严重疾病，无法出庭，未委托诉讼代理人出庭的；

（四）由于不能抗拒的原因。

中止审理的原因消失后，应当恢复审理。中止审理的期间不计入审理期限。

《最高人民法院关于适用〈中华人民共和国刑事诉讼法〉的解释》第三百一十四条 有多名被告人的案件，部分被告人具有刑事诉讼法第二百零六条第一款规定情形的，人民法院可以对全案中止审理；根据案件情况，也可以对该部分被告人中止审理，对其他被告人继续审理。

对中止审理的部分被告人，可以根据案件情况另案处理。

第三百三十二条 被告人在自诉案件审判期间下落不明的，人民法院可以裁定中止审理；符合条件的，可以对被告人依法决定逮捕。

37. 刑事裁定书（恢复审理用）

×××人民法院

刑 事 裁 定 书

（恢复审理用）

（××××）……刑×……号

公诉机关×××人民检察院。

被告人……（写明姓名、性别、出生年月日、民族、出生地、文化程度、职业或者工作单位和职务、住址以及因本案所受强制措施情况等，现羁押处所）。

本院于××××年××月××日以（××××）……刑×……号刑事裁定，对×××人民检察院起诉的被告人×××……（写明案由）一案中止审理。

经查……（写明中止审理原因消失的具体情形）。依照……（写明裁定的法律依据），裁定如下：

本案恢复审理。

审 判 长　×××
审 判 员　×××
审 判 员　×××

××××年××月××日
（院印）

本件与原本核对无异

法官助理　×××
书 记 员　×××

【说明】

一、本样式根据《中华人民共和国刑事诉讼法》第一百零六条，《最高人民法院关于适用〈中华人民共和国刑事诉讼法〉的解释》第二百零二条、第二百零三条、第三百一十四条、第三百三十二条的规定制订，供人民法院在裁定中止审理的原因消失后，决定恢复审理时使用。

二、本样式是按照公诉案件裁定中止审理的模式设计的。适用于自诉案件，或者当事人由于不能抗拒的原因或者有其他正当理由耽误期限，在法定期限内申请继续进行在期满以前诉讼活动的案件时，应当参阅本样式制作，并且在有关之处作相应的改动。

【相关规定】

《中华人民共和国刑事诉讼法》第一百零六条 当事人由于不能抗拒的原因或者有其他正当理由而耽误期限的，在障碍消除后五日以内，可以申请继续进行应当在期满以前完成的诉讼活动。

前款申请是否准许，由人民法院裁定。

第二百零六条 在审判过程中，有下列情形之一，致使案件在较长时间内无法继续审理的，可以中止审理：

（一）被告人患有严重疾病，无法出庭的；

（二）被告人脱逃的；

（三）自诉人患有严重疾病，无法出庭，未委托诉讼代理人出庭的；

（四）由于不能抗拒的原因。

中止审理的原因消失后，应当恢复审理。中止审理的期间不计入审理期限。

《最高人民法院关于适用〈中华人民共和国刑事诉讼法〉的解释》第二百零二条 以月计算的期间，自本月某日至下月同日为一个月；期限起算日为本月最后一日的，至下月最后一日为一个月；下月同日不存在的，自本月某日至下月最后一日为一个月；半个月一律按十五日计算。

以年计算的刑期，自本年本月某日至次年同月同日的前一日为一年；次年同月同日不存在的，自本年本月某日至次年同月最后一日的前一日为一年。以月计算的刑期，自本月某日至下月同日的前一日为一个月；刑期起算日为本月最后一日的，至下月最后一日的前一日为一个月；下月同日不存在的，自本月某日至下月最后一日的前一日为一个月；半个月一律按十五日计算。

第二百零三条 当事人由于不能抗拒的原因或者有其他正当理由而耽误期限，依法申请继续进行应当在期满前完成的诉讼活动的，人民法院查证属实后，应当裁定准许。

第三百一十四条　有多名被告人的案件，部分被告人具有刑事诉讼法第二百零六条第一款规定情形的，人民法院可以对全案中止审理；根据案件情况，也可以对该部分被告人中止审理，对其他被告人继续审理。

对中止审理的部分被告人，可以根据案件情况另案处理。

第三百三十二条　被告人在自诉案件审判期间下落不明的，人民法院可以裁定中止审理；符合条件的，可以对被告人依法决定逮捕。

38. 刑事裁定书
（将冻结的存款、汇款上缴国库或者发还被害人用）

×××人民法院
刑事裁定书
（将冻结的存款、汇款上缴国库或者发还被害人用）

（××××）……刑×……号

被告人……（姓名、性别、出生年月日、民族、出生地、文化程度、职业或者工作单位和职务）。

犯罪嫌疑人×××因××一案，×××人民检察院（或者公安机关）……（写明对其采取的侦查措施或者处理结果）。其间，因犯罪嫌疑人×××死亡，×××人民检察院（或者公安机关）申请本院裁定通知冻结犯罪嫌疑人×××存款、汇款等的金融机构或者邮电部门，将该犯罪嫌疑人的存款、汇款等上缴国库（或者发还被害人×××）。经阅卷、审查有关证据材料……（写明审查确认的事实）。依照《最高人民法院关于适用〈中华人民共和国刑事诉讼法〉的解释》第四百四十五条第三款的规定……（写明应当上缴国库或者发还被害人的理由）。裁定如下：

犯罪嫌疑人×××的存款（汇款）……（写明具体存汇地点和数额）上缴国库（或者发还被害人×××）。

本裁定送达后即发生法律效力。

审 判 长 ×××
审 判 员 ×××
审 判 员 ×××

××××年××月××日
（院印）

本件与原本核对无异

法官助理 ×××
书 记 员 ×××

【说明】

一、本样式根据《最高人民法院关于适用〈中华人民共和国刑事诉讼法〉的解释》第四百四十五条的规定制订，供各级人民法院对人民检察院、公安机关因犯罪嫌疑人死亡，申请人民法院裁定通知冻结犯罪嫌疑人存款、汇款等的金融机构或者邮电部门，将该犯罪嫌疑人的存款、汇款等上缴国库或者发还被害人的案件，经过阅卷、审查有关证据材料后作出裁定时使用。

二、“审查确认的事实”，应当包括审查确认人民检察院（或者公安机关）对犯罪嫌疑人采取的强制措施的时间、原因、种类，侦查、起诉的情况，犯罪嫌疑人死亡的时间、原因，冻结犯罪嫌疑人存款、汇款等的时间、数量和金融机构或者邮电部门的名称，等等。

三、“上缴国库或者发还被害人的理由”，应当围绕案情，依据法律，具体阐明应当“上缴国库”还是“发还被害人”的理由。

【相关规定】

《最高人民法院关于适用〈中华人民共和国刑事诉讼法〉的解释》第四百四十五条　查封、扣押、冻结的财物及其孳息，经审查，确属违法所得或者依法应当追缴的其他涉案财物的，应当判决返还被害人，或者没收上缴国库，但法律另有规定的除外。

对判决时尚未追缴到案或者尚未足额退赔的违法所得，应当判决继续追缴或者责令退赔。

判决返还被害人的涉案财物，应当通知被害人认领；无人认领的，应当公告通知；公告满一年无人认领的，应当上缴国库；上缴国库后有人认领，经查证属实的，应当申请退库予以返还；原物已经拍卖、变卖的，应当返还价款。

对侵犯国有财产的案件，被害单位已经终止且没有权利义务继受人，或者损失已经被核销的，查封、扣押、冻结的财物及其孳息应当上缴国库。

39. 刑事裁定书（补正裁判文书失误用）

×××人民法院
刑事裁定书
（补正裁判文书失误用）

（××××）……刑×……号

被告人……（写明姓名和案由）一案，本院于××××年××月××日作出（××××）……刑×……号刑事判决书（裁定书或调解书）。现发现其中有错误（遗漏）字句，特此补充裁定如下：

原××书……（写明错、漏的字句及其所在页次和行数）；

现更正为……（写明改正、补充的字句）。

审 判 长 ×××
审 判 员 ×××
审 判 员 ×××

××××年××月××日
（院印）

本件与原本核对无异

法官助理 ×××
书 记 员 ×××

【说明】

一、本样式供各级人民法院对于在本院发出的刑事判决书、刑事裁定书或者刑事调解书中，发现有个别文字上的错误或者遗漏，予以改正、补充时使用。

二、本裁定书改正、补充的内容，仅限于裁判文书中的文字技术上的失误，不涉及对实体（包括金额或者数额）和程序问题的处理。

三、本裁定书的案号应当与被补正的裁判文书相一致。

40. 刑事裁定书（核准法定刑以下判处刑罚用）

×××人民法院
刑事裁定书

（核准法定刑以下判处刑罚用）

（××××）……刑核……号

被告人……（写明姓名、性别、出生年月日、民族、出生地、文化程度、职业或者工作单位和职务、住址和所受强制措施情况等）。

×××人民法院审理×××人民检察院指控被告人×××犯××罪一案，于××××年××月××日以（××××）……刑初……号刑事（或者刑事附带民事）判决，认定被告人×××犯××罪，在法定刑以下判处……（具体刑罚）。宣判后，……提出上诉。×××人民法院经依法审理，于××××年××月××日以（××××）……刑终……号刑事（或者刑事附带民事）裁定，驳回上诉，维持原判。×××人民法院经依法复核，同意原判，并依法报请本院核准。本院依法组成合议庭，对本案进行了复核。现已复核终结。

经复核确认：……（写明经复核确认的事实、证据包括存在法定刑以下处罚的特殊情形）。

本院认为，……（阐明本院核准对被告人在法定刑以下判处刑罚的理由）。依照……（写明裁定的法律依据）的规定，裁定如下：

核准×××人民法院（××××）……刑终……号维持第一审对被告人×××以××罪在法定刑以下判处……（具体刑罚）的刑事（或者刑事附带民事）裁定。

本裁定自宣告之日起发生法律效力。

审 判 长 ×××
审 判 员 ×××
审 判 员 ×××

××××年××月××日

（院印）

本件与原本核对无异

法 官 助 理　×××

书　记　员　×××

【说明】

一、本样式根据《中华人民共和国刑法》第六十三条第二款和《最高人民法院关于适用〈中华人民共和国刑事诉讼法〉的解释》第四百一十七条的规定制订，供最高人民法院核准在法定刑以下判处刑罚时使用。

二、本样式按基层人民法院第一审判决后，被告人提出上诉，中级人民法院第二审维持原判，高级人民法院复核同意原判的情形设计。对于检察机关提出抗诉的案件，案件由来部分应作相应的改动。

对于被告人未上诉、检察机关未抗诉，层报核准的案件，应当作如下改动：

（一）首部。在案件由来项内，应当将“宣判后，……提出上诉”，改为“在法定期限内没有上诉、抗诉”，并写明上级人民法院复核情况。

（二）裁定结果。核准对象应改为原审人民法院在法定刑以下判处刑罚的判决，文书名称、案号应作相应改动。

对于第二审人民法院改判的案件，案件由来、裁定结果部分应作相应的改动。

三、根据《最高人民法院关于适用〈中华人民共和国刑事诉讼法〉的解释》第四百一十四条、第四百一十七条的规定，被告人未上诉、人民检察院未抗诉的，在上诉、抗诉期满后三日内报请上一级人民法院复核，上级人民法院同意原判的，应当书面层报最高人民法院核准；被告人上诉或者人民检察院抗诉的，上一级人民法院维持原判，或者改判后仍在法定刑以下判处刑罚的，应当层报最高人民法院核准。最高人民法院予以核准的，应当作出核准裁定书。

四、报请最高人民法院核准在法定刑以下判处刑罚的案件，应当报送判决书、报请核准的报告各五份以及全部案卷、证据。

【相关规定】

《中华人民共和国刑法》第六十三条第二款 犯罪分子虽然不具有本法规定的减轻处罚情节，但是根据案件的特殊情况，经最高人民法院核准，也可以在法定刑以下判处刑罚。

《最高人民法院关于适用〈中华人民共和国刑事诉讼法〉的解释》第四百一十四条 报请最高人民法院核准在法定刑以下判处刑罚的案件，应当按照下列情形分别处理：

（一）被告人未上诉、人民检察院未抗诉的，在上诉、抗诉期满后三日以内报请上一级人民法院复核。上级人民法院同意原判的，应当书面层报最高人民法院核准；不同意的，应当裁定发回重新审判，或者按照第二审程序提审；

（二）被告人上诉或者人民检察院抗诉的，上一级人民法院维持原判，或者改判后仍在法定刑以下判处刑罚的，应当依照前项规定层报最高人民法院核准。

第四百一十七条 对在法定刑以下判处刑罚的案件，最高人民法院予以核准的，应当作出核准裁定书；不予核准的，应当作出不核准裁定书，并撤销原判决、裁定，发回原审人民法院重新审判或者指定其他下级人民法院重新审判。

41. 刑事裁定书（不核准法定刑以下判处刑罚用）

×××人民法院
刑事裁定书
（不核准法定刑以下判处刑罚用）

（××××）……刑核……号

被告人……（写明姓名、性别、出生年月日、民族、出生地、文化程度、职业或者工作单位和职务、住址和所受强制措施情况等）。

×××人民法院审理×××人民检察院指控被告人×××犯××罪一案，于××××年××月××日以（××××）……刑初……号刑事判决，认定被告人×××犯××罪，在法定刑以下判处……（具体刑罚）。宣判后，……提出上诉。×××人民法院经依法审理，于××××年××月××日以（××××）……刑终……号刑事裁定，驳回上诉，维持原判。×××人民法院经依法复核，同意原判，并依法报请本院核准。本院依法组成合议庭，对本案进行了复核。现已复核终结。

×××人民法院认定：……（写明原判认定的事实、证据）。

本院认为，……（阐明本院不核准对被告人在法定刑以下判处刑罚的理由）。依照……（写明裁定的法律依据）的规定，裁定如下：

一、不核准×××人民法院（××××）……刑终……号维持第一审对被告人×××以××罪在法定刑以下判处……（具体刑罚）的刑事裁定。

二、撤销×××人民法院（××××）……刑终……号维持第一审对被告人×××以××罪在法定刑以下判处……（具体刑罚）的刑事裁定和×××人民法院（××××）……刑初……号对被告人×××以××罪在法定刑以下判处……（具体刑罚）的刑事判决。

三、发回（或者指定）×××人民法院重新审判。

本裁定自宣告之日起发生法律效力。

审 判 长 ×××
审 判 员 ×××
审 判 员 ×××

××××年××月××日
（院印）

本件与原本核对无异

法官助理 ×××
书 记 员 ×××

【说明】

一、本样式根据《中华人民共和国刑法》第六十三条第二款和《最高人民法院关于适用〈中华人民共和国刑事诉讼法〉的解释》第四百一十七条的规定制订，供最高人民法院不核准法定刑以下判处刑罚时使用。

二、本样式按基层人民法院第一审判决后，被告人提出上诉，中级人民法院第二审维持原判，高级人民法院复核同意原判的情形设计。对于检察机关提出抗诉的案件，案件由来部分应作相应的改动。

对于被告人未上诉、检察机关未抗诉，层报核准的案件，应当作如下改动：

（一）首部。在案件由来项内，应当将“宣判后，……提出上诉”，改为“在法定期限内没有上诉、抗诉”，并写明上级人民法院复核情况。

（二）裁定结果。不予核准对象应改为原审人民法院在法定刑以下判处刑罚的判决，文书名称、案号应作相应改动。

对于第二审人民法院改判的案件，案件由来、裁定结果部分应作相应的改动。

三、对于原判系附带民事诉讼或者有同案被告人未在法定刑以下判处刑罚的，案件由来、裁定结果应作相应的改动，其中，不核准裁定结果第二项应当改为“撤销×××人民法院（××××）……刑终……号刑事（或者刑事附带民事）裁定中维持第一审对被告人×××以××罪在法定刑以下判处……（具体刑罚）和×××人民法院（××××）……刑初……号刑事（或者刑事附带民事）判决中对被告人×××以××罪在法定刑以下判处……（具体刑罚）的部分”。

四、根据《最高人民法院关于适用〈中华人民共和国刑事诉讼法〉的解释》第四百一十四条、第四百一十七条的规定，被告人未上诉、人民检察院未抗诉的，在上诉、抗诉期满后三日内报请上一级人民法院复核，上级人民法院同意原判的，应当书面层报最高人民法院核准；被告人上诉或者人民检察院抗诉的，上一级人民法院维持原判，或者改判后仍在法定刑以下判处刑罚的，应当层报最高人民法院核准。最高人民法院不予核准的，应当作出不核准裁定书，并撤销原判决、裁定，发回原审人民法院重新审判或者指定其他下级人民法院重新审判。

五、报请最高人民法院核准在法定刑以下判处刑罚的案件，应当报送判决书、报请核准的报告各五份以及全部案卷、证据。

【相关规定】

《中华人民共和国刑法》第六十三条第二款　犯罪分子虽然不具有本法规定的减轻处罚情节，但是根据案件的特殊情况，经最高人民法院核准，也可以在法定刑以下判处刑罚。

《最高人民法院关于适用〈中华人民共和国刑事诉讼法〉的解释》第四百一十四条　报请最高人民法院核准在法定刑以下判处刑罚的案件，应当按照下列情形分别处理：

（一）被告人未上诉、人民检察院未抗诉的，在上诉、抗诉期满后三日以内报请上一级人民法院复核。上级人民法院同意原判的，应当书面层报最高人民法院核准；不同意的，应当裁定发回重新审判，或者按照第二审程序提审；

（二）被告人上诉或者人民检察院抗诉的，上一级人民法院维持原判，或者改判后仍在法定刑以下判处刑罚的，应当依照前项规定层报最高人民法院核准。

第四百一十七条　对在法定刑以下判处刑罚的案件，最高人民法院予以核准的，应当作出核准裁定书；不予核准的，应当作出不核准裁定书，并撤销原判决、裁定，发回原审人民法院重新审判或者指定其他下级人民法院重新审判。

42. 特赦裁定书

×××人民法院

特赦裁定书[①]

（2019）……刑更赦……号

罪犯姓名、性别、出生年月、民族、出生地、文化程度、现服刑监所（或社区矫正地和原住址）。

×××人民法院于××××年××月××日作出（××××）……刑×……号刑事（附带民事）判决，以被告人×××犯××罪，判处……（有附加刑和附带民事赔偿责任的应当一并写明。有上诉、抗诉的，还应当写明上诉、抗诉情况及二审裁判结果）。判决发生法律效力后，××××年××月××日交付执行。……（写明刑罚执行变更情况，无变更则不写）。

刑罚执行机关……（适用于监狱、看守所服刑罪犯）/司法行政机关……（适用于社区矫正罪犯）于××××年××月××日以（　）××××号报请特赦建议书，对罪犯×××特赦一案报送本院审理。本院依法组成合议庭进行了审理，并听取了×××人民检察院的意见。现已审理终结。

××监狱（××看守所、××司法局）提出，……（写明特赦建议书所列事实和证据）。

本院经审理认为，××监狱（××看守所、××司法局）提供的证据足以证实罪犯×××符合特赦条件。依照《全国人民代表大会常务委员会关于在中华人民共和国成立七十周年之际对部分服刑罪犯予以特赦的决定》，裁定如下：

对罪犯×××予以特赦。（如原判有附带民事赔偿责任的，此处应当写明未履行完毕的附带民事赔偿责任应当依法继续履行；如原判载明对罪犯违法所得继续予

---

① 本样式来源于《最高人民法院关于印发人民法院特赦案件法律文书样式的通知》（法〔2019〕150号）。

以追缴或者责令退赔的，未追缴或退赔完毕的，此处也应当写明继续予以追缴或者责令退赔）

本裁定送达后即发生法律效力。

审　判　长　×××
审　判　员　×××
审　判　员　×××

××××年××月××日
（院印）

本件与原本核对无误

法官助理　×××
书　记　员　×××

【相关规定】

全国人民代表大会常务委员会关于在中华人民共和国成立七十周年之际对部分服刑罪犯予以特赦的决定

（2019年6月29日第十三届全国人民代表大会常务委员会第十一次会议通过）

第十三届全国人民代表大会常务委员会第十一次会议审议了全国人民代表大会常务委员会委员长会议关于提请审议《全国人民代表大会常务委员会关于在中华人民共和国成立七十周年之际对部分服刑罪犯予以特赦的决定（草案）》的议案，为庆祝中华人民共和国成立70周年，体现依法治国理念和人道主义精神，根据宪法，决定对依据2019年1月1日前人民法院作出的生效判决正在服刑的下列罪犯实行特赦：

一、参加过中国人民抗日战争、中国人民解放战争的；

二、中华人民共和国成立以后，参加过保卫国家主权、安全和领土完整对外作战的；

三、中华人民共和国成立以后，为国家重大工程建设做过较大贡献并获得省部级以上“劳动模范”“先进工作者”“五一劳动奖章”等荣誉称号的；

四、曾系现役军人并获得个人一等功以上奖励的；

五、因防卫过当或者避险过当，被判处三年以下有期徒刑或者剩余刑期在一年以下的；

六、年满七十五周岁、身体严重残疾且生活不能自理的；

七、犯罪的时候不满十八周岁，被判处三年以下有期徒刑或者剩余刑期在一年以下的；

八、丧偶且有未成年子女或者有身体严重残疾、生活不能自理的子女，确需本人抚养的女性，被判处三年以下有期徒刑或者剩余刑期在一年以下的；

九、被裁定假释已执行五分之一以上假释考验期的，或者被判处管制的。

上述九类对象中，具有以下情形之一的，不得特赦：

（一）第二、三、四、七、八、九类对象中系贪污受贿犯罪，军人违反职责犯罪，故意杀人、强奸、抢劫、绑架、放火、爆炸、投放危险物质或者有组织的暴力性犯罪，黑社会性质的组织犯罪，贩卖毒品犯罪，危害国家安全犯罪，恐怖活动犯罪的罪犯，其他有组织犯罪的主犯，累犯的；

（二）第二、三、四、九类对象中剩余刑期在十年以上的和仍处于无期徒刑、死刑缓期执行期间的；

（三）曾经被特赦又因犯罪被判处刑罚的；

（四）不认罪悔改的；

（五）经评估具有现实社会危险性的。

对本决定施行之日符合上述条件的服刑罪犯，经人民法院依法作出裁定后，予以释放。

本决定自2019年6月29日起施行。

43. 不予特赦裁定书

×××人民法院

不予特赦裁定书[①]

（2019）……刑更赦……号

罪犯姓名、性别、出生年月、民族、出生地、文化程度、现服刑监所（或社区矫正地和原住址）。

×××人民法院于××××年××月××日作出（××××）……刑×……号刑事（附带民事）判决，以被告人×××犯××罪，判处……（有附加刑和附带民事赔偿责任的应当一并写明。有上诉、抗诉的，还应当写明上诉、抗诉情况及二审裁判结果）。判决发生法律效力后，××××年××月××日交付执行。……（写明刑罚执行变更情况，无变更则不写）。

刑罚执行机关……（适用于监狱、看守所服刑罪犯）/司法行政机关……（适用于社区矫正罪犯）于××××年××月××日以（　　）××××号报请特赦建议书，对罪犯×××特赦一案报送本院审理。本院依法组成合议庭进行了审理，并听取了人民检察院的意见。现已审理终结。

××监狱（××看守所、××司法局）提出，……（写明特赦建议书所列事实和证据）。

本院经审理认为，罪犯×××不符合特赦条件，依照《全国人民代表大会常务委员会关于在中华人民共和国成立七十周年之际对部分服刑罪犯予以特赦的决定》，裁定如下：

对罪犯×××不予特赦。

本裁定送达后即发生法律效力。

---

① 本样式来源于《最高人民法院关于印发人民法院特赦案件法律文书样式的通知》（法〔2019〕150号）。

审 判 长 ×××
审 判 员 ×××
审 判 员 ×××

（院印）
××××年××月××日

本件与原本核对无误

法官助理 ×××
书 记 员 ×××

二、决定、命令、布告类

44. 逮捕决定书（自行决定逮捕用）

第一联

×××人民法院

逮捕决定书（审批联）

（自行决定逮捕用）

（ ）……刑×……号

<table>
<tr><td>案由</td><td colspan="8"></td></tr>
<tr><td rowspan="4">被逮捕人</td><td>姓 名</td><td></td><td>性 别</td><td></td><td colspan="2">出生年月日</td><td colspan="2">年 月 日</td></tr>
<tr><td>民 族</td><td></td><td>出生地</td><td colspan="2"></td><td colspan="2">文化程度</td><td></td></tr>
<tr><td>职 业</td><td></td><td>工作单位</td><td colspan="2"></td><td colspan="2"></td><td></td></tr>
<tr><td>住 址</td><td colspan="7"></td></tr>
<tr><td colspan="2">被逮捕人
家属姓名</td><td colspan="2"></td><td colspan="2">工作单位</td><td colspan="3"></td></tr>
<tr><td colspan="2">执行逮捕
机 关</td><td colspan="2"></td><td colspan="2"></td><td colspan="3"></td></tr>
</table>

续表

逮捕原因	经办人 年 月 日
审批决定	批准人 年 月 日

本联存卷

第二联

×××人民法院
逮捕决定书

（　　　）……刑×……号

本院正在审理的被告人　　　　，有证据证明犯有　　　　罪，根据《中华人民共和国刑事诉讼法》第八十条和第八十一条的规定，决定予以逮捕，请予执行。

此致

　　公安局

年　月　日

（院印）

附：被逮捕人情况

<table>
<tr><td rowspan="4">被逮捕人</td><td>姓　名</td><td></td><td>性　别</td><td></td><td colspan="2">出生年月日</td><td colspan="2">年　月　日</td></tr>
<tr><td>民　族</td><td></td><td>出生地</td><td colspan="2"></td><td colspan="2">文化程度</td><td></td></tr>
<tr><td>职　业</td><td></td><td>工作单位</td><td colspan="5"></td></tr>
<tr><td>住　址</td><td colspan="7"></td></tr>
<tr><td colspan="2">被逮捕人
家属姓名</td><td colspan="2"></td><td colspan="2">工作单位</td><td colspan="3"></td></tr>
</table>

本联送达执行逮捕的公安机关

第三联

×××人民法院
逮捕决定书（回执）

（××××）……刑×……号

人民法院：

根据你院（××××）……刑×……号逮捕决定书，我局已于　　年　　月　　日将　　　（性别　，　　年　　月　　日出生）逮捕，现羁押在　　　　。

年　　月　　日

（公章）

本联由执行逮捕的公安机关填写并加盖公章后退回法院

【说明】

一、本样式根据《中华人民共和国刑事诉讼法》第八十一条的规定制订，供各级人民法院在审理刑事案件中，对于有证据证明有犯罪事实，可能判处有期徒刑以上刑罚，有逮捕必要而尚未逮捕的被告人，决定予以逮捕时使用。

二、本样式系填充式，但应当由专人慎重保管使用。填用时须经院长批准。

【相关规定】

《中华人民共和国刑事诉讼法》第八十条　逮捕犯罪嫌疑人、被告人，必须经过人民检察院批准或者人民法院决定，由公安机关执行。

第八十一条　对有证据证明有犯罪事实，可能判处徒刑以上刑罚的犯罪嫌疑人、被告人，采取取保候审尚不足以防止发生下列社会危险性的，应当予以逮捕：

（一）可能实施新的犯罪的；

（二）有危害国家安全、公共安全或者社会秩序的现实危险的；

（三）可能毁灭、伪造证据，干扰证人作证或者串供的；

（四）可能对被害人、举报人、控告人实施打击报复的；

（五）企图自杀或者逃跑的。

批准或者决定逮捕，应当将犯罪嫌疑人、被告人涉嫌犯罪的性质、情节，认罪认罚等情况，作为是否可能发生社会危险性的考虑因素。

对有证据证明有犯罪事实，可能判处十年有期徒刑以上刑罚的，或者有证据证明有犯罪事实，可能判处徒刑以上刑罚，曾经故意犯罪或者身份不明的，应当予以逮捕。

被取保候审、监视居住的犯罪嫌疑人、被告人违反取保候审、监视居住规定，情节严重的，可以予以逮捕。

45. 取保候审决定书（刑事案件用）

第一联

×××人民法院

取保候审决定书（审批联）

（刑事案件用）

（××××）……刑×……号

<table>
<tr><td>案由</td><td colspan="6"></td></tr>
<tr><td rowspan="3">被告人</td><td>姓　名</td><td></td><td>性　别</td><td></td><td>出生年月日</td><td>年　月　日</td></tr>
<tr><td>文化程度</td><td></td><td>工作单位</td><td colspan="3"></td></tr>
<tr><td>住　址</td><td colspan="5"></td></tr>
<tr><td rowspan="2">保证形式</td><td>交纳保证金数额</td><td colspan="5"></td></tr>
<tr><td>保证人姓名住址</td><td colspan="2"></td><td>与被告人关系</td><td colspan="2"></td></tr>
<tr><td colspan="2">被逮捕人家属姓名</td><td colspan="2"></td><td>取保候审期限</td><td colspan="2">个月</td></tr>
<tr><td>取保候审原因</td><td colspan="6">经办人
年　月　日</td></tr>
<tr><td>领导审批</td><td colspan="6">批准人
年　月　日</td></tr>
</table>

本联存卷

第二联

×××人民法院
取保候审决定书

（××××）……刑×……号

根据《中华人民共和国刑事诉讼法》第六十七条第一款的规定，决定对本院正在审理的　　　一案的被告人　　　　采取取保候审的强制措施。取保候审的期限为　　个月。在取保候审期间，被告人应当遵守以下规定：

（一）未经执行机关批准不得离开所居住的市、县；

（二）住址、工作单位和联系方式发生变动的，在二十四小时以内向执行机关报告；

（三）在传讯的时候及时到案；

（四）不得以任何形式干扰证人作证；

（五）不得毁灭、伪造证据或者串供。

人民法院、人民检察院和公安机关可以根据案件情况，责令被取保候审的犯罪嫌疑人、被告人遵守以下一项或者多项规定：

（一）不得进入特定的场所；

（二）不得与特定的人员会见或者通信；

（三）不得从事特定的活动；

（四）将护照等出入境证件、驾驶证件交执行机关保存。

如违反上述规定，依照《中华人民共和国刑事诉讼法》第七十一条第三款、第四款的规定处理。

本决定由　　　　　　公安局执行。

本决定应当向被取保候审的被告人宣布，并由被告人在决定书上签名。

年　　月　　日

（院印）

向被告人宣布的时间：　　年　　月　　日　　时

被告人签名：

【说明】

一、本样式根据《中华人民共和国刑事诉讼法》第七十一条的规定制订，供各级人民法院在审理刑事案件中，对被告人采取取保候审强制措施时使用。

二、保证人与保证金不能同时使用。人民法院应当在审批时确定采用何种保证形式。

三、本样式为填充式。决定书正本一式三份，一份向被告人宣布并签名后存卷；一份交给被告人收执；另一份连同取保候审执行通知书送达负责执行的公安机关。

【相关规定】

《中华人民共和国刑事诉讼法》第六十七条 人民法院、人民检察院和公安机关对有下列情形之一的犯罪嫌疑人、被告人，可以取保候审：

（一）可能判处管制、拘役或者独立适用附加刑的；

（二）可能判处有期徒刑以上刑罚，采取取保候审不致发生社会危险性的；

（三）患有严重疾病、生活不能自理，怀孕或者正在哺乳自己婴儿的妇女，采取取保候审不致发生社会危险性的；

（四）羁押期限届满，案件尚未办结，需要采取取保候审的。

取保候审由公安机关执行。

第七十一条 被取保候审的犯罪嫌疑人、被告人应当遵守以下规定：

（一）未经执行机关批准不得离开所居住的市、县；

（二）住址、工作单位和联系方式发生变动的，在二十四小时以内向执行机关报告；

（三）在传讯的时候及时到案；

（四）不得以任何形式干扰证人作证；

（五）不得毁灭、伪造证据或者串供。

人民法院、人民检察院和公安机关可以根据案件情况，责令被取保候审的犯罪嫌疑人、被告人遵守以下一项或者多项规定：

（一）不得进入特定的场所；

（二）不得与特定的人员会见或者通信；

（三）不得从事特定的活动；

（四）将护照等出入境证件、驾驶证件交执行机关保存。

被取保候审的犯罪嫌疑人、被告人违反前两款规定，已交纳保证金的，没收部分或者全部保证金，并且区别情形，责令犯罪嫌疑人、被告人具结悔过，重新交纳保证金、提出保证人，或者监视居住、予以逮捕。

对违反取保候审规定，需要予以逮捕的，可以对犯罪嫌疑人、被告人先行拘留。

46. 解除取保候审决定书（刑事案件用）

第一联

×××人民法院

解除取保候审决定书（审批联）

（刑事案件用）

（××××）……刑×……号

<table>
<tr><td>案由</td><td colspan="6"></td></tr>
<tr><td rowspan="3">被告人</td><td>姓　名</td><td></td><td>性　别</td><td></td><td>出生年月日</td><td>年　月　日</td></tr>
<tr><td>文化程度</td><td></td><td>工作单位</td><td colspan="3"></td></tr>
<tr><td>住　址</td><td colspan="5"></td></tr>
<tr><td colspan="2">保证形式</td><td colspan="5"></td></tr>
<tr><td colspan="2">执行机关</td><td></td><td colspan="2">取保候审期限</td><td colspan="2">个月</td></tr>
<tr><td>解除取保候审原因</td><td colspan="6">经办人
年　月　日</td></tr>
<tr><td>领导审批</td><td colspan="6">批准人
年　月　日</td></tr>
</table>

本联存卷

第二联

×××人民法院

解除取保候审决定书

（××××）……刑×……号

本院于　　年　　月　　日决定对被告人　　　　采取取保候审的强制措施。现因　　　　　，本院决定对被告人　　　　取保候审的强制措施予以解除。

年　　月　　日

（院印）

向被告人宣布的时间：　　年　　月　　日　　时

被告人签名：

【说明】

一、本样式根据《中华人民共和国刑事诉讼法》第七十九条第二款的规定制订，供各级人民法院在审理刑事案件中，对被告人解除取保候审的强制措施时使用。

二、本决定应当向被解除取保候审的被告人宣布，并由被告人在决定书上签名。

三、本样式为填充式。决定书正本一式三份，一份向被告人宣布并签名后存卷；一份交给被告人收执；另一份连同解除取保候审执行通知书送达负责执行的公安机关。

【相关规定】

《中华人民共和国刑事诉讼法》第七十九条 人民法院、人民检察院和公安机关对犯罪嫌疑人、被告人取保候审最长不得超过十二个月，监视居住最长不得超过六个月。

在取保候审、监视居住期间，不得中断对案件的侦查、起诉和审理。对于发现不应当追究刑事责任或者取保候审、监视居住期限届满的，应当及时解除取保候审、监视居住。解除取保候审、监视居住，应当及时通知被取保候审、监视居住人和有关单位。

47. 监视居住决定书（刑事案件用）

第一联

×××人民法院

监视居住决定书（审批联）

（刑事案件用）

（××××）……刑×……号

案由						
被告人	姓　名		性　别		出生年月日	年　月　日
	民　族		出生地		文化程度	
	职　业		工作单位			
	住　址					
执行机关			监视居住期限		个月	
监视居住原因	经办人 年　月　日					
审批决定	批准人 年　月　日					

本联存卷

第二联

×××人民法院

监视居住决定书

（××××）……刑×……号

根据《中华人民共和国刑事诉讼法》第七十四条第一款的规定，决定对本院正在审理的　　　　一案的被告人　　　　采取监视居住的强制措施。监视居住的期限为　　个月。在监视居住期间，被告人应当遵守以下规定：

（一）未经执行机关批准不得离开执行监视居住的处所；

（二）未经执行机关批准不得会见他人或者通信；

（三）在传讯的时候及时到案；

（四）不得以任何形式干扰证人作证；

（五）不得毁灭、伪造证据或者串供；

（六）将护照等出入境证件、身份证件、驾驶证件交执行机关保存。

本决定由　　　　公安局执行。

年　　月　　日

（院印）

向被告人宣布的时间：　　年　　月　　日　　时

被告人签名：

【说明】

一、本样式根据《中华人民共和国刑事诉讼法》第七十七条第一款的规定制订，供各级人民法院在审理刑事案件中，对被告人采取监视居住强制措施时使用。

二、本决定应当向被监视居住的被告人宣布，并由被告人在决定书上签名。

三、本样式为填充式。决定书正本一式三份，一份向被告人宣布并签名后存卷；一份交给被告人收执；另一份连同监视居住执行通知书，送达负责执行的公安机关。

【相关规定】

《中华人民共和国刑事诉讼法》第七十四条　人民法院、人民检察院和公安机关对符合逮捕条件，有下列情形之一的犯罪嫌疑人、被告人，可以监视居住：

（一）患有严重疾病、生活不能自理的；

（二）怀孕或者正在哺乳自己婴儿的妇女；

（三）系生活不能自理的人的唯一扶养人；

（四）因为案件的特殊情况或者办理案件的需要，采取监视居住措施更为适宜的；

（五）羁押期限届满，案件尚未办结，需要采取监视居住措施的。

对符合取保候审条件，但犯罪嫌疑人、被告人不能提出保证人，也不交纳保证金的，可以监视居住。监视居住由公安机关执行。

第七十七条　被监视居住的犯罪嫌疑人、被告人应当遵守以下规定：

（一）未经执行机关批准不得离开执行监视居住的处所；

（二）未经执行机关批准不得会见他人或者通信；

（三）在传讯的时候及时到案；

（四）不得以任何形式干扰证人作证；

（五）不得毁灭、伪造证据或者串供；

（六）将护照等出入境证件、身份证件、驾驶证件交执行机关保存。

被监视居住的犯罪嫌疑人、被告人违反前款规定，情节严重的，可以予以逮捕；需要予以逮捕的，可以对犯罪嫌疑人、被告人先行拘留。

48. 解除监视居住决定书（刑事案件用）

第一联

×××人民法院

解除监视居住决定书（审批联）

（刑事案件用）

（××××）……刑×……号

<table>
<tr><td colspan="7">案由</td></tr>
<tr><td rowspan="4">被告人</td><td>姓　名</td><td></td><td>性　别</td><td></td><td>出生年月日</td><td>年　月　日</td></tr>
<tr><td>民　族</td><td></td><td>出生地</td><td></td><td>文化程度</td><td></td></tr>
<tr><td>职　业</td><td></td><td>工作单位</td><td colspan="3"></td></tr>
<tr><td>住　址</td><td colspan="5"></td></tr>
<tr><td colspan="2">执行机关</td><td colspan="2"></td><td>监视居住期限</td><td colspan="2">个月</td></tr>
<tr><td>解除监视居住原因</td><td colspan="6">经办人
年　月　日</td></tr>
<tr><td>审批决定</td><td colspan="6">批准人
年　月　日</td></tr>
</table>

本联存卷

第二联

×××人民法院

解除监视居住决定书

（××××）……刑×……号

本院于　　年　　月　　日决定对被告人　　　　采取监视居住的强制措施。现因　　　　，本院决定对被告人　　　　监视居住的强制措施予以解除。

年　　月　　日

（院印）

向被告人宣布的时间：　　年　　月　　日　　时

被告人签名：

【说明】

一、本样式根据《中华人民共和国刑事诉讼法》第七十九条第二款的规定制订，供各级人民法院在审理刑事案件中，对被告人解除监视居住强制措施时使用。

二、本决定应当向被解除监视居住的被告人宣布，并由被告人在决定书上签名。

三、本样式为填充式。决定书正本一式三份，一份向被告人宣布并签名后存卷；一份交给被告人收执；另一份连同解除监视居住执行通知书，送达负责执行的公安机关。

【相关规定】

《中华人民共和国刑事诉讼法》第七十九条 人民法院、人民检察院和公安机关对犯罪嫌疑人、被告人取保候审最长不得超过十二个月，监视居住最长不得超过六个月。

在取保候审、监视居住期间，不得中断对案件的侦查、起诉和审理。对于发现不应当追究刑事责任或者取保候审、监视居住期限届满的，应当及时解除取保候审、监视居住。解除取保候审、监视居住，应当及时通知被取保候审、监视居住人和有关单位。

49. 对申请回避的决定书（刑事案件用）

×××人民法院
对申请回避的决定书
（刑事案件用）

（××××）……刑×……号

申请人×××……（写明提出申请回避的当事人及其法定代理人的姓名和基本情况）。

本院在审理×××人民检察院指控被告人×××犯××罪（自诉案件写“自诉人×××控诉被告人×××犯××罪”）一案中，申请人……（写明申请人申请回避的审判人员或者书记员、翻译人员、鉴定人员等的姓名和申请其回避的理由）。

本院院长（或者本院审判委员会讨论）认为，……（写明准许回避申请或者驳回回避申请的理由）。依照《中华人民共和国刑事诉讼法》第三十一条第一款的规定，决定如下：

……（写明决定结果）。

如不服本决定，可以向本院申请复议一次（准许回避申请的不写此句）。

××××年××月××日
（院印）

【说明】

一、本样式根据《中华人民共和国刑事诉讼法》第二十九条和第三十一条第一款、第三款的规定制订，供各级人民法院决定准许或者驳回回避申请时使用。

二、人民法院对申请回避所作的决定，可以采取口头的或者书面的形式。采取口头形式的，应当记录在卷；采取书面形式的，可以按照本样式制作决定书。

三、根据《中华人民共和国刑事诉讼法》第三十一条第一款规定，院长担任审判长时的回避，由审判委员会决定；审判人员和其他人员（包括书记员、翻译人员和鉴定人员）的回避，由院长决定；上述人员的回避在决定书中应当分别加以表述，并写明准许或者驳回回避申请的理由。

四、决定结果的表述，准许申请的写："准许×××提出的回避申请。"驳回申请的写："驳回×××提出的回避申请。"

五、如系共同犯罪案件，只写第一被告人姓名，并在其后加一"等"字。

【相关规定】

《中华人民共和国刑事诉讼法》第二十九条 审判人员、检察人员、侦查人员有下列情形之一的，应当自行回避，当事人及其法定代理人也有权要求他们回避：

（一）是本案的当事人或者是当事人的近亲属的；

（二）本人或者他的近亲属和本案有利害关系的；

（三）担任过本案的证人、鉴定人、辩护人、诉讼代理人的；

（四）与本案当事人有其他关系，可能影响公正处理案件的。

第三十一条 审判人员、检察人员、侦查人员的回避，应当分别由院长、检察长、公安机关负责人决定；院长的回避，由本院审判委员会决定；检察长和公安机关负责人的回避，由同级人民检察院检察委员会决定。

对侦查人员的回避作出决定前，侦查人员不能停止对案件的侦查。

对驳回申请回避的决定，当事人及其法定代理人可以申请复议一次。

50. 对申请回避的复议决定书（刑事案件用）

×××人民法院
对申请回避的复议决定书
（刑事案件用）

（××××）……刑×……号

申请复议人……（写明提出申请回避复议的当事人及其法定代理人的姓名和基本情况）。

本院在审理×××人民检察院指控被告人×××犯××罪（自诉案件写“自诉人×××控诉被告人×××犯××罪”）一案中，申请人×××申请……（写明职务及姓名）回避。本院于××××年××月××日作出（××××）……××……号《对申请回避的决定书》后，申请人×××不服，申请复议。

经本院复议，……（写明准许或者驳回复议申请的理由），依照《中华人民共和国刑事诉讼法》第三十一条第一款、第三款的规定，决定如下：

……（写明决定结果）。

本决定为最终决定。

××××年××月××日

（院印）

【说明】

一、本样式根据《中华人民共和国刑事诉讼法》第三十一条第三款的规定制定，供各级人民法院对当事人及其法定代理人有关回避的复议申请作出决定时使用。

二、制作本决定书时，可以参阅刑事案件用对申请回避的决定书样式说明第二、三、四、五条。

【相关规定】

《中华人民共和国刑事诉讼法》第三十一条 审判人员、检察人员、侦查人员的回避，应当分别由院长、检察长、公安机关负责人决定；院长的回避，由本院审判委员会决定；检察长和公安机关负责人的回避，由同级人民检察院检察委员会决定。

对侦查人员的回避作出决定前，侦查人员不能停止对案件的侦查。

对驳回申请回避的决定，当事人及其法定代理人可以申请复议一次。

51. 指定管辖决定书（指定管辖用）

×××人民法院
指定管辖决定书

（指定管辖用）

（××××）……刑辖……号

×××人民检察院指控被告人×××犯××罪一案，本院经审查，依照《中华人民共和国刑事诉讼法》第二十七条的规定，决定如下：

指定×××人民法院依照刑事第一审程序对该案进行审判。

××××年××月××日

（院印）

【说明】

一、本样式根据《中华人民共和国刑事诉讼法》第二十七条和《最高人民法院关于适用〈中华人民共和国刑事诉讼法〉的解释》第十九条、第二十条的规定制定，供人民法院对于审判管辖不明或者管辖权发生争议经协商不成，以及有关案件由犯罪地、被告人居住地以外的人民法院审判更为适宜的情况下使用。

二、制作文书应注意：写明案由及指定管辖的人民法院。

【相关规定】

《中华人民共和国刑事诉讼法》第二十七条 上级人民法院可以指定下级人民法院审判管辖不明的案件，也可以指定下级人民法院将案件移送其他人民法院审判。

《最高人民法院关于适用〈中华人民共和国刑事诉讼法〉的解释》第十九条 两个以上同级人民法院都有管辖权的案件，由最初受理的人民法院审判。必要时，可以移送被告人主要犯罪地的人民法院审判。

管辖权发生争议的，应当在审理期限内协商解决；协商不成的，由争议的人民法院分别层报共同的上级人民法院指定管辖。

第二十条 管辖不明的案件，上级人民法院可以指定下级人民法院审判。

有关案件，由犯罪地、被告人居住地以外的人民法院审判更为适宜的，上级人民法院可以指定下级人民法院管辖。

52. 改变管辖决定书（提审、指定管辖用）

××× 人民法院

改变管辖决定书

（提审、指定管辖用）

（××××）……刑×……号

×××人民法院：

关于……（写明控辩双方名称、姓名和案由）一案，根据《中华人民共和国刑事诉讼法》第二十四条的规定，决定由本院依照第一审程序审理此案。你院收到此决定书后，即书面通知提起公诉的×××人民检察院。

××××年××月××日

（院印）

【说明】

一、本样式根据《中华人民共和国刑事诉讼法》第二十四条和《最高人民法院关于适用〈中华人民共和国刑事诉讼法〉的解释》第十六条的规定制订，供上级人民法院认为有必要审理下级人民法院管辖的第一审刑事案件，决定改变管辖时使用。

二、本样式专为上级人民法院审理下级人民法院管辖的第一审刑事案件而变更管辖设计的。如系指定管辖，决定书的写法应当作相应的变动：

（一）文书名称写为《指定管辖决定书》。

（二）如指定下级人民法院审判管辖不明的案件，决定书可以表述为："关于……（写明控辩双方名称、姓名和案由）一案，根据《中华人民共和国刑事诉讼法》第二十七条的规定，指定你院审判"。

（三）如指定下级人民法院将案件移送其他人民法院审判，决定书则可以表述为："关于……（写明控辩双方名称、姓名和案由）一案，根据《中华人民共和国刑事诉讼法》第二十七条的规定，指定你院将该案移送×××人民法院审判。你院收到此决定书后，即书面通知提起公诉的人民检察院（如系自诉案件，此句应当改写为：应将全部案卷材料移送被指定管辖的×××人民法院，并书面通知当事人）"。

【相关规定】

《中华人民共和国刑事诉讼法》第二十四条 上级人民法院在必要的时候，可以审判下级人民法院管辖的第一审刑事案件；下级人民法院认为案情重大、复杂需要由上级人民法院审判的第一审刑事案件，可以请求移送上一级人民法院审判。

第二十七条 上级人民法院可以指定下级人民法院审判管辖不明的案件，也可以指定下级人民法院将案件移送其他人民法院审判。

《最高人民法院关于适用〈中华人民共和国刑事诉讼法〉的解释》第十六条 上级人民法院决定审判下级人民法院管辖的第一审刑事案件的，应当向下级人民法院下达改变管辖决定书，并书面通知同级人民检察院。

53. 同意或者不同意移送管辖决定书（刑事案件用）

×××人民法院

同意或者不同意移送管辖决定书

（刑事案件用）

（××××）……刑×……号

×××人民法院：

你院××××年××月××日关于……（写明被告人姓名和案由）一案请求移送本院审判的报告收到。经审查，根据《中华人民共和国刑事诉讼法》第二十四条的规定，同意将该案移送本院审判。你院收到此决定书后，即办理有关移送事宜，并书面通知提起公诉的×××人民检察院。

××××年××月××日

（院印）

抄送：×××人民检察院

【说明】

一、本样式根据《最高人民法院关于适用〈中华人民共和国刑事诉讼法〉的解释》第十七条的规定制订，供上级人民法院同意或者不同意下级人民法院移送案件时使用。

二、本样式专为上级人民法院同意移送管辖设计的。如经审查，认为没有必要移送，文书名称应当改为《不同意移送管辖决定书》；正文中应当改写为："经审查，认为该案不符合《中华人民共和国刑事诉讼法》第二十四条规定的移送条件，不应当移送本院审理，由你院依法审判"。

【相关规定】

《最高人民法院关于适用〈中华人民共和国刑事诉讼法〉的解释》第十七条 基层人民法院对可能判处无期徒刑、死刑的第一审刑事案件，应当移送中级人民法院审判。

基层人民法院对下列第一审刑事案件，可以请求移送中级人民法院审判：

（一）重大、复杂案件；

（二）新类型的疑难案件；

（三）在法律适用上具有普遍指导意义的案件。

需要将案件移送中级人民法院审判的，应当在报请院长决定后，至迟于案件审理期限届满十五日以前书面请求移送。中级人民法院应当在接到申请后十日以内作出决定。不同意移送的，应当下达不同意移送决定书，由请求移送的人民法院依法审判；同意移送的，应当下达同意移送决定书，并书面通知同级人民检察院。

《中华人民共和国刑事诉讼法》第二十四条 上级人民法院在必要的时候，可以审判下级人民法院管辖的第一审刑事案件；下级人民法院认为案情重大、复杂需要由上级人民法院审判的第一审刑事案件，可以请求移送上一级人民法院审判。

54. 调取证据材料决定书（刑事案件用）

×××人民法院

调取证据材料决定书

（刑事案件用）

（××××）……刑×……号

×××人民检察院：

本院在审理被告人×××（写明案由）一案中，……（写明需要调取证据材料的理由）。依照《最高人民法院关于适用〈中华人民共和国刑事诉讼法〉的解释》第二百七十五条规定，请你院在收到本决定书后三日内，向本院移交下列证据材料：

……（写明调取证据材料的名称和件数。调取多种证据材料的，可以分项书写。）

××××年××月××日

（院印）

【说明】

本样式根据《最高人民法院关于适用〈中华人民共和国刑事诉讼法〉的解释》第二百七十五条规定制订，供人民法院在审理刑事案件中，向人民检察院调取证据材料时使用。

【相关规定】

《最高人民法院关于适用〈中华人民共和国刑事诉讼法〉的解释》第二百七十五条 人民法院向人民检察院调取需要调查核实的证据材料，或者根据被告人、辩护人的申请，向人民检察院调取在调查、侦查、审查起诉期间收集的有关被告人无罪或者罪轻的证据材料，应当通知人民检察院在收到调取证据材料决定书后三日以内移交。

55. 拘留决定书（刑事案件用）

×××人民法院

拘 留 决 定 书

（刑事案件用）

（××××）……刑×……号

被拘留人……（写明姓名、性别、出生年月日、民族、出生地、文化程度、职业或者工作单位和职务、住址）。

本院在审判……（写明当事人姓名和案由）一案过程中，……（写明被拘留人妨害刑事诉讼的事实和予以拘留的理由）。依照《中华人民共和国刑事诉讼法》第一百九十九条第一款的规定，决定如下：

对×××拘留×日。

如不服本决定，可以在收到决定书后向×××人民法院申请复议。复议期间不停止执行。

××××年××月××日

（院印）

【说明】

一、本样式根据《中华人民共和国刑事诉讼法》第一百九十九条第一款的规定制订，供各级人民法院对妨害刑事诉讼的行为人依法决定拘留时使用。

二、在拘留决定书中，应当写明被拘留人妨害刑事诉讼的具体事实，包括行为的时间、地点、情节和后果等，并应阐明必须予以拘留的理由，引用刑事诉讼法的相应条款。

三、依照《中华人民共和国刑事诉讼法》第一百九十九条第一款的规定，被拘留人对拘留决定不服的，可以向上一级人民法院申请复议。复议期间不停止执行。

四、拘留决定书的原本附卷，正本送达被拘留人和执行拘留的公安机关。

【相关规定】

《中华人民共和国刑事诉讼法》第一百九十九条 在法庭审判过程中，如果诉讼参与人或者旁听人员违反法庭秩序，审判长应当警告制止。对不听制止的，可以强行带出法庭；情节严重的，处以一千元以下的罚款或者十五日以下的拘留。罚款、拘留必须经院长批准。被处罚人对罚款、拘留的决定不服的，可以向上一级人民法院申请复议。复议期间不停止执行。

对聚众哄闹、冲击法庭或者侮辱、诽谤、威胁、殴打司法工作人员或者诉讼参与人，严重扰乱法庭秩序，构成犯罪的，依法追究刑事责任。

56. 罚款决定书（刑事案件用）

×××人民法院

罚 款 决 定 书

（刑事案件用）

（××××）……刑×……号

被罚款人……（写明姓名、性别、出生年月日、民族、出生地、文化程度、职业或者工作单位和职务、住址）。

本院在审判……（写明当事人姓名和案由）一案过程中，……（写明被罚款人妨害刑事诉讼的事实和应当予以罚款的理由）。依照《中华人民共和国刑事诉讼法》第一百九十九条第一款的规定，决定如下：

对×××罚款×××元，限在××××年××月××日前交纳。

如不服本决定，可以在收到决定书后向×××人民法院申请复议。复议期间不停止执行。

××××年××月××日

（院印）

【说明】

一、本样式根据《中华人民共和国刑事诉讼法》第一百九十九条第一款的规定制订，供各级人民法院在办理刑事案件中，对妨害刑事诉讼的行为人，依法决定罚款时使用。

二、制作本决定书时，可以参阅刑事案件用拘留决定书样式的说明第二、三项。

三、本决定书的原本附卷，正本送达被罚款人和有关单位。

【相关规定】

《中华人民共和国刑事诉讼法》第一百九十九条 在法庭审判过程中，如果诉讼参与人或者旁听人员违反法庭秩序，审判长应当警告制止。对不听制止的，可以强行带出法庭；情节严重的，处以一千元以下的罚款或者十五日以下的拘留。罚款、拘留必须经院长批准。被处罚人对罚款、拘留的决定不服的，可以向上一级人民法院申请复议。复议期间不停止执行。

对聚众哄闹、冲击法庭或者侮辱、诽谤、威胁、殴打司法工作人员或者诉讼参与人，严重扰乱法庭秩序，构成犯罪的，依法追究刑事责任。

57. 复议决定书（上级人民法院复议案件用）

×××人民法院

复议决定书

（上级人民法院复议案件用）

（××××）……刑×……号

申请复议人……（写明申请复议人的姓名及其基本情况）。

申请复议人不服×××人民法院××××年××月××日（××××）……××……号××决定，向本院提出复议申请。申请复议人提出……（简要写明申请的理由和复议请求）。

经审查，本院认为……（写明作出复议决定的理由）。依照……（写明据以作出复议决定的法律条款项）的规定，决定如下：

……〔写明复议决定的内容。分两种情况：

一、维持原决定的，表述为：

“驳回申请，维持原决定。”

二、撤销原决定的，表述为：

“一、撤销×××人民法院××××年××月××日（××××）……××……号××决定；

二、……（写明变更的决定内容。不需作出变更决定的，此项不写）”〕

××××年××月××日

（院印）

【说明】

本样式根据《中华人民共和国刑事诉讼法》第一百九十九条第一款和《最高人民法院关于适用〈中华人民共和国刑事诉讼法〉的解释》第三百零七条第二款的规定制订，供上级人民法院审查申请复议人不服下级人民法院作出的拘留或者罚款决定，作出复议决定时使用。

【相关规定】

《中华人民共和国刑事诉讼法》第一百九十九条 在法庭审判过程中，如果诉讼参与人或者旁听人员违反法庭秩序，审判长应当警告制止。对不听制止的，可以强行带出法庭；情节严重的，处以一千元以下的罚款或者十五日以下的拘留。罚款、拘留必须经院长批准。被处罚人对罚款、拘留的决定不服的，可以向上一级人民法院申请复议。复议期间不停止执行。

对聚众哄闹、冲击法庭或者侮辱、诽谤、威胁、殴打司法工作人员或者诉讼参与人，严重扰乱法庭秩序，构成犯罪的，依法追究刑事责任。

《最高人民法院关于适用〈中华人民共和国刑事诉讼法〉的解释》第三百零七条 有关人员危害法庭安全或者扰乱法庭秩序的，审判长应当按照下列情形分别处理：

（一）情节较轻的，应当警告制止；根据具体情况，也可以进行训诫；

（二）训诫无效的，责令退出法庭；拒不退出的，指令法警强行带出法庭；

（三）情节严重的，报经院长批准后，可以对行为人处一千元以下的罚款或者十五日以下的拘留。

未经许可对庭审活动进行录音、录像、拍照或者使用即时通讯工具等传播庭审活动的，可以暂扣相关设备及存储介质，删除相关内容。

有关人员对罚款、拘留的决定不服的，可以直接向上一级人民法院申请复议，也可以通过决定罚款、拘留的人民法院向上一级人民法院申请复议。通过决定罚款、拘留的人民法院申请复议的，该人民法院应当自收到复议申请之日起三日以内，将复议申请、罚款或者拘留决定书和有关事实、证据材料一并报上一级人民法院复议。复议期间，不停止决定的执行。

58. 审判委员会讨论案件决定书（刑事案件用）

×××人民法院

审判委员会讨论案件决定书

（刑事案件用）

时间		地点	
汇报单位		汇报人	
被告人姓名		案由	
合议庭意见			
出席人			
列席人			
讨论决定： 主持人： 年　月　日			

【说明】

一、本样式根据《中华人民共和国刑事诉讼法》第一百八十五条的规定制订，供各级人民法院对经开庭审理并且评议后，合议庭认为难以作出决定的疑难、复杂、重大的案件，报请院长决定提交审判委员会讨论作出决定时使用。

二、本样式系按照合议庭提请院长决定提交审判委员会讨论作出决定的模式设计的。对于独任审判的案件，如果独任审判员认为有必要提请院长决定提交审判委员会讨论决定的，也适用本样式。

三、样式中的“主持人”，是指讨论本案的审判委员会本次会议的主持人。主持人签名后，应当加盖院审判委员会的印章。

四、本样式连同《提请审判委员会讨论案件报告表》《审判委员会讨论案件笔录》一并附卷。

五、本决定书系内部使用的诉讼文书，应当归入副卷，并注意保密。

【相关规定】

《中华人民共和国刑事诉讼法》第一百八十五条 合议庭开庭审理并且评议后，应当作出判决。对于疑难、复杂、重大的案件，合议庭认为难以作出决定的，由合议庭提请院长决定提交审判委员会讨论决定。审判委员会的决定，合议庭应当执行。

59. 再审决定书（刑事案件用）

×××人民法院
再审决定书
（刑事案件用）

（××××）……刑申……号

原审被告人……（写明姓名和案由）一案，本院（或者×××人民法院）于××××年××月××日以（××××）……刑×……号刑事判决（裁定），认定被告人×××犯××罪，判处……（写明判处内容）。判决（裁定）已经发生法律效力。……（简述再审的提起根据或者由来）。

本院经审查认为：……（简要写明应予再审的理由）。据此，依照……（写明决定的法律依据）的规定，决定如下：

……（写明决定内容，分四种情况：

第一，本院决定再审的，写："本案由本院另行组成合议庭进行再审"；

第二，本院决定提审的，写："本案由本院提审"；

第三，指令原审人民法院再审的，写："指令×××人民法院另行组成合议庭对本案进行再审"。）

第四，指令原审人民法院以外的下级人民法院再审的，写："指令×××人民法院对本案进行再审"。

本案在再审期间不停止原判决（裁定）的执行。

××××年××月××日

（院印）

【说明】

一、本样式根据《中华人民共和国刑事诉讼法》第二百五十三条，第二百五十四条第一款、第二款和《最高人民法院关于适用〈中华人民共和国刑事诉讼法〉的解释》第四百五十七条第二款、第四百六十条、第四百六十一条、第四百六十三条的规定制订，供各级人民法院按照审判监督程序，对刑事案件依法提起再审时使用。

二、再审决定书样式中“提起再审的根据”，有三种情况：

（一）该案当事人及其法定代理人、近亲属提出的申诉；

（二）人民法院依职权决定再审；

（三）人民检察院按照审判监督程序提出的抗诉。

“再审的由来”是针对下级人民法院而言的，该再审案件来源于接受抗诉的上级人民法院的指令。

三、对于原审被告人可能经再审改判无罪，或者可能经再审减轻原判刑罚而致刑期届满的，将“本案在再审期间不停止原判决（裁定）的执行”改为“本案再审期间，中止×××人民法院（××××）……刑×……号刑事判决（裁定）对×××刑期执行起止时间部分的刑事判决（裁定）的执行”。

四、本决定书为拟制式。决定书正本应当送达原审被告人、检察机关或者原审自诉人，发送其他有关诉讼参与人。

【相关规定】

《中华人民共和国刑事诉讼法》第二百五十三条 当事人及其法定代理人、近亲属的申诉符合下列情形之一的，人民法院应当重新审判：

（一）有新的证据证明原判决、裁定认定的事实确有错误，可能影响定罪量刑的；

（二）据以定罪量刑的证据不确实、不充分、依法应当予以排除，或者证明案件事实的主要证据之间存在矛盾的；

（三）原判决、裁定适用法律确有错误的；

（四）违反法律规定的诉讼程序，可能影响公正审判的；

（五）审判人员在审理该案件的时候，有贪污受贿，徇私舞弊，枉法裁判行为的。

第二百五十四条 各级人民法院院长对本院已经发生法律效力的判决和裁定，如果发现在认定事实上或者在适用法律上确有错误，必须提交审判委员会处理。

最高人民法院对各级人民法院已经发生法律效力的判决和裁定，上级人民法院对下级人民法院已经发生法律效力的判决和裁定，如果发现确有错误，有权提审或者指令下级人民法院再审。

最高人民检察院对各级人民法院已经发生法律效力的判决和裁定，上级人民检察院对下级人民法院已经发生法律效力的判决和裁定，如果发现确有错误，有权按照审判监督程序向同级人民法院提出抗诉。

人民检察院抗诉的案件，接受抗诉的人民法院应当组成合议庭重新审理，对于原判决事实不清楚或者证据不足的，可以指令下级人民法院再审。

第二百五十七条　人民法院决定再审的案件，需要对被告人采取强制措施的，由人民法院依法决定；人民检察院提出抗诉的再审案件，需要对被告人采取强制措施的，由人民检察院依法决定。

人民法院按照审判监督程序审判的案件，可以决定中止原判决、裁定的执行。

《最高人民法院关于适用〈中华人民共和国刑事诉讼法〉的解释》第四百五十七条　对立案审查的申诉案件，应当在三个月以内作出决定，至迟不得超过六个月。因案件疑难、复杂、重大或者其他特殊原因需要延长审查期限的，参照本解释第二百一十条的规定处理。

经审查，具有下列情形之一的，应当根据刑事诉讼法第二百五十三条的规定，决定重新审判：

（一）有新的证据证明原判决、裁定认定的事实确有错误，可能影响定罪量刑的；

（二）据以定罪量刑的证据不确实、不充分、依法应当排除的；

（三）证明案件事实的主要证据之间存在矛盾的；

（四）主要事实依据被依法变更或者撤销的；

（五）认定罪名错误的；

（六）量刑明显不当的；

（七）对违法所得或者其他涉案财物的处理确有明显错误的；

（八）违反法律关于溯及力规定的；

（九）违反法定诉讼程序，可能影响公正裁判的；

（十）审判人员在审理该案件时有贪污受贿、徇私舞弊、枉法裁判行为的。

申诉不具有上述情形的，应当说服申诉人撤回申诉；对仍然坚持申诉的，应当书面通知驳回。

第四百六十条　各级人民法院院长发现本院已经发生法律效力的判决、裁定确有错误的，应当提交审判委员会讨论决定是否再审。

第四百六十一条 上级人民法院发现下级人民法院已经发生法律效力的判决、裁定确有错误的，可以指令下级人民法院再审；原判决、裁定认定事实正确但适用法律错误，或者案件疑难、复杂、重大，或者有不宜由原审人民法院审理情形的，也可以提审。

上级人民法院指令下级人民法院再审的，一般应当指令原审人民法院以外的下级人民法院审理；由原审人民法院审理更有利于查明案件事实、纠正裁判错误的，可以指令原审人民法院审理。

第四百六十三条 对人民检察院依照审判监督程序提出抗诉的案件，接受抗诉的人民法院应当组成合议庭审理。对原判事实不清、证据不足，包括有新的证据证明原判可能有错误，需要指令下级人民法院再审的，应当在立案之日起一个月以内作出决定，并将指令再审决定书送达抗诉的人民检察院。

第四百六十四条 对决定依照审判监督程序重新审判的案件，人民法院应当制作再审决定书。再审期间不停止原判决、裁定的执行，但被告人可能经再审改判无罪，或者可能经再审减轻原判刑罚而致刑期届满的，可以决定中止原判决、裁定的执行，必要时，可以对被告人采取取保候审、监视居住措施。

60. 暂予监外执行决定书（刑事案件用）

×××人民法院

暂予监外执行决定书

（刑事案件用）

（××××）……刑执……号

罪犯……（写明姓名、性别、出生年月日、民族、出生地、文化程度、住址等）。

××××年××月××日本院作出了（××××）……刑×……号刑事判决，以……罪判处罪犯×××……（刑罚种类和刑期）。现×××（写明建议对罪犯暂予监外执行的机关名称）建议对罪犯×××暂予监外执行。

经查，罪犯×××确系怀孕的妇女（或写“经查，罪犯×××确系正在哺乳自己婴儿的妇女”），不宜收监执行。依照《中华人民共和国刑事诉讼法》第二百六十五条第一款第（二）项的规定，决定将罪犯×××暂予监外执行。

××××年××月××日

（院印）

【说明】

一、本样式根据《中华人民共和国刑事诉讼法》第二百六十五条和《最高人民法院关于适用〈中华人民共和国刑事诉讼法〉的解释》第五百一十五条的规定制订，供人民法院对判处无期徒刑、有期徒刑或者拘役，符合暂予监外执行法定条件的罪犯，决定予以监外执行时使用。

二、本样式是按《中华人民共和国刑事诉讼法》第二百六十五条第一款第（二）项的规定的情形设计的。对符合法定其他情形的，则应当在决定书正文的相关部分作相应改动：

（一）对于有严重疾病需要保外就医的，应当改写为："经查，罪犯×××患有……（写明具体疾病种类名称）"。所引法律条文应当相应改为"《中华人民共和国刑事诉讼法》第二百六十五条第一款第（一）项"；

（二）对于生活不能自理，适用暂予监外执行不致危害社会的，应改写为："经查，罪犯×××丧失生活自理能力"。所引法律条文应当相应改为"《中华人民共和国刑事诉讼法》第二百六十五条第一款第（三）项"。

三、本决定书应当送达负责监管的执行机关即罪犯住所地公安机关、同级人民检察院、罪犯本人。

【相关规定】

《中华人民共和国刑事诉讼法》第二百六十五条 对被判处有期徒刑或者拘役的罪犯，有下列情形之一的，可以暂予监外执行：

（一）有严重疾病需要保外就医的；

（二）怀孕或者正在哺乳自己婴儿的妇女；

（三）生活不能自理，适用暂予监外执行不致危害社会的。

对被判处无期徒刑的罪犯，有前款第二项规定情形的，可以暂予监外执行。

对适用保外就医可能有社会危险性的罪犯，或者自伤自残的罪犯，不得保外就医。

对罪犯确有严重疾病，必须保外就医的，由省级人民政府指定的医院诊断并开具证明文件。

在交付执行前，暂予监外执行由交付执行的人民法院决定；在交付执行后，暂予监外执行由监狱或者看守所提出书面意见，报省级以上监狱管理机关或者设区的市一级以上公安机关批准。

《最高人民法院关于适用〈中华人民共和国刑事诉讼法〉的解释》第五百一十五条　被判处无期徒刑、有期徒刑或者拘役的罪犯，符合刑事诉讼法第二百六十五条第一款、第二款的规定，人民法院决定暂予监外执行的，应当制作暂予监外执行决定书，写明罪犯基本情况、判决确定的罪名和刑罚、决定暂予监外执行的原因、依据等。

人民法院在作出暂予监外执行决定前，应当征求人民检察院的意见。

人民检察院认为人民法院的暂予监外执行决定不当，在法定期限内提出书面意见的，人民法院应当立即对该决定重新核查，并在一个月以内作出决定。

对暂予监外执行的罪犯，适用本解释第五百一十九条的有关规定，依法实行社区矫正。

人民法院决定暂予监外执行的，由看守所或者执行取保候审、监视居住的公安机关自收到决定之日起十日以内将罪犯移送社区矫正机构。

61. 收监执行决定书（刑事案件用）

×××人民法院

收监执行决定书

（刑事案件用）

（××××）……刑执……号

罪犯……（写明姓名、性别、出生年月日、民族、出生地、文化程度，现羁押处所等）

本院于××××年××月××日，作出了（××××）……刑×……号刑事判决，以罪犯×××犯××罪，判处……（刑罚种类和刑期）。在交付执行中，×××监狱以……（写明监狱不收监执行的理由）为由，不予收监执行。本院依法进行了审理。

经查，罪犯×××……（写明罪犯应予收监执行的事实和理由）。依照《中华人民共和国刑事诉讼法》第二百六十五条第一款第（三）项的规定，决定将罪犯×××收监执行。

××××年××月××日

（院印）

【说明】

一、本样式根据《中华人民共和国刑事诉讼法》第二百六十五条第一款第（三）项的规定制订，供人民法院对公安机关将罪犯交付执行，监狱不予收监执行，而建议监外执行的情形进行审查后，决定将罪犯收监执行时使用。

二、“写明罪犯不符合暂予监外执行的事由”，应当根据《中华人民共和国刑事诉讼法》第二百六十五条的规定，结合具体情况，有针对性地说明应予收监执行的理由。

三、本样式是按一审判决生效后，监狱对罪犯不予收监执行的模式设计的。如果适用于二审和再审案件时，有关之处应当作相应改动。

四、本决定书应当送达交付执行的公安机关。

【相关规定】

《中华人民共和国刑事诉讼法》第二百六十五条　对被判处有期徒刑或者拘役的罪犯，有下列情形之一的，可以暂予监外执行：

（一）有严重疾病需要保外就医的；

（二）怀孕或者正在哺乳自己婴儿的妇女；

（三）生活不能自理，适用暂予监外执行不致危害社会的。

对被判处无期徒刑的罪犯，有前款第二项规定情形的，可以暂予监外执行。

对适用保外就医可能有社会危险性的罪犯，或者自伤自残的罪犯，不得保外就医。

对罪犯确有严重疾病，必须保外就医的，由省级人民政府指定的医院诊断并开具证明文件。

在交付执行前，暂予监外执行由交付执行的人民法院决定；在交付执行后，暂予监外执行由监狱或者看守所提出书面意见，报省级以上监狱管理机关或者设区的市一级以上公安机关批准。

62. 不适用认罪认罚从宽程序决定书（刑事案件用）

×××人民法院

不适用认罪认罚从宽程序决定书①

（刑事案件用）

（××××）……刑初……号

×××人民检察院提起公诉的被告人×××　　（案由）　　一案，建议本院适用认罪认罚速裁/简易程序/普通程序简化审审理。经本院审查，因　　，根据《中华人民共和国刑事诉讼法》的相关规定，本案具有不适用认罪认罚从宽程序的情形，故本院决定对本案不适用认罪认罚从宽程序。

××××年××月××日

（院印）

---

① 原载最高人民法院刑事审判第一庭编著：《认罪认罚从宽制度的理解与适用》，人民法院出版社2018年版。

【说明】

一、人民检察院提起公诉时建议适用认罪认罚从宽程序的刑事案件，人民法院审查后认为具有《中华人民共和国刑事诉讼法》第二百二十三条等规定的不适用认罪认罚从宽程序的情形，决定不适用认罪认罚从宽程序时使用本样式。

二、填写不适用认罪认罚从宽程序的具体情形。例如，被告人否认指控犯罪事实或者认罪认罚并非自愿。

三、本样式应送达给检察院、被告人及辩护人、值班律师。

【相关规定】

《中华人民共和国刑事诉讼法》第二百二十三条　有下列情形之一的，不适用速裁程序：

（一）被告人是盲、聋、哑人，或者是尚未完全丧失辨认或者控制自己行为能力的精神病人的；

（二）被告人是未成年人的；

（三）案件有重大社会影响的；

（四）共同犯罪案件中部分被告人对指控的犯罪事实、罪名、量刑建议或者适用速裁程序有异议的；

（五）被告人与被害人或者其法定代理人没有就附带民事诉讼赔偿等事项达成调解或者和解协议的；

（六）其他不宜适用速裁程序审理的。

63. 不适用认罪认罚速裁（简易）程序决定书（刑事案件用）

×××人民法院

不适用认罪认罚速裁（简易）程序决定书①

（刑事案件用）

（××××）……刑初……号

×××人民检察院提起公诉的被告人×××＿＿＿（案由）＿＿＿一案，建议本院适用认罪认罚速裁（简易）程序审理。经本院审查，因＿＿＿＿＿＿＿＿，依照《中华人民共和国刑事诉讼法》第二百二十三条（或者第二百一十五条）的规定，本案具有不适用认罪认罚速裁（简易）程序的情形，故本院决定对本案适用简易（普通）程序审理。

××××年××月××日

（院印）

---

① 原载最高人民法院刑事审判第一庭编著：《认罪认罚从宽制度的理解与适用》，人民法院出版社2018年版。

【说明】

一、人民检察院提起公诉时建议适用认罪认罚速裁或者简易程序的刑事案件，人民法院审查后认为具有不适用认罪认罚速裁（简易）程序的情形，听取控辩双方意见后，决定适用其他程序时使用本样式。

二、依照《中华人民共和国刑事诉讼法》第二百一十五条或者第二百二十三条之规定填写不适用认罪认罚速裁或者简易程序的具体情形。例如，被告人是聋哑人，或者被告人否认指控的犯罪事实。

三、人民法院认为案件不应适用检察院建议的程序，法院需在本样式中决定案件适用的程序。

四、本样式应送达给检察院、被告人及辩护人、值班律师。

【相关规定】

《中华人民共和国刑事诉讼法》第二百一十五条　有下列情形之一的，不适用简易程序：

（一）被告人是盲、聋、哑人，或者是尚未完全丧失辨认或者控制自己行为能力的精神病人的；

（二）有重大社会影响的；

（三）共同犯罪案件中部分被告人不认罪或者对适用简易程序有异议的；

（四）其他不宜适用简易程序审理的。

第二百二十三条　有下列情形之一的，不适用速裁程序：

（一）被告人是盲、聋、哑人，或者是尚未完全丧失辨认或者控制自己行为能力的精神病人的；

（二）被告人是未成年人的；

（三）案件有重大社会影响的；

（四）共同犯罪案件中部分被告人对指控的犯罪事实、罪名、量刑建议或者适用速裁程序有异议的；

（五）被告人与被害人或者其法定代理人没有就附带民事诉讼赔偿等事项达成调解或者和解协议的；

（六）其他不宜适用速裁程序审理的。

64. 速裁转换程序决定书（刑事案件用）

×××人民法院

速裁转换程序决定书[①]

（刑事案件用）

（××××）……刑初……号

被告人×××＿＿（案由）＿＿一案，本院适用认罪认罚速裁程序审理过程中，发现＿＿＿＿＿＿＿＿，根据《中华人民共和国刑事诉讼法》第二百二十六条之规定，本院决定将本案转为普通（简易）程序审理。

××××年××月××日

（院印）

① 原载最高人民法院刑事审判第一庭编著：《认罪认罚从宽制度的理解与适用》，人民法院出版社2018年版。

【说明】

一、人民法院适用速裁程序审理认罪认罚案件，在审理过程中发现有《中华人民共和国刑事诉讼法》第二百二十六条之情形，决定转为普通或者简易程序审理时使用本样式。

二、横线上依照《中华人民共和国刑事诉讼法》第二百二十六条之规定，填写应当转换程序的具体情形。例如，被告人否认指控的犯罪事实。

三、依照《中华人民共和国刑事诉讼法》第二百二十六条之规定，速裁程序视情形转为普通或者简易程序重新审理，决定转为普通程序审理的，写明转为普通程序；决定转为简易程序审理的，写明转为简易程序。

四、本样式应送达给检察院、被告人及辩护人、值班律师。

【相关规定】

《中华人民共和国刑事诉讼法》第二百二十六条　人民法院在审理过程中，发现有被告人的行为不构成犯罪或者不应当追究其刑事责任、被告人违背意愿认罪认罚、被告人否认指控的犯罪事实或者其他不宜适用速裁程序审理的情形的，应当按照本章第一节或者第三节的规定重新审理。

65. 简易转换程序决定书（刑事案件用）

×××人民法院
简易转换程序决定书①
（刑事案件用）

（××××）……刑初……号

被告人×××______（案由）______一案，本院适用认罪认罚简易程序审理过程中，发现____________________，根据《中华人民共和国刑事诉讼法》第二百二十一条之规定，本院决定将本案转为普通程序审理。

××××年××月××日
（院印）

① 原载最高人民法院刑事审判第一庭编著：《认罪认罚从宽制度的理解与适用》，人民法院出版社2018年版。

【说明】

人民法院适用简易程序审理认罪认罚案件，在审理过程中发现《中华人民共和国刑事诉讼法》第二百一十五条和《最高人民法院关于适用〈中华人民共和国刑事诉讼法〉的解释》第三百六十条、第三百六十六条、第三百六十八条之情形，决定转为普通程序时使用本样式。

【相关规定】

《中华人民共和国刑事诉讼法》第二百一十五条　有下列情形之一的，不适用简易程序：

（一）被告人是盲、聋、哑人，或者是尚未完全丧失辨认或者控制自己行为能力的精神病人的；

（二）有重大社会影响的；

（三）共同犯罪案件中部分被告人不认罪或者对适用简易程序有异议的；

（四）其他不宜适用简易程序审理的。

第二百二十一条　人民法院在审理过程中，发现不宜适用简易程序的，应当按照本章第一节或者第二节的规定重新审理。

《最高人民法院关于适用〈中华人民共和国刑事诉讼法〉的解释》第三百六十条　具有下列情形之一的，不适用简易程序：

（一）被告人是盲、聋、哑人的；

（二）被告人是尚未完全丧失辨认或者控制自己行为能力的精神病人的；

（三）案件有重大社会影响的；

（四）共同犯罪案件中部分被告人不认罪或者对适用简易程序有异议的；

（五）辩护人作无罪辩护的；

（六）被告人认罪但经审查认为可能不构成犯罪的；

（七）不宜适用简易程序审理的其他情形。

第三百六十六条　适用简易程序独任审判过程中，发现对被告人可能判处的有期徒刑超过三年的，应当转由合议庭审理。

第三百六十八条　适用简易程序审理案件，在法庭审理过程中，具有下列情形之一的，应当转为普通程序审理：

（一）被告人的行为可能不构成犯罪的；

（二）被告人可能不负刑事责任的；

（三）被告人当庭对起诉指控的犯罪事实予以否认的；

（四）案件事实不清、证据不足的；

（五）不应当或者不宜适用简易程序的其他情形。

决定转为普通程序审理的案件，审理期限应当从作出决定之日起计算。

66. 延期审理决定书（公诉案件用）

×××人民法院
延期审理决定书
（公诉案件用）

（××××）……刑初……号

×××人民检察院：

你院××××年××月××日以××检××刑诉〔××××〕××号起诉书指控被告人×××犯××罪，向本院提起公诉。本院审理期间，你院提出……（写明补充侦查的内容）需要补充侦查，建议对该案延期审理。根据《中华人民共和国刑事诉讼法》第二百零四条第（二）项、《最高人民法院关于适用〈中华人民共和国刑事诉讼法〉的解释》第二百七十四条的规定，决定：

对被告人×××犯××罪一案延期审理。

××××年××月××日

（院印）

【说明】

一、本样式根据《中华人民共和国刑事诉讼法》第二百零四条第（二）项和《最高人民法院关于适用〈中华人民共和国刑事诉讼法〉的解释》第二百七十四条的规定以及审判实践的需要制订，供人民法院在案件审理过程中，人民检察院发现案件需要补充侦查建议延期审理时使用。

二、本样式不适用于自诉案件。

【相关规定】

《中华人民共和国刑事诉讼法》第二百零四条 在法庭审判过程中，遇有下列情形之一，影响审判进行的，可以延期审理：

（一）需要通知新的证人到庭，调取新的物证，重新鉴定或者勘验的；

（二）检察人员发现提起公诉的案件需要补充侦查，提出建议的；

（三）由于申请回避而不能进行审判的。

《最高人民法院关于适用〈中华人民共和国刑事诉讼法〉的解释》第二百七十四条 审判期间，公诉人发现案件需要补充侦查，建议延期审理的，合议庭可以同意，但建议延期审理不得超过两次。

人民检察院将补充收集的证据移送人民法院的，人民法院应当通知辩护人、诉讼代理人查阅、摘抄、复制。

补充侦查期限届满后，人民检察院未将补充的证据材料移送人民法院的，人民法院可以根据在案证据作出判决、裁定。

67. 限制出境决定书（刑事案件用）

×××人民法院
限制出境决定书
（刑事案件用）

（××××）……刑初……号

公诉机关×××人民检察院。

被告人……（写明姓名，性别，出生年月日，国籍，护照号码……，职业，常住地）。

公诉机关×××人民检察院指控被告人×××犯××罪一案，本院已于××××年××月××日受理。鉴于被告人×××系××国公民，为保证刑事诉讼顺利进行，根据《中华人民共和国外国人入境出境管理法》第二十三条第（一）项、《最高人民法院关于适用〈中华人民共和国刑事诉讼法〉的解释》第四百八十七条之规定，决定如下：

被告人×××在本案诉讼期间不得出境。

××××年××月××日
（院印）

【说明】

一、本样式根据《最高人民法院关于适用〈中华人民共和国刑事诉讼法〉的解释》第四百八十七条的规定制订，供第一审人民法院按照第一审普通程序审理外国人犯罪的案件需要对被告人限制出境时使用。

二、本决定书适用于人民法院审理涉外刑事案件时认定的需要限制出境的其他相关犯罪嫌疑人。

三、在审理自诉案件时，需要对被告人限制出境的，可以参照本决定书的样式制作。

四、作出决定的人民法院应当具函将本决定书抄送限制出入境管理的同级公安机关或者国家安全机关执行。

五、对于需要限制与本案有关的港、澳、台公民出境的，可以参照本样式制作《限制出境决定书》。

【相关规定】

《中华人民共和国外国人入境出境管理法》第二十三条第（一）项 有下列情形之一的外国人，不准出境：

（一）刑事案件的被告人和公安机关或者人民检察院或者人民法院认定的犯罪嫌疑人；

《最高人民法院关于适用〈中华人民共和国刑事诉讼法〉的解释》第四百八十七条 对涉外刑事案件的被告人，可以决定限制出境；对开庭审理案件时必须到庭的证人，可以要求暂缓出境。限制外国人出境的，应当通报同级人民政府外事主管部门和当事人国籍国驻华使领馆。

人民法院决定限制外国人和中国公民出境的，应当书面通知被限制出境的人在案件审理终结前不得离境，并可以采取扣留护照或者其他出入境证件的办法限制其出境；扣留证件的，应当履行必要手续，并发给本人扣留证件的证明。

需要对外国人和中国公民在口岸采取边控措施的，受理案件的人民法院应当按照规定制作边控对象通知书，并附有关法律文书，层报高级人民法院办理交控手续。紧急情况下，需要采取临时边控措施的，受理案件的人民法院可以先向有关口岸所在地出入境边防检查机关交控，但应当在七日以内按照规定层报高级人民法院办理手续。

68. 决定书（退回减刑、假释建议书用）

×××人民法院

决　定　书

（退回减刑、假释建议书用）

（××××）……刑执……号

罪犯……（写明姓名、性别、出生年月日、民族、出生地、文化程度和现服刑监所）。

×××人民法院于××××年××月××日作出（××××）……刑初……号刑事判决，认定被告人×××犯××罪，判处……（写明刑种、刑期）……（写明上诉、抗诉后第二审人民法院的裁判结果和执行中刑种、刑期的变更情况）。执行机关×××（机关名称）于××××年××月××日提出减刑（或者假释）建议书，报送本院审理。本院认为……（简要写明经审核不符合法定减刑或者假释的理由）。依照《中华人民共和国刑法》第七十九条（或者第八十二条）之规定，决定如下：

将××号减刑（或者假释）建议书退回×××执行机关（机关名称）。

××××年××月××日

（院印）

【说明】

一、本样式根据《中华人民共和国刑法》第七十八条、第七十九条、第八十一条、第八十二条规定的减刑、假释的条件和程序，对于执行机关所提减刑或者假释建议书，经审理认为不符合法定减刑或者假释的条件或者程序，供中级以上人民法院退回执行机关时使用。

二、本决定书只是将执行机关提出的减刑或者假释建议书和有关材料退回提请机关，不送达罪犯本人。

三、在制作减刑或者假释刑事裁定书时，对于曾经被决定退回减刑或者假释建议书的，在案件审理经过段，可以不作表述。

【相关规定】

《中华人民共和国刑法》第七十八条 被判处管制、拘役、有期徒刑、无期徒刑的犯罪分子，在执行期间，如果认真遵守监规，接受教育改造，确有悔改表现的，或者有立功表现的，可以减刑；有下列重大立功表现之一的，应当减刑：

（一）阻止他人重大犯罪活动的；

（二）检举监狱内外重大犯罪活动，经查证属实的；

（三）有发明创造或者重大技术革新的；

（四）在日常生产、生活中舍己救人的；

（五）在抗御自然灾害或者排除重大事故中，有突出表现的；

（六）对国家和社会有其他重大贡献的。

减刑以后实际执行的刑期不能少于下列期限：

（一）判处管制、拘役、有期徒刑的，不能少于原判刑期的二分之一；

（二）判处无期徒刑的，不能少于十三年；

（三）人民法院依照本法第五十条第二款规定限制减刑的死刑缓期执行的犯罪分子，缓期执行期满后依法减为无期徒刑的，不能少于二十五年，缓期执行期满后依法减为二十五年有期徒刑的，不能少于二十年。

第七十九条 对于犯罪分子的减刑，由执行机关向中级以上人民法院提出减刑建议书。人民法院应当组成合议庭进行审理，对确有悔改或者立功事实的，裁定予以减刑。非经法定程序不得减刑。

第八十一条 被判处有期徒刑的犯罪分子，执行原判刑期二分之一以上，被判处无期徒刑的犯罪分子，实际执行十三年以上，如果认真遵守监规，接受教育改造，确有悔改表现，没有再犯罪的危险的，可以假释。如果有特殊情况，经最高人民法院核准，可以不受上述执行刑期的限制。

对累犯以及因故意杀人、强奸、抢劫、绑架、放火、爆炸、投放危险物质或者有组织的暴力性犯罪被判处十年以上有期徒刑、无期徒刑的犯罪分子，不得假释。

对犯罪分子决定假释时，应当考虑其假释后对所居住社区的影响。

第八十二条 对于犯罪分子的假释，依照本法第七十九条规定的程序进行。非经法定程序不得假释。

69. 查封（扣押、冻结）令（刑事案件用）

××××人民法院

查封（扣押、冻结）令

（刑事案件用）

（××××）……刑×……号

本院根据……（写明适用的法律依据）的规定，特派……（写明执行人员的职务、姓名）等，对……（写明被查封或扣押财产或冻结存款的当事人的姓名或者单位名称）在……（写明应予查封或者扣押、冻结的财产所在地及其名称、数量等），予以查封（或者扣押、冻结）。

此令。

院　长　×××

××××年××月××日

（院印）

【说明】

一、本样式根据《中华人民共和国刑事诉讼法》第一百零二条、第一百九十六条第二款，《最高人民法院关于适用〈中华人民共和国刑事诉讼法〉的解释》第一百八十九条第一款、第三百四十一条、第三百四十二条、第四百三十七条的规定制订，供各级人民法院在审理刑事案件过程中，查封、扣押或者冻结财产时使用。

二、命令的标题，如果是单独查封财产的，写“查封令”；单独扣押财产的，写“扣押令”；单独冻结的，写“冻结令”。

三、本命令应当由执行人员当场宣布；执行情况另行制作笔录。

【相关规定】

《中华人民共和国刑事诉讼法》第一百零二条　人民法院在必要的时候，可以采取保全措施，查封、扣押或者冻结被告人的财产。附带民事诉讼原告人或者人民检察院可以申请人民法院采取保全措施。人民法院采取保全措施，适用民事诉讼法的有关规定。

第一百九十六条　法庭审理过程中，合议庭对证据有疑问的，可以宣布休庭，对证据进行调查核实。

人民法院调查核实证据，可以进行勘验、检查、查封、扣押、鉴定和查询、冻结。

《最高人民法院关于适用〈中华人民共和国刑事诉讼法〉的解释》第一百八十九条第一款　人民法院对可能因被告人的行为或者其他原因，使附带民事判决难以执行的案件，根据附带民事诉讼原告人的申请，可以裁定采取保全措施，查封、扣押或者冻结被告人的财产；附带民事诉讼原告人未提出申请的，必要时，人民法院也可以采取保全措施。

第三百四十一条　被告单位的违法所得及其他涉案财物，尚未被依法追缴或者查封、扣押、冻结的，人民法院应当决定追缴或者查封、扣押、冻结。

第三百四十二条　为保证判决的执行，人民法院可以先行查封、扣押、冻结被告单位的财产，或者由被告单位提出担保。

第四百三十七条　人民法院对查封、扣押、冻结的涉案财物及其孳息，应当妥善保管，并制作清单，附卷备查；对人民检察院随案移送的实物，应当根据清单核查后妥善保管。任何单位和个人不得挪用或者自行处理。

查封不动产、车辆、船舶、航空器等财物，应当扣押其权利证书，经拍照或者录像后原地封存，或者交持有人、被告人的近亲属保管，登记并写明财物的名称、型号、权属、地址等详细信息，并通知有关财物的登记、管理部门办理查封登记手续。

扣押物品，应当登记并写明物品名称、型号、规格、数量、重量、质量、成色、纯度、颜色、新旧程度、缺损特征和来源等。扣押货币、有价证券，应当登记并写明货币、有价证券的名称、数额、面额等，货币应当存入银行专门账户，并登记银行存款凭证的名称、内容。扣押文物、金银、珠宝、名贵字画等贵重物品以及违禁品，应当拍照，需要鉴定的，应当及时鉴定。对扣押的物品应当根据有关规定及时估价。

冻结存款、汇款、债券、股票、基金份额等财产，应当登记并写明编号、种类、面值、张数、金额等。

70. 解除查封（扣押、冻结）令（刑事案件用）

×××人民法院

解除查封（扣押、冻结）令

（刑事案件用）

（××××）……刑×……号

本院××××年××月××日依法查封（扣押、冻结）……（写明被查封或扣押财产或冻结存款的当事人的姓名或者单位名称）的……（写明被查封或者扣押、冻结的财产的所在地及其名称、数量等），现决定予以解除查封（或者扣押、冻结）。

此令。

院　长　×××

××××年××月××日

（院印）

【说明】

一、本样式根据刑事审判工作实际需要制订，供各级人民法院解除查封、扣押、冻结财产时使用。

二、解除查封（扣押、冻结）令应当由执行人员当场宣布，并另行制作笔录。

【相关规定】

《最高人民法院关于适用〈中华人民共和国刑事诉讼法〉的解释》第四百四十九条 查封、扣押、冻结的财物与本案无关但已列入清单的，应当由查封、扣押、冻结机关依法处理。

查封、扣押、冻结的财物属于被告人合法所有的，应当在赔偿被害人损失、执行财产刑后及时返还被告人。

三、报告类

71. 关于……（被告人姓名和案由）一案的审理报告
（一审刑事案件用）

关于……（被告人姓名和案由）一案的审理报告

（一审刑事案件用）

（××××）……刑初……号

一、控辩双方和其他诉讼参与人的基本情况

公诉机关×××人民检察院。

被害人……（写明姓名、性别、出生年月日、民族、出生地、文化程度、职业或者工作单位和职务、住址，与被告人的关系和受害情况等）。

自诉人……（写明姓名、性别、出生年月日、民族、出生地、文化程度、职业或者工作单位和职务、住址等）。

附带民事诉讼原告人……（写明姓名、性别、出生年月日、民族、出生地、文化程度、职业或者工作单位和职务、住址等）。

委托（或者法定、指定）代理人……（写明姓名、性别、职业或者工作单位和职务、住址以及与被代理人的关系等。此项系指被害人、自诉人、附带民事诉讼原告人的委托代理人和未成年当事人的法定代理人或者指定代理人。有此项的，应列在被代理人之后另起一行续写）。

被告人……（首先写明姓名、性别、出生年月日、民族、出生地、文化程度、党派、职业或者工作单位和职务、住址，因本案被拘留、逮捕或者被采取其他强制措施的时间和情况，现羁押处所；其次写明何时、何地、何故受过何种处罚，包括劳动教养、行政拘留、犯罪判刑或者免刑和是否累犯等情况；再次写明被告人的家庭情况，如有亲属侨居外国或者在台、港、澳的，亦应写明其情况）。

辩护人……（写明姓名、工作单位和职务）。

如果被告人和其他诉讼参与人有多人的，应在其相关项目之后增项续写。

二、案件的由来和审理经过

被告人……（写明其姓名和案由）一案，由×××人民检察院于××××年××月××日以××检××刑诉〔××××〕××号起诉书，向本院提起公诉（自诉案件改为："自诉人×××以被告人×××犯××罪一案，于××××年××月××日向本院提起控诉"）。

本院审查后，认为符合法定开庭条件，决定开庭审判，依法组成合议庭（独任审判的改为："依法由审判员×××独任审判"），于××××年××月××日公开（或者不公开）开庭审理了本案。×××人民检察院检察长（或者检察员）×××出庭支持公诉（自诉案件改为："自诉人×××"），被害人×××及其诉讼代理人×××，被告人×××及其辩护人×××，鉴定人×××、翻译人员×××等到庭参加诉讼（没有到庭参加诉讼的不写）。现已审理终结。

三、案件的侦破、揭发情况

……（简要写明案件的发生、揭发或者侦查、破获过程的情况，包括时间、地点和方式方法以及涉及的主要人员等。有曲折过程、复杂情况和问题的，应当详细写明。自诉案件此项从略）。

四、控辩双方的主要控辩内容

……（写明检察机关或者自诉人对被告人指控的罪名、犯罪事实、犯罪情节、证据、适用法律的意见、诉讼请求事项及其理由和根据。有附带民事诉讼的，应当一并写明原告人所诉的主要内容，包括事实、情节、证据、诉讼请求事项及其理由和根据，等等）。

……（写明被告人及其辩护人对起诉书指控的罪名、犯罪事实和证据、犯罪情节的供认情况，辩解内容、辩护意见和有关证据。被告人的口供有反复的，应当一并写明。自诉案件中被告人提出反诉并已依法受理的，应当同时写明反诉的内容，包括事实、情节、证据、诉讼请求事项及其理由和根据；被反诉人有答辩的，也应一并写明答辩的内容，包括主要意见、理由和证据，等等。对被告人提出的反诉未予受理的，也应简要写明反诉的内容，并具体写明不予受理的理由和法律依据）。

五、审理查明的事实和证据

……（写明经法庭审理查证后所认定的事实和具体证据。犯罪事实应包括作案的时间、地点、动机、目的、实施过程、犯罪情节、危害后果，以及被告人作案后的表现等。证据应是经过庭审查证属实的。证据要具体列举，并用括号注明其系控方举证还是辩方提供、所在的卷宗页次或者出处。对据以认定犯罪事实的有关物证、书证、证人证言、被害人陈述、勘验或者检查笔录、鉴定结论、视听资料、同案人供述和被告人供述、辩解等证据及其与本案的联系，进行分析论证；证据之间有矛盾的，要在控辩双方举证、质证的基础上进行实事求是的分析认证；对不真实的或者不能采用的证据和不能认定的事实和情节，应当作出有根据有分析的说明，尤其有争议的事实和证据，更要重点分析论证）。

六、需要说明的问题

……（需要说明的问题，一般是属于涉及认定犯罪事实、情节、证据和定罪量刑而又不宜写入裁判文书的事实、理由等部分的问题，以及其他对案件的审判有影响的问题等。根据具体案件的实际情况，有什么需要说明的问题，就写明什么问题。例如，侦查中使用了不正当手段的；预审中有诱供逼供，有伪证、假证的；被告人或者诉讼参与人的亲属有妨碍侦查、预审、审判活动的非法行为的；执行法定的预审、起诉和审判程序上有不合法之处的；开庭审理中出现不正常情况的；发现未起诉的漏罪、漏犯的；被告人检举揭发他人的罪行，提供他人犯罪的重要线索的；有较大争论而又难以认定或者否定的事实、情节的；有关方面对本案的意见，等等，都应当把问题的情况和意见如实地写明。案件本身没有什么问题需要说明的，此项就不写）。

七、处理意见和理由

合议庭评议认为……（此项应当写明的内容，实际上就是判决书中的理由和判决两部分的内容。要根据法庭核实的证据和查明的事实与情节，依照有关法律、法规和司法解释等规定，运用有关法学理论，首先写明对控辩双方不同的意见及其理由的分析评论，哪些正确应予采纳，哪些不正确不予采纳；其次写明对被告人行为的性质、情节、社会危害性大小，定罪的证据是否充分，能否认定被告人有罪，构成何种罪的分析论述，一案多名被告人的应当分别论述清楚；最后写明被告人是否应当负刑事责任及其责任的大小，有无法定从轻、减轻或者从重的情节和其他可以从宽、从严的情节，在法定量刑幅度的基础上应判处什么刑罚，还是应当免予刑事处分，或者应当宣告无罪。有附带民事诉讼的，要一并写明对被告人应否承担赔偿经济损失和赔偿多少的处理意见。提出处理实体问题的具体意见时，应当写明所适用的法律和司法解释规定的具体条款。需要提出司法建议的，应当写明其内容和哪个单位提出建议。等等。）

审判员（或者合议庭成员）署名：

××××年××月××日

【说明】

一、本样式供各级人民法院审理第一审程序的刑事案件时使用。

二、案件审理报告的标题要特定化，即公诉案件应当写明被告人的姓名和案由，自诉案件应当写明双方当事人的姓名和案由等。不能简化为“审理报告”或者“案件审理报告”，也不能写成“审结报告”。

三、案件审理报告，是独任审判员或者合议庭在评议案件之后，报送院领导审核案件或者审判委员会讨论决定案件的综合性书面材料，是在案件审理完毕之后，对前一段诉讼活动、审理过程、案情全貌作出的全面总结，并对案件的事实认定、定性处理提出意见。它既是案件在判处以前报送领导审核、审判委员会讨论决定案件和制作裁判文书的基础，也是日后检查案件质量，总结审判工作经验教训的重要根据。

四、案件审理报告写得是否符合要求，不仅影响着合议庭的评议、领导的审核和审判委员会的审议，而且直接影响着据以制作的裁判文书的质量。因此，要求审判人员制作审理报告时，要参阅样式规定的项目和内容要素，如实地反映审理阶段的诉讼活动、审理过程和案情全貌，并对事实的认定和定性处理认真提出意见。叙述事实要实事求是，不夸大，不缩小，能认定的事实才予以认定；不能认定的和存在的问题要作出分析说明。所提定性处理的意见，要有法律依据。援引的法条要准确、完整、具体。审理报告的内容要兼收并蓄，它比同一审级程序的裁判文书的内容应更加全面、系统、丰富、具体，案件的来龙去脉、过程、情节和问题应当交代得更为清楚明白。对合议庭少数人的不同意见，应当一并写明。

五、关于案件由来部分，要写明案件的来源和重要节点信息，案件是发回重审的，要写明发回重审的具体过程；指定管辖的，要写明指定管辖的过程；开过庭前会议的，要写明庭前会议的具体时间；有过延期审理或者延长期限的，要写明具体时间；等等。

六、关于案件侦破情况部分。发现案件、锁定犯罪嫌疑人的过程是否正常且符合情理逻辑对于案件事实的判断极为重要，而且嫌疑人如何到案及到案后的供述表现是认定自首、坦白等法定情节的重要依据，因此案发经过要能够准确详实记录侦查机关查明犯罪事实、锁定并抓捕犯罪嫌疑人或者嫌疑人主动投案的全过程，不能笼统写侦查机关根据工作发现案件或者根据线索锁定犯罪嫌疑人，要写明案件如何发现，如何开展侦查，根据哪些线索锁定犯罪嫌疑人等。

七、关于控辩双方意见部分。要全面记录被告人及辩护人的意见，在表述被告人及辩护人意见时，一是要具体，不能过于简单，要写明具体理由。二是要规范，尤其是对于被告人所提意见，有时无法对应构成要件或者量刑情节，要在庭审过程中询问清楚，按照犯罪构成要件及量刑情节进行表述。三是要分类，对于被告人及辩护人所提意见比较多的情况，要分类表述，方便阅看，也便于逐一回应。

八、关于事实和证据部分。审理查明事实表述和证据表述、罗列顺序等可参照判决书样式要求。但是报告可以写得更为详细，例如被告人所作供述有多种讲法的情况下，需要写明多份供述具体内容，并根据在案证据认定哪份供述属实，写明认定过程。在证据后面，需要写明详细的证据分析意见。

九、根据《最高人民法院关于统一法律适用加强类案检索的指导意见（试行）》，对于拟提交专业（主审）法官会议或者审判委员会讨论的，缺乏明确裁判规则或者尚未形成统一裁判规则的，院长、庭长根据审判监督管理权限要求进行类案检索的，以及其他需要类案检索的，应当在审理报告中说明类案检索情况。检索范围包括：最高人民法院发布的指导性案例；最高人民法院发布的典型案例及裁判生效的案件；本省（自治区、直辖市）高级人民法院发布的参考性案例及裁判生效的案件；上一级人民法院及本院裁判生效的案件。人民法院案例库已经上线，法官在审理案件时必须检索查阅案例库，参考入库同类案例作出裁判。类案检索说明或者报告应当客观、全面、准确，包括检索主体、时间、平台、方法、结果，类案裁判要点以及待决案件争议焦点等内容，并对是否参照或者参考类案等结果运用情况予以分析说明。

十、审理报告的尾部，由审理本案的独任审判员或者合议庭成员署名，并写明年月日。

十一、本文书系不公开的内部文书，应归入副卷，并注意保密。

十二、按本样式制作案件审理报告时，注意参阅第一审公诉或者自诉案件用的刑事判决书样式或者刑事附带民事判决书样式及其说明。

72. 关于……（被告人姓名和案由）一案的审理报告
（二审刑事案件用）

关于……（被告人姓名和案由）
一案的审理报告
（二审刑事案件用）

（××××）……刑终……号

一、一审控辩双方和其他诉讼参与人的基本情况

原公诉机关（如系抗诉的应括注抗诉机关）×××人民检察院。

被害人……（写明姓名、性别、出生年月日、民族、出生地、文化程度、职业或者工作单位和职务、住址，与被告人的关系和受害情况等）。

原审被告人（如系被告人上诉的，则为“上诉人”同时括注原审被告人）×××……（首先写明其性别、出生年月日、民族、出生地、文化程度、职业或工作单位和职务、住址、因本案被拘留、逮捕或者所受其他强制措施的情况，现羁押处所；其次写明历史上何时、何地、何故受过何种处罚，包括劳动教养、行政拘留、犯罪判刑等情况）。

辩护人×××……（写明其工作单位和职务，不是律师的，需要写明与原审被告人的关系）。

如果原审被告人和其他诉讼参与人有多人的，应在其相关项目之后增项续写。

二、案件的由来和审理经过

原审被告人……（写明姓名和案由）一案，×××人民法院于××××年××月××日作出（××××）……刑初……号刑事判决，……（写明判决结果）。被告人（或自诉人）×××不服，提出上诉（或×××人民检察院提出抗诉）。

本院受理后，依法组成合议庭，于××××年××月××日公开（或者不公开）开庭审理了本案，×××人民检察院检察长（或者检察员）×××出庭履行职务（自诉案件改为：“原审自诉人×××”），被害人×××及其诉讼代理人×××，

原审被告人×××及其辩护人×××和证人×××等到庭参加诉讼（未开庭的删去“于××××年××月××日公开……到庭参加诉讼”）。本案现已审理终结。

三、案件的侦破、揭发情况

……（简要写明案件的发生、揭发或侦查、破获过程的情况。包括时间、地点和方式方法以及其中涉及的主要人物等。有曲折过程、复杂情况和问题的，应详写。自诉案件无此项内容）。

四、原判要点和上诉、抗诉的主要内容

……（首先简述原审判决书认定的事实和证据；其次写明定性处理的理由和根据；最后写明诉讼双方的主要意见和理由及其根据等）。

五、二审审理查明的事实和证据

……（写明本院经过审理后认定的事实，确认原判认定的事实哪些是正确的或者全部是正确的，有哪些可靠的证据可以证明；哪些是错误的或者全部是错误的，有哪些理由和根据。如果上诉、抗诉对事实和证据方面提出异议，应有重点地逐条分析论述，确认何者能够成立，何者不能成立，理由和根据是什么）。

六、需要说明的问题

……（有什么问题就写什么问题，没有就不写此项）。

七、处理意见和理由

合议庭评议认为，……〔根据二审确认的事实和情节，依照我国的法律、法规和司法解释等的规定，参考有关法学理论，重点分析上诉、抗诉对定罪量刑方面的意见和理由能否成立，全面论述原审被告人是否构成犯罪，犯什么罪（一案多人的还应分清各被告人的刑事责任），应当从宽还是从严处理，原判决定性和适用法律是否正确，量刑是否适当，审判程序是否合法，写明依照我国刑事诉讼法第二百条和第二百三十六条、第二百三十八条及有关的刑事法律依据，提出对原判决的维持、改判或者发回重审的具体意见。〕

审判员（或者合议庭成员）署名：

××××年××月××日

【说明】

一、本样式供中级以上人民法院审理第二审刑事案件时使用。

二、若原审公诉机关起诉指控意见与原审法院判决意见不一致的，可以增加原审起诉指控意见，以全面反映案件审理情况。

三、按本样式制作审理报告时，应当参阅第一审刑事案件审理报告样式和说明。

【相关规定】

《中华人民共和国刑事诉讼法》第二百条　在被告人最后陈述后，审判长宣布休庭，合议庭进行评议，根据已经查明的事实、证据和有关的法律规定，分别作出以下判决：

（一）案件事实清楚，证据确实、充分，依据法律认定被告人有罪的，应当作出有罪判决；

（二）依据法律认定被告人无罪的，应当作出无罪判决；

（三）证据不足，不能认定被告人有罪的，应当作出证据不足、指控的犯罪不能成立的无罪判决。

第二百三十六条　第二审人民法院对不服第一审判决的上诉、抗诉案件，经过审理后，应当按照下列情形分别处理：

（一）原判决认定事实和适用法律正确、量刑适当的，应当裁定驳回上诉或者抗诉，维持原判；

（二）原判决认定事实没有错误，但适用法律有错误，或者量刑不当的，应当改判；

（三）原判决事实不清楚或者证据不足的，可以在查清事实后改判；也可以裁定撤销原判，发回原审人民法院重新审判。

原审人民法院对于依照前款第三项规定发回重新审判的案件作出判决后，被告人提出上诉或者人民检察院提出抗诉的，第二审人民法院应当依法作出判决或者裁定，不得再发回原审人民法院重新审判。

第二百三十八条　第二审人民法院发现第一审人民法院的审理有下列违反法律规定的诉讼程序的情形之一的，应当裁定撤销原判，发回原审人民法院重新审判：

（一）违反本法有关公开审判的规定的；

（二）违反回避制度的；

（三）剥夺或者限制了当事人的法定诉讼权利，可能影响公正审判的；

（四）审判组织的组成不合法的；

（五）其他违反法律规定的诉讼程序，可能影响公正审判的。

73. 关于……（被告人姓名和案由）一案的审理报告
（再审刑事案件用）

关于……（被告人姓名和案由）一案的审理报告

（再审刑事案件用）

（××××）……刑×……号

一、原审控辩双方和其他诉讼参与人的基本情况

原公诉机关×××人民检察院。

被害人×××，……（写明其性别、出生年月日、民族、出生地、文化程度、职业或者工作单位和职务、住址，以及与原审被告人的关系和受害情况等）。

原审自诉人×××，……（写明其性别、出生年月日、民族、出生地、文化程度、职业或者工作单位和职务、住址等）。

原审附带民事诉讼原告人×××，……（写明其性别、出生年月日、民族、出生地、文化程度、职业或者工作单位和职务、住址等）。

委托（或法定、指定）代理人×××，……（写明其性别、职业或工作单位和职务、住址，以及与被代理人的关系等。此项系指被害人、自诉人、附带民事诉讼原告人委托的代理人或未成年当事人的法定代理人或者指定代理人。有此项的列写在被代理人项目之后）。

原审被告人×××……（首先写明其性别、出生年月日、民族、出生地、文化程度、党派、职业或者工作单位和职务、住址、因本案被拘留、逮捕或者所受其他强制措施的情况、现羁押处所；其次写明历史上何时、何地、何故受过何种处罚，包括劳动教养、行政拘留、犯罪判刑和是否累犯等情况；再次写明被告人的家庭情况，如有亲属侨居外国或在台、港、澳的，亦应写明其情况）。

辩护人×××，……（写明其工作单位和职务）。

二、案件的由来和审理经过

原审被告人……（写明姓名和案由）一案，本院（提审的改写为“×××人民

法院”）于××××年××月××作出（××××）……刑×……号判决（或者裁定）。该判决（或者裁定）已经发生法律效力。……（写明提起再审程序的经过）。本院依法另行（提审的删去“另行”二字）组成合议庭，于××××年××月××日公开（或者不公开）开庭审理了本案。×××人民检察院检察长（或者检察员）×××出庭履行职务（自诉案件改为“原审自诉人×××”），被害人×××及其诉讼代理人×××，原审被告人×××及其辩护人×××和证人×××等到庭参加诉讼（未开庭的改写为“本院依法组成合议庭审理了本案”）。本案现已审理终结。

三、案件的侦破、揭发情况

……（简要写明案件的发生、揭发或侦查、破获的过程，包括时间、地点和侦破的方式方法以及涉及的主要人物等。有曲折过程、复杂情况与问题的，应详加写明）。

四、原判要点和再审中诉讼双方的意见

……（首先简述原审生效裁判认定的事实、证据、判决理由和结果；其次写明再审中诉讼双方的主要意见）。

五、再审认定的事实和证据

……（写明经过再审后，确认原判认定的事实哪些是正确的或者全部是正确的，有哪些证据可以证明；哪些是错误的或者全部是错误的。诉讼双方对原判事实、证据提出异议的，应逐条分析论证，确认何者能够成立，何者不能成立）。

六、需要说明的问题

……（写明与本案的事实认定、证据采用，定罪量刑有关联的重要问题。上级机关的交办情况和意见、人大代表的建议、政协委员的提案、有关单位的反映和意见，应当逐条写明）。

七、处理意见和理由

合议庭评议认为，……（根据再审确认的事实和情节，对照当时的法律和司法解释，运用有关法学理论，重点分析诉讼双方提出的定罪量刑方面的意见和理由能否成立，全面论述原审被告人是否犯罪，犯什么罪，应该从宽还是从严处理，原判适用的法律是否正确，量刑是否适当。写明具体的法律依据，提出对原审判决或者裁定维持或者改判的具体意见。需要向有关单位提出司法建议的，一并在此写明）。

审判员（或者合议庭成员）署名：

××××年××月××日

【说明】

一、本样式供各级人民法院按照第一审程序和中级以上人民法院按照第二审程序审理再审刑事案件时使用。

二、检察机关依照审判监督程序提出抗诉的再审案件，应当将第一项标题改为“抗诉机关和原审被告人以及其他诉讼参与人的基本情况”，并在该项正文的首行写明“抗诉机关×××人民检察院”。

三、上诉案件再审的，当事人称谓应当先写二审时的称谓，其后括注一审时的称谓。其他部分当事人的称谓亦作相应改动。

四、按本样式制作审理报告时，注意参阅第一审刑事案件用的案件审理报告样式及说明。

五、依法不开庭审理的案件，在“处理意见和理由”部分，应当首先写明案件汇报人的处理意见和理由；其次写明合议庭其他审判人员的意见和理由；最后写明合议庭决定的处理意见和理由。

六、申诉案件需要报送领导审核、审判委员会讨论的审查报告，可以参阅本样式制作。

74. 关于对罪犯×××减刑（或假释）一案的审理报告

（减刑、假释案件用）

关于对罪犯×××减刑（或假释）一案的审理报告

（减刑、假释案件用）

（××××）……刑执……号

一、罪犯的基本情况

罪犯×××……（写明其性别、出生年月日、民族、出生地、文化程度和服刑处所，判刑前的党派、职业或者工作单位和职务，是否属累犯以及杀人、爆炸、抢劫、强奸、绑架等暴力性犯罪被判处十年以上有期徒刑和无期徒刑，不得假释等情况，如系假释案件还应当写明其家庭情况和经济状况。如有亲属侨居外国或者在台、港、澳以及有其他特殊关系的，亦应写明）。

二、案件的由来和审理经过

罪犯×××……（写明生效裁判文书认定的犯罪事实、罪名和判处的刑罚，包括主刑和附加刑；执行过程中有无减刑、加刑的情况；执行机关建议减刑或者假释的理由；依法组成合议庭进行审理的经过）。

三、罪犯在服刑中的表现（或者有特殊情况的事实）

……（写明经审理查实的罪犯在服刑中的表现，包括罪犯经过教育改造确有悔改表现或者有立功、重大立功表现的事实；或者确有悔改表现，假释后不致再危害社会的事实；或者有特殊情况，应予假释的事实。对于罪犯无悔改表现和表现有反复的事实、情节应当一并写明）。

四、需要说明的问题

……（此项一般是写原判中存在的问题、监狱管理工作中的问题等。有什么问题就写什么问题，没有就不写此项）。

五、处理意见和理由

合议庭评议认为……（根据对减刑、假释从严掌握的立法精神和核实的罪犯在服刑中的表现等情况，重点阐明罪犯是否符合减刑或者假释的条件，减刑、假释是否符合法定程序。并结合考虑罪犯原判罪行的性质、情节和社会危险性的大小，原判刑罚有无过重过轻等情况，引述有关的法律依据，提出从宽或者从严掌握和是否予以减刑或者假释的具体意见。

如属于具有特殊情况应予假释的情形，应当具体写明有何特殊情况，有关部门的意见。并写明依照刑法第八十一条的规定，本案应依法报送最高人民法院核准。）

审判员（或者代理审判员）署名：

××××年××月××日

【说明】

一、本样式供中级以上人民法院审理各类减刑、假释案件时使用。

二、对于人民检察院向人民法院提出书面纠正意见的减刑、假释案件，应当在“案件的由来和审理经过”中予以写明，并续写检察机关的具体纠正意见和理由。对于检察机关的具体意见和根据的评述，应当在“处理意见和理由”中相应写明。

三、按本样式制作审理报告时，注意参阅一审和再审刑事案件用的案件审理报告样式和说明。

四、对于公安机关对正在缓刑考验期限内的罪犯，建议人民法院撤销缓刑的案件，在制作审理报告时，应当参阅本样式制作。

【相关规定】

《中华人民共和国刑法》第八十一条 被判处有期徒刑的犯罪分子，执行原判刑期二分之一以上，被判处无期徒刑的犯罪分子，实际执行十三年以上，如果认真遵守监规，接受教育改造，确有悔改表现，没有再犯罪的危险的，可以假释。如果有特殊情况，经最高人民法院核准，可以不受上述执行刑期的限制。

对累犯以及因故意杀人、强奸、抢劫、绑架、放火、爆炸、投放危险物质或者有组织的暴力性犯罪被判处十年以上有期徒刑、无期徒刑的犯罪分子，不得假释。

对犯罪分子决定假释时，应当考虑其假释后对所居住社区的影响。

75. 关于被告人×××（案由）一案的审理报告
（适用普通程序审理认罪认罚案件用）

关于被告人×××（案由）一案的审理报告[①]

（适用普通程序审理认罪认罚案件用）

（××××）……刑初……号

一、控辩双方和其他诉讼参与人的基本情况

公诉机关×××人民检察院。

被害人×××，……（列明被害人姓名、性别、出生年月日、居民身份证号码、民族、文化程度、职业或者工作单位和职务、户籍地、现住址、与被告人的关系等）。

被告人×××，……（列明被告人姓名、性别、出生年月日、居民身份证号码、民族、文化程度、职业或者工作单位和职务、户籍地、现住址、曾受法律处分情况、被采取强制措施情况、羁押场所等）。

辩护人×××，××律师事务所律师。

二、案件的由来和审理经过

×××人民检察院以××检××刑诉〔××××〕××号起诉书指控被告人×××犯××罪，于××年×月×日向本院提起公诉。本院受理后，依法组成合议庭，适用普通程序公开开庭审理了本案。×××人民检察院指派检察员×××出庭支持公诉，被告人×××及其辩护人×××到庭参加诉讼。现已审理终结。

三、案件的侦破、揭发情况

（简要写明案件的发生、揭发或者侦查、破获过程的情况。）

---

① 原载最高人民法院刑事审判第一庭编著：《认罪认罚从宽制度的理解与适用》，人民法院出版社2018年版。

四、控辩双方的主要控辩内容

公诉机关指控，……（简要概述指控的犯罪事实）。

为证实上述指控，公诉机关当庭宣读、出示了……等证据。

公诉机关认为，被告人×××……（简要概述犯罪构成），其行为触犯了《中华人民共和国刑法》第××条之规定，应当以××罪追究其刑事责任；……（简要概述量刑建议）。

被告人×××对指控事实、罪名及量刑建议没有异议且签字具结，在开庭审理过程中亦无异议。其辩护人提出的辩护意见是……

五、事实和证据分析

经审理查明，……（简要概述审理查明的犯罪事实及自首、立功、赔偿、谅解、缴纳罚金等量刑情节）。

上述事实有经庭审质证、确认的下列证据予以证实：

1. ……（简要说明证据名称及所证明的事实）

六、需要说明的问题

（说明涉及认定犯罪事实、情节、证据和定罪量刑而又不宜写入裁判文书的事实、理由等问题，以及其他对案件的审判有影响的问题。）

七、处理意见和理由

合议庭经评议认为，被告人×××……（简要概述犯罪构成），构成××罪，应予依法惩处。公诉机关的指控成立。辩护人的辩护意见是……。被告人×××到案后能如实供述自己的罪行，自愿认罪认罚，对其可以从轻处罚。（划线部分依次叙述被告人具有的从重、减轻、从轻等法定和酌定情节。）公诉机关的量刑建议适当（量刑建议不当的不写）。依照《中华人民共和国刑法》第××条（列明引用的法律、司法解释条文）、《中华人民共和国刑事诉讼法》第二百零一条之规定，拟判决如下：

被告人×××犯××罪，判处……

审判员（或者合议庭成员）署名：

××年××月××日

【说明】

一、本样式供人民法院适用普通程序审理认罪认罚刑事案件时使用。

二、审理查明的证据部分应当简要说明证据名称及所证明的事实。例如可表述为：1. 证人×××的证言，证实……事实。

【相关规定】

《中华人民共和国刑事诉讼法》第二百零一条 对于认罪认罚案件，人民法院依法作出判决时，一般应当采纳人民检察院指控的罪名和量刑建议，但有下列情形的除外：

（一）被告人的行为不构成犯罪或者不应当追究其刑事责任的；

（二）被告人违背意愿认罪认罚的；

（三）被告人否认指控的犯罪事实的；

（四）起诉指控的罪名与审理认定的罪名不一致的；

（五）其他可能影响公正审判的情形。

人民法院经审理认为量刑建议明显不当，或者被告人、辩护人对量刑建议提出异议的，人民检察院可以调整量刑建议。人民检察院不调整量刑建议或者调整量刑建议后仍然明显不当的，人民法院应当依法作出判决。

76. 报请核准假释案件的报告（有特殊情况假释用）

×××人民法院

报请核准假释案件的报告

（有特殊情况假释用）

（××××）……刑×……号

×××人民法院：

×××中级人民法院（或者本院）于××××年××月××日作出了（××××）……刑×……号因罪犯×××具有特殊情况，准予假释的刑事裁定。……（写明高级法院复核的经过和同意的具体意见）。现将罪犯×××具有特殊情况的报告，×××中级人民法院（或者本院）假释裁定书各五份和全案卷宗一并报上，请予复核（或者核准）。

××××年××月××日

（院印）

【说明】

本样式根据《最高人民法院关于适用〈中华人民共和国刑事诉讼法〉的解释》第四百二十条、第四百二十一条的规定制订，供中级以上人民法院将犯罪分子因有特殊情况，不受执行刑期限制而予以假释的案件报请复核时使用。如系中级人民法院报请高级人民法院复核的，文书名称应当写为《报请复核假释案件的报告》。

【相关规定】

《最高人民法院关于适用〈中华人民共和国刑事诉讼法〉的解释》第四百二十条 报请最高人民法院核准因罪犯具有特殊情况，不受执行刑期限制的假释案件，应当按照下列情形分别处理：

（一）中级人民法院依法作出假释裁定后，应当报请高级人民法院复核。高级人民法院同意的，应当书面报请最高人民法院核准；不同意的，应当裁定撤销中级人民法院的假释裁定；

（二）高级人民法院依法作出假释裁定的，应当报请最高人民法院核准。

第四百二十一条 报请最高人民法院核准因罪犯具有特殊情况，不受执行刑期限制的假释案件，应当报送报请核准的报告、罪犯具有特殊情况的报告、假释裁定书各五份，以及全部案卷。

77. 延长审限案件呈批表（刑事案件用）

延长审限案件呈批表

（刑事案件用）

<table>
<tr><td>案　由</td><td colspan="2"></td><td colspan="2">案号</td><td colspan="4">（　）……××……号</td></tr>
<tr><td>公诉机关</td><td colspan="2"></td><td colspan="2">自诉人</td><td colspan="4"></td></tr>
<tr><td rowspan="2">被告人</td><td>姓名</td><td></td><td>性别</td><td></td><td>出生年月日</td><td></td><td>民族</td><td></td></tr>
<tr><td>出生地</td><td></td><td colspan="2">工作单位或住址</td><td colspan="2"></td><td>职务或职业</td><td></td></tr>
<tr><td>收案日期</td><td colspan="2">年　月　日</td><td colspan="2">审限届满日期</td><td colspan="4">年　月　日</td></tr>
<tr><td colspan="9">简要案情和延长审限的理由：</td></tr>
<tr><td colspan="4">报告机关意见：

年　月　日
（院印）</td><td colspan="5">审批机关决定：

年　月　日
（院印）</td></tr>
</table>

【说明】

一、本样式根据《中华人民共和国刑事诉讼法》第一百五十八条、第二百零八条的规定制订，供基层或者中级人民法院对需要延长审理期限的案件，依法向高级人民法院报请审批延长审限时使用。

二、本表应当在期满七日以前填报。上报时需填写一式两份。“报告机关意见”一栏，应当写明请求延长审限的具体时间。高级人民法院收到该呈批表一式两份后，应当在“审批机关决定”一栏内写明是否准予延长审限的决定，然后一份留存，另一份退回报告机关，以代替书面批复。

三、高级人民法院自办案件需要延长审限的，可以使用本呈批表，由经办该案的审判组织在“报告机关意见”一栏填写延长审限意见，报请院领导审批决定。

四、适用普通程序审理的被告人未被羁押的自诉案件，应当在受理后六个月内宣判。有特殊情况需要延长审理期限的，由本院院长批准，可以延长三个月。具体报批程序，可使用本呈批表。

【相关规定】

《中华人民共和国刑事诉讼法》第一百五十八条 下列案件在本法第一百五十六条规定的期限届满不能侦查终结的，经省、自治区、直辖市人民检察院批准或者决定，可以延长二个月：

（一）交通十分不便的边远地区的重大复杂案件；

（二）重大的犯罪集团案件；

（三）流窜作案的重大复杂案件；

（四）犯罪涉及面广，取证困难的重大复杂案件。

第二百零八条 人民法院审理公诉案件，应当在受理后二个月以内宣判，至迟不得超过三个月。对于可能判处死刑的案件或者附带民事诉讼的案件，以及有本法第一百五十八条规定情形之一的，经上一级人民法院批准，可以延长三个月；因特殊情况还需要延长的，报请最高人民法院批准。

人民法院改变管辖的案件，从改变后的人民法院收到案件之日起计算审理期限。

人民检察院补充侦查的案件，补充侦查完毕移送人民法院后，人民法院重新计算审理期限。

78. 立案登记表（自诉案件用）

×××人民法院

立案登记表

（自诉案件用）

<table>
<tr><td>案由</td><td></td><td colspan="2">收到诉状日期</td><td></td><td colspan="2">案件编号</td><td></td></tr>
<tr><td>当事人称谓</td><td>姓 名</td><td>性 别</td><td colspan="2">出生日期</td><td colspan="3">住址、工作单位</td></tr>
<tr><td></td><td></td><td></td><td colspan="2"></td><td colspan="3"></td></tr>
<tr><td></td><td></td><td></td><td colspan="2"></td><td colspan="3"></td></tr>
<tr><td>自诉的事实、理由及其请求</td><td colspan="7"></td></tr>
<tr><td>证据材料目录</td><td colspan="7"></td></tr>
<tr><td>审查意见</td><td colspan="7">（签名）
年　月　日</td></tr>
<tr><td>审批意见</td><td colspan="7">（签名）
年　月　日</td></tr>
<tr><td>立案时间</td><td colspan="2"></td><td colspan="3">移交审判庭日期及接收人</td><td colspan="2"></td></tr>
<tr><td>备注</td><td colspan="7"></td></tr>
</table>

【说明】

一、本样式供刑事自诉案件的立案审查用。

二、“当事人”栏，应当根据案件性质填写当事人的称谓和姓名。

三、“事实、理由及其请求”栏，自诉案件主要写自诉人指控被告人的犯罪事实及其诉讼请求。

四、移交日期，为决定立案后将案件移送有关审判庭审理的日期；立案日期，则为经审查决定受理或者立案登记的日期。

79. 立案登记表（公诉案件用）

×××人民法院

立案登记表

（公诉案件用）

<table>
<tr><td>公诉机关</td><td></td><td>起诉书编号</td><td>检　　刑诉〔　　〕　号</td></tr>
<tr><td>案由</td><td></td><td>收到起诉书日期</td><td>年　　月　　日</td></tr>
<tr><td>被告人姓名</td><td>性 别</td><td>出生日期</td><td>住址或羁押处所</td></tr>
<tr><td></td><td></td><td>年　　月　　日</td><td></td></tr>
<tr><td></td><td></td><td>年　　月　　日</td><td></td></tr>
<tr><td>审查意见</td><td colspan="3">审查人（签名）
年　　月　　日</td></tr>
<tr><td>审批意见</td><td colspan="3">审批人（签名）
年　　月　　日</td></tr>
<tr><td colspan="3">立案时间：　　年　　月　　日</td><td>案件编号：（　　）　××　　号</td></tr>
<tr><td colspan="3">移交审判庭日期及接收人：
年　　月　　日</td><td>备注</td></tr>
</table>

【说明】

一、本样式根据《最高人民法院关于适用〈中华人民共和国刑事诉讼法〉的解释》第二百一十九条的规定制订，供第一审人民法院在收到公诉案件起诉书后，指定审判员进行审查时使用。

二、表中“审查意见”栏，要按照上述司法解释规定的内容进行审查，并提出意见，送领导审批。如果需要人民检察院补充材料的，应当另行制作“补充材料函”；如果决定不予受理的，应当另行制作“不予受理决定书”；如果决定立案受理的，应当及时立案编号，并移交审判庭审理。

【相关规定】

《最高人民法院关于适用〈中华人民共和国刑事诉讼法〉的解释》第二百一十九条 人民法院对提起公诉的案件审查后，应当按照下列情形分别处理：

（一）不属于本院管辖的，应当退回人民检察院；

（二）属于刑事诉讼法第十六条第二项至第六项规定情形的，应当退回人民检察院；属于告诉才处理的案件，应当同时告知被害人有权提起自诉；

（三）被告人不在案的，应当退回人民检察院；但是，对人民检察院按照缺席审判程序提起公诉的，应当依照本解释第二十四章的规定作出处理；

（四）不符合前条第二项至第九项规定之一，需要补充材料的，应当通知人民检察院在三日以内补送；

（五）依照刑事诉讼法第二百条第三项规定宣告被告人无罪后，人民检察院根据新的事实、证据重新起诉的，应当依法受理；

（六）依照本解释第二百九十六条规定裁定准许撤诉的案件，没有新的影响定罪量刑的事实、证据，重新起诉的，应当退回人民检察院；

（七）被告人真实身份不明，但符合刑事诉讼法第一百六十条第二款规定的，应当依法受理。

对公诉案件是否受理，应当在七日以内审查完毕。

80. 立案登记表（二审刑事案件用）

×××人民法院

立案登记表

（二审刑事案件用）

<table>
<tr><td>一审法院</td><td colspan="2"></td><td>一审案号</td><td>（　　）　　号</td></tr>
<tr><td>案由</td><td colspan="2"></td><td>收到卷宗日期</td><td>年　月　日</td></tr>
<tr><td>当事人称谓或抗诉机关名称</td><td>姓名</td><td>性别</td><td>出生日期</td><td>住址或羁押处所</td></tr>
<tr><td></td><td></td><td></td><td></td><td></td></tr>
<tr><td></td><td></td><td></td><td></td><td></td></tr>
<tr><td></td><td></td><td></td><td></td><td></td></tr>
<tr><td>审查意见</td><td colspan="4">签名：
年　月　日</td></tr>
<tr><td>审批意见</td><td colspan="4">审批人签名：
年　月　日</td></tr>
<tr><td colspan="2">立案时间：　年　月　日</td><td colspan="3">案件编号：（　　）　　号</td></tr>
<tr><td colspan="2">移交审判庭日期及接收人：
年　月　日</td><td colspan="3">备注</td></tr>
</table>

【说明】

一、本样式根据《最高人民法院关于适用〈中华人民共和国刑事诉讼法〉的解释》第三百八十七条的规定制订，供第二审人民法院审查第一审人民法院移送的上诉、抗诉案卷并决定是否收案时使用。

二、样式中“审查意见”一栏，要按照上述司法解释规定的内容进行审查，材料齐备的，应当收案；材料不齐备的，应当制作“补充材料函”，通知第一审人民法院及时补送。

【相关规定】

《最高人民法院关于适用〈中华人民共和国刑事诉讼法〉的解释》第三百八十七条 第二审人民法院对第一审人民法院移送的上诉、抗诉案卷、证据，应当审查是否包括下列内容：

（一）移送上诉、抗诉案件函；

（二）上诉状或者抗诉书；

（三）第一审判决书、裁定书八份（每增加一名被告人增加一份）及其电子文本；

（四）全部案卷、证据，包括案件审理报告和其他应当移送的材料。

前款所列材料齐全的，第二审人民法院应当收案；材料不全的，应当通知第一审人民法院及时补送。

81. 立案登记表（刑事申诉案件用）

×××人民法院

立案登记表

（刑事申诉案件用）

<table>
<tr><td>申诉人姓名</td><td></td><td>案由</td><td colspan="2"></td><td>收到申诉日期</td><td></td></tr>
<tr><td>原审法院</td><td colspan="2"></td><td colspan="2">生效裁判案号</td><td colspan="2"></td></tr>
<tr><td>原审被告人</td><td>姓名</td><td>性别</td><td colspan="2">出生日期</td><td colspan="2">住址或羁押处所</td></tr>
<tr><td></td><td></td><td></td><td colspan="2"></td><td colspan="2"></td></tr>
<tr><td></td><td></td><td></td><td colspan="2"></td><td colspan="2"></td></tr>
<tr><td>原判事实和申诉理由</td><td colspan="6"></td></tr>
<tr><td>审查意见</td><td colspan="6">签名：
年　月　日</td></tr>
<tr><td>审批意见</td><td colspan="6">签名：
年　月　日</td></tr>
<tr><td>立案时间</td><td colspan="2"></td><td colspan="2">移交审判庭日期及接收人</td><td colspan="2"></td></tr>
<tr><td>备注</td><td colspan="6"></td></tr>
</table>

【说明】

一、本样式适用于不服人民法院作出的已经发生法律效力的判决、裁定，向人民法院提出申诉的案件审查立案时使用。

二、对于上级人民法院指令再审等情形的案件，可以在“审查意见”一栏内据实填写。

82. 提请审判委员会讨论案件报告表（刑事案件用）

提请审判委员会讨论案件报告表
（刑事案件用）

<table>
<tr><td>案 由</td><td></td><td>案号</td><td>（　　　　）　刑×　　号</td></tr>
<tr><td>被告人或者上诉人的姓名</td><td></td><td>开庭日期</td><td>年　月　日</td></tr>
<tr><td colspan="4">合议庭（独任审判员）提请院长决定提交审判委员会讨论的理由：

审判长（或独任审判员）签字：
年　　月　　日</td></tr>
<tr><td colspan="4">院长意见：

签字：
年　　月　　日</td></tr>
<tr><td colspan="4">备 注</td></tr>
</table>

【说明】

一、本样式系根据《中华人民共和国刑事诉讼法》第一百八十五条规定制订，供各级人民法院对开庭审理并且评议（或者独任审判）后，合议庭（或者独任审判员）认为难以作出决定的疑难、复杂、重大的案件，提请院长（或者主管副院长）决定提交审判委员会讨论时使用。

二、本样式为填充式，一案一表，由合议庭审判长根据合议庭评议的意见（或者独任审判员的意见）填写，并报请院长（或者主管副院长）决定。

【相关规定】

《中华人民共和国刑事诉讼法》第一百八十五条 合议庭开庭审理并且评议后，应当作出判决。对于疑难、复杂、重大的案件，合议庭认为难以作出决定的，由合议庭提请院长决定提交审判委员会讨论决定。审判委员会的决定，合议庭应当执行。

四、笔录类

83. 送达起诉书副本笔录（公诉案件用）

送达起诉书副本笔录

（公诉案件用）

时　　间：　　　年　　月　　日　　时

地　　点：

送达人：　　　　　　　　　　　　　记录人：

送达人核对被告人姓名、性别、出生年月日、民族、出生地、文化程度等情况：

问：你何时被拘留？何时被逮捕？

答：

告知：　　　　人民检察院指控你犯有　　　　罪向本院提起公诉，我院已经受理。根据《中华人民共和国刑事诉讼法》第一百八十七条第一款的规定，现将×××人民检察院××检××刑诉〔××××〕××号起诉书副本送达给你。我院即将开庭审理。除你自己行使辩护权外，还可以委托律师等辩护人为你辩护。

问：你听清了吗？有什么要说的？

答：____

____

【说明】

一、本样式供各级人民法院审理公诉案件向被告人送达人民检察院起诉书副本时使用。

二、对于未委托辩护人的，应当询问其原因，并记录在案。

三、根据《最高人民法院关于适用〈中华人民共和国刑事诉讼法〉的解释》第一百八十七条、第三百五十九条的规定，人民法院受理附带民事诉讼案件，应当在五日内向附带民事诉讼的被告人及其法定代理人送达附带民事起诉状副本，并确定其答辩准备时间；人民法院经审查认为案件事实清楚、证据充分的，在将起诉书副本送达被告人时，应当询问被告人对指控的犯罪事实的意见，告知其适用简易程序的法律规定。被告人对指控的犯罪事实没有异议并同意适用简易程序的，可以决定适用简易程序，并在开庭前通知人民检察院和辩护人。上述告知事项，应当在送达起诉书副本笔录中分别列项记明。

四、本笔录记录完毕，应当交给被告人阅读或者向他宣读。被告人认为记录无误后，应当签名或者盖章。

五、送达人和记录人应当在笔录上签名。

【相关规定】

《中华人民共和国刑事诉讼法》第一百八十七条第一款 人民法院决定开庭审判后，应当确定合议庭的组成人员，将人民检察院的起诉书副本至迟在开庭十日以前送达被告人及其辩护人。

《最高人民法院关于适用〈中华人民共和国刑事诉讼法〉的解释》第一百八十七条 人民法院受理附带民事诉讼后，应当在五日以内将附带民事起诉状副本送达附带民事诉讼被告人及其法定代理人，或者将口头起诉的内容及时通知附带民事诉讼被告人及其法定代理人，并制作笔录。

人民法院送达附带民事起诉状副本时，应当根据刑事案件的审理期限，确定被告人及其法定代理人的答辩准备时间。

第三百五十九条 基层人民法院受理公诉案件后，经审查认为案件事实清楚、证据充分的，在将起诉书副本送达被告人时，应当询问被告人对指控的犯罪事实的意见，告知其适用简易程序的法律规定。被告人对指控的犯罪事实没有异议并同意适用简易程序的，可以决定适用简易程序，并在开庭前通知人民检察院和辩护人。

对人民检察院建议或者被告人及其辩护人申请适用简易程序审理的案件，依照前款规定处理；不符合简易程序适用条件的，应当通知人民检察院或者被告人及其辩护人。

84. 讯问笔录（刑事案件用）

讯问笔录

（刑事案件用）

时　　间：　　年　　月　　日　　时　　分至　　时　　分

地　　点：

审判员：

书记员：

审判人员核对被告人姓名、性别、出生年月日、民族、出生地、文化程度等。

____

____

____

____

____

____

【说明】

一、本样式供各级人民法院审理刑事案件中讯问被告人时使用。

二、本笔录记录完毕，应当交给被告人阅读或者向他宣读。如果记载有遗漏或者差错，被告人可以提出补充或者改正。被告人承认笔录无误后，应当签名或者盖章。

三、审判人员、书记员应当在笔录上签名。

85. 调查笔录（刑事案件用）

调 查 笔 录

（刑事案件用）

时　　间：　　年　　月　　日　　时　　分至　　时　　分
地　　点：
调查人：
记录人：
被调查人：

【说明】

一、本样式根据《中华人民共和国刑事诉讼法》第一百九十六条第一款、《最高人民法院关于适用〈中华人民共和国刑事诉讼法〉的解释》第二百七十一条的规定制订，供各级人民法院在办理刑事案件过程中，派出人员进行调查时使用。

二、“被调查人”一栏，应当依次写明姓名、性别、出生年月日、民族、出生地、文化程度、职业或者工作单位和职务、住址。如询问证人或者其他有关人员时，笔录中应当写明其与当事人的关系。询问证人时，还应当告知他应如实地提供证言，如有意作伪证或者隐匿证据，要负法律责任。

三、调查时，如有其他人在场，应当写明在场人的姓名、性别、职业或者工作单位和职务等。

四、本笔录记录完毕，经被调查人校阅后，由被调查人和调查人、记录人签名或者盖章。

【相关规定】

《中华人民共和国刑事诉讼法》第一百九十六条第一款 法庭审理过程中，合议庭对证据有疑问的，可以宣布休庭，对证据进行调查核实。

《最高人民法院关于适用〈中华人民共和国刑事诉讼法〉的解释》第二百七十一条 法庭对证据有疑问的，可以告知公诉人、当事人及其法定代理人、辩护人、诉讼代理人补充证据或者作出说明；必要时，可以宣布休庭，对证据进行调查核实。

对公诉人、当事人及其法定代理人、辩护人、诉讼代理人补充的和审判人员庭外调查核实取得的证据，应当经过当庭质证才能作为定案的根据。但是，对不影响定罪量刑的非关键证据、有利于被告人的量刑证据以及认定被告人有犯罪前科的裁判文书等证据，经庭外征求意见，控辩双方没有异议的除外。

有关情况，应当记录在案。

86. 勘验笔录（刑事案件用）

勘验笔录

（刑事案件用）

时　间：　　年　　月　　日　　时　　分至　　时　　分

天气情况：

勘验地址和场所：

勘验人：

记录人：

在场当事人或者其成年家属：

被邀参加人：

勘验事由：

勘验对象：

勘验情况和结果：

【说明】

一、本样式供各级人民法院根据《中华人民共和国刑事诉讼法》第一百九十六条第二款、《最高人民法院关于适用〈中华人民共和国刑事诉讼法〉的解释》第一百零二条的规定，对有关案件勘验物证或者现场时使用。

二、勘验时，如当事人或者其成年家属拒不到场，应将情况记入笔录。

三、“被邀参加人”一栏，是指人民法院邀请的当地基层组织或者有关单位的人员。笔录中应写明被邀参加人的姓名、性别、工作单位和职务等。

四、本笔录尾部应当由勘验人、记录人、当事人或者其成年家属和被邀参加人等分别签名或盖章。

【相关规定】

《中华人民共和国刑事诉讼法》第一百九十六条第二款　人民法院调查核实证据，可以进行勘验、检查、查封、扣押、鉴定和查询、冻结。

《最高人民法院关于适用〈中华人民共和国刑事诉讼法〉的解释》第一百零二条　对勘验、检查笔录应当着重审查以下内容：

（一）勘验、检查是否依法进行，笔录制作是否符合法律、有关规定，勘验、检查人员和见证人是否签名或者盖章；

（二）勘验、检查笔录是否记录了提起勘验、检查的事由，勘验、检查的时间、地点，在场人员、现场方位、周围环境等，现场的物品、人身、尸体等的位置、特征等情况，以及勘验、检查的过程；文字记录与实物或者绘图、照片、录像是否相符；现场、物品、痕迹等是否伪造、有无破坏；人身特征、伤害情况、生理状态有无伪装或者变化等；

（三）补充进行勘验、检查的，是否说明了再次勘验、检查的原由，前后勘验、检查的情况是否矛盾。

87. 检查笔录（刑事案件用）

检 查 笔 录

（刑事案件用）

时　　间：　　年　　月　　日　　时　　分至　　时　　分

地　　点：

检查人：

记录人：

在场被检查人或者其家属：

见证人或者被邀到场人：

检查对象：

检查情况和结果：

【说明】

一、本样式根据《中华人民共和国刑事诉讼法》第一百九十六条第二款的规定制订，供各级人民法院在办理刑事案件过程中，进行检查时使用。

二、“在场被检查人或者其家属”一栏，应当写明其姓名、性别、职业或者工作单位和职务等。被检查人是法人或者其他组织的，应当通知其法定代表人或者主要负责人到场；有上级主管部门的，应当通知主管部门有关人员到场。拒不到场的，不影响检查。

三、“见证人或者被邀到场人”一栏，应写明其姓名、性别、职业或者工作单位和职务等。

四、本笔录尾部应当由检查人、记录人、被检查人或者他的家属、见证人或者被邀到场人分别签名或者盖章。如果被检查人或者其家属不在场，或者拒绝签名、盖章，应当在笔录上记明。

【相关规定】

《中华人民共和国刑事诉讼法》第一百九十六条第二款　人民法院调查核实证据，可以进行勘验、检查、查封、扣押、鉴定和查询、冻结。

88. 调解笔录（自诉案件和附带民事诉讼案件用）

调解笔录

（自诉案件和附带民事诉讼案件用）

时　　间：　　年　　月　　日　　时　　分至　　时　　分

地　　点：

审判人员：　　　　　　　　　书记员：

被邀协助调解人员：

调解经过和结果：

（首先核对当事人，宣布案由，告知诉讼权利和义务等）

____

____

____

____

____

____

____

____

____

____

____

【说明】

一、本样式系根据《中华人民共和国刑事诉讼法》第二百一十二条和《最高人民法院关于适用〈中华人民共和国刑事诉讼法〉的解释》第一百九十条、第三百二十八条的规定制订，供各级人民法院对自诉案件和附带民事诉讼案件进行调解时使用。本样式不适用于《中华人民共和国刑事诉讼法》第二百一十条第（三）项规定的自诉案件。

二、本笔录经当事人校阅后，由当事人签名。

三、审判人员和书记员应当在笔录上签名。

【相关规定】

《中华人民共和国刑事诉讼法》第二百一十二条　人民法院对自诉案件，可以进行调解；自诉人在宣告判决前，可以同被告人自行和解或者撤回自诉。本法第二百一十条第三项规定的案件不适用调解。

人民法院审理自诉案件的期限，被告人被羁押的，适用本法第二百零八条第一款、第二款的规定；未被羁押的，应当在受理后六个月以内宣判。

第二百一十条第（三）项　自诉案件包括下列案件：

（三）被害人有证据证明对被告人侵犯自己人身、财产权利的行为应当依法追究刑事责任，而公安机关或者人民检察院不予追究被告人刑事责任的案件。

《最高人民法院关于适用〈中华人民共和国刑事诉讼法〉的解释》第一百九十条　人民法院审理附带民事诉讼案件，可以根据自愿、合法的原则进行调解。经调解达成协议的，应当制作调解书。调解书经双方当事人签收后即具有法律效力。

调解达成协议并即时履行完毕的，可以不制作调解书，但应当制作笔录，经双方当事人、审判人员、书记员签名后即发生法律效力。

第三百二十八条　人民法院审理自诉案件，可以在查明事实、分清是非的基础上，根据自愿、合法的原则进行调解。调解达成协议的，应当制作刑事调解书，由审判人员、法官助理、书记员署名，并加盖人民法院印章。调解书经双方当事人签收后，即具有法律效力。调解没有达成协议，或者调解书签收前当事人反悔的，应当及时作出判决。

刑事诉讼法第二百一十条第三项规定的案件不适用调解。

89. 法庭笔录（刑事案件用）

法庭笔录（第　　次）

（刑事案件用）

时　　间：　　年　　月　　日　　时　　分至　　时　　分

地　　点：

是否公开审理：　　　　　　　　　旁听人数：

审判人员：

书 记 员：

书记员：依次查明公诉人、当事人、辩护人、诉讼代理人、证人及其他诉讼参与人是否到庭，核实旁听人员中是否有证人、鉴定人、有专门知识的人，请公诉人、辩护人、诉讼代理人及其他诉讼参与人入庭。

书记员：宣读法庭规则。

书记员：请审判长、审判员、人民陪审员入庭。

书记员：报告审判长，开庭前的准备工作已经就绪。

审判长（员）宣布开庭审理　　　　　　　　　　　　　　一案。

记录如下：

【说明】

一、本样式供各级人民法院开庭审理刑事案件时使用。

二、开庭前，书记员依照《最高人民法院关于适用〈中华人民共和国刑事诉讼法〉的解释》的规定，依次查明公诉人、当事人、辩护人、诉讼代理人、证人及其他诉讼参与人是否到庭，核实旁听人员中是否有证人、鉴定人、有专门知识的人，请公诉人、辩护人、诉讼代理人及其他诉讼参与人入庭，宣读法庭规则，请审判长、审判员、人民陪审员入庭，审判人员就座后，向审判长报告开庭前的准备工作已经就绪，均应记入笔录。

三、开庭时，审判长（员）依照《中华人民共和国刑事诉讼法》和《最高人民法院关于适用〈中华人民共和国刑事诉讼法〉的解释》的规定，查明当事人是否到庭，宣布案由，宣布合议庭组成人员、法官助理、书记员、公诉人、辩护人、诉讼代理人、鉴定人、翻译人员等诉讼参与人的名单，告知当事人及其法定代理人、辩护人、诉讼代理人诉讼权利和义务，是否申请回避等，均应记入笔录。

四、法庭审判的全部活动，包括当事人和其他诉讼参与人的诉讼活动，都应如实记载。如果当庭宣布判决结果的，也应当一并记明。

五、本笔录交由当事人、法定代理人、辩护人、诉讼代理人、证人及其他诉讼参与人阅读或者向其宣读，上述人员认为记录有遗漏或者差错的，可以请求补充或者改正；确认无误后，应当签名；拒绝签名的，应当记录在案；要求改变庭审中陈述的，不予准许。

六、本笔录经审判长（员）审阅后，由审判长或者独任审判员和书记员签名。

【相关规定】

《中华人民共和国刑事诉讼法》第二百零七条　法庭审判的全部活动，应当由书记员写成笔录，经审判长审阅后，由审判长和书记员签名。

法庭笔录中的证人证言部分，应当当庭宣读或者交给证人阅读。证人在承认没有错误后，应当签名或者盖章。

法庭笔录应当交给当事人阅读或者向他宣读。当事人认为记载有遗漏或者差错的，可以请求补充或者改正。当事人承认没有错误后，应当签名或者盖章。

《最高人民法院关于适用〈中华人民共和国刑事诉讼法〉的解释》第二百九十三条　法庭笔录应当在庭审后交由当事人、法定代理人、辩护人、诉讼代理人阅读或者向其宣读。

法庭笔录中的出庭证人、鉴定人、有专门知识的人、调查人员、侦查人员或者其他人员的证言、意见部分，应当在庭审后分别交由有关人员阅读或者向其宣读。

前两款所列人员认为记录有遗漏或者差错的，可以请求补充或者改正；确认无误后，应当签名；拒绝签名的，应当记录在案；要求改变庭审中陈述的，不予准许。

90. 合议庭评议笔录（刑事案件用）

合议庭评议笔录（第　　次合议）

（刑事案件用）

时　　间：　　年　　月　　日　　时　　分

地　　点：

合议庭成员：审判长

审判员（人民陪审员）：

法官助理：

书记员：

评议____________________________一案。

记录如下：

【说明】

一、本样式供合议庭评议各类案件时用。

二、本笔录应当如实记载评议过程，特别要抓住案件的事实、证据、定性、处理等重点问题，保持发言原意，力求语句通顺。评议结果一定要记得明确、具体，不得模棱两可。评议中如有不同意见，必须如实记入笔录。

三、本笔录结尾处由合议庭成员、法官助理、书记员签名。

【相关规定】

《中华人民共和国刑事诉讼法》第一百八十四条 合议庭进行评议的时候，如果意见分歧，应当按多数人的意见作出决定，但是少数人的意见应当写入笔录。评议笔录由合议庭的组成人员签名。

《最高人民法院关于适用〈中华人民共和国刑事诉讼法〉的解释》第二百九十九条 合议庭成员、法官助理、书记员应当在评议笔录上签名，在判决书、裁定书等法律文书上署名。

91. 审判委员会讨论案件笔录（刑事案件用）

审判委员会讨论案件笔录

（刑事案件用）

时　　间：　　年　　月　　日　　时　　分至　　时　　分

地　　点：

会议主持人：

出席委员：

列席人员：

案件汇报人：　　　　　　　　记录人：

讨论________________________一案。

记录如下：

____

____

____

____

____

____

____

____

____

____

____

【说明】

一、本样式供各级人民法院在合议庭开庭审理并且评议后，根据《最高人民法院关于适用〈中华人民共和国刑事诉讼法〉的解释》的规定，提请院长决定提交审判委员会讨论案件时使用。

二、本笔录应当如实记录讨论案件的过程和作出的决定。讨论中如有不同意见，必须如实记入笔录。

三、列席人员，应当写明其姓名、单位和职务。

【相关规定】

《最高人民法院关于适用〈中华人民共和国刑事诉讼法〉的解释》第二百一十六条 合议庭审理、评议后，应当及时作出判决、裁定。

对下列案件，合议庭应当提请院长决定提交审判委员会讨论决定：

（一）高级人民法院、中级人民法院拟判处死刑立即执行的案件，以及中级人民法院拟判处死刑缓期执行的案件；

（二）本院已经发生法律效力的判决、裁定确有错误需要再审的案件；

（三）人民检察院依照审判监督程序提出抗诉的案件。

对合议庭成员意见有重大分歧的案件、新类型案件、社会影响重大的案件以及其他疑难、复杂、重大的案件，合议庭认为难以作出决定的，可以提请院长决定提交审判委员会讨论决定。

人民陪审员可以要求合议庭将案件提请院长决定是否提交审判委员会讨论决定。

对提请院长决定提交审判委员会讨论决定的案件，院长认为不必要的，可以建议合议庭复议一次。

独任审判的案件，审判员认为有必要的，也可以提请院长决定提交审判委员会讨论决定。

92. 宣判笔录（刑事案件用）

宣判笔录

（刑事案件用）

时　　间：　　年　　月　　日　　时　　分

地　　点：

旁听人数：

审判长：　　　　　审判员（人民陪审员）：

书记员：

到庭的公诉人：

到庭的当事人和其他诉讼参与人：

记录如下：

审判长（员）　　宣读　　人民法院　　年　　月　　日（　　）……××……号刑事　　书。

【说明】

一、本样式供各类案件宣告判决或者裁定时使用。但是，当庭宣告判决的案件，应当在法庭笔录中记明，不必再制作宣判笔录。

二、委托代为宣判的案件，应当在“审判长”一栏中写明代为宣判人员及其姓名、单位和职务。

三、“到庭的公诉人”一栏，应当写明其职务和姓名；“到庭的当事人和其他诉讼参与人”一栏，应当写明其称谓和姓名。

四、宣判笔录的空格中，应当依次记明宣告判决或者裁定的结果、告知的有关事项和当事人的表示等内容。

五、宣判后立即发给判决书或者裁定书的，应当在笔录中记明。

六、本笔录由当事人签名或者盖章。拒绝签名、盖章的，应当记明情况。

七、审判员或者人民陪审员、书记员应当在笔录上签名。

93. 查封（扣押、冻结）财产笔录（刑事案件用）

查封（扣押、冻结）财产笔录

（刑事案件用）

时　　间：　　年　　月　　日　　时　　分至　　时　　分

地　　点：

执行人员：

书 记 员：

被查封（扣押、冻结）财产人或者其成年家属：

被邀到场人：

执行人员宣读根据《中华人民共和国刑事诉讼法》第一百零二条（或者第一百九十六条第二款）的规定，人民法院作出（　　）……××……号查封（扣押、冻结）令的具体内容。

查封（扣押、冻结）情况记载如下：

____

____

____

____

____

____

附：查封（扣押、冻结）财产清单

年 月 日

编号	财物名称	面额/型号	数额/数量	规格	重量	质量	成色	颜色	新旧程度	缺损特征

被查封（扣押、冻结）财产人或者其成年家属：（签名）

执行人员：（签名）

书记员：（签名）

【说明】

一、本样式供查封、扣押、冻结财产时使用。

二、“被查封（扣押、冻结）财产人”一栏，是指实际持有该财产的当事人或者其他人。该人或者其成年家属到场的，应写明其姓名；拒不到场的，应在笔录中记明情况。“被查封（扣押、冻结）财产人”是法人或者其他组织的，应通知其法定代表人或者主要负责人到场。拒不到场的，不影响执行。

三、“被邀到场人”一栏，应当写明其姓名、工作单位和职务或者职业。

四、本笔录结尾处，由被查封（扣押、冻结）财产人或者其成年家属签名，并由执行人员、书记员和在场的有关人员签名或者盖章。

五、“查封（扣押、冻结）财产清单”，是本笔录的附件。

【相关规定】

《中华人民共和国刑事诉讼法》第一百零二条　人民法院在必要的时候，可以采取保全措施，查封、扣押或者冻结被告人的财产。附带民事诉讼原告人或者人民检察院可以申请人民法院采取保全措施。人民法院采取保全措施，适用民事诉讼法的有关规定。

第一百九十六条第二款　人民法院调查核实证据，可以进行勘验、检查、查封、扣押、鉴定和查询、冻结。

《最高人民法院关于适用〈中华人民共和国刑事诉讼法〉的解释》第四百三十七条第一款　人民法院对查封、扣押、冻结的涉案财物及其孳息，应当妥善保管，并制作清单，附卷备查；对人民检察院随案移送的实物，应当根据清单核查后妥善保管。任何单位和个人不得挪用或者自行处理。

94. 询问笔录（认罪认罚案件听取被害人意见用）

询　问　笔　录[①]

（认罪认罚案件听取被害人意见用）

时间：××年×月×日×时×分至×时×分

地点：

询问人：×××　　　　　　　记录人：×××

被询问人：列明被害人身份情况（姓名、性别、出生年月日、居民身份证号码、民族、文化程度、住址等）。

问：我们是××××人民法院工作人员。被告人×××（案由）一案正在我院审理，因你系本案被害人，本院现将××××人民检察院×××号起诉书副本及刑事被害人诉讼权利义务告知书送达给你，并向你了解相关情况，请你如实回答。

答：我已收到××××人民检察院××检××刑诉〔××××〕××号起诉书副本及刑事被害人诉讼权利义务告知书。我会如实回答问题。

问：被告人×××此前是否赔偿过你的经济损失？

答：

问：××××人民检察院对本案提起公诉时建议适用认罪认罚速裁程序（简易程序/普通程序）审理，检察院认为被告人×××构成××罪，并建议对其判处____________________。此前，检察院就该案定罪量刑是否听取过你的意见？

答：

问：你对检察院的量刑建议有无异议？

答：

问：本案开庭时，你是否到庭？

答：

---

① 原载最高人民法院刑事审判第一庭编著：《认罪认罚从宽制度的理解与适用》，人民法院出版社2018年版。

问：你是否还有其他意见需要补充？

答：

问：看以上笔录，核对无误后签字捺印。

询问人：

记录人：

被询问人：

年 月 日

【说明】

一、人民法院审理涉及人身损害或经济损失赔偿类认罪认罚刑事案件，听取被害人意见时使用本样式。

二、横线上填写检察院的量刑建议。

三、此前被告人已经赔偿被害人或者退赔赃款的，在笔录中载明。被告人尚未赔偿，如果被害人的损失属于附带民事诉讼范围的，则对被害人是否提起附带民事诉讼在笔录中一并载明。

五、证票类

95. 送达回证（刑事案件用）

×××人民法院
送达回证
（刑事案件用）

案由		案号	（　　）　××　号
受送达人的姓名、地址			
送达的文书名称及件数	受送达人签收	代收人签收	送达人
	年　月　日	年　月　日	
	年　月　日	年　月　日	
	年　月　日	年　月　日	
	年　月　日	年　月　日	
	年　月　日	年　月　日	
备注：			

填发人

【说明】

一、本样式根据《中华人民共和国刑事诉讼法》第一百零七条和《最高人民法院关于适用〈中华人民共和国刑事诉讼法〉的解释》第二百零四条的规定制订，供各级人民法院审理刑事案件送达诉讼文书时使用。

二、如同时送达多种诉讼文书，可在“送达的文书名称及件数”一栏中，分别填写文书的名称、件数。

三、人民法院的院印，应加盖在首部的正中处。

四、留置送达的，可在备注栏记明收件人本人或者代收人拒绝接收或者拒绝签名、盖章的事由、日期和送达人邀请他的邻居或者其他见证人到场，说明情况，由送达人、见证人签名或者盖章，并将诉讼文书留在收件人或者代收人住处或者单位；也可以把诉讼文书留在受送达人的住处，并采用拍照、录像等方式记录送达过程，即视为送达。

五、本样式为填充式。

【相关规定】

《中华人民共和国刑事诉讼法》第一百零七条　送达传票、通知书和其他诉讼文件应当交给收件人本人；如果本人不在，可以交给他的成年家属或者所在单位的负责人员代收。

收件人本人或者代收人拒绝接收或者拒绝签名、盖章的时候，送达人可以邀请他的邻居或者其他见证人到场，说明情况，把文件留在他的住处，在送达证上记明拒绝的事由、送达的日期，由送达人签名，即认为已经送达。

《最高人民法院关于适用〈中华人民共和国刑事诉讼法〉的解释》第二百零四条　送达诉讼文书，应当由收件人签收。收件人不在的，可以由其成年家属或者所在单位负责收件的人员代收。收件人或者代收人在送达回证上签收的日期为送达日期。

收件人或者代收人拒绝签收的，送达人可以邀请见证人到场，说明情况，在送达回证上注明拒收的事由和日期，由送达人、见证人签名或者盖章，将诉讼文书留在收件人、代收人的住处或者单位；也可以把诉讼文书留在受送达人的住处，并采用拍照、录像等方式记录送达过程，即视为送达。

96. 传票（刑事案件用）

第一联

×××人民法院

传票（存根）

（刑事案件用）

案　　号	（　　）　××　号
案　　由	
当事人姓名	
工作单位或者住址	
传唤事由	
应到时间	年　月　日　时　分
应到处所	
备　考 审判员 书记员 年　月　日	

本联存卷

第二联

×××人民法院

传票

案　号	（　）　××　号
案　由	
当事人姓名	
工作单位或者住址	
传唤事由	
应到时间	年　月　日　时　分
应到处所	

注意事项：1. 被传唤人必须准时到达应到处所。

2. 被传唤人应携带本传票报到。

3. 被传唤人收到传票后，应在送达回证上签名或者盖章。

审 判 员

书 记 员

年　月　日

（院印）

本联送达被传唤的当事人

【说明】

一、本样式根据《中华人民共和国刑事诉讼法》第一百八十七条第三款的规定制订，供各级人民法院在审理刑事案件传唤当事人时使用。

二、如有其他事项，可在注意事项栏内续写。

三、人民法院的院印，应当加盖在末行年月日处。

四、本样式为填充式。

【相关规定】

《中华人民共和国刑事诉讼法》第一百八十七条 人民法院决定开庭审判后，应当确定合议庭的组成人员，将人民检察院的起诉书副本至迟在开庭十日以前送达被告人及其辩护人。

在开庭以前，审判人员可以召集公诉人、当事人和辩护人、诉讼代理人，对回避、出庭证人名单、非法证据排除等与审判相关的问题，了解情况，听取意见。

人民法院确定开庭日期后，应当将开庭的时间、地点通知人民检察院，传唤当事人，通知辩护人、诉讼代理人、证人、鉴定人和翻译人员，传票和通知书至迟在开庭三日以前送达。公开审判的案件，应当在开庭三日以前先期公布案由、被告人姓名、开庭时间和地点。

上述活动情形应当写入笔录，由审判人员和书记员签名。

97. 拘传票（刑事案件用）

第一联

×××人民法院

拘传票（审批联）

（刑事案件用）

（　　　　）……××……号

<table>
<tr><td>被拘传人姓名</td><td></td><td>性别</td><td></td><td>出生日期</td><td>年　月　日</td></tr>
<tr><td>工作单位
或者住所</td><td colspan="5"></td></tr>
<tr><td>应到时间</td><td colspan="2">年　　月　　日</td><td colspan="2">应到处所</td><td></td></tr>
<tr><td colspan="6">拘传原因和理由：

审判员
年　　月　　日</td></tr>
<tr><td colspan="6">
批准人
年　　月　　日</td></tr>
</table>

本联存卷

第二联

×××人民法院
拘传票

（　　　）……××……号

<table>
<tr><td>被拘传人姓名</td><td></td><td>性别</td><td></td><td>出生日期</td><td>年　月　日</td></tr>
<tr><td>工作单位
或者住所</td><td colspan="5"></td></tr>
<tr><td>应到时间</td><td colspan="2">年　　月　　日</td><td colspan="2">应到处所</td><td></td></tr>
<tr><td colspan="6">执行人宣布：
　　依照《中华人民共和国刑事诉讼法》第六十六条的规定，本院决定对　　予以拘传。

年　　月　　日
（院印）</td></tr>
<tr><td colspan="6">本拘传票已于　　年　　月　　日　　时　　分向被拘传人出示。

被拘传人</td></tr>
<tr><td colspan="6">执行拘传情况

执行人</td></tr>
</table>

本联执行拘传后存卷

【说明】

一、本样式供各级人民法院审理刑事案件拘传被告人时使用。

二、“执行人宣布”一栏，执行人还应向被拘传人说明拒不到庭的法律后果。

三、人民法院的院印，应当加盖在年月日处。

四、本拘传票应由被拘传人签名，拒绝签名的，应在“执行拘传情况”一栏中注明。

五、本拘传票为填充式。

【相关规定】

《中华人民共和国刑事诉讼法》第六十六条　人民法院、人民检察院和公安机关根据案件情况，对犯罪嫌疑人、被告人可以拘传、取保候审或者监视居住。

98. 换押票（公诉案件用）

第一联

×××人民法院
换押票
（公诉案件用）

（　　　）……××……号

看守所：

你所羁押犯罪嫌疑人　　　（性别　　，　　年　　月　　日出生），　　人民检察院指控其犯　　　　罪，向本院提起公诉，经审查，我院已依法受理，请予换押。

审判员
书记员

年　　月　　日
（院印）

附注：

本联送交看守所

第二联

×××人民法院
换押票（回执）

人民法院：

根据你院　　年　　月　　日（　　　　）……××……号换押票，我所已将羁押的犯罪嫌疑人　　　　　换押。

看守所所长

年　　月　　日

（看守所印章）

附注：

本联由看守所填写，加盖看守所印章后，退回法院存卷。

【说明】

一、本样式供第一审人民法院受理公诉案件后，将人民检察院指控并已羁押的犯罪嫌疑人换为法院羁押时使用。

二、换押票中应写明羁押犯罪嫌疑人的姓名、性别、出生年月日等项内容。如有需要注意的问题，可在“附注”后写明。

99. 提押票（刑事案件用）

×××人民法院

提押票

（刑事案件用）

（　　　　）……××……号

<table>
<tr><td colspan="4">看守所：
下列被告人一名，请准予提押。
审判员
年　月　日
书记员</td></tr>
<tr><td>被告人姓名</td><td>性别</td><td>出生日期</td><td>出生地</td></tr>
<tr><td></td><td></td><td>年　月　日</td><td></td></tr>
<tr><td>提出事由</td><td colspan="2">提出时间及执行法警</td><td>还押时间和看守所值班民警</td></tr>
<tr><td></td><td colspan="2">年　月　日　时　分
执行法警</td><td>年　月　日　时　分
值班民警</td></tr>
<tr><td></td><td colspan="2">年　月　日　时　分
执行法警</td><td>年　月　日　时　分
值班民警</td></tr>
<tr><td></td><td colspan="2">年　月　日　时　分
执行法警</td><td>年　月　日　时　分
值班民警</td></tr>
<tr><td></td><td colspan="2">年　月　日　时　分
执行法警</td><td>年　月　日　时　分
值班民警</td></tr>
</table>

续表

备注：

本提押票还押案犯后存卷

【说明】

一、本样式供各级人民法院提押刑事被告人或被拘留人时使用。

二、“提出事由”一栏，应当填写开庭审理、送达起诉书副本或者讯问等。

三、人民法院的院印应当盖在首部的正中处。

四、本提押票为填充式。

六、书函类

100. 准许调查书（刑事案件用）

×××人民法院
准许调查书
（刑事案件用）

（　　　）……××……号

申请人　　，　　　　律师事务所律师。

申请人　　，作为　　　　　一案的辩护律师，于　　年　　月　　日向本院提出申请，要求向本案的　　　　　收集与本案有关的材料。

经审查，申请人的上述申请，符合《中华人民共和国刑事诉讼法》第四十三条第二款和《最高人民法院关于适用〈中华人民共和国刑事诉讼法〉的解释》第五十八条的规定，本院予以准许。

年　　月　　日
（院印）

【说明】

一、本样式根据《中华人民共和国刑事诉讼法》第四十三条第二款和《最高人民法院关于适用〈中华人民共和国刑事诉讼法〉的解释》第五十八条的规定制订，供各级人民法院准许辩护律师收集有关材料时使用。

二、样式中辩护律师向法院申请调查的对象，应当写明本案的被害人或者其近亲属、被害人提供的证人的姓名或者单位名称。

三、本样式为填充式。使用时应当一式两份，一份送达申请的辩护律师，一份附卷备查。

【相关规定】

《中华人民共和国刑事诉讼法》第四十三条　辩护律师经证人或者其他有关单位和个人同意，可以向他们收集与本案有关的材料，也可以申请人民检察院、人民法院收集、调取证据，或者申请人民法院通知证人出庭作证。

辩护律师经人民检察院或者人民法院许可，并且经被害人或者其近亲属、被害人提供的证人同意，可以向他们收集与本案有关的材料。

《最高人民法院关于适用〈中华人民共和国刑事诉讼法〉的解释》第五十八条

辩护律师申请向被害人及其近亲属、被害人提供的证人收集与本案有关的材料，人民法院认为确有必要的，应当签发准许调查书。

101. 鉴定委托书（委托鉴定用）

×××人民法院

鉴定委托书

（委托鉴定用）

（　　　）……刑×……号

……（受委托单位名称）：

我院审理……（被告人姓名和案由）一案，因有……（写明需要鉴定的事项），根据《中华人民共和国刑事诉讼法》第一百四十六条、第一百四十七条、第一百九十六条的规定，特委托你单位予以鉴定。现将有关材料送去，请指派有专门知识的人进行鉴定。鉴定人进行鉴定后，应当写出鉴定结论，并在鉴定书上签名。请将鉴定书寄送我院。

我院送去的有关材料，请一并退还我院。

附件：

××××年××月××日

（院印）

【说明】

一、本样式根据刑事诉讼法第一百四十六条、第一百四十七条的规定制订，供各级人民法院在审理刑事案件中，委托有关专业单位进行鉴定时使用。

二、委托鉴定的事项因案而异，拟制鉴定委托书时，可以参照本样式灵活适用。

三、“附件”一栏的内容，应当根据附送的“有关材料”逐项写明。

【相关规定】

《中华人民共和国刑事诉讼法》第一百四十六条　为了查明案情，需要解决案件中某些专门性问题的时候，应当指派、聘请有专门知识的人进行鉴定。

第一百四十七条　鉴定人进行鉴定后，应当写出鉴定意见，并且签名。

鉴定人故意作虚假鉴定的，应当承担法律责任。

第一百九十六条　法庭审理过程中，合议庭对证据有疑问的，可以宣布休庭，对证据进行调查核实。

人民法院调查核实证据，可以进行勘验、检查、查封、扣押、鉴定和查询、冻结。

102. 法医技术鉴定委托书（委托法医鉴定用）

第一联

法医技术鉴定委托书（存根）

（委托法医鉴定用）

（　　　）……××……号

<table>
<tr><td colspan="2">受委托单位或部门</td><td colspan="6"></td></tr>
<tr><td colspan="2">案　　由</td><td colspan="6"></td></tr>
<tr><td>案情摘要</td><td colspan="7"></td></tr>
<tr><td>送检提供材料</td><td colspan="7"></td></tr>
<tr><td rowspan="2">被鉴定人</td><td>姓 名</td><td>性别</td><td>出生年月日</td><td>民族</td><td>文化程度</td><td colspan="2">职业（工作单位）</td></tr>
<tr><td></td><td></td><td></td><td></td><td></td><td colspan="2"></td></tr>
<tr><td>鉴定目的</td><td colspan="7"></td></tr>
<tr><td rowspan="2">委托单位或部门</td><td>名称</td><td colspan="3"></td><td>经办人</td><td colspan="2"></td></tr>
<tr><td>领导批示</td><td colspan="6">年　　月　　日</td></tr>
</table>

第二联

法医技术鉴定委托书

（　　　）……××……号

<table>
<tr><td>受委托单位或部门</td><td colspan="6"></td></tr>
<tr><td>案　　由</td><td colspan="6"></td></tr>
<tr><td>案情摘要</td><td colspan="6"></td></tr>
<tr><td>送检提供材料</td><td colspan="6"></td></tr>
<tr><td rowspan="2">被鉴定人</td><td>姓 名</td><td>性别</td><td>出生年月日</td><td>民族</td><td>文化程度</td><td>职业（工作单位）</td></tr>
<tr><td></td><td></td><td></td><td></td><td></td><td></td></tr>
<tr><td>鉴定目的</td><td colspan="6"></td></tr>
<tr><td rowspan="2">委托单位或部门</td><td>名称</td><td colspan="5"></td></tr>
<tr><td>经办人</td><td colspan="2"></td><td>联系电话</td><td colspan="2"></td></tr>
<tr><td colspan="7">年　　月　　日
（公章）</td></tr>
</table>

【说明】

一、本样式供各级人民法院在审理刑事案件中，委托司法鉴定时使用。

二、本样式为填充式。如系文检、司法会计等鉴定的，被鉴定人一项则不填。

103. 司法建议书

××× 人民法院

关于 ××× 的司法建议书

××法建〔××××〕×号

××××（被建议单位名称）：

…………（写明抓好相关领域工作的重要性，被建议单位已采取的主要举措及成效）。

我院在审判（执行）工作（或写明××个案，或写明案件类型，或写明司法调研工作）中，发现…………（围绕社会治理写明有关主管机关或者其他单位存在的重要问题，内容多的可分项书写）。为此，特建议：

…………（写明建议的具体事项，建议应当与问题一一对应，内容多的可分项书写）。

请你单位在收到本建议书后及时研究，采取有力措施推进××问题治理，并在×个月内向我院书面反馈工作进展情况。（已纳入考核的地区可写明：反馈、落实情况将纳入当地依法治理或平安建设等考核）。我院将积极支持、配合你单位做好相关工作，共同推进××领域的治理工作。

附件：（按顺序列明相关裁判文书、调研报告或者其他相关材料）

（院印）

××人民法院

年　月　日

联系人：××× ××××（联系电话）

抄送：××××。（抄送单位名称，如抄送单位较多，名称需要回行，回行时与冒号后的首字对齐，并在最后一个抄送单位名称后标句号）

【说明】

人民法院在履行审判执行职责时发现社会治理领域中存在引起矛盾纠纷多发高发，影响经济社会发展和人民群众权益保护的突出问题，需要向有关主管机关或者其他有关单位提出改进工作、完善治理的司法建议的，使用本样式。

附：人民法院司法建议书制作规范

为指导全国法院司法建议书的制作，确保司法建议文书格式统一、要素齐全、结构完整、繁简得当、逻辑严密、用语准确，提高文书质量，制定本规范。

一、基本要素

司法建议书由首部、主文、尾部三部分组成。

二、首部

首部包括标题、司法建议书编号、被建议单位名称。

标题包括法院名称、事由和司法建议书。例如："××人民法院关于××的司法建议书"。

司法建议书实行统一编号。最高人民法院的司法建议书以"法建"〔文书年度〕文书编号"号"形式编号，地方各级人民法院的司法建议书以地名简称"法建"〔文书年度〕文书编号"号"形式编号。

被建议单位名称应使用该单位全称、规范化简称或者同类型单位统称。

三、主文

简要说明抓好相关领域工作的重要性和被建议单位在该领域已采取的主要举措及成效。然后列明在审判执行工作中发现的该领域需要重视和解决的问题，依据法律法规及政策提出的具体建议，反馈时限，以及其他需要说明的事项。建议与问题应当一一对应。

四、尾部

包括院印、法院名称和日期、联系人姓名和电话、附件和抄送单位名称。

司法建议书如有附件，应当在正文之后、成文日期之前注明附件的顺序号和名称。

抄送单位应当使用该机关全称、规范化简称或者同类型机关统称。

五、封面

1. 法徽图案高55mm，宽50mm。上页边距为60mm，法徽下沿与标题文字上沿之间距离为40mm。

2. 标题文字为"××人民法院司法建议书"，位于法徽图案下方，字体为小标宋体字；标题分两行或三行排列，法院名称字体大小为30磅，司法建议书字体大小为36磅。

3. 封面应庄重、美观，页边距、字体大小及行距可适当进行调整。

【相关规定】

《最高人民法院关于综合治理类司法建议工作若干问题的规定》（节录）

为进一步加强和规范综合治理类司法建议工作，更好发挥审判机关在国家和社会治理中的重要作用，根据《中华人民共和国人民法院组织法》等法律规定，结合人民法院工作实际，制定本规定。

第一条　人民法院在履行审判执行职责时发现社会治理领域中存在引起矛盾纠纷多发高发，影响经济社会发展和人民群众权益保护的突出问题，需要向有关主管机关或者其他有关单位提出改进工作、完善治理的司法建议的，适用本规定。

第二条　人民法院提出司法建议，应当遵循确有必要的原则，确保司法建议的针对性、规范性和实效性。

第三条　人民法院提出司法建议时，应当根据综合治理问题涉及的行业、领域等向相应的主管机关或者其他有关单位提出；向主管机关提出的，一般应当向本院辖区范围内的同级主管机关提出。发现的综合治理问题需要异地主管机关采取措施的，可以提出工作建议，层报相应的上级人民法院决定。

第四条　司法建议应当以人民法院名义提出。

第五条　人民法院提出司法建议前，应当结合审判执行工作中发现的问题充分调查研究，并积极与被建议单位沟通，听取其意见。

第六条　人民法院提出司法建议，应当制作司法建议书。

司法建议书实行统一编号。

第七条　司法建议书起草完成后，应当依照《中华人民共和国人民法院组织法》第三十七条第一款第四项的规定提请审判委员会审议。

司法建议书审议通过后，由院长签发。

第八条　人民法院提出司法建议时，应当告知被建议单位就建议采纳落实情况等予以书面答复。答复期限根据具体情况确定，一般不超过两个月；法律、司法解释另有规定的，依照其规定。

人民法院应当结合审判执行工作支持、配合、督促被建议单位采取相应措施，协同抓好司法建议相关工作的落实。

第九条　司法建议涉及的问题重大，需要引起高度重视的，人民法院可以将司法建议书抄送被建议单位的上级主管机关或者其他有关单位。

第十条　各级人民法院应当确定司法建议工作日常管理机构，完善审核、指导、考核、激励等机制，并将司法建议工作质效纳入绩效考核。

第十一条　各级人民法院应当依照《中华人民共和国人民法院组织法》第九条的规定，将司法建议工作情况列入向同级人民代表大会及其常务委员会报告的事项。

第十二条　人民法院提出综合治理类司法建议以外的其他司法建议的，依照有关法律、司法解释、其他规范性文件的规定办理。有关法律、司法解释、其他规范性文件没有规定的事项，可以根据本辖区的具体情况和实际需要，参照本规定办理。

104. 委托调查函（各类案件用）

第一联

×××人民法院
委托调查函（稿）
（各类案件用）

（　　　）……××……号

　　人民法院：

我院受理　　　　一案，因　　　　特委托你院协助调查下列提纲中所列举的事项，并将调查材料和需要说明的问题尽快函复我院。

附调查提纲：

年　月　日
（院印）

签发：　　　　　　　　　　　　经办人：

本联存卷

第二联

×××人民法院
委托调查函

（　　　　）……××……号

　　人民法院：

我院受理　　　　　一案，因　　　　　特委托你院协助调查下列提纲中所列举的事项，并将调查材料和需要说明的问题尽快函复我院。

附调查提纲：

年　月　日

（院印）

【说明】

一、本样式供各级人民法院在审理各类案件中，委托其他法院协助调查时使用。

二、本函发出时，必须附调查提纲，写明调查的项目和要求。

105. 委托调查函（认罪认罚案件用）

第一联

×××人民法院

委 托 调 查 函（稿）[1]

（认罪认罚案件用）

（××××）……刑初……号

×××司法局：

我院审理的被告人×××（案由）一案，需要调查适用社区矫正对其所居住社区的影响。根据《中华人民共和国社区矫正法》第十八条和《中华人民共和国社区矫正法实施办法》第十三条、第十四条之规定，现委托你局对被告人×××进行调查评估。

调查事项：被告人居所情况、家庭和社会关系、一贯表现、犯罪行为的后果和影响、居住地居（村）民委员会和被害人的意见、拟禁止的事项等。

请在收到委托调查函后的十个工作日（刑事速裁程序为五个工作日）内完成调查评估并出具评估意见，及时反馈我院。

联系人：××× 联系电话：……

年 月 日

（院印）

附：起诉书副本一份

本联附卷

---

① 原载最高人民法院刑事审判第一庭编著：《认罪认罚从宽制度的理解与适用》，人民法院出版社2018年版。

第二联

×××人民法院
委　托　调　查　函

（认罪认罚案件用）

（××××）……刑初……号

×××司法局：

我院审理的被告人×××（案由）一案，需要调查适用社区矫正对其所居住社区的影响。根据《中华人民共和国社区矫正法》第十八条、《中华人民共和国社区矫正法实施办法》第十三条、第十四条之规定，现委托你局对被告人×××进行调查评估。

调查事项：被告人居所情况、家庭和社会关系、一贯表现、犯罪行为的后果和影响、居住地居（村）民委员会和被害人的意见、拟禁止的事项等。

请在收到委托调查函后的十个工作日（刑事速裁程序为五个工作日）内完成调查评估并出具评估意见，及时反馈我院。

联系人：×××　　　　联系电话：……

年　月　日

（院印）

附：起诉书副本一份

本联送司法行政机关

【说明】

一、人民法院审理认罪认罚刑事案件，委托司法行政机关进行调查评估时使用本样式。

二、本样式为两联，一联存卷，一联送达司法行政机关。

【相关规定】

《中华人民共和国社区矫正法》第十八条　社区矫正决定机关根据需要，可以委托社区矫正机构或者有关社会组织对被告人或者罪犯的社会危险性和对所居住社区的影响，进行调查评估，提出意见，供决定社区矫正时参考。居民委员会、村民委员会等组织应当提供必要的协助。

《中华人民共和国社区矫正法实施办法》第十三条　社区矫正决定机关对拟适用社区矫正的被告人、罪犯，需要调查其社会危险性和对所居住社区影响的，可以委托拟确定为执行地的社区矫正机构或者有关社会组织进行调查评估。社区矫正机构或者有关社会组织收到委托文书后应当及时通知执行地县级人民检察院。

第十四条　社区矫正机构、有关社会组织接受委托后，应当对被告人或者罪犯的居所情况、家庭和社会关系、犯罪行为的后果和影响、居住地村（居）民委员会和被害人意见、拟禁止的事项、社会危险性、对所居住社区的影响等情况进行调查了解，形成调查评估意见，与相关材料一起提交委托机关。调查评估时，相关单位、部门、村（居）民委员会等组织、个人应当依法为调查评估提供必要的协助。

社区矫正机构、有关社会组织应当自收到调查评估委托函及所附材料之日起十个工作日内完成调查评估，提交评估意见。对于适用刑事案件速裁程序的，应当在五个工作日内完成调查评估，提交评估意见。评估意见同时抄送执行地县级人民检察院。需要延长调查评估时限的，社区矫正机构、有关社会组织应当与委托机关协商，并在协商确定的期限内完成调查评估。因被告人或者罪犯的姓名、居住地不真实、身份不明等原因，社区矫正机构、有关社会组织无法进行调查评估的，应当及时向委托机关说明情况。社区矫正决定机关对调查评估意见的采信情况，应当在相关法律文书中说明。

对调查评估意见以及调查中涉及的国家秘密、商业秘密、个人隐私等信息，应当保密，不得泄露。

106. 调整量刑建议函（认罪认罚案件用）

×××人民法院

调整量刑建议函[①]

（认罪认罚案件用）

（××××）……刑初……号

×××人民检察院：

你院提起公诉的被告人×××（案由）一案，我院经审理认为你院对被告人×××的量刑建议明显不当（因被告人×××及辩护人对你院的量刑建议提出异议），根据《中华人民共和国刑事诉讼法》第二百零一条的规定，建议你院与被告人×××重新进行量刑协商，并及时将协商情况及相关文书移送我院。

年　月　日

（院印）

① 原载最高人民法院刑事审判第一庭编著：《认罪认罚从宽制度的理解与适用》，人民法院出版社2018年版。

【说明】

人民法院经审理认为人民检察院的量刑建议明显不当，或者被告人、辩护人对量刑建议提出异议，法院建议检察院调整量刑建议时使用本样式。口头建议的，记入笔录附卷。

【相关规定】

《中华人民共和国刑事诉讼法》第二百零一条 对于认罪认罚案件，人民法院依法作出判决时，一般应当采纳人民检察院指控的罪名和量刑建议，但有下列情形的除外：

（一）被告人的行为不构成犯罪或者不应当追究其刑事责任的；

（二）被告人违背意愿认罪认罚的；

（三）被告人否认指控的犯罪事实的；

（四）起诉指控的罪名与审理认定的罪名不一致的；

（五）其他可能影响公正审判的情形。

人民法院经审理认为量刑建议明显不当，或者被告人、辩护人对量刑建议提出异议的，人民检察院可以调整量刑建议。人民检察院不调整量刑建议或者调整量刑建议后仍然明显不当的，人民法院应当依法作出判决。

107. 上（抗）诉移送函（认罪认罚案件用）

第一联

×××人民法院
上（抗）诉移送函（稿）

（认罪认罚案件用）

（××××）……刑初……号

×××中级（高级）人民法院：

本院××××年××月××日判决的（××××）……刑初……号被告人×××……一案，因被告人×××不服提出上诉（公诉机关××××人民检察院提起抗诉），我院已将上诉状（抗诉书）副本送达××××人民检察院（被告人×××）。

现将该案上诉状（抗诉书）以及全部案卷×宗一并移送，请查收。

年　　月　　日

（院印）

本联附卷

第二联

×××人民法院
上（抗）诉移送函

（××××）……刑初……号

×××中级（高级）人民法院：

本院××××年××月××日判决的（××××）……刑初……号被告人×××……一案，因被告人×××不服提出上诉（公诉机关××××人民检察院提起抗诉），我院已将上诉状（抗诉书）副本送达××××人民检察院（被告人×××）。

现将该案上诉状（抗诉书）以及全部案卷×宗一并移送，请查收。

年　月　日

（院印）

本联送××××中级（高级）人民法院

【说明】

一、人民检察院抗诉或者被告人上诉的认罪认罚刑事案件，原审人民法院向上一级人民法院移送案件时使用本样式。

二、本样式为两联，一联存卷，一联随案移送上一级人民法院。

108. 补充材料函（刑事案件用）

×××人民法院

补充材料函

（刑事案件用）

（　）……××……号

人民检察院：

你院　　年　　月　　日提起公诉的被告人　　　　　　一案，经审查，缺少部分材料。根据《最高人民法院关于适用〈中华人民共和国刑事诉讼法〉的解释》第二百一十九条的规定，请你院在收到本函的次日起三日内，补充以下材料，送交本院。

一、……

二、……

年　　月　　日

（院印）

【说明】

本样式根据《最高人民法院关于适用〈中华人民共和国刑事诉讼法〉的解释》二百一十九条第一款第（四）项的规定制订，供第一审人民法院对公诉案件审查后，认为需要人民检察院补送有关材料时使用。

【相关规定】

《最高人民法院关于适用〈中华人民共和国刑事诉讼法〉的解释》第二百一十九条 人民法院对提起公诉的案件审查后，应当按照下列情形分别处理：

（一）不属于本院管辖的，应当退回人民检察院；

（二）属于刑事诉讼法第十六条第二项至第六项规定情形的，应当退回人民检察院；属于告诉才处理的案件，应当同时告知被害人有权提起自诉；

（三）被告人不在案的，应当退回人民检察院；但是，对人民检察院按照缺席审判程序提起公诉的，应当依照本解释第二十四章的规定作出处理；

（四）不符合前条第二项至第九项规定之一，需要补充材料的，应当通知人民检察院在三日以内补送；

（五）依照刑事诉讼法第二百条第三项规定宣告被告人无罪后，人民检察院根据新的事实、证据重新起诉的，应当依法受理；

（六）依照本解释第二百九十六条规定裁定准许撤诉的案件，没有新的影响定罪量刑的事实、证据，重新起诉的，应当退回人民检察院；

（七）被告人真实身份不明，但符合刑事诉讼法第一百六十条第二款规定的，应当依法受理。

对公诉案件是否受理，应当在七日以内审查完毕。

109. 委托宣判函（各类案件用）

第一联

×××人民法院

委托宣判函（稿）

（各类案件用）

（　　）……××……号

人民法院：

我院受理　　　　　　　　　　一案，现已审理终结。随函寄去本院（　　）　号　书　份，送达回证　件，请于收到后　日内代为宣判和送达，并将宣判笔录和送达回证尽快寄回我院。

年　月　日

（院印）

签发人：　　　　　　　　经办人：

本联存卷

第二联

×××人民法院

委托宣判函

（　　　）……××……号

　　人民法院：

我院受理　　　　　　　　一案，现已审理终结。随函寄去本院（　　　）　号　书　份，送达回证　件，请于收到后　日内代为宣判和送达，并将宣判笔录和送达回证尽快寄回我院。

年　月　日

（院印）

【说明】

本样式供各级人民法院审理各类案件，在作出判决或者裁定后，委托其他法院代为宣判时使用。

110. 委托送达函（各类案件用）

第一联

×××人民法院

委托送达函（稿）

（各类案件用）

（　　　）……××……号

　　　人民法院：

我院受理　　　　　　　　　　　　　一案，现委托你院送达有关诉讼文书。随函寄去　　　　　　　　　份，送达回证件　　件，请在收到后　日内代为向　　　　　送达，并将送达回证尽快寄回我院。

年　　月　　日

（院印）

签发人：　　　　　　　　　　　经办人：

本联存卷

第二联

×××人民法院

委托送达函

（　　　）……××……号

人民法院：

我院受理　　　　　　　　　　　　　　一案，现委托你院送达有关诉讼文书。随函寄去　　　　　　　　　　　份，送达回证件　　件，请在收到后　　日内代为向　　　　　　　　送达，并将送达回证尽快寄回我院。

年　月　日

（院印）

【说明】

本样式供各级人民法院在审判各类案件中，委托其他法院代为送达诉讼文书时使用。

111. 办理委托复函（答复委托法院用）

×××人民法院

办理委托复函

（答复委托法院用）

（××××）……××……号

×××人民法院：

你院××××年××月××日（××××）……××……号来函和附件收悉。现将你院委托事项的办理情况和结果，函复如下：

……（写明办理委托事项的有关情况和结果）。

附件：

××××年××月××日

（院印）

【说明】

本样式供受委托的人民法院在办理有关委托事项后，函复委托法院时使用。

112. 调卷函（各类案件用）

第一联

×××人民法院

调　卷　函　（稿）

（各类案件用）

（　　）　　号

人民法院：

你院审判的（　　）　　号　　一案，现因　　，请将该案的全部案卷材料检送我院。

年　月　日

（院印）

签发人：　　调卷人：

本联存卷

第二联

×××人民法院

调　卷　函

（　　）　　号

人民法院：

你院审判的（　　）　　号　　　一案，现因　　　　，请将该案的全部案卷材料检送我院。

年　月　日

（院印）

【说明】

本样式供各级人民法院向其他法院调阅案卷材料时使用。

113. 送卷函（各类案件用）

第一联

×××人民法院

送　卷　函　（稿）

（各类案件用）

（　　　）　　　　号

　　　　人民法院：

你院　　　年　　月　　日（　　　　）　　　　　号调卷函收到。现检送　　　　　　　　　　　一案的全部案卷材料，请查收。

附件：案卷　　宗。

年　　月　　日

（院印）

签发人：　　　　　　　　　　经办人：

本联存卷

第二联

×××人民法院

送　卷　函

（　　）　　号

人民法院：

你院　　年　月　日（　　）　　号调卷函收到。现检送　　一案的全部案卷材料，请查收。

附件：案卷　宗。

年　月　日

（院印）

【说明】

本样式供各级人民法院在收到有关法院调卷函后，检送所调案卷材料时使用。

114. 退卷函（各类案件用）

第一联

×××人民法院

退　卷　函　（稿）

（各类案件用）

（　　　）　　　　号

　　　　人民法院：

现将你院　　　　　　　　　　　　一案的全部案卷材料退还，请查收。

附件：案卷　　宗。

年　　月　　日

（院印）

签发人：　　　　　　　　　　　　经办人：

本联存卷

第二联

×××人民法院

退　卷　函

（　　）　　号

人民法院：

现将你院　　　　　　　　　　一案的全部案卷材料退还，请查收。

附件：案卷　　宗。

年　月　日

（院印）

【说明】

一、本样式供各级人民法院向其他法院退还案卷材料时使用。

二、上级人民法院审理的上诉、抗诉、复核等案件，结案后退卷时，如果还需下级人民法院代为宣判或者代为送达裁判文书的，应当另发委托宣判函或者委托送达函。

115. 案件移送函（各类案件用）

×××人民法院
案件移送函
（各类案件用）

（××××）……××……号

×××（受移送机关名称）：

关于……（写明当事人姓名或者名称和案由）一案，因……（写明移送的原因和理由）。根据……（写明有关法律、法规、司法解释和其他规范性文件的规定），现将该案移送你处，请查收。

附件：

××××年××月××日
（院印）

【说明】

一、本样式供各级人民法院在收到各类案件之后，经审查不属于本院管辖或者不属于法院主管，因而向其他法院、公安机关、检察机关或者监察、行政机关移送时使用。

二、移送案件时，应将有关材料、证据作为函的附件一并移送。法院系统内刑事案件的移送，如有被告人在押的，还应写明其羁押地点，并请受移送的法院换押。

116. 报送上（抗）诉案件函（刑事案件用）

第一联

×××人民法院

报送上（抗）诉案件函（稿）

（刑事案件用）

（　　）……××……号

人民法院：

我院审理　　　一案，已经作出（　　　）……××……号　判决（裁定），并于　年　月　日宣判。　　　在法定期间提出　　　诉。现将该案全部案卷材料报送你院，请查收。

附件：一、案卷　宗，物证　件；

二、上诉状　份，抗诉书　份，答辩状　份。

年　月　日

（院印）

签发人：　　　　　　经办人：

本联存卷

第二联

×××人民法院

报送上（抗）诉案件函

（　　　）……××……号

人民法院：

我院审理　　　一案，已经作出（　　　）……××……号　　判决（裁定），并于　　年　　月　　日宣判。　　　　　　在法定期间内提出　　　诉。现将该案全部案卷材料报送你院，请查收。

附件：一、案卷　　宗，物证　　件；

二、上诉状　　份，抗诉书　　份，答辩状　　份。

年　　月　　日

（院印）

【说明】

一、本样式供第一审人民法院对于宣告判决或者裁定之后，在法定期间内提出上诉、抗诉的案件，向第二审人民法院报送案卷材料时使用。

二、本样式中“在法定期间”前的空白，应当填写上诉人姓名或者抗诉机关名称。

117. 查询存款函（稿）（各类案件用）

第一联

×××人民法院

查询存款函（稿）

（各类案件用）

（　　　）　　　号

　　　　　：

我院受理的　　　　　　一案，需查询个人（或者单位）储蓄存款情况，请予协助。现将　　　　储蓄存款的线索提供如下：

存款人姓名（或单位名称）：

存款开户时间：

存 款 种 类：

账　　　号：

存 款 金 额：

所 在 储 蓄 所：

其　　　他：

年　　月　　日

（院印）

签发人：　　　　　　　　　　　　经办人：

本联存卷

第二联

×××人民法院

查询存款函

（　　）　　号

　　　　：

我院受理的　　　　　　　　一案，需查询个人（或者单位）储蓄存款情况，请予协助。现将　　　储蓄存款的线索提供如下：

存款人姓名（或单位名称）：

存款开户时间：

存 款 种 类：

账　　　　号：

存 款 金 额：

所在储蓄所：

其　　　　他：

年　　月　　日

（院印）

本联送达查询的银行或者其他金融机构。

第三联

×××人民法院

查询存款函（回执）

人民法院：

你院　　年　　月　　日（　　）　　号查询　　的个人（或者单位）储蓄存款的来函收悉。现将　　　的存款情况提供如下：

存款人姓名（或者单位名称）：

存款开户时间：

存 款 种 类：

账　　　　号：

存 款 金 额：

所 在 储 蓄 所：

其　　　　他：

年　　月　　日

（公章）

本联由银行或者其他金融机构填写并加盖公章后，退回查询法院。

【说明】

本样式根据《中华人民共和国刑事诉讼法》第一百九十六条第二款的规定制订，供人民法院在审理刑事案件中查询存款时使用。

【相关规定】

《中华人民共和国刑事诉讼法》第一百九十六条第二款　人民法院调查核实证据，可以进行勘验、检查、查封、扣押、鉴定和查询、冻结。

七、通知类

118. 公　告（通告开庭用）

×××人民法院

公　告（稿）

（通告开庭用）

本院定于　　　年　　月　　日　　时　　分在

　　　公开审理　　　　　　　　　　一案。

特此公告。

年　　月　　日

（院印）

注：本公告已于　　　年　　月　　日张贴。

书记员　（签名）

【说明】

一、本样式供各级人民法院在开庭公开审理（或者宣判）刑事案件前，公开张贴时使用。

二、本样式的空白处，依次填写开庭的时间、地点、诉讼双方的名称（姓名）和案由。

三、公告用纸的大小，根据当地的具体情况确定。

四、公告贴出后，本稿由书记员填写张贴的年月日后入卷。

119. 立案通知书（自诉案件用）

×××人民法院

立案通知书

（自诉案件用）

（　　）……××……号

：

你诉　　　　　一案的自诉状已收到。经审查，起诉符合法定受理条件，本院决定立案审理。现将有关事项通知如下：

一、在诉讼过程中，当事人必须依法行使诉讼权利，履行诉讼义务，遵守诉讼秩序。自诉人经两次依法传唤，无正当理由拒不到庭的，或者未经法庭许可中途退庭的，按撤诉处理。

二、在诉讼中，自诉人承担举证责任。对于缺乏证据，自诉人提不出补充证据的，自诉人应当撤回自诉，否则本院将裁定驳回起诉。

三、你有权随时委托诉讼代理人，并将由被代理人签名或者盖章的授权委托书递交本院。

年　　月　　日

（院印）

【说明】

一、本样式根据《最高人民法院关于适用〈中华人民共和国刑事诉讼法〉的解释》第三百二十条的规定制订，供第一审人民法院对刑事自诉案件的起诉，经审查决定受理后，通知自诉人或者代为告诉人时使用。

二、还有其他事项需要通知的，可以另起一行续写。

【相关规定】

《最高人民法院关于适用〈中华人民共和国刑事诉讼法〉的解释》第三百二十条　对自诉案件，人民法院应当在十五日内审查完毕。经审查，符合受理条件的，应当决定立案，并书面通知自诉人或者代为告诉人。

具有下列情形之一的，应当说服自诉人撤回起诉；自诉人不撤回起诉的，裁定不予受理：

（一）不属于本解释第一条规定的案件的；

（二）缺乏罪证的；

（三）犯罪已过追诉时效期限的；

（四）被告人死亡的；

（五）被告人下落不明的；

（六）除因证据不足而撤诉的以外，自诉人撤诉后，就同一事实又告诉的；

（七）经人民法院调解结案后，自诉人反悔，就同一事实再行告诉的；

（八）属于本解释第一条第二项规定的案件，公安机关正在立案侦查或者人民检察院正在审查起诉的；

（九）不服人民检察院对未成年犯罪嫌疑人作出的附条件不起诉决定或者附条件不起诉考验期满后作出的不起诉决定，向人民法院起诉的。

120. 补充材料通知书（自诉案件用）

×××人民法院

补充材料通知书

（自诉案件用）

（××××）……××……号

：

你　年　月　日起诉的被告人　一案，经审查缺少部分材料，根据《中华人民共和国刑事诉讼法》第二百一十条的规定，请你在收到本通知的次日起五日内，补充以下证据、材料，送交本院　庭。

一、……

二、……

三、……

年　月　日

（院印）

【说明】

本样式根据《中华人民共和国刑事诉讼法》第二百一十条、《最高人民法院关于适用〈中华人民共和国刑事诉讼法〉的解释》第三百二十一条的规定制订，供人民法院对自诉案件审查立案时，要求自诉人或者代为告诉人补充证据等材料时使用。

【相关规定】

《中华人民共和国刑事诉讼法》第二百一十条　自诉案件包括下列案件：

（一）告诉才处理的案件；

（二）被害人有证据证明的轻微刑事案件；

（三）被害人有证据证明对被告人侵犯自己人身、财产权利的行为应当依法追究刑事责任，而公安机关或者人民检察院不予追究被告人刑事责任的案件。

《最高人民法院关于适用〈中华人民共和国刑事诉讼法〉的解释》第三百二十一条　对已经立案，经审查缺乏罪证的自诉案件，自诉人提不出补充证据的，人民法院应当说服其撤回起诉或者裁定驳回起诉；自诉人撤回起诉或者被驳回起诉后，又提出了新的足以证明被告人有罪的证据，再次提起自诉的，人民法院应当受理。

121. 应诉通知书（自诉案件用）

×××人民法院

应诉通知书

（自诉案件用）

（　　）……××……号

：

本院受理　　　诉你　　　一案，现随文发送自诉状副本一份，并将有关应诉事项通知如下：

一、在诉讼过程中，当事人必须依法行使诉讼权利，履行诉讼义务，遵守诉讼秩序。

二、在收到自诉状副本后　　日内，将申请出庭的证人名单和当庭宣读、出示的证据复印件、照片连同提出的答辩状（正本一份，副本　　份），一并递交本院　　庭。

三、你可以委托辩护人，并将由委托人签名或者盖章的辩护委托书递交本院。

年　　月　　日

（院印）

【说明】

一、本样式供第一审人民法院受理刑事自诉案件后，通知被告人应诉时使用。

二、还有其他事项需要通知的，可另起一行续写。

三、送交本通知书和自诉状副本，应当使用送达回证。

122. 出庭通知书（刑事案件用）

×××人民法院
出庭通知书
（刑事案件用）

（　　）……××……号

：

本院受理　　　　一案，定于　　年　　月　　日　　时　　分在　　开庭审理。根据《中华人民共和国刑事诉讼法》第一百八十七条第三款的规定，特通知你作为本案的　　　　人准时出庭。

年　　月　　日
（院印）

【说明】

一、本样式根据《中华人民共和国刑事诉讼法》第一百八十七条第三款和《最高人民法院关于适用〈中华人民共和国刑事诉讼法〉的解释》第二百二十一条第一款第（四）项、第（五）项的规定制订，供各级人民法院在决定开庭审理后，通知人民检察院和辩护人、诉讼代理人、证人、鉴定人以及翻译人员等出庭时使用。

二、送交本通知书时应使用送达回证。

【相关规定】

《中华人民共和国刑事诉讼法》第一百八十七条第三款 人民法院确定开庭日期后，应当将开庭的时间、地点通知人民检察院，传唤当事人，通知辩护人、诉讼代理人、证人、鉴定人和翻译人员，传票和通知书至迟在开庭三日以前送达。公开审判的案件，应当在开庭三日以前先期公布案由、被告人姓名、开庭时间和地点。

《最高人民法院关于适用〈中华人民共和国刑事诉讼法〉的解释》第二百二十一条第一款第（四）项、第（五）项 开庭审理前，人民法院应当进行下列工作：

（四）开庭三日前将开庭的时间、地点通知人民检察院；

（五）开庭三日前将传唤当事人的传票和通知辩护人、诉讼代理人、法定代理人、证人、鉴定人等出庭的通知书送达；通知有关人员出庭，也可以采取电话、短信、传真、电子邮件等能够确认对方收悉的方式；

123. 改变管辖通知书（下级法院用）

×××人民法院

改变管辖通知书

（下级法院用）

（　　）……刑×……号

人民检察院：

你院　年　月　日以××检××刑诉〔××××〕××号起诉书，向本院提起公诉的被告人　　犯　　罪一案，根据　　人民法院（　　）……刑×……号关于《同意移送（改变）管辖决定书》的决定，本案改由　　人民法院审判。现将起诉材料退回你院，依法重新办理移送起诉事宜。

附：一、该案卷宗　　卷；

二、证据材料　　件。

年　月　日

（院印）

【说明】

一、本样式根据《中华人民共和国刑事诉讼法》第二十四条和《最高人民法院关于适用〈中华人民共和国刑事诉讼法〉的解释》第十六条、第十七条的规定制订，供下级人民法院在接到上级人民法院《同意移送（改变）管辖决定书》以后，通知同级人民检察院，并退回起诉材料时使用。

二、本样式系填充式，一式两份：一份入卷备查；一份连同《同意移送（改变）管辖决定书》复印件送达同级人民检察院。

【相关规定】

《中华人民共和国刑事诉讼法》第二十四条 上级人民法院在必要的时候，可以审判下级人民法院管辖的第一审刑事案件；下级人民法院认为案情重大、复杂需要由上级人民法院审判的第一审刑事案件，可以请求移送上一级人民法院审判。

《最高人民法院关于适用〈中华人民共和国刑事诉讼法〉的解释》第十六条

上级人民法院决定审判下级人民法院管辖的第一审刑事案件的，应当向下级人民法院下达改变管辖决定书，并书面通知同级人民检察院。

第十七条 基层人民法院对可能判处无期徒刑、死刑的第一审刑事案件，应当移送中级人民法院审判。

基层人民法院对下列第一审刑事案件，可以请求移送中级人民法院审判：

（一）重大、复杂案件；

（二）新类型的疑难案件；

（三）在法律适用上具有普遍指导意义的案件。

需要将案件移送中级人民法院审判的，应当在报请院长决定后，至迟于案件审理期限届满十五日前书面请求移送。中级人民法院应当在接到申请后十日内作出决定。不同意移送的，应当下达不同意移送决定书，由请求移送的人民法院依法审判；同意移送的，应当下达同意移送决定书，并书面通知同级人民检察院。

124. 改变管辖通知书（上级法院用）

×××人民法院
改变管辖通知书
（上级法院用）

（　　）……刑×……号

人民检察院：

人民检察院于　　年　　月　　日以××检××刑诉〔××××〕××号起诉书，向　　人民法院提起公诉的被告人　　犯　　罪一案，根据《中华人民共和国刑事诉讼法》第二十四条的规定，本院认为有必要改变管辖，由本院审判此案，并于　　年　　月　　日下达《改变管辖决定书》。

特此通知。

年　　月　　日

（院印）

【说明】

一、本样式根据《中华人民共和国刑事诉讼法》第二十四条和《最高人民法院关于适用〈中华人民共和国刑事诉讼法〉的解释》第十六条的规定制订，供上级人民法院认为有必要审判下级人民法院管辖的第一审刑事案件，并已下达改变管辖决定书，书面通知同级人民检察院时使用。

二、本样式系填充式，一式两份：一份入卷备案；一份连同《改变管辖决定书》送达同级人民检察院。

【相关规定】

《中华人民共和国刑事诉讼法》第二十四条 上级人民法院在必要的时候，可以审判下级人民法院管辖的第一审刑事案件；下级人民法院认为案情重大、复杂需要由上级人民法院审判的第一审刑事案件，可以请求移送上一级人民法院审判。

《最高人民法院关于适用〈中华人民共和国刑事诉讼法〉的解释》第十六条 上级人民法院决定审判下级人民法院管辖的第一审刑事案件的，应当向下级人民法院下达改变管辖决定书，并书面通知同级人民检察院。

125. 改变管辖通知书（通知当事人用）

×××人民法院

改变管辖通知书

（通知当事人用）

（　　）……刑×……号

：

人民检察院　　年　　月　　日以××检××刑诉〔××××〕××号起诉书，向本院提起公诉的被告人　　　犯　　罪一案，根据　　　人民法院（　　）……刑×……号关于《同意移送（改变）管辖决定书》的决定，现该案已改由　　　人民法院依法审判。

特此通知。

年　　月　　日

（院印）

【说明】

一、本样式根据《中华人民共和国刑事诉讼法》第二十四条和《最高人民法院关于适用〈中华人民共和国刑事诉讼法〉的解释》第十七条的规定制订，供基层人民法院接到上级人民法院同意移送或者改变管辖决定书后，通知当事人时使用。

二、本样式系填充式，一式数份：除一份入卷备查外，另根据本案当事人的人数填制并送达。

【相关规定】

《中华人民共和国刑事诉讼法》第二十四条 上级人民法院在必要的时候，可以审判下级人民法院管辖的第一审刑事案件；下级人民法院认为案情重大、复杂需要由上级人民法院审判的第一审刑事案件，可以请求移送上一级人民法院审判。

《最高人民法院关于适用〈中华人民共和国刑事诉讼法〉的解释》第十七条 基层人民法院对可能判处无期徒刑、死刑的第一审刑事案件，应当移送中级人民法院审判。

基层人民法院对下列第一审刑事案件，可以请求移送中级人民法院审判：

（一）重大、复杂案件；

（二）新类型的疑难案件；

（三）在法律适用上具有普遍指导意义的案件。

需要将案件移送中级人民法院审判的，应当在报请院长决定后，至迟于案件审理期限届满十五日前书面请求移送。中级人民法院应当在接到申请后十日内作出决定。不同意移送的，应当下达不同意移送决定书，由请求移送的人民法院依法审判；同意移送的，应当下达同意移送决定书，并书面通知同级人民检察院。

126. 阅卷通知书（二审公诉案件用）

×××人民法院
阅卷通知书
（二审公诉案件用）

（　　　　）……刑终……号

人民检察院：

人民检察院指控被告人　　　犯　　罪一案，经　　　人民法院审理判决后，被告人　　　不服，提出上诉（或　　　人民检察院提出抗诉），我院决定近期开庭审理。依照《中华人民共和国刑事诉讼法》第二百三十五条的规定，请派员前来我院　　　审判庭查阅案卷，并准备出庭履行职务。

年　月　日

（院印）

【说明】

本样式根据《中华人民共和国刑事诉讼法》第二百三十五条的规定制订，供中级以上人民法院在受理二审刑事公诉案件后，于决定开庭审理后及时通知人民检察院查阅案卷用。

【相关规定】

《中华人民共和国刑事诉讼法》第二百三十五条　人民检察院提出抗诉的案件或者第二审人民法院开庭审理的公诉案件，同级人民检察院都应当派员出席法庭。第二审人民法院应当在决定开庭审理后及时通知人民检察院查阅案卷。人民检察院应当在一个月以内查阅完毕。人民检察院查阅案卷的时间不计入审理期限。

127. 指定辩护人通知书（公诉案件用）

×××人民法院

指定辩护人通知书

（公诉案件用）

（××××）……刑×……号

×××（写明法律援助机构的名称）：

本院受理×××人民检察院指控被告人×××犯××罪一案，因被告人×××……（写明指定辩护人的事由），根据《中华人民共和国刑事诉讼法》第三十五条第×款和《最高人民法院关于适用〈中华人民共和国刑事诉讼法〉的解释》第四十七条（或者第四十八条）第×项的规定，本院决定为其指定辩护人。请在收到本通知书三日内，指派承担法律援助义务的律师提供辩护，并于××××年××月××日前到本院××审判庭查阅案卷，准备出庭辩护。

附：×××人民检察院的起诉书副本一份。

××××年××月××日

（院印）

【说明】

一、本样式根据《中华人民共和国刑事诉讼法》第三十五条、《最高人民法院关于适用〈中华人民共和国刑事诉讼法〉若干问题的解释》第四十七条、第四十八条的规定制定，供人民法院通知法律援助机构指派承担法律援助义务的律师提供辩护时使用。

二、本样式为拟制式。

【相关规定】

《中华人民共和国刑事诉讼法》第三十五条　犯罪嫌疑人、被告人因经济困难或者其他原因没有委托辩护人的，本人及其近亲属可以向法律援助机构提出申请。对符合法律援助条件的，法律援助机构应当指派律师为其提供辩护。

犯罪嫌疑人、被告人是盲、聋、哑人，或者是尚未完全丧失辨认或者控制自己行为能力的精神病人，没有委托辩护人的，人民法院、人民检察院和公安机关应当通知法律援助机构指派律师为其提供辩护。

犯罪嫌疑人、被告人可能被判处无期徒刑、死刑，没有委托辩护人的，人民法院、人民检察院和公安机关应当通知法律援助机构指派律师为其提供辩护。

《最高人民法院关于适用〈中华人民共和国刑事诉讼法〉若干问题的解释》第四十七条　对下列没有委托辩护人的被告人，人民法院应当通知法律援助机构指派律师为其提供辩护：

（一）盲、聋、哑人；

（二）尚未完全丧失辨认或者控制自己行为能力的精神病人；

（三）可能被判处无期徒刑、死刑的人。

高级人民法院复核死刑案件，被告人没有委托辩护人的，应当通知法律援助机构指派律师为其提供辩护。

死刑缓期执行期间故意犯罪的案件，适用前两款规定。

第四十八条　具有下列情形之一，被告人没有委托辩护人的，人民法院可以通知法律援助机构指派律师为其提供辩护：

（一）共同犯罪案件中，其他被告人已经委托辩护人的；

（二）案件有重大社会影响的；

（三）人民检察院抗诉的；

（四）被告人的行为可能不构成犯罪的；

（五）有必要指派律师提供辩护的其他情形。

128. 取保候审执行通知书（刑事案件用）

×××人民法院

取保候审执行通知书

（刑事案件用）

（　　）……刑×……号

　　公安局：

本院决定对被告人　　　　采取取保候审的强制措施。取保候审期限为　　个月，自　　年　　月　　日至　　年　　月　　日。根据《中华人民共和国刑事诉讼法》第六十七条第二款规定，请你局执行。在取保候审期间，如发现被告人有违反《中华人民共和国刑事诉讼法》第七十一条第一款、第二款规定的情形，请及时告知本院　　　　庭。

附：取保候审决定书一份。

年　　月　　日

（院印）

被取保候审人有关情况：

<table>
<tr><td colspan="2">案 由</td><td colspan="3"></td><td colspan="4">取保候审期限</td><td colspan="2">个月</td></tr>
<tr><td rowspan="3">被告人</td><td colspan="2">姓 名</td><td></td><td colspan="2">性 别</td><td colspan="2"></td><td>出生日期</td><td colspan="2">年　月　日</td></tr>
<tr><td colspan="2">文化程度</td><td></td><td colspan="2">工作单位</td><td colspan="5"></td></tr>
<tr><td colspan="2">住 址</td><td colspan="8"></td></tr>
<tr><td colspan="4">保证人姓名、住址、电话</td><td colspan="7"></td></tr>
<tr><td colspan="3">与被告人的关系</td><td colspan="4"></td><td colspan="3">交纳保证金数</td><td></td></tr>
</table>

【说明】

一、本样式根据《中华人民共和国刑事诉讼法》第六十七条第二款的规定制订，供人民法院决定对被告人取保候审后，通知公安机关执行时使用。

二、本样式为填充式。使用时一式两份，一份送达执行取保候审的公安机关，另一份存卷备查。

【相关规定】

《中华人民共和国刑事诉讼法》第六十七条第二款　取保候审由公安机关执行。

第七十一条第一款、第二款　被取保候审的犯罪嫌疑人、被告人应当遵守以下规定：

（一）未经执行机关批准不得离开所居住的市、县；

（二）住址、工作单位和联系方式发生变动的，在二十四小时以内向执行机关报告；

（三）在传讯的时候及时到案；

（四）不得以任何形式干扰证人作证；

（五）不得毁灭、伪造证据或者串供。

人民法院、人民检察院和公安机关可以根据案件情况，责令被取保候审的犯罪嫌疑人、被告人遵守以下一项或者多项规定：

（一）不得进入特定的场所；

（二）不得与特定的人员会见或者通信；

（三）不得从事特定的活动；

（四）将护照等出入境证件、驾驶证件交执行机关保存。

129. 解除取保候审执行通知书（刑事案件用）

×××人民法院

解除取保候审执行通知书

（刑事案件用）

（　　）……刑×……号

公安局：

本院于　　年　　月　　日决定对被告人　　　　（性别　　，住址　　）采取了取保候审的强制措施。现因　　　　　　　，本院决定对其取保候审的强制措施予以解除。

特此通知

附：解除取保候审决定书一份。

年　　月　　日

（院印）

【说明】

一、本样式供人民法院决定对被告人解除取保候审后，通知公安机关执行时使用。

二、本样式为填充式。使用时一式两份，一份送达执行解除取保候审的公安机关，另一份存卷备查。

130. 监视居住执行通知书（刑事案件用）

×××人民法院

监视居住执行通知书

（刑事案件用）

（　　）……刑×……号

公安局：

本院决定对被告人　　　　采取监视居住的强制措施。监视居住期限为　　个月，自　　年　　月　　日至　　年　　月　　日。根据《中华人民共和国刑事诉讼法》第七十四条第三款规定，请你局执行。在监视居住期间，如发现被告人有违反《中华人民共和国刑事诉讼法》第七十七条第一款规定的情形，请及时告知本院庭。

附：监视居住决定书一份。

年　　月　　日

（院印）

被监视居住人有关情况：

<table>
<tr><td colspan="2">案 由</td><td></td><td colspan="2">监视居住期限</td><td colspan="2">个月</td></tr>
<tr><td rowspan="3">被告人</td><td>姓 名</td><td></td><td>性别</td><td></td><td>出生日期</td><td>年 月 日</td></tr>
<tr><td>出 生 地</td><td></td><td>工作单位</td><td colspan="3"></td></tr>
<tr><td>住 址</td><td colspan="5"></td></tr>
<tr><td colspan="7">备注：</td></tr>
</table>

【说明】

一、本样式供人民法院决定对被告人监视居住后，通知公安机关执行时使用。

二、本样式为填充式。使用时一式两份，一份送达执行监视居住的公安机关，另一份存卷备查。

【相关规定】

《中华人民共和国刑事诉讼法》第七十四条第三款 监视居住由公安机关执行。

第七十七条第一款 被监视居住的犯罪嫌疑人、被告人应当遵守以下规定：

（一）未经执行机关批准不得离开执行监视居住的处所；

（二）未经执行机关批准不得会见他人或者通信；

（三）在传讯的时候及时到案；

（四）不得以任何形式干扰证人作证；

（五）不得毁灭、伪造证据或者串供；

（六）将护照等出入境证件、身份证件、驾驶证件交执行机关保存。

131. 解除监视居住执行通知书（刑事案件用）

×××人民法院

解除监视居住执行通知书

（刑事案件用）

（　　）……刑×……号

公安局：

本院于　　年　　月　　日决定对被告人　　　（性别　　，住址　　　　）采取了监视居住的强制措施。现因　　　　　　　　，本院决定对其监视居住的强制措施予以解除。

特此通知

附：解除监视居住决定书一份。

年　　月　　日

（院印）

【说明】

一、本样式供人民法院决定对被告人解除监视居住后，通知公安机关执行时使用。

二、本样式为填充式。使用时一式两份，一份送达执行解除监视居住的公安机关，另一份存卷备查。

132. 执行拘留通知书（刑事案件用）

第一联

×××人民法院

执行拘留通知书

（刑事案件用）

（　　）……××……号

公安局：

本院在审理　　　　一案的过程中，因　　　　　　　，本院决定对　　　　拘留　　日。请你局收押看管，期满解除。

拘留期间：自　　年　　月　　日起，至　　年　　月　　日止。

附：本院（　　）　　号拘留决定书一份。

年　　月　　日

（院印）

本联送达执行拘留的公安机关

第二联

×××人民法院

执行拘留通知书（回执）

人民法院：

你院（　　　　）……××……号执行拘留通知书和附件收到。我局已于　　年　　月　　日　　时将　　　　　收押看管在　　　　　　。

（公章）

年　　月　　日

本联由公安机关填写并加盖公章后退回法院入卷

【说明】

本样式供各级人民法院在审理刑事案件中，依法对妨害诉讼的行为人作出拘留决定后，通知公安机关收押看管时使用。

133. 释放通知书（刑事案件用）

第一联

×××人民法院

释放通知书（存根）

（刑事案件用）

（　　）……刑×……号

：

本院羁押在你所的被告人　　　，性别　　，　　年　　月　　日出生，　　族，　　　　人，现因　　　　　　，决定予以释放，请即执行，并发给释放证明书。

年　　月　　日

（院印）

签发人：

经办人：

此联存卷

第二联

××× 人民法院
释放通知书

（　　）……刑×……号

：

本院羁押在你所的被告人　　　　，性别　　，　　年　　月　　日出生，　　族，　　　　人，现因　　　　　　　　，决定予以释放，请即执行，并发给释放证明书。

年　　月　　日

（院印）

此联交羁押单位

第三联

×××人民法院
释放通知书（回执）

（　　　）……刑×……号

人民法院：

根据你院（　　　）……刑×……号释放通知书，我所已于　　年　　月　　日将　　　释放，并已发给释放证明书。

（公章）

年　　月　　日

此联由羁押单位填写并加盖公章后退回法院

【说明】

一、本样式供各级人民法院通知羁押单位释放在押的被告人时使用。

二、释放羁押的被告人的原因，应当在本样式“现因”后面的空白内写明。包括：

（一）判决被告人无罪或者免除刑事处罚的；

（二）判处不是在监内执行的刑罚，如有期徒刑缓刑、拘役缓刑、管制或者单处剥夺政治权利、单处罚金的；

（三）在审理过程中，发现已逮捕的被告人是不应当逮捕的或者是正在怀孕、身患严重疾病一时难以治愈而应当变更强制措施的。

三、本样式系填充式，但应当由专人慎重保管使用。

134. 执行通知书（死刑缓期二年执行用）

第一联

×××人民法院

执行通知书（存根）

（死刑缓期二年执行用）

（　　　）……刑×……号

：

罪犯　　　经依法判处刑罚，判决已发生法律效力，请按照本通知送交监狱执行。

<table>
<tr><td>姓　名</td><td></td><td>性别</td><td></td><td>出生日期</td><td>年　月　日</td><td>民族</td><td></td></tr>
<tr><td>家庭住址</td><td colspan="7"></td></tr>
<tr><td>罪　　名</td><td colspan="7"></td></tr>
<tr><td>主　　刑</td><td colspan="7">死刑缓期二年执行</td></tr>
<tr><td colspan="2">死刑缓期二年执行
起算日期</td><td colspan="2">年　月　日</td><td colspan="2">死刑缓期二年执行
届满日期</td><td colspan="2">年　月　日</td></tr>
<tr><td>附加刑</td><td colspan="7">剥夺政治权利终身</td></tr>
<tr><td>执行根据</td><td colspan="7">人民法院（　　　）刑　　　号刑事判决书
人民法院（　　　）刑　　　号刑事裁定书</td></tr>
<tr><td>备　　考</td><td colspan="7"></td></tr>
</table>

续表

签发人：	经办人： （院印） 年　　月　　日

此联入卷

第二联

×××人民法院
执行通知书

（　　）……刑×……号

：

罪犯　　经依法判处刑罚，判决已发生法律效力，依照《中华人民共和国刑事诉讼法》第二百六十四条第二款的规定，请按照本通知送交监狱执行。

<table>
<tr><td>姓　名</td><td></td><td>性别</td><td></td><td>出生日期</td><td>年　月　日</td><td>民族</td><td></td></tr>
<tr><td>家庭住址</td><td colspan="7"></td></tr>
<tr><td>罪　　名</td><td colspan="7"></td></tr>
<tr><td>主　　刑</td><td colspan="7">死刑缓期二年执行</td></tr>
<tr><td>死刑缓期二年执行起算日期</td><td colspan="2">年　月　日</td><td colspan="2">死刑缓期二年执行届满日期</td><td colspan="3">年　月　日</td></tr>
<tr><td>附加刑</td><td colspan="7">剥夺政治权利终身</td></tr>
<tr><td>执行根据</td><td colspan="7">人民法院（　　）　刑×　号刑事判决书
人民法院（　　）　刑×　号刑事裁定书</td></tr>
<tr><td>备　　考</td><td colspan="7"></td></tr>
<tr><td colspan="8">签发人：　　　　经办人：
（院印）
年　月　日</td></tr>
</table>

此联送交罪犯羁押单位

第三联

×××人民法院
执行通知书（回执）

（　　　　）……刑×……号

人民法院：

你院　　年　　月　　日（　　　　）……刑×……号执行通知书已收到。

罪犯　　　　已于　　年　　月　　日送往　　　　执行。

（公章）

年　　月　　日

此联由羁押单位填写并加盖公章后退回法院入卷

第四联

×××人民法院

执行通知书

（　　）……刑×……号

罪犯　　　：

你犯　　　罪，经依法判处死刑缓期二年执行。现交付执行，并将有关事项通知如下：死刑缓期执行期间：二年。

起算日期：　　年　　月　　日。

届满日期：　　年　　月　　日。

附加刑：剥夺政治权利终身。

年　　月　　日

（院印）

此联发给罪犯本人收执

【说明】

一、本样式供中级以上人民法院对判处死刑缓期二年执行的罪犯，在判决发生法律效力之后，通知羁押罪犯的单位交付监狱执行和通知罪犯本人时使用。

二、本样式第一、二联的抬头，填写羁押罪犯的单位名称。

三、“执行根据”栏，填写生效的裁判文书。

（一）一审判决后没有提出上诉、抗诉的，填写一审法院生效的刑事判决书和高级人民法院核准的刑事裁定书；

（二）二审改判的，只填写二审法院生效的刑事判决书；

（三）二审维持原判的，既要填写第一审人民法院刑事判决书，又要填写第二审人民法院生效的刑事裁定书。

四、根据《最高人民法院关于适用〈中华人民共和国刑事诉讼法〉的解释》第五百一十一条的规定，对于被判处死刑缓期执行的罪犯，第一审人民法院应当在判决、裁定生效后十日以内，将判决书、裁定书、起诉书副本、自诉状复印件、执行通知书、结案登记表送达公安机关、监狱或者其他执行机关。

五、没有内容可填的空栏，应当画上一道斜线“/”。

【相关规定】

《中华人民共和国刑事诉讼法》第二百六十四条第二款 对被判处死刑缓期二年执行、无期徒刑、有期徒刑的罪犯，由公安机关依法将该罪犯送交监狱执行刑罚。对被判处有期徒刑的罪犯，在被交付执行刑罚前，剩余刑期在三个月以下的，由看守所代为执行。对被判处拘役的罪犯，由公安机关执行。

《最高人民法院关于适用〈中华人民共和国刑事诉讼法〉的解释》第五百一十一条 被判处死刑缓期执行、无期徒刑、有期徒刑、拘役的罪犯，第一审人民法院应当在判决、裁定生效后十日以内，将判决书、裁定书、起诉书副本、自诉状复印件、执行通知书、结案登记表送达公安机关、监狱或者其他执行机关。

135. 执行通知书（无期徒刑用）

第一联

×××人民法院
执行通知书（存根）
（无期徒刑用）

（　　　　）……刑×……号

　　　　：

罪犯　　　　经依法判处刑罚，判决已发生法律效力，根据《中华人民共和国刑事诉讼法》第二百六十四条第二款的规定，请按照本通知送交监狱执行。

姓名		性别		出生日期	年　月　日	民族	
家庭住址							
罪　　名							
主　　刑	无　期　徒　刑						
起刑日期	年　月　日						
附加刑	剥夺政治权利终身						
执行根据	人民法院（　　　）……刑×……号刑事判决书 人民法院（　　　）……刑×……号刑事裁定书						
备　　考							
签发人：　　经办人： （院印） 年　月　日							

此联入卷

第二联

×××人民法院

执行通知书

（无期徒刑用）

（　　　　）……刑×……号

：

罪犯　　　经依法判处刑罚，判决已发生法律效力，根据《中华人民共和国刑事诉讼法》第二百六十四条第二款的规定，请按照本通知送交监狱执行。

姓名		性别		出生日期	年　月　日	民族	
家庭住址							
罪　　名							
主　　刑	无　期　徒　刑						
起刑日期	年　　月　　日						
附加刑	剥夺政治权利终身						
执行根据	人民法院（　　　　）……刑×……号刑事判决书 人民法院（　　　　）……刑×……号刑事裁定书						
备　　考							
（院印） 年　　月　　日							

此联送交罪犯羁押单位

第三联

×××人民法院

执行通知书（回执）

（　　　）……刑×……号

人民法院：

你院　　年　　月　　日（　　）……刑×……号执行通知书已收到。

罪犯　　　　已于　　年　　月　　日送往　　　　　　执行。

（公章）

年　　月　　日

此联由羁押单位填写并加盖公章后退回法院入卷

第四联

×××人民法院

执行通知书

（　　　）……刑×……号

罪犯　　　：

你犯　　　罪，经依法判处无期徒刑，剥夺政治权利终身。现交付执行，并将有关事项通知如下：

主刑起刑日期：　　年　　月　　日。

附加刑：剥夺政治权利终身。

年　　月　　日

（院印）

此联发给罪犯本人收执

【说明】

一、本样式供中级以上人民法院对判处无期徒刑的罪犯，在判决发生法律效力之后，通知罪犯羁押单位交付监狱执行和通知罪犯本人时使用。

二、本样式第一、二联的抬头，填写羁押罪犯的单位名称。

三、“执行根据”栏填写生效的裁判文书。

（一）一审结案的，只填第一审人民法院生效的刑事判决书；

（二）二审结案改判的，只填第二审人民法院生效的刑事判决书；

（三）二审结案维持原判的，既要填写第一审人民法院刑事判决书，又要填写第二审法院生效的刑事裁定书。

四、根据《最高人民法院关于适用〈中华人民共和国刑事诉讼法〉的解释》第五百一十一条的规定，对于被判处死刑缓期执行的罪犯，第一审人民法院应当在判决、裁定生效后十日以内，将判决书、裁定书、起诉书副本、自诉状复印件、执行通知书、结案登记表送达公安机关、监狱或者其他执行机关。

五、没有内容可填的空栏，应当画上一道斜线“/”。

【相关规定】

《中华人民共和国刑事诉讼法》第二百六十四条第二款 对被判处死刑缓期二年执行、无期徒刑、有期徒刑的罪犯，由公安机关依法将该罪犯送交监狱执行刑罚。对被判处有期徒刑的罪犯，在被交付执行刑罚前，剩余刑期在三个月以下的，由看守所代为执行。对被判处拘役的罪犯，由公安机关执行。

《最高人民法院关于适用〈中华人民共和国刑事诉讼法〉的解释》第五百一十一条 被判处死刑缓期执行、无期徒刑、有期徒刑、拘役的罪犯，第一审人民法院应当在判决、裁定生效后十日以内，将判决书、裁定书、起诉书副本、自诉状复印件、执行通知书、结案登记表送达公安机关、监狱或者其他执行机关。

136. 执行通知书（有期徒刑、拘役用）

第一联

×××人民法院

执行通知书（存根）

（有期徒刑、拘役用）

（　　）……刑×……号

：

罪犯　　　经依法判处刑罚，判决已发生法律效力，根据《中华人民共和国刑事诉讼法》第二百六十四条第二款的规定，请按照本通知送交监狱（或者公安机关）执行。

<table>
<tr><td>姓　名</td><td></td><td>性别</td><td></td><td>出生日期</td><td>年　月　日</td><td>民族</td><td></td></tr>
<tr><td>家庭住址</td><td colspan="7"></td></tr>
<tr><td>罪　　名</td><td colspan="7"></td></tr>
<tr><td>起刑日期</td><td colspan="7">年　　月　　日</td></tr>
<tr><td colspan="2">羁押抵刑</td><td colspan="2">年　月　日</td><td colspan="2">刑满日期</td><td colspan="2">年　月　日</td></tr>
<tr><td>附加刑</td><td colspan="7">剥夺政治权利　　年</td></tr>
<tr><td>执行根据</td><td colspan="7">人民法院（　　　）……刑×……号刑事判决书
人民法院（　　　）……刑×……号刑事裁定书</td></tr>
<tr><td>备　　考</td><td colspan="7"></td></tr>
</table>

续表

签发人：		经办人：
		（院印） 年　　月　　日

此联入卷

第二联

×××人民法院
执行通知书

（　　　　）……刑×……号

：

罪犯　　　　经依法判处刑罚，判决已发生法律效力，根据《中华人民共和国刑事诉讼法》第二百六十四条第二款的规定，请按照本通知送交监狱（或者公安机关）执行。

<table>
<tr><td>姓　名</td><td></td><td>性别</td><td></td><td>出生日期</td><td>年　月　日</td><td>民族</td><td></td></tr>
<tr><td>家庭住址</td><td colspan="7"></td></tr>
<tr><td>罪　　名</td><td colspan="7"></td></tr>
<tr><td>起刑日期</td><td colspan="7">年　　月　　日</td></tr>
<tr><td colspan="2">羁押抵刑</td><td colspan="2">年　月　日</td><td colspan="2">刑满日期</td><td colspan="2">年　月　日</td></tr>
<tr><td>附加刑</td><td colspan="7">剥夺政治权利　　年</td></tr>
<tr><td>执行根据</td><td colspan="7">人民法院（　　　　）……刑×……号刑事判决书
人民法院（　　　　）……刑×……号刑事裁定书</td></tr>
<tr><td>备　　考</td><td colspan="7"></td></tr>
<tr><td colspan="8">签发人：　　　　　　　　　　　　经办人：

（院印）
年　　月　　日</td></tr>
</table>

此联送交执行单位

第三联

×××人民法院

执行通知书（回执）

（　　　）……刑×……号

人民法院：

你院　年　月　日（　　　）……刑×……号执行通知书已收到。

罪犯　　　已于　年　月　日送往　　　　执行。

（公章）

年　月　日

此联由羁押单位填写并加盖公章后退回法院入卷

第四联

×××人民法院

执行通知书

（　　　　）……刑×……号

罪犯　　　：

你犯　　　罪，经依法判处　　　。现交付执行，并将有关事项通知如下：

主刑起算日期：　　年　　月　　日。

羁押抵刑：　　年　　个月　　日。

刑满日期：　　年　　月　　日。

附加剥夺政治权利　　　　。

年　　月　　日

（院印）

此联发给罪犯本人收执

【说明】

一、本样式供人民法院对判处有期徒刑和拘役的罪犯，在判决发生法律效力之后，通知罪犯羁押单位交付监狱或者公安机关执行和通知罪犯本人时使用。

二、本样式的抬头和“执行根据”栏的填写，参阅无期徒刑案件用的执行通知书的说明第二条和第三条。

三、根据《最高人民法院关于适用〈中华人民共和国刑事诉讼法〉的解释》第五百一十一条的规定，对于被判处死刑缓期执行的罪犯，第一审人民法院应当在判决、裁定生效后十日以内，将判决书、裁定书、起诉书副本、自诉状复印件、执行通知书、结案登记表送达公安机关、监狱或者其他执行机关。

四、没有内容可填的空栏，应当画上一道斜线“/”。

【相关规定】

《中华人民共和国刑事诉讼法》第二百六十四条第二款　对被判处死刑缓期二年执行、无期徒刑、有期徒刑的罪犯，由公安机关依法将该罪犯送交监狱执行刑罚。对被判处有期徒刑的罪犯，在被交付执行刑罚前，剩余刑期在三个月以下的，由看守所代为执行。对被判处拘役的罪犯，由公安机关执行。

《最高人民法院关于适用〈中华人民共和国刑事诉讼法〉的解释》第五百一十一条　被判处死刑缓期执行、无期徒刑、有期徒刑、拘役的罪犯，第一审人民法院应当在判决、裁定生效后十日以内，将判决书、裁定书、起诉书副本、自诉状复印件、执行通知书、结案登记表送达公安机关、监狱或者其他执行机关。

137. 执行通知书（宣告缓刑用）

第一联

×××人民法院

执行通知书（存根）

（宣告缓刑用）

（　　）……刑×……号

公安局：

罪犯　　因犯　　罪，经依法判处　　，缓刑　　。现判决已发生法律效力。依照《中华人民共和国刑法》第七十六条的规定，请你局对该犯予以考察。

缓刑考验期间：自　　年　　月　　日起，

至　　年　　月　　日止。

附执行根据：　　人民法院（　　）……刑×……号刑事判决书　　份，　　人民法院（　　）……刑×……号刑事裁定书　　份。

年　　月　　日

（院印）

签发人：

经办人：

此联入卷

第二联

×××人民法院
执行通知书

（　　　　）……刑×……号

公安局：

罪犯　　　因犯　　　罪，经依法判处　　　　，缓刑　　。现判决已发生法律效力。根据《中华人民共和国刑法》第七十六条的规定，请你局对该犯予以考察。

缓刑考验期间：自　　年　　月　　日起，

至　　年　　月　　日止。

附执行根据：　　　　人民法院（　　　　）……刑×……号刑事判决书　　份，　　　　人民法院（　　　　）……刑×……号刑事裁定书　　份。

年　　月　　日

（院印）

此联交公安机关

第三联

×××人民法院
执行通知书（回执）

（　　　　）……刑×……号

人民法院：

你院　年　月　日（　　）……刑×……号执行通知书和所附执行根据　均已收到。

我局已于　年　月　日对罪犯　　予以考察。

（公章）

年　月　日

此联由公安机关填写并加盖公章后退回法院入卷

第四联

×××人民法院
执行通知书

（　　　　）……刑×……号

：

你犯　　　　罪，经依法判处　　　　，缓刑　　。判决已发生法律效力，现交付执行。你在缓刑考验期间，必须遵守《中华人民共和国刑法》第七十五条的规定：

（一）遵守法律、行政法规，服从监督；

（二）按照考察机关的规定报告自己的活动情况；

（三）遵守考察机关关于会客的规定；

（四）离开所居住的市、县或者迁居，应当报经考察机关批准。

如违反上述规定，依照《中华人民共和国刑法》第七十七条第二款的规定处理。

缓刑考验期间：自　　年　　月　　日起，

至　　年　　月　　日止。

年　　月　　日

（院印）

此联交给罪犯本人收执

【说明】

一、本样式供人民法院对被判处有期徒刑或者拘役，宣告缓刑的罪犯，在判决生效之后，通知公安机关执行和通知罪犯本人时使用。

二、通知书所附执行根据，系生效的裁判文书。

【相关规定】

《中华人民共和国刑法》第七十五条 被宣告缓刑的犯罪分子，应当遵守下列规定：

（一）遵守法律、行政法规，服从监督；

（二）按照考察机关的规定报告自己的活动情况；

（三）遵守考察机关关于会客的规定；

（四）离开所居住的市、县或者迁居，应当报经考察机关批准。

第七十六条 对宣告缓刑的犯罪分子，在缓刑考验期限内，依法实行社区矫正，如果没有本法第七十七条规定的情形，缓刑考验期满，原判的刑罚就不再执行，并公开予以宣告。

第七十七条第二款 被宣告缓刑的犯罪分子，在缓刑考验期限内，违反法律、行政法规或者国务院有关部门关于缓刑的监督管理规定，或者违反人民法院判决中的禁止令，情节严重的，应当撤销缓刑，执行原判刑罚。

138. 执行通知书（管制用）

第一联

×××人民法院

执行通知书（存根）

（管制用）

（　　　　）……刑×……号

司法局：

罪犯　　　　因犯　　　　罪，经依法判处管制。现判决已发生法律效力。依照《中华人民共和国刑事诉讼法》第二百六十九条的规定，请你局执行。管制期满时，由执行机关通知本人，并向有关群众公开宣布解除管制。

管制刑期：　　　　，附加剥夺政治权利　　年。

起刑日期：　　年　　月　　日。

羁押抵刑：　　年　　个月　　日。

刑满日期：　　年　　月　　日。

附执行根据：　　　　人民法院（　　　　）……刑×……号刑事判决书　　份，　　　　人民法院（　　　　）……刑×……号刑事裁定书　　份。

年　　月　　日

（院印）

签发人：

经办人：

此联入卷

第二联

×××人民法院
执行通知书

（　　　　）……刑×……号

司法局：

罪犯　　　　因犯　　　　罪，经依法判处管制。现判决已发生法律效力。依照《中华人民共和国刑事诉讼法》第二百六十九条的规定，请你单位执行。管制期满时，由执行机关通知本人，并向有关群众公开宣布解除管制。

管制刑期：　　　　，附加剥夺政治权利　　年。

起刑日期：　　年　　月　　日。

羁押抵刑：　　年　　个月　　日。

刑满日期：　　年　　月　　日。

附执行根据：　　　　人民法院（　　　　）……刑×……号刑事判决书　　份，　　　　人民法院（　　　　）……刑×……号刑事裁定书　　份。

年　　月　　日

（院印）

此联交社区矫正机构执行

第三联

×××人民法院

执行通知书（回执）

（　　　）……刑×……号

人民法院：

你院　年　月　日（　　　）……刑×……号执行通知书和所附执行根据刑事判决书　份，刑事裁定书　份，均已收到。

我局已对罪犯　　　采取管制措施，交付监督改造。

（公章）

年　月　日

此联由社区矫正机构填写并加盖公章后退回法院入卷

第四联

×××人民法院

执行通知书

（　　　　）……刑×……号

：

你犯　　　　罪，经依法判处管制　　　　。判决已发生法律效力，现交付执行。依照《中华人民共和国刑法》第三十九条第一款的规定，你在管制期间，必须遵守下列规定：

（一）遵守法律、行政法规，服从监督；

（二）未经执行机关批准，不得行使言论、出版、集会、结社、游行、示威自由的权利；

（三）按照执行机关规定报告自己的活动情况；

（四）遵守执行机关关于会客的规定；

（五）离开所居住的市、县或者迁居，应当报经执行机关批准。

你在执行管制期间，　　　　　　　　。

管制刑期：　　　　，附加剥夺政治权利　　年

起刑日期：　　年　　月　　日。

羁押抵刑：　　年　　个月　　日。

刑满日期：　　年　　月　　日。

年　　月　　日

（院印）

此联交给罪犯本人收执

【说明】

一、本样式供人民法院对被判处管制或者判处管制附加剥夺政治权利罪犯，在判决生效后，交付社区矫正机构执行和通知罪犯本人时使用。

二、判处管制不附加剥夺政治权利的，不填写“附加剥夺政治权利”栏。

三、判处管制附加剥夺政治权利的，依照《刑法》第五十五条第二款的规定，二者的期限应当相等，同时执行。因此，在本样式第一、二联的“……宣布解除管制”后面，应当续写“恢复政治权利”。

四、在本样式的第四联的“你在执行管制期间”后面，如果被判处管制的罪犯附加剥夺政治权利的，应当续写“同时剥夺政治权利”；如果没有附加剥夺政治权利的，应当续写“仍有政治权利”。

五、通知书所附执行依据，系生效的裁判文书。

【相关规定】

《中华人民共和国刑法》第三十九条第一款　被判处管制的犯罪分子，在执行期间，应当遵守下列规定：

（一）遵守法律、行政法规，服从监督；

（二）未经执行机关批准，不得行使言论、出版、集会、结社、游行、示威自由的权利；

（三）按照执行机关规定报告自己的活动情况；

（四）遵守执行机关关于会客的规定；

（五）离开所居住的市、县或者迁居，应当报经执行机关批准。

第五十五条第二款　判处管制附加剥夺政治权利的，剥夺政治权利的期限与管制的期限相等，同时执行。

《中华人民共和国刑事诉讼法》第二百六十九条　对被判处管制、宣告缓刑、假释或者暂予监外执行的罪犯，依法实行社区矫正，由社区矫正机构负责执行。

第二百七十条　对被判处剥夺政治权利的罪犯，由公安机关执行。执行期满，应当由执行机关书面通知本人及其所在单位、居住地基层组织。

139. 执行通知书（单处剥夺政治权利用）

第一联

×××人民法院

执行通知书（存根）

（单处剥夺政治权利用）

（　　）……刑×……号

公安局：

罪犯　　因犯　　罪，经依法判处剥夺政治权利　　。现判决已发生法律效力。依照《中华人民共和国刑事诉讼法》第二百七十条的规定，请你局执行。剥夺政治权利期满时，由执行机关及时通知本人，并向有关群众公开宣布恢复政治权利。

剥夺政治权利起刑日期：　年　月　日。

刑满日期：　年　月　日。

附执行根据：　　人民法院（　　）……刑×……号刑事判决书　份，　　人民法院（　　）……刑×……号刑事裁定书　份。

年　月　日

（院印）

签发人：

经办人：

此联入卷

第二联

×××人民法院

执行通知书

（　　　）……刑×……号

公安局：

罪犯　　　因犯　　　罪，经依法判处剥夺政治权利　　　。现判决已发生法律效力。依照《中华人民共和国刑事诉讼法》第二百七十条的规定，请你局执行。剥夺政治权利期满时，由执行机关及时通知本人，并向有关群众公开宣布恢复政治权利。

剥夺政治权利起刑日期：　　年　　月　　日。

刑满日期：　　年　　月　　日。

附执行根据：　　　人民法院（　　　）……刑×……号刑事判决书　　份，　　　人民法院（　　　）……刑×……号刑事裁定书　　份。

年　　月　　日

（院印）

此联交公安机关执行

第三联

×××人民法院

执行通知书（回执）

（　　　）……刑×……号

　　人民法院：

你院　　年　　月　　日（　　）……刑×……号执行通知书和所附执行根据刑事判决书　　份，刑事裁定书　　份，均已收到。

我局已采取措施，对罪犯　　　依法执行剥夺政治权利。

（公章）

年　　月　　日

此联由公安机关填写并加盖公章后退回法院入卷

第四联

×××人民法院
执行通知书

（　　　　）……刑×……号

　　：

你犯　　　罪，经依法判处剥夺政治权利　　　。判决已发生法律效力，现交付执行。在执行期间，应当遵守法律、行政法规和国务院公安部门有关监督管理的规定，服从监督；不得行使《中华人民共和国刑法》第五十四条规定的各项权利。

剥夺政治权利起刑日期：　　年　　月　　日。

刑满日期：　　年　　月　　日。

年　　月　　日

（院印）

此联交给罪犯本人收执

【说明】

本样式供人民法院对单独判处剥夺政治权利的罪犯，在判决生效后，交付公安机关执行和通知罪犯本人时使用。

【相关规定】

《中华人民共和国刑法》第五十四条 剥夺政治权利是剥夺下列权利：

（一）选举权和被选举权；

（二）言论、出版、集会、结社、游行、示威自由的权利；

（三）担任国家机关职务的权利；

（四）担任国有公司、企业、事业单位和人民团体领导职务的权利。

《中华人民共和国刑事诉讼法》第二百七十条 对被判处剥夺政治权利的罪犯，由公安机关执行。执行期满，应当由执行机关书面通知本人及其所在单位、居住地基层组织。

140. 减刑执行通知书（死刑缓期执行、无期徒刑减刑用）

第一联

×××人民法院

减刑执行通知书（存根）

（死刑缓期执行、无期徒刑减刑用）

（××××）……刑执……号

：

罪犯　　　已经本院裁定减刑，请按下表执行。

<table>
<tr><td>姓　名</td><td></td><td>性　别</td><td></td><td>罪　名</td><td></td></tr>
<tr><td>原判主刑</td><td colspan="5"></td></tr>
<tr><td rowspan="2">此次变动</td><td rowspan="2"></td><td colspan="2">起刑日期</td><td colspan="2">年　月　日</td></tr>
<tr><td colspan="2">刑满日期</td><td colspan="2">年　月　日</td></tr>
<tr><td>原判附加刑</td><td colspan="5"></td></tr>
<tr><td>此次变动</td><td colspan="5"></td></tr>
<tr><td>执行根据</td><td colspan="5">本院（××××）……刑执……号刑事裁定书</td></tr>
<tr><td>备　　考</td><td colspan="5"></td></tr>
<tr><td colspan="6">附件：本院刑事裁定书　　份。
签发人　　　经办人
年　月　日
（院印）</td></tr>
</table>

此联入卷

第二联

×××人民法院
减刑执行通知书

（××××）……刑执……号

：

罪犯　　　　已经本院裁定减刑，请按下表执行。

<table>
<tr><td>姓　名</td><td></td><td>性　别</td><td></td><td>罪　名</td><td></td></tr>
<tr><td>原判主刑</td><td colspan="5"></td></tr>
<tr><td rowspan="2">此次变动</td><td rowspan="2"></td><td colspan="2">起刑日期</td><td colspan="2">年　月　日</td></tr>
<tr><td colspan="2">刑满日期</td><td colspan="2">年　月　日</td></tr>
<tr><td>原判附加刑</td><td colspan="5"></td></tr>
<tr><td>此次变动</td><td colspan="5"></td></tr>
<tr><td>执行根据</td><td colspan="5">本院（××××）……刑执……号刑事裁定书</td></tr>
<tr><td>备　　考</td><td colspan="5"></td></tr>
</table>

附件：本院刑事裁定书　　份。

年　　月　　日

（院印）

此联交执行机关

第三联

×××人民法院
减刑执行通知书

（××××）……刑执……号

罪犯　　：

你原判的刑罚，已经本院裁定减刑。现交付执行，并将有关事项通知如下：

<table>
<tr><td>原判主刑</td><td colspan="2"></td></tr>
<tr><td rowspan="2">此次变动</td><td>起刑日期</td><td>年　月　日</td></tr>
<tr><td>刑满日期</td><td>年　月　日</td></tr>
<tr><td>原判附加刑</td><td colspan="2"></td></tr>
<tr><td>此次变动</td><td colspan="2"></td></tr>
</table>

年　　月　　日

（院印）

此联交给罪犯本人收执

【说明】

一、本样式供原判死刑缓期二年执行、无期徒刑的罪犯减刑后交付执行和通知罪犯本人时使用。

二、本样式第一、二联的抬头，填写罪犯执行机关的全称。

三、主刑由死刑缓期二年执行或者无期徒刑减为有期徒刑的，应当填写“起刑日期”和“刑满日期”两栏。根据《中华人民共和国刑法》第五十一条、第八十条的规定，死刑缓期执行减为有期徒刑的刑期，从死刑缓期执行期满之日起计算；无期徒刑减为有期徒刑的刑期，从裁定减刑之日起计算。

四、附加刑只填剥夺政治权利及其改动的期限。

五、没有内容可填的空栏、空格，应当划上一道斜线“/”。

【相关规定】

《中华人民共和国刑法》第五十一条 死刑缓期执行的期间，从判决确定之日起计算。死刑缓期执行减为有期徒刑的刑期，从死刑缓期执行期满之日起计算。

第八十条 无期徒刑减为有期徒刑的刑期，从裁定减刑之日起计算。

141. 减刑执行通知书（有期徒刑、拘役、管制减刑用）

第一联

×××人民法院

减刑执行通知书（存根）

（有期徒刑、拘役、管制减刑用）

（　　　　）……刑执……号

：

罪犯　　　已经本院裁定减刑，请按下表执行。

<table>
<tr><td>姓　名</td><td></td><td>性别</td><td></td><td colspan="2">罪 名</td><td></td></tr>
<tr><td rowspan="3">原判主刑</td><td colspan="2"></td><td colspan="2">起刑日期</td><td colspan="2">年　　月　　日</td></tr>
<tr><td colspan="2"></td><td colspan="2">羁押抵刑</td><td colspan="2">年　　月　　日</td></tr>
<tr><td colspan="2"></td><td colspan="2">刑满日期</td><td colspan="2">年　　月　　日</td></tr>
<tr><td>曾经变动</td><td colspan="2"></td><td colspan="2">刑满日期</td><td colspan="2">年　　月　　日</td></tr>
<tr><td>此次变动</td><td colspan="2"></td><td colspan="2">刑满日期</td><td colspan="2">年　　月　　日</td></tr>
<tr><td>原判附加刑</td><td colspan="2"></td><td colspan="2">曾经变动</td><td colspan="2"></td></tr>
<tr><td>此次变动</td><td colspan="6"></td></tr>
<tr><td>执行根据</td><td colspan="6">本院（　　　　）……刑执……号刑事裁定书</td></tr>
<tr><td>备　考</td><td colspan="6"></td></tr>
</table>

附件：本院刑事裁定书　　份。

年　　月　　日

（院印）

签发人

经办人

此联入卷

第二联

×××人民法院
减刑执行通知书

（　　）……刑执……号

：

罪犯　　　已经本院裁定减刑，请按下表执行。

<table>
<tr><td>姓　名</td><td></td><td>性别</td><td></td><td>罪 名</td><td></td></tr>
<tr><td rowspan="3">原判主刑</td><td colspan="2"></td><td>起刑日期</td><td colspan="2">年　月　日</td></tr>
<tr><td colspan="2"></td><td>羁押抵刑</td><td colspan="2">年　月　日</td></tr>
<tr><td colspan="2"></td><td>刑满日期</td><td colspan="2">年　月　日</td></tr>
<tr><td>曾经变动</td><td colspan="2"></td><td>刑满日期</td><td colspan="2">年　月　日</td></tr>
<tr><td>此次变动</td><td colspan="2"></td><td>刑满日期</td><td colspan="2">年　月　日</td></tr>
<tr><td>原判附加刑</td><td colspan="2"></td><td>曾经变动</td><td colspan="2"></td></tr>
<tr><td>此次变动</td><td colspan="5"></td></tr>
<tr><td>执行根据</td><td colspan="5">本院（　　）……刑执……号刑事裁定书</td></tr>
<tr><td>备　考</td><td colspan="5"></td></tr>
</table>

附件：本院刑事裁定书　份。

年　月　日

（院印）

此联交执行机关

第三联

×××人民法院

减刑执行通知书

（　　　）……刑执……号

罪犯　　　：

你原判的刑罚，已经本院裁定减刑，现交付执行，并将有关事项通知如下：

原判主刑：　　起刑日期：　　年　　月　　日

羁押抵刑：　　年　个月　　日　　刑满日期：　　年　　月　　日

曾经变动：　　刑满日期：　　年　　月　　日

此次变动：　　刑满日期：　　年　　月　　日

原判附加刑：

曾经变动：

此次变动：

年　　月　　日

（院印）

此联交给罪犯本人收执

【说明】

一、本样式供原判有期徒刑、拘役和管制的罪犯减刑后交付执行和通知罪犯本人时使用。

二、本样式第一、二联的抬头，填写执行机关全称。

三、本样式适用于原判有期徒刑缓刑和拘役缓刑的罪犯减刑案件的，“羁押抵刑”一栏不填；“刑满日期”各栏，都改为“缓刑考验期期满日期”。

四、填写主刑的“曾经变动”和“此次变动”两栏时，如系有期徒刑缓刑和拘役缓刑减刑的，应当写“减为……”；其他的同一刑种从较长刑期减为较短刑期的，均写“减去……”。

五、附加刑只填剥夺政治权利一种。填写附加刑的“曾经变动”和“此次变动”两栏时，应当写“减为剥夺政治权利×年”。

六、没有内容可填的空栏、空格，应当画上一道斜线“/”。

142. 假释执行通知书（宣告假释用）

第一联

×××人民法院

假释执行通知书（存根）

（宣告假释用）

（××××）……刑执……号

公安局：

罪犯　　因犯　　罪，被判处　　，现已执行　　。经　　　监狱提出假释建议，本院依法裁定予以假释。裁定已发生法律效力。依照《中华人民共和国刑法》第八十五条的规定，请你局予以监督。如果没有《中华人民共和国刑法》第八十六条规定的情形，假释考验期满，就认为原判刑罚已经执行完毕，并请公开予以宣告。

假释考验期：自　　年　　月　　日起，

至　　年　　月　　日止。

附执行根据：　　人民法院（××××）……刑×……号刑事裁定书　　份。

年　　月　　日

（院印）

签发人：

经办人：

此联入卷

第二联

×××人民法院

假释执行通知书

（××××）……刑执……号

公安局：

罪犯　　因犯　　罪，被判处　　，现已执行　　。经　　　　监狱提出假释建议，本院依法裁定予以假释。裁定已发生法律效力。依照《中华人民共和国刑法》第八十五条的规定，请你局予以监督。如果没有《中华人民共和国刑法》第八十六条规定的情形，假释考验期满，就认为原判刑罚已经执行完毕，并请公开予以宣告。

假释考验期：自　　年　　月　　日起，

至　　年　　月　　日止。

附执行根据：　　人民法院（××××）……刑×……号刑事裁定书　　份。

年　　月　　日

（院印）

此联交公安机关

第三联

×××人民法院

假释执行通知书（回执）

（××××）……刑执……号

人民法院：

你院　　年　　月　　日（××××）……刑×……号假释执行通知书及所附执行根据　　　　　均已收到。

我局已于　　年　　月　　日对罪犯　　　　　予以监督。

年　　月　　日

（公章）

此联由公安机关填写并加盖公章后退回法院入卷

第四联

×××人民法院
假释执行通知书

（××××）……刑执……号

　　　　：

你犯　　罪，被判处　　，现已执行　　，经　　　监狱提出假释建议，本院依法裁定予以假释。裁定已发生法律效力。你在假释考验期间应当遵守《中华人民共和国刑法》第八十四条的规定：

（一）遵守法律、行政法规，服从监督；

（二）按照监督机关的规定报告自己的活动情况；

（三）遵守监督机关关于会客的规定；

（四）离开所居住的市、县或者迁居，应当报经监督机关批准。

如违反上述规定，依照《中华人民共和国刑法》第八十六条第三款的规定处理。

年　　月　　日

（院印）

此联交给罪犯本人收执

【说明】

一、本样式供中级以上人民法院对被判处无期徒刑、有期徒刑宣告假释的罪犯，在裁定生效之后，通知公安机关交付执行和通知罪犯本人时使用。

二、通知书所附执行根据，如属于报请最高人民法院依法裁定核准的案件，还应附送最高人民法院核准的裁定书。

【相关规定】

《中华人民共和国刑法》第八十四条　被宣告假释的犯罪分子，应当遵守下列规定：

（一）遵守法律、行政法规，服从监督；

（二）按照监督机关的规定报告自己的活动情况；

（三）遵守监督机关关于会客的规定；

（四）离开所居住的市、县或者迁居，应当报经监督机关批准。

第八十五条　对假释的犯罪分子，在假释考验期限内，依法实行社区矫正，如果没有本法第八十六条规定的情形，假释考验期满，就认为原判刑罚已经执行完毕，并公开予以宣告。

第八十六条　被假释的犯罪分子，在假释考验期限内犯新罪，应当撤销假释，依照本法第七十一条的规定实行数罪并罚。

在假释考验期限内，发现被假释的犯罪分子在判决宣告以前还有其他罪没有判决的，应当撤销假释，依照本法第七十条的规定实行数罪并罚。

被假释的犯罪分子，在假释考验期限内，有违反法律、行政法规或者国务院有关部门关于假释的监督管理规定的行为，尚未构成新的犯罪的，应当依照法定程序撤销假释，收监执行未执行完毕的刑罚。

143. 领取骨灰通知书（告知罪犯家属用）

×××人民法院
领取骨灰通知书
（告知罪犯家属用）

（　　）……刑×……号

：

罪犯　　　因犯　　　罪，经依法判处死刑，已于　　年　　月　　日执行死刑，尸体已经火化。家属可持本通知书于　　年　　月　　日以前到　　　火葬场领取骨灰。逾期不领，骨灰由火葬场予以处理。

年　　月　　日

（院印）

【说明】

一、本样式供执行罪犯死刑的人民法院通知罪犯家属领取骨灰时使用。

二、当地没有火化条件的，可参照本样式制作“领取尸体通知书”。

三、抬头写被执行死刑罪犯家属的姓名。

四、本通知书应当另填一份存卷。

144. 驳回申诉通知书（刑事案件用）

×××人民法院

驳回申诉通知书

（刑事案件用）

（××××）……刑监……号

×××：

你为……（写明案件名称）一案，对×××人民法院（或者本院）（××××）……××……号刑事判决（或者裁定）不服，以……（概述申诉的主要理由）为理由，向……（写明发送申诉书的机关）提出申诉。

本院经审查，……（写明原判在认定事实和适用法律方面是正确的，并针对申诉的主要理由，摆事实，讲道理，有理有据地加以分析、阐述，耐心说服教育）。

综上，本院认为，你对该案的申诉理由不能成立，申诉不符合《中华人民共和国刑事诉讼法》第二百五十三条规定的再审条件，原判决（或者裁定）应予维持。

特此通知。

××××年××月××日

（院印）

抄至：

【说明】

一、本样式根据《最高人民法院关于适用〈中华人民共和国刑事诉讼法〉的解释》第四百五十七条的规定制订，供人民法院对于当事人及其法定代理人、近亲属对已经发生法律效力的判决或者裁定提出申诉的案件，经过审查，认为原判决或者裁定没有错误，申诉不符合《中华人民共和国刑事诉讼法》第二百五十三条规定的再审条件，书面驳回申诉时使用。

二、制作本通知书时应当注意以下几点：

（一）要结合具体案情，有针对性地讲道理，不要千篇一律。

（二）坚持以事实为根据，以法律为准绳，耐心地说服申诉人服判息讼。

（三）行文应当力求逻辑严密，无懈可击。

（四）文字应当详简适度，关键在于写清楚为什么申诉无理，为什么原判应予维持。

【相关规定】

《最高人民法院关于适用〈中华人民共和国刑事诉讼法〉的解释》第四百五十七条　对立案审查的申诉案件，应当在三个月内作出决定，至迟不得超过六个月。因案件疑难、复杂、重大或者其他特殊原因需要延长审查期限的，参照本解释第二百一十条的规定处理。

经审查，具有下列情形之一的，应当根据刑事诉讼法第二百五十三条的规定，决定重新审判：

（一）有新的证据证明原判决、裁定认定的事实确有错误，可能影响定罪量刑的；

（二）据以定罪量刑的证据不确实、不充分、依法应当排除的；

（三）证明案件事实的主要证据之间存在矛盾的；

（四）主要事实依据被依法变更或者撤销的；

（五）认定罪名错误的；

（六）量刑明显不当的；

（七）对违法所得或者其他涉案财物的处理确有明显错误的；

（八）违反法律关于溯及力规定的；

（九）违反法定诉讼程序，可能影响公正裁判的；

（十）审判人员在审理该案件时有贪污受贿、徇私舞弊、枉法裁判行为的。

申诉不具有上述情形的，应当说服申诉人撤回申诉；对仍然坚持申诉的，应当书面通知驳回。

《中华人民共和国刑事诉讼法》第二百五十三条　当事人及其法定代理人、近亲属的申诉符合下列情形之一的，人民法院应当重新审判：

（一）有新的证据证明原判决、裁定认定的事实确有错误，可能影响定罪量刑的；

（二）据以定罪量刑的证据不确实、不充分、依法应当予以排除，或者证明案件事实的主要证据之间存在矛盾的；

（三）原判决、裁定适用法律确有错误的；

（四）违反法律规定的诉讼程序，可能影响公正审判的；

（五）审判人员在审理该案件的时候，有贪污受贿，徇私舞弊，枉法裁判行为的。

145. 驳回申诉通知书（申诉审查程序用）

×××人民法院

驳回申诉通知书

（申诉审查程序用）

（××××）……刑申……号

×××（写明申诉人姓名）：

你因……（写明原审被告人姓名、案由）一案，不服×××人民法院（写明第一审法院）××××号刑事（附带民事）判决，×××人民法院（写明第二审法院）……号刑事（附带民事）裁定（判决），以及×××人民法院（如有再审法院，需写明再审法院）……号驳回申诉通知（不予重新审判通知）。以……为由（写明申诉人所提主要申诉理由），向本院提出申诉。

本院经审查认为，原判决、裁定认定你犯……罪的事实和适用法律正确，量刑适当。关于你所提……的申诉理由，经查，……（写明申诉人所提主要申诉理由，并对其申诉理由逐一驳回）。

综上，你的申诉理由不符合《中华人民共和国刑事诉讼法》第二百五十三条规定的应当重新审判情形，本院决定驳回你的申诉。

特此通知。

××××年××月××日

（院印）

【说明】

一、本样式根据《中华人民共和国刑事诉讼法》第二百五十二条、第二百五十三条和《最高人民法院关于适用〈中华人民共和国刑事诉讼法〉的解释》第四百五十七条、第四百五十九条的规定制定，供人民法院认为申诉人的申诉理由不能成立，应予驳回的情况下使用。

二、制作文书应注意以下几点：

1. 写明申诉人姓名。

2. 写明作出原裁判及原申诉审查处理的人民法院及案号。

3. 写明申诉人的主要申诉理由，并结合具体案情，依据事实、证据和法律规定有针对性地对其申诉理由逐一驳回。

4. 写明人民法院驳回申诉的法律依据。

【相关规定】

《中华人民共和国刑事诉讼法》第二百五十二条 当事人及其法定代理人、近亲属，对已经发生法律效力的判决、裁定，可以向人民法院或者人民检察院提出申诉，但是不能停止判决、裁定的执行。

第二百五十三条 当事人及其法定代理人、近亲属的申诉符合下列情形之一的，人民法院应当重新审判：

（一）有新的证据证明原判决、裁定认定的事实确有错误，可能影响定罪量刑的；

（二）据以定罪量刑的证据不确实、不充分、依法应当予以排除，或者证明案件事实的主要证据之间存在矛盾的；

（三）原判决、裁定适用法律确有错误的；

（四）违反法律规定的诉讼程序，可能影响公正审判的；

（五）审判人员在审理该案件的时候，有贪污受贿，徇私舞弊，枉法裁判行为的。

《最高人民法院关于适用〈中华人民共和国刑事诉讼法〉的解释》第四百五十七条 对立案审查的申诉案件，应当在三个月以内作出决定，至迟不得超过六个月。因案件疑难、复杂、重大或者其他特殊原因需要延长审查期限的，参照本解释第二百一十条的规定处理。

经审查，具有下列情形之一的，应当根据刑事诉讼法第二百五十三条的规定，决定重新审判：

（一）有新的证据证明原判决、裁定认定的事实确有错误，可能影响定罪量刑的；

（二）据以定罪量刑的证据不确实、不充分、依法应当排除的；

（三）证明案件事实的主要证据之间存在矛盾的；

（四）主要事实依据被依法变更或者撤销的；

（五）认定罪名错误的；

（六）量刑明显不当的；

（七）对违法所得或者其他涉案财物的处理确有明显错误的；

（八）违反法律关于溯及力规定的；

（九）违反法定诉讼程序，可能影响公正裁判的；

（十）审判人员在审理该案件时有贪污受贿、徇私舞弊、枉法裁判行为的。

申诉不具有上述情形的，应当说服申诉人撤回申诉；对仍然坚持申诉的，应当书面通知驳回。

第四百五十九条 申诉人对驳回申诉不服的，可以向上一级人民法院申诉。上一级人民法院经审查认为申诉不符合刑事诉讼法第二百五十三条和本解释第四百五十七条第二款规定的，应当说服申诉人撤回申诉；对仍然坚持申诉的，应当驳回或者通知不予重新审判。

146. 通知书（申诉审查程序用）

×××人民法院

通知书

（申诉审查程序用）

（××××）……刑申……号

×××（写明申诉人姓名）：

你因……（写明原审被告人姓名、案由）一案，不服×××人民法院（写明第一审法院）……号刑事（附带民事）判决，×××人民法院（写明第二审法院）……号刑事（附带民事）裁定（判决），以及×××人民法院（写明申诉审查处理法院）……号驳回申诉通知（不予重新审判通知），向本院提出申诉。

本院经审查认为，原判决、裁定认定你犯……罪的事实和适用法律正确，量刑适当。关于你所提……的申诉理由，经查，……（写明申诉人所提主要申诉理由，并对其申诉理由逐一驳回）……

综上，你的申诉不符合《中华人民共和国刑事诉讼法》第二百五十三条规定的应当重新审判情形，本院决定对该案不予重新审判。

特此通知。

××××年××月××日

（院印）

【说明】

一、本样式根据《中华人民共和国刑事诉讼法》第二百五十二条、第二百五十三条和《最高人民法院关于适用〈中华人民共和国刑事诉讼法〉的解释》第四百五十九条的规定制定，供人民法院对于申诉人的申诉已被终审人民法院驳回，经审查认为申诉不符合刑事诉讼法第二百五十三条规定的重新审判情形，经说服申诉人拒不撤回申诉，仍然坚持申诉的情况下使用。

二、制作文书应注意以下几点：

1. 写明申诉人姓名。

2. 写明作出原裁判及原申诉审查处理的人民法院及案号。

3. 写明申诉人的主要申诉理由，并结合具体案情，依据事实、证据和法律规定有针对性地对其申诉理由逐一驳回。

4. 写明人民法院决定对本案不予重新审判的法律依据。

【相关规定】

《中华人民共和国刑事诉讼法》第二百五十二条 当事人及其法定代理人、近亲属，对已经发生法律效力的判决、裁定，可以向人民法院或者人民检察院提出申诉，但是不能停止判决、裁定的执行。

第二百五十三条 当事人及其法定代理人、近亲属的申诉符合下列情形之一的，人民法院应当重新审判：

（一）有新的证据证明原判决、裁定认定的事实确有错误，可能影响定罪量刑的；

（二）据以定罪量刑的证据不确实、不充分、依法应当予以排除，或者证明案件事实的主要证据之间存在矛盾的；

（三）原判决、裁定适用法律确有错误的；

（四）违反法律规定的诉讼程序，可能影响公正审判的；

（五）审判人员在审理该案件的时候，有贪污受贿，徇私舞弊，枉法裁判行为的。

《最高人民法院关于适用〈中华人民共和国刑事诉讼法〉的解释》第四百五十九条 申诉人对驳回申诉不服的，可以向上一级人民法院申诉。上一级人民法院经审查认为申诉不符合刑事诉讼法第二百五十三条和本解释第四百五十七条第二款规定的，应当说服申诉人撤回申诉；对仍然坚持申诉的，应当驳回或者通知不予重新审判。

147. 法律援助通知书（认罪认罚案件用）

×××人民法院
法律援助通知书①
（认罪认罚案件用）

（××××）……刑初……号

××××法律援助中心：

我院正在审理的被告人……（案由）一案，因被告人＿＿＿＿＿，根据《中华人民共和国刑事诉讼法》第三十五条、第三十六条以及相关司法解释之规定，应当由你中心指派律师为其辩护（或者提供法律帮助）。请在收到通知书后三日以内，指派律师，并将律师的姓名、单位、联系方式书面通知我院。

年 月 日
（院印）

附：×××人民检察院起诉书副本一份
承办人： 联系电话：
（开庭时间： 地点： ）

① 原载最高人民法院刑事审判第一庭编著：《认罪认罚从宽制度的理解与适用》，人民法院出版社2018年版。

【说明】

一、人民法院审理认罪认罚刑事案件，通知法律援助机构指派律师为被告人提供辩护或者法律帮助时使用本样式。

二、横线上写明通知法律援助或者法律帮助的理由。例如，被告人自愿认罪认罚但没有辩护人。

三、人民法院通知法律援助机构指派律师提供辩护的，应当将法律援助通知书、起诉书副本（二审的需送达一审判决书）送达法律援助机构；适用普通程序决定开庭审理的，至迟在开庭十五日之前将上述材料送达法律援助机构。已确定开庭日期的，应当在法律援助通知书中写明开庭的时间、地点。

【相关规定】

《中华人民共和国刑事诉讼法》第三十五条　犯罪嫌疑人、被告人因经济困难或者其他原因没有委托辩护人的，本人及其近亲属可以向法律援助机构提出申请。对符合法律援助条件的，法律援助机构应当指派律师为其提供辩护。

犯罪嫌疑人、被告人是盲、聋、哑人，或者是尚未完全丧失辨认或者控制自己行为能力的精神病人，没有委托辩护人的，人民法院、人民检察院和公安机关应当通知法律援助机构指派律师为其提供辩护。

犯罪嫌疑人、被告人可能被判处无期徒刑、死刑，没有委托辩护人的，人民法院、人民检察院和公安机关应当通知法律援助机构指派律师为其提供辩护。

第三十六条　法律援助机构可以在人民法院、看守所等场所派驻值班律师。犯罪嫌疑人、被告人没有委托辩护人，法律援助机构没有指派律师为其提供辩护的，由值班律师为犯罪嫌疑人、被告人提供法律咨询、程序选择建议、申请变更强制措施、对案件处理提出意见等法律帮助。

人民法院、人民检察院、看守所应当告知犯罪嫌疑人、被告人有权约见值班律师，并为犯罪嫌疑人、被告人约见值班律师提供便利。

148. 刑事被害人诉讼权利义务告知书
（向涉及人身损害或经济损失赔偿类认罪认罚刑事案件被害人告知诉讼权利义务用）

×××人民法院
刑事被害人诉讼权利义务告知书①

（向涉及人身损害或经济损失赔偿类认罪认罚刑事案件被害人告知诉讼权利义务用）

依照《中华人民共和国刑事诉讼法》的相关规定，作为涉及人身损害或者经济损失赔偿类认罪认罚刑事案件的被害人（被害人近亲属、无行为能力或者限制行为能力被害人的法定代理人），你有权提起附带民事诉讼（在提起附带民事诉讼时，可以对其他共同侵害人，包括没有被追究刑事责任的共同侵害人，一并提起附带民事诉讼，但共同犯罪案件中同案犯在逃的除外）。现送达你起诉书副本一份。如需提起附带民事诉讼，限你于收到起诉书副本及本告知书之日起三日内，向本院提交附带民事诉状并附相关证据。如需提起财产保全申请，应提交财产保全申请书并提供相应的担保。逾期未提交上述材料，本院视为你放弃提起附带民事诉讼，你可在本案刑事判决生效后另行提起民事诉讼。

签名：

年　月　日

【说明】

本样式供人民法院向涉及人身损害或经济损失赔偿类认罪认罚刑事案件被害人告知诉讼权利义务时使用。

① 原载最高人民法院刑事审判第一庭编著：《认罪认罚从宽制度的理解与适用》，人民法院出版社2018年版。

149. 被告人诉讼权利义务告知书
（向认罪认罚被告人告知诉讼权利用）

×××人民法院
被告人诉讼权利义务告知书[①]
（向认罪认罚被告人告知诉讼权利用）

根据《中华人民共和国刑事诉讼法》的规定，被告人在诉讼中享有下列诉讼权利：

一、一般权利

1. 辩护及获得法律帮助权。被告人可以自己行使辩护权，也可以委托辩护人、由法律援助机构指派律师进行辩护或者由值班律师提供法律帮助。

2. 申请回避权。如果被告人及其法定代理人认为法庭组成人员、书记员以及出庭履行职务的检察员是本案的当事人或当事人的近亲属；上述人员本人或者其近亲属与本案有利害关系；或担任过本案的证人、鉴定人、辩护人、诉讼代理人；或与本案当事人有其他关系，可能影响对本案的公正审理，可以申请他们回避。

3. 被告人有权申请通知新的证人出庭，调取新的物证，申请重新鉴定或者勘验。

4. 被告人有权申请排除以非法方法收集的证据。

5. 法庭辩论终结后，被告人有进行最后陈述的权利。

二、认罪认罚被告人享有的权利

1. 认罪认罚获得从宽处理的权利。被告人对指控的犯罪事实和罪名没有异议，愿意接受处罚，同意检察院的量刑建议，可以依法获得从宽处理，并可以选择适用速裁/简易/普通程序简化审理。

---

① 原载最高人民法院刑事审判第一庭编著：《认罪认罚从宽制度的理解与适用》，人民法院出版社2018年版。

2. 获得法律帮助的权利。被告人没有委托辩护人，法律援助机构没有指派律师为其提供辩护的，由值班律师为其提供法律帮助，确保被告人知悉认罪认罚从宽制度的相关规定和认罪认罚的法律后果。

3. 选择适用速裁程序的权利。对可能判处三年以下有期徒刑的认罪认罚案件，被告人可选择适用速裁程序审理，送达期限不受《中华人民共和国刑事诉讼法》第三编第二章第一节规定的限制，由审判员独任审判，一般不进行法庭调查、法庭辩论，当庭宣判，诉讼文书简化，对被告人依法从宽处罚。

4. 选择适用简易程序的权利。对基层人民法院管辖的可能判处三年以上有期徒刑的认罪认罚案件，被告人可选择适用简易程序，送达期限、法庭调查、法庭辩论不受《中华人民共和国刑事诉讼法》第三编第二章第一节规定的限制，程序相应简化，不再就指控事实进行当庭陈述，出示证据可综合简化，对被告人依法从宽处罚。

5. 量刑建议异议权。被告人及其辩护人对量刑建议提出异议的，人民检察院可以调整量刑建议。

6. 提出转换程序意见权。被告人如不认可指控的犯罪事实或者认罪认罚并非自愿，可提出终止适用速裁、简易程序审理的意见，对证据有异议或者有其他意见的也可以提出。

本人已阅读并完全理解上述权利义务告知书，并由本人签署后附卷留存。

签名：

年 月 日

【说明】

本样式供人民法院向认罪认罚被告人告知诉讼权利时使用。

八、其他类

150. 证据收据（刑事案件用）

×××人民法院

证据收据

（刑事案件用）

（　　　）……刑×……号

序号	证 据 名 称	是否原件	件数、页数	备 注
提供上列证据的人的姓名或单位名称：				
收到上列证据的书记员或审判员签名：				
收到上列证据的时间：　　年　　月　　日				

【说明】

一、本样式根据《最高人民法院关于适用〈中华人民共和国刑事诉讼法〉的解释》第六十条第三款的规定制订，供人民法院在收到有关单位和个人提供的证据出具收据时使用。

二、证据收据应当一式两份，一份存卷，一份交给提供证据的单位或者个人收执。

【相关规定】

《最高人民法院关于适用〈中华人民共和国刑事诉讼法〉的解释》第六十条第三款 人民法院对有关单位、个人提供的证据材料，应当出具收据，写明证据材料的名称、收到的时间、件数、页数以及是否为原件等，由书记员、法官助理或者审判人员签名。

151. 证据移交清单（刑事案件用）

×××人民法院

证据移交清单

（刑事案件用）

（××××）……刑初……号

序号	证 据 名 称	数量（页数或型号、盘数）	备 注

移交人：　　　　　　　　　　　　　　接收人：

交接证据时间：　　年　　月　　日

【说明】

一、本样式根据《中华人民共和国刑事诉讼法》第一百七十六条第一款、第一百八十六条、第二百一十条的规定制订，供人民法院在受理公诉、自诉案件交接有关证据时使用。

二、本样式一式两份，证据移交后，移交和接收证据材料的各执一份。

【相关规定】

《中华人民共和国刑事诉讼法》第一百七十六条　人民检察院认为犯罪嫌疑人的犯罪事实已经查清，证据确实、充分，依法应当追究刑事责任的，应当作出起诉决定，按照审判管辖的规定，向人民法院提起公诉，并将案卷材料、证据移送人民法院。

犯罪嫌疑人认罪认罚的，人民检察院应当就主刑、附加刑、是否适用缓刑等提出量刑建议，并随案移送认罪认罚具结书等材料。

第一百八十六条　人民法院对提起公诉的案件进行审查后，对于起诉书中有明确的指控犯罪事实的，应当决定开庭审判。

第二百一十条　自诉案件包括下列案件：

（一）告诉才处理的案件；

（二）被害人有证据证明的轻微刑事案件；

（三）被害人有证据证明对被告人侵犯自己人身、财产权利的行为应当依法追究刑事责任，而公安机关或者人民检察院不予追究被告人刑事责任的案件。

152. 发还财物清单（刑事案件用）

×××人民法院

发还财物清单

（刑事案件用）

（　　）……刑×……号

<table>
<tr><td colspan="2">被告人姓名、案由</td><td colspan="3"></td><td colspan="2">案号</td><td colspan="4">（　　）……刑×……号</td></tr>
<tr><td>编号</td><td>财物名称</td><td>面额型号</td><td>数额数量</td><td>规格</td><td>重量</td><td>质量</td><td>成色</td><td>颜色</td><td>新旧程度</td><td>缺损特征</td></tr>
<tr><td></td><td></td><td></td><td></td><td></td><td></td><td></td><td></td><td></td><td></td><td></td></tr>
<tr><td></td><td></td><td></td><td></td><td></td><td></td><td></td><td></td><td></td><td></td><td></td></tr>
<tr><td></td><td></td><td></td><td></td><td></td><td></td><td></td><td></td><td></td><td></td><td></td></tr>
<tr><td></td><td></td><td></td><td></td><td></td><td></td><td></td><td></td><td></td><td></td><td></td></tr>
<tr><td></td><td></td><td></td><td></td><td></td><td></td><td></td><td></td><td></td><td></td><td></td></tr>
<tr><td></td><td></td><td></td><td></td><td></td><td></td><td></td><td></td><td></td><td></td><td></td></tr>
<tr><td colspan="11">上列财物已发还给我，核对无误。
领取单位（盖章）　　　　　　　　领取人（签名）

年　　月　　日</td></tr>
</table>

续表

执行人员（签名）	书记员（签名） 年　　月　　日

本清单入卷

【说明】

本样式根据《最高人民法院关于适用〈中华人民共和国刑事诉讼法〉的解释》第四百三十八条的规定制订，供人民法院在刑事案件中及时发还被害人的合法财产时使用。如果是被告人的合法财产应当发还的，亦可使用本样式的“发还财物清单”。

【相关规定】

《最高人民法院关于适用〈中华人民共和国刑事诉讼法〉的解释》第四百三十八条　对被害人的合法财产，权属明确的，应当依法及时返还，但须经拍照、鉴定、估价，并在案卷中注明返还的理由，将原物照片、清单和被害人的领取手续附卷备查；权属不明的，应当在人民法院判决、裁定生效后，按比例返还被害人，但已获退赔的部分应予扣除。

153. 刑事卷宗（封面）

×××人民法院

刑事卷宗

正　卷

<table>
<tr><td colspan="8">年度　　　　号</td></tr>
<tr><td colspan="2">案　由</td><td colspan="6"></td></tr>
<tr><td rowspan="2">诉讼双方的称谓和姓名</td><td></td><td colspan="6"></td></tr>
<tr><td></td><td colspan="6"></td></tr>
<tr><td colspan="2">审判长</td><td colspan="2">员</td><td colspan="2">员</td><td colspan="2">书记员</td></tr>
<tr><td colspan="2"></td><td colspan="2"></td><td colspan="2"></td><td colspan="2"></td></tr>
<tr><td>收案日期</td><td colspan="3">年　月　日</td><td>结案日期</td><td colspan="3">年　月　日</td></tr>
<tr><td>原审法院</td><td colspan="3"></td><td>有关案号</td><td colspan="3"></td></tr>
<tr><td>一审结果</td><td></td><td>二审结果</td><td colspan="2"></td><td>复核 再审 结果</td><td colspan="2"></td></tr>
<tr><td>归档日期</td><td colspan="4">年　月　日</td><td>保管期限</td><td colspan="2"></td></tr>
</table>

全宗号	目录号	案卷号

×××人民法院

刑事卷宗

副 卷

<table>
<tr><td colspan="6">年度 号</td></tr>
<tr><td colspan="2">案 由</td><td colspan="4"></td></tr>
<tr><td rowspan="2">诉讼双方的称谓和姓名</td><td></td><td colspan="4"></td></tr>
<tr><td></td><td colspan="4"></td></tr>
<tr><td colspan="2">审 判 长</td><td>员</td><td colspan="2">员</td><td>书 记 员</td></tr>
<tr><td colspan="2"></td><td></td><td colspan="2"></td><td></td></tr>
<tr><td>收案日期</td><td colspan="2">年 月 日</td><td>结案日期</td><td colspan="2">年 月 日</td></tr>
<tr><td>原审法院</td><td colspan="2"></td><td>有关案号</td><td colspan="2"></td></tr>
<tr><td>一审结果</td><td></td><td>二审结果</td><td></td><td>复核再审结果</td><td></td></tr>
<tr><td>归档日期</td><td colspan="3">年 月 日</td><td>保管期限</td><td></td></tr>
</table>

全宗号	目录号	案卷号

【说明】

一、本样式供刑事诉讼的一审、二审、复核、再审案件通用。

二、本样式封面的案由以下，应当根据不同性质的案件，填写诉讼双方的称谓及姓名或者名称。如：刑事公诉的一审案件，应当填写“公诉机关×××人民检察院”，另起一行填写“被告人×××”。二审案件，检察机关抗诉的，应当填写“抗诉机关×××人民检察院”，另起一行填写“原审被告人×××”；被告人上诉的，填写“上诉人×××”。刑事自诉的一审案件，应当填写“自诉人×××”，另起一行填写“原审被告人×××”。

再审案件，如系检察机关抗诉的，写“抗诉机关×××人民检察院”；以下写当事人的原审称谓。

三、独任审判的，独任审判员可以在封面的审判人员栏的第二格内署名。

四、副卷应当随同正卷一并归档。

154. 卷内目录（刑事案件用）

卷内目录

（刑事案件用）

序　号	文书名称	页次
备考		

本卷宗连同封面、封底共计　页，附证物　袋

155. 证物袋（各类案件用）

证 物 袋

（各类案件用）

编号	证 物 名 称	数量	证 物 来 源	收到日期	备 考
备注					

【说明】

一、本样式根据《人民法院诉讼文书立卷归档办法》制订，供保存证物时使用。

二、该证物袋粘贴在案卷封底上（里面），用于装载该案作为证据使用的非纸制的证据，或者物证的照片、录音带等。

156. 备考表（各类案件用）

备考表
（各类案件用）

全宗号： 案卷目录号： 案卷顺序号： 本卷内缺点及其他情况：   立卷人： 年　月　日 检查人： 年　月　日

【说明】

一、本样式供各类案卷用，装订在全册卷宗材料的末页。每册应当附一张，以备归档时和以后记载有关事项时使用。

二、样式各项内容，由立卷人和检查人分别填写。如有需要说明的问题，可以在空白处书写。

157. 结案登记表（送交执行机关执行用）

结案登记表
（送交执行机关执行用）

姓　　名

审判机关

填表日期　　年　　月　　日

姓名		曾用名		性别		出生年月日		民族	
出生地		文化程度		特长				捕前政治面貌	
捕前职业或工作单位和职务									
家庭住址									
罪名			主刑			剥夺政治权利期限			
简历									
过去违法犯罪和处理情况									
本案犯罪事实（时间、地点、手段、动机、结果等）									
证据									
罪犯的认罪态度和是否已经考虑从严或者从宽判处等									
备　考									

填表人：

【说明】

本样式根据《最高人民法院关于适用〈中华人民共和国刑事诉讼法〉的解释》第五百一十一条的规定制订，供人民法院对判处死刑缓期执行、无期徒刑、有期徒刑、拘役的罪犯，在刑事判决（或者裁定）生效后，将判决书、裁定书和执行通知书等送达执行机关时使用。

【相关规定】

《最高人民法院关于适用〈中华人民共和国刑事诉讼法〉的解释》第五百一十一条　被判处死刑缓期执行、无期徒刑、有期徒刑、拘役的罪犯，第一审人民法院应当在判决、裁定生效后十日内，将判决书、裁定书、起诉书副本、自诉状复印件、执行通知书、结案登记表送达公安机关、监狱或者其他执行机关。

九、书状类

158. 刑事自诉状（自诉案件用）

刑 事 自 诉 状

（自诉案件用）

自诉人
被告人
案　由　和　诉　讼　请　求

续表

事　实　与　理　由
证人姓名和住址，其他证据名称、来源
此致
人民法院
附：本诉状副本　　份
自诉人
年　月　日

注：1. 本诉状供刑事自诉案件起诉用，用钢笔或者毛笔书写。

2. “自诉人”“被告人”栏，均应写明姓名、性别、出生年月日、民族、出生地、文化程度、职业或者工作单位和职务、住址等项。对被告人的出生年月日确实不知的，可写其年龄。

3. “案由和诉讼请求”栏，应当写明控告的罪名和具体的诉讼请求。

4. “事实与理由”部分的空格不够用时，可以增加中页。

5. 自诉状副本份数应当按被告人的人数提交。

159. 附带民事起诉状（附带民事诉讼案件用）

附带民事起诉状
（附带民事诉讼案件用）

附带民事诉讼原告人
附带民事诉讼被告人
诉　讼　请　求
事 实 与 理 由

续表

证人姓名和住址，其他证据名称、来源
此致
人民法院
附：本诉状副本　　份
附带民事诉讼原告人
年　月　日

注：1. 本诉状供刑事附带民事诉讼原告人起诉用，用钢笔或者毛笔书写。

2. “附带民事诉讼原告人”和“附带民事诉讼被告人”栏，均应写明姓名、性别、出生年月日、民族、出生地、文化程度、职业或者工作单位和职务、住址等项。对被告人的出生年月日确实不知的，可写其年龄。

3. “诉讼请求”栏，应当写明具体的诉讼请求事项。

4. “事实与理由”部分的空格不够用时，可以增加中页。

5. 起诉状副本份数应当按被告人的人数提交。

160. 刑事上诉状（刑事案件上诉用）

刑 事 上 诉 状

（刑事案件上诉用）

上诉人								
上诉人					一案，于	年	月	日
收到	人民法院	年	月	日（	）	号刑事		，
现因不服该	提出上诉。							
		上 诉 请 求						
		上 诉 理 由						

此致

人民法院

附：本上诉状副本　　　份

上诉人

年　月　日

注：1. 本上诉状供刑事案件被告人、自诉人、附带民事诉讼的当事人及其法定代理人对一审刑事判决、裁定不服提出上诉用，用钢笔或者毛笔书写。

2. “上诉人”栏，应当写明姓名、性别、出生年月日、民族、出生地、文化程度、职业或者工作单位和职务、住址等。

3. “上诉理由”部分的空格不够用时，可以增加中页。

161. 申诉书（刑事案件用）

申　诉　书

（刑事案件用）

申诉人
申诉人　　　　　对　　　　　　　　　　　　人民法院　　　　年　　月
日（　　　）　　　　号　　　　　　　　,提出申诉。
请　求　事　项
事　实　与　理　由

续表

此致
人民法院
附：原审　　　　书复印件一份
申诉人
年　月　日

注：1. 本申诉书供刑事案件的当事人及其法定代理人、近亲属提出申诉时用，用钢笔或毛笔书写。

2. “申诉人”栏，应当写明申诉人的姓名、性别、出生年月日、民族、出生地、文化程度、职业或者工作单位和职务、住址等；如系法人或者其他组织的，应当写明名称、所在地址、法定代表人或者代表人的姓名和职务。

3. “事实与理由”部分的空格不够用时，可以增加中页。

4. “申诉人”署名栏，如系法人或者其他组织的，应当写明全称，由法定代表人或者代表人签名，加盖单位公章。

162. 委托书（刑事案件当事人等委托诉讼代理人用）

委　托　书

（刑事案件当事人等委托诉讼代理人用）

委托人姓名：

受委托人姓名：　　　　　　　　　　　　　　　　性别：

工作单位：

住　　址：　　　　　　　　　　　　　　　　电话：

根据《中华人民共和国刑事诉讼法》第四十六条的规定，现委托
在我与　　　　　　　　　　　　　　　　　　　　　　一案中，
作为我参加诉讼的诉讼代理人。

委托人：

年　　月　　日

【说明】

一、本样式供人民法院在审理公诉案件中，被害人及其法定代理人或者近亲属、附带民事诉讼的当事人及其法定代理人和自诉案件的自诉人及其法定代理人委托诉讼代理人时使用。

二、附带民事诉讼的当事人及其法定代理人委托诉讼代理人的，还应当在委托书中写明委托代理的权限。

【相关规定】

《中华人民共和国刑事诉讼法》第四十六条 公诉案件的被害人及其法定代理人或者近亲属，附带民事诉讼的当事人及其法定代理人，自案件移送审查起诉之日起，有权委托诉讼代理人。自诉案件的自诉人及其法定代理人，附带民事诉讼的当事人及其法定代理人，有权随时委托诉讼代理人。

人民检察院自收到移送审查起诉的案件材料之日起三日以内，应当告知被害人及其法定代理人或者其近亲属、附带民事诉讼的当事人及其法定代理人有权委托诉讼代理人。人民法院自受理自诉案件之日起三日以内，应当告知自诉人及其法定代理人、附带民事诉讼的当事人及其法定代理人有权委托诉讼代理人。

163. 保证书（取保候审的保证人用）

保　证　书

（取保候审的保证人用）

　　　　人民法院：

我与被告人　　　　是　　　　关系。我愿作为被告人　　　　取保候审的保证人，履行《中华人民共和国刑事诉讼法》第七十条第一款规定的以下义务：

（一）监督被保证人　　　　遵守《中华人民共和国刑事诉讼法》第七十一条的规定；

（二）发现被保证人　　　　可能发生或者已经发生违反《中华人民共和国刑事诉讼法》第七十一条规定的行为，及时向执行取保候审的公安机关报告。

保证人：

年　　月　　日

【说明】

一、本样式根据《中华人民共和国刑事诉讼法》第七十条第一款和《最高人民法院关于适用〈中华人民共和国刑事诉讼法〉的解释》第一百五十二条的规定制订，供对被告人取保候审的保证人出具保证书时使用。

二、本件为填充式，由保证人签名或者盖章后交人民法院。

【相关规定】

《中华人民共和国刑事诉讼法》第七十条　保证人应当履行以下义务：

（一）监督被保证人遵守本法第七十一条的规定；

（二）发现被保证人可能发生或者已经发生违反本法第七十一条规定的行为的，应当及时向执行机关报告。

被保证人有违反本法第七十一条规定的行为，保证人未履行保证义务的，对保证人处以罚款，构成犯罪的，依法追究刑事责任。

第七十一条　被取保候审的犯罪嫌疑人、被告人应当遵守以下规定：

（一）未经执行机关批准不得离开所居住的市、县；

（二）住址、工作单位和联系方式发生变动的，在二十四小时以内向执行机关报告；

（三）在传讯的时候及时到案；

（四）不得以任何形式干扰证人作证；

（五）不得毁灭、伪造证据或者串供。

人民法院、人民检察院和公安机关可以根据案件情况，责令被取保候审的犯罪嫌疑人、被告人遵守以下一项或者多项规定：

（一）不得进入特定的场所；

（二）不得与特定的人员会见或者通信；

（三）不得从事特定的活动；

（四）将护照等出入境证件、驾驶证件交执行机关保存。

被取保候审的犯罪嫌疑人、被告人违反前两款规定，已交纳保证金的，没收部分或者全部保证金，并且区别情形，责令犯罪嫌疑人、被告人具结悔过，重新交纳保证金、提出保证人，或者监视居住、予以逮捕。

对违反取保候审规定，需要予以逮捕的，可以对犯罪嫌疑人、被告人先行拘留。

《最高人民法院关于适用〈中华人民共和国刑事诉讼法〉的解释》第一百五十二条　人民法院应当审查保证人是否符合法定条件。符合条件的，应当告知其必须履行的保证义务，以及不履行义务的法律后果，并由其出具保证书。

164. 保证书（证人、鉴定人、有专门知识的人、调查人员、侦查人员或者其他人员出庭作证用）

保　证　书

（证人、鉴定人、有专门知识的人、调查人员、
侦查人员或者其他人员出庭作证用）

姓名　　　　　　性别　　　　　　年龄　　　　　　民族

职业及工作单位

与本案当事人关系

我作为本案的证人（鉴定人、有专门知识的人、调查人员、侦查人员或者其他人员），保证向法庭如实提供证言（或者说明鉴定意见等）。如有意作伪证或者隐匿罪证（或者作虚假鉴定等），愿负法律责任。

（签名）

年　　月　　日

此件由证人、鉴定人、有专门知识的人、调查人员、侦查人员或者其他人员签名后入卷

【说明】

一、本样式根据《最高人民法院关于适用〈中华人民共和国刑事诉讼法〉的解释》第二百五十八条、第二百六十条的规定制订，供证人、鉴定人、有专门知识的人、调查人员、侦查人员或者其他人员出庭作证或者说明鉴定意见、专门知识等时使用。

二、鉴定人出庭说明鉴定意见适用本样式时，把“证人”改为“鉴定人”；“提供证言”改为“说明鉴定意见”；“伪证或者隐匿罪证”改为“虚假鉴定”；其他以此类推。

【相关规定】

《最高人民法院关于适用〈中华人民共和国刑事诉讼法〉的解释》第二百五十八条 证人出庭的，法庭应当核实其身份、与当事人以及本案的关系，并告知其有关权利义务和法律责任。证人应当保证向法庭如实提供证言，并在保证书上签名。

第二百六十条 鉴定人、有专门知识的人、调查人员、侦查人员或者其他人员出庭的，参照适用前两条规定。

第二部分

刑事诉讼文书撰写相关规定

最高人民法院
关于印发《法院刑事诉讼文书样式》（样本）的通知

1999 年 4 月 30 日　　法发〔1999〕12 号

全国地方各级人民法院，各级军事法院、各铁路运输中级法院和基层法院、各海事法院，新疆生产建设兵团各级法院：

1999 年 4 月 6 日，最高人民法院审判委员会第 1051 次会议讨论通过了《法院刑事诉讼文书样式》（样本）。这是最高人民法院为全面贯彻执行刑事诉讼法和刑法，大力推进控辩式审理方式，改革诉讼文书的制作，提高诉讼文书质量而采取的重要措施。

人民法院制作的诉讼文书特别是裁判文书，是人民法院行使国家审判权的体现，是具有法律效力的法律文书，是司法公正的最终载体。它关系到国家法律、法规的正确实施，关系到当事人诉讼权利和合法权益的保护，也关系到人民法院实事求是、依法办案、秉公执法、刚正不阿的公正形象。

制作裁判文书是审判工作的重要组成部分，是法官的一项重要任务，也是法院审判业务的一项基本建设。各级法院领导和广大法官要充分认识制作好裁判文书的重要意义，用改革的精神，采取有效措施，努力提高裁判文书的质量。那种认为“只要把案子办好了就成了，裁判文书写得好不好没关系”的思想是十分错误的、有害的。

自 1992 年 6 月最高人民法院下发《法院诉讼文书样式（试行）》以来，各地采取措施，积极探索制作裁判文书的规律，涌现出一批优秀的裁判文书。但从总体上来看，目前制作的水平还不高，主要是裁判文书千案一面，缺乏认证断理，看不出判决结果的形成过程，说服力不强。针对这种状况，去年底召开的全国高级法院院长会议强调：要加快裁判文书的改革步伐，“做到裁判文书无懈可击，使裁判文书成为向社会公众展示法院文明、公正司法形象的载体，真正具有司法权威”。

为了总结经验，进一步提高诉讼文书质量，最高人民法院决定对 1992 年下发的

《法院诉讼文书样式（试行）》进行全面修订。为了配合执行修改后的刑事诉讼法和刑法，决定首先对文书样式中的刑事部分进行修订。修订的重点是事实（包括证据）和理由部分。这是因为，目前裁判文书存在两大缺点。一是叙述事实部分，不证明犯罪，不写具体证据，只写“上述犯罪事实，有证人证言、书证、鉴定结论证实，被告人也供认不讳”这样的套话。证言，谁的证言，内容是什么？书证，是什么书证，内容是什么？鉴定结论，谁作出的，内容是什么，一概没有。法官的认证、采信证据在裁判文书中体现不出来。二是不说理或者说理不充分，理由部分没理由，只引用法条；不阐明适用法律的道理。因此，说服力也就不大。而裁判文书最精采的是理由部分，最能体现一个法官的水平。因此，执行修订后的文书样式，改革诉讼文书的制作，要抓住重点，即在加大对证据的分析、认证和增强裁判的说理性这两个问题上下功夫。

现将样式样本印发给你们（另发），望组织审判人员学习，认真贯彻执行。为此，特作如下通知：

一、要把裁判文书的改革同目前正在全国法院系统开展的“审判质量年”、“争创人民满意的好法院，争当人民满意的好法官”的活动有机地结合起来。提高裁判文书质量是提高审判工作质量的一个重要内容。各级法院要把诉讼文书特别是裁判文书列为考察法官审判工作能力的重要标准，抓实抓好，从而推动“审判质量年”和“争创人民满意的好法院，争当人民满意的好法官”活动的深入开展。

二、组织学习，加强培训。各级法院要组织广大法官认真学习肖扬院长和祝铭山副院长在去年底召开的全国高级法院院长会议上的讲话，以提高改革裁判文书制作的自觉性；认真学习修订的文书样式及其说明，以提高裁判文书的制作水平。在拟定的164种文书样式中，有53种是根据修改后的刑事诉讼法、刑法和有关司法解释的规定新增加的；其他文书样式大多在原有样式的基础上作了不同程度的修改和补充，并对每一种文书的制作提出了要求。在学习时，要注意总结执行试行样式以来的经验。为便于在审判实践中学习和适用，最高法院已将修订文书样式印成小册子，供从事刑事审判工作的法官学习、工作之用。

在组织法官学习的同时，各级法院要加强对法官的培训。长期以来，我们没有将制作诉讼文书列入培训内容，因而是一个薄弱的环节。为了提高法院队伍的整体素质，最高法院决定将用三年时间，把全国中级以上人民法院正副院长、正副庭长轮训一遍，各高级法院也要抓紧轮训基层人民法院和人民法庭的法官。同时，要举办诉讼文书培训班，由最高法院和各高级法院分级承担培训任务。国家法官学院负责培训高级法院和解放军军事法院，省会城市和计划单列市中级法院主管院长、刑庭和告申庭正副庭长以及业大的教师；高级法院和业大分校（或者法官培训中心）负责组织对本院和下级法院法官、教师的培训；有条件的中级法院也可以主办诉讼文书培训班。

三、为了及时总结、探讨制作裁判文书的经验，各地可以通过举办诉讼文书研讨会、评比会等形式，进行交流。最高法院准备在今年 11 月举行刑事裁判文书改革研讨会，希望各地做好准备，并推荐一批优秀的刑事裁判文书。最高法院准备公开出版《优秀刑事裁判文书实例选》，以推动裁判文书改革的发展。

四、《法院刑事诉讼文书样式》（样本）自 1999 年 7 月 1 日起施行。我院办公厅于 1992 年 6 月 20 日下发的《法院诉讼文书样式（试行）》中的刑事部分同时废止。各地在执行过程中有何意见，望及时报告我院。

最高人民法院办公厅
关于实施《法院刑事诉讼文书样式》若干问题的解答

2001年6月15日　　法办〔2001〕155号

经最高人民法院审判委员会第1051次会议讨论通过的《法院刑事诉讼文书样式》（以下简称修订样式），自1999年7月1日施行以来，各地提出了一些问题。为正确理解和执行修订样式，现解答如下：

一、第一审刑事裁判文书

（一）首部

1. 问：对于当事人基本情况中的"出生年月日"与"出生地"，可否表述为"××××年××月××日出生于×××（地名）"？

答：为行文简洁，也可以采用这种合并的写法。

2. 问：对不愿供述或者无法确定其真实姓名、出生地等基本情况的被告人，如何表述？

答：参照刑事诉讼法第一百二十八条第二款关于"对于犯罪事实清楚，证据确实、充分的，也可以按其自报的姓名移送人民检察院审查起诉"的规定，可以按照被告人自报的姓名和出生地等情况表述，并用括号注明"自报"。

3. 问：被告人所受强制措施的情况，有的表述为"因本案于××××年××月××日被羁押"；有的表述为"因涉嫌××犯罪于××××年××月××日被羁押"；有的表述为"因涉嫌××于××××年××月××日被羁押"；还有的表述为："因涉嫌犯××罪于××××年××月××日被羁押"，哪一种表述正确？

答：可以按最后一种方式表述，即"因涉嫌犯××罪于××××年××月××日被刑事拘留、逮捕（或者被采取其他羁押措施）"。

4. 问：根据最高人民法院《关于严格执行审理期限制度的若干规定》，是否应当在案件由来和审理经过段，写明人民法院审查起诉后的立案日期和延期审理的情况？

答：为了客观反映公诉机关（或者自诉人）的起诉日期和人民法院审查起诉后的立案日期，便于当事人和有关部门监督、检查人民法院对案件审理期限制度的执行情况，体现审理案件的公开性和透明度，提高办案效率，应当在裁判文书中写明审理案件的起始日，即立案的日期。如公诉案件，可以在“×××人民检察院……于××××年××月××日向本院提起公诉”之后，续写：“本院于××××年××月××日立案，并依法组成合议庭………”。需要延长审限的，属于附带民事诉讼案件，应当写明：“经本院院长批准，延长审限两个月”；有刑事诉讼法第一百二十六条规定的情形之一的，则应当写明：“经×××高级人民法院批准（或者决定），再延长审限一个月。”

5. 问：依法不公开审理的案件，应否在审理经过段写明不公开审理的理由？

答：为了体现审理程序的合法性，应当写明不公开审理的理由。可表述为：“本院依法组成合议庭，因本案涉及国家秘密（或者个人隐私，或者被告人系未成年人），不公开开庭审理了本案”。

6. 问：在案件由来和审理经过段，对指定管辖或者延期审理、简易程序转入普通程序等情形，应否具体表述？

答：应当具体表述，以客观反映案件的审理过程。

7. 问：刑法第九十八条规定的“告诉才处理”的案件，如果被害人因受强制、威胁无法告诉而由人民检察院起诉或者由被害人的近亲属代为告诉的，对“控方”的称谓应当如何表述？

答：由人民检察院直接起诉的，表述为“公诉机关”；由被害人的近亲属代为告诉的，表述为“自诉人”，但应当注明与被害人的关系。

8. 问：未成年人犯罪的案件，其法定代理人没有出庭的，是否还应当在首部当事人基本情况中列写“法定代理人”项？

答：应当列写。但在审理经过段出庭人员中，无须表述法定代理人未出庭的内容。

（二）事实和证据

9. 问：在表述控辩双方的意见和经审理查明的“事实和证据”部分时，如何做到“繁简适当”？

答：应当因案而异。原则上可以控辩双方有无争议为标准。即：控辩双方没有争议的事实，可以扼要概括，检察机关指控的证据可以用“检察机关提供了相应的证据”一句来概括。在“经审理查明”的事实和证据部分，则应当具体写明经法庭审理认定的事实和证据。在证据的表述上可以首先写明：“上述事实，有检察机关提交，并经法庭质证、认证的下列证据予以证明”。

控辩双方有争议的事实，则无论是“控辩意见”还是“经审理查明”的事实部分，都应当详细叙述，并对有争议的事实、证据进行具体的分析、认证，写明采信证据的理由。

10. 问：对被告人一人或者多人多次犯同种罪的，事实和证据可否归纳表述？

答：控辩双方没有争议并且经庭审查证属实的同种数罪，事实和证据部分可以按犯罪的时间、地点、手段、对象等归纳表述。

11. 问：修订样式要求在裁判文书中写明的“证据来源”的含义是什么？

答：主要指证据是由控辩双方的哪一方提供的。

12. 问：在表述证据时，对被告人供述、被害人陈述、证人证言等言词证据应当用第一人称还是第三人称？

答：原则上应当用第三人称，涉及到证明案件事实的关键言词，也可以使用第一人称。

13. 问：对隐私案件的被害人或者其他案件中不愿在裁判文书中透露真实姓名的证人，为保护其名誉和安全，可否只写姓不写名？

答：为了维护裁判文书的真实性和严肃性，在裁判文书中，应当写明证人的真实姓名；为了保护被害人的名誉，根据被害人的请求或者案件的具体情况，在裁判文书中，也可以只写姓、不写名，具体可以表述为“张某某”、“王某某”，但不宜表述为“张××”、“王××”。

14. 问：对自首或者立功或者累犯等情节，在裁判文书中应当如何表述？

答：按照修订样式的要求，对自首、立功等情节的认定应当写在事实部分，并写明确认自首、立功等情节成立的证据；对具有自首、立功等情节的被告人如何处罚的论述，则应当在理由部分进行表述。

对涉及累犯的情形，则应当在首部被告人的基本情况中写明其原判刑罚的情况和刑满释放的日期。

15. 问：对经审理确认指控的事实不清、证据不足而宣告无罪的案件，事实和证据部分应当如何表述？可否省略该部分而直接写“本院认为”？

答：不可以。对这类因证据不足不能认定被告人有罪的案件，应当在“经审理查明”的事实部分，针对指控的犯罪事实，通过对证据的具体分析、认证，写明

"事实不清、证据不足"的具体内容，为判决理由作好铺垫。

16. 问：对检察机关指控被告人犯数罪，经法庭审理后认为被告人只构成一罪时，在事实和理由部分应当如何表述？

答：在控辩意见部分，对检察机关指控的数罪仍应当客观概述；在经审理查明的事实和证据部分，则应当因案而异进行表述。经法庭审理查明检察机关指控的犯罪事实成立，但只构成一罪的，或者按照法律规定指控的"数罪"本属一罪的（如惯犯、结合犯、牵连犯、连续犯等），不构成数罪的理由宜在"本院认为"中表述；如果经庭审查明，指控的"数罪"中，有的指控的犯罪成立，有的因证据不足，指控的犯罪不能成立，只构成一罪的，则指控的犯罪不成立的证据的分析，宜在"事实和证据"部分予以表述，并在理由部分加以论证。

17. 问：法庭经审理确认指控的犯罪事实成立，但控辩双方对犯罪性质的指控和辩护均不成立，被告人的行为构成他罪的，事实部分应当如何表述？

答：在指控的"犯罪事实"成立，只是指控的"犯罪性质"不当的情况下，应当据实表述经审理查明的事实和证据；在理由部分写明依法应当认定被告人的行为触犯了何种罪名的理由，以及控辩双方主张的罪名均不成立的理由。

（三）理由

18. 问：对检察机关在法院宣告判决前要求撤回起诉并经法院准许的，在刑事裁定书上应当如何引用法律依据？

答：应当引用最高人民法院《关于执行〈中华人民共和国刑事诉讼法〉的解释》第一百七十七条作为裁定的依据。

19. 问：一份裁判文书涉及对多个被告人定罪处刑的法律条款，其中，既有相同的，又有不同的，在制作裁判文书时，应当分别引用对每个被告人适用的法律条款，还是应当综合引用对整个案件都适用的法律条款？

答：为了充分体现对被告人适用法律条文的准确性和增强援引法律条文的针对性，在共同犯罪案件中，对共同犯罪的各被告人所适用的法律条款，应当逐人分别引用。

（四）判决结果

20. 问：检察机关指控被告人犯数罪，经审理确认其中一罪因证据不足、指控犯罪不能成立的，判决结果部分是否予以表述？

答：只需在判决理由部分就证据不足、指控的犯罪不能成立予以充分论证即可，在判决结果中不再表述。

21. 问：对同一被告人既判处有期徒刑又并处罚金刑的，其刑期起止日期和缴纳罚金的期限应当如何表述？

答：对同一被告人既被判处有期徒刑又并处罚金的，应当在判处的有期徒刑和罚金刑之后，分别用括号注明有期徒刑刑期起止的日期和缴纳罚金的期限。

22. 问：适用数罪并罚“先减后并”的案件，对前罪“余刑”从何日起算？在裁判文书中如何表述？

答：前罪“余刑”的起算日期，可以从犯新罪之日起算。判决结果的刑期起止日期可表述为：“刑期从判决执行之日起计算。判决执行以前先行羁押的，羁押一日折抵刑期一日，即自××××年××月××日（犯新罪之日）起至××××年××月××日止。”

（五）尾部

23. 问：刑事自诉案件准许撤诉的，刑事裁定书尾部是否可以不写明“如不服本裁定，可在接到裁定书的第二日起五日内，通过本院或者直接向×××人民法院提出上诉。书面上诉的，应提交上诉状正本一份，副本×份”的内容？

答：应当写明。虽然自诉人提出撤诉，人民法院裁定准许撤诉后，自诉人也可能不上诉，但是法律赋予当事人的诉讼权利应当依法保护，并应当在裁定书中予以明示。

二、第一审单位犯罪刑事判决书

24. 问：单位犯罪案件，检察机关起诉到法院后，单位被注销或者被宣告破产的，在裁判文书中如何表述？

答：在首部应当列被告单位的名称，并用括号注明单位已被有关部门注销或者被人民法院宣告破产；在事实部分应当简要写明单位被注销或者被宣告破产的情况；在理由部分应当阐明对被告单位终止审理的理由；在判决结果的第一项先写：“对被告单位××××终止审理”；第二项再写对被告人（即直接负责的主管人员和其他直接责任人员）作出的判决。

25. 问：被告单位犯罪后变更名称的，被告单位如何列，判决结果如何表述？

答：一般应当列变更后的单位名称，但需括注单位的原名称。在判决结果中，应当根据庭审查明的事实和法律的有关规定，对变更后的单位定罪判刑（判处罚金），或者宣告无罪。

三、第一审适用简易程序制作的刑事裁判文书

26. 问：人民法院决定或者检察机关建议或者同意适用简易程序的案件，是否应当在裁判文书的首部写明？

答：由于无论是人民法院决定适用简易程序，还是人民检察院建议或者同意适用简易程序，均另有书面材料附卷，故首部只要写明"本院依法适用简易程序，实行独任审判"即可。

27. 问：对适用简易程序审理的案件，在裁判文书中如何体现"简易"的特点？

答：由于适用简易程序的前提是"事实清楚、证据充分"，且在通常情况下，控辩双方对指控的事实和证据没有原则分歧。因此，在制作这种裁判文书时，对控辩主张的内容可以高度概括；对"经审理查明"的事实可以概述，对定案的证据可以不写；对判决理由则可以适当论述。

四、第一审刑事附带民事判决书

28. 问：对于既是刑事被告人又是附带民事诉讼被告人的，在"被告人"项之后，是否应当括注"附带民事诉讼被告人"？

答：刑事被告人同时为附带民事诉讼被告人时，在首部无需另括注"附带民事诉讼被告人"；如果不是同一个人，则需另列"附带民事诉讼被告人"。

29. 问：如果附带民事诉讼原告人系隐私（强奸等）案件的被害人，在首部的"附带民事诉讼原告人"项是否应当写出其真实姓名？在判决结果中对其赔偿问题又应当如何表述？

答：为了保护隐私案件被害人的名誉，在裁判文书中可以只写姓，不写名，即用"李某某"来代替，以避免产生副作用。在判决结果中应当表述为："被告人（或者附带民事诉讼被告人）×××赔偿附带民事诉讼原告人李某某……（经济损失的具体数额）。"

30. 问：在刑事附带民事诉讼中，附带民事诉讼原告人众多的，在判决书首部是否应当将附带民事诉讼原告人全部列出？

答：一般应当全部列出。提起附带民事诉讼是法律赋予被害人的一项诉讼权利。只要被害人及其近亲属或者其法定代理人依法提起附带民事诉讼，都应当在判决书首部将他们一一列出，以体现对被害人合法诉讼权利的保护。但对于依照民事诉讼法的规定实行代表人制度的，则可以只列代表人及其委托代理人，并在裁判文书之

后附上提起附带民事诉讼的原告人的名单。

31. 问：在附带民事诉讼中，对被告人未明确辩护人在民事诉讼中的代理权限，而辩护人针对附带民事部分发表的意见，裁判文书中是否要加以表述？

答：被告人如果没有委托辩护人同时担任民事诉讼代理人的，辩护人就无权就附带民事诉讼部分发表代理意见；已发表的也不能在裁判文书中表述。

32. 问：对成年（包括未成家但已成年）被告人的亲属自愿承担民事赔偿责任的刑事附带民事案件，在判决结果中可否表述为："由被告人父母在家庭共同财产中支付"？

答：不可以。由于被告人已成年，在判决结果中仍应表述为："被告人×××赔偿附带民事诉讼原告人×××……（写明受偿人的姓名、赔偿的金额和支付的日期）"。对于已由被告人的亲属自愿代为赔偿的，可以在裁判文书的事实部分予以表述。

33. 问：对刑事附带民事案件，在判决结果中，能否表述"免予赔偿"或者单独列项"驳回附带民事诉讼原告人的诉讼请求"？

答：经过审理，确认被告人的犯罪行为（或者违法行为）给被害人造成物质损失（包括已经遭受的实际损失和必然遭受的损失）的，理应承担民事赔偿责任，一般不能判决"免予赔偿"，以切实维护被害人的合法权益。依法判决后，在实际执行过程中，查明被告人确无财产可供执行的，则可以作出中止或者终结执行的裁定。如果判决确认被告人不应承担民事赔偿责任，不予赔偿的，按照修订样式的规定，在判决结果中应当表述为："被告人×××不承担民事赔偿责任"，而不宜表述为："驳回附带民事诉讼原告人的诉讼请求。"

34. 问：对公诉案件中附带民事诉讼部分调解结案的，应当如何制作刑事附带民事调解书？

答：对公诉的刑事附带民事诉讼案件，在判决宣告以前，经调解，双方当事人就经济损失的赔偿达成调解协议的，应当制作"刑事附带民事调解书"。制作时，可以参照一审自诉案件刑事附带民事调解书样式9及其说明。

35. 问：附带民事诉讼原告人撤诉的，应否单独就附带民事诉讼部分作出准予撤诉的裁定？继续审理的刑事诉讼部分是制作刑事判决书还是刑事附带民事判决书？

答：附带民事诉讼原告人撤诉的，人民法院应当单独作出准予撤诉的裁定。由于附带民事诉讼部分已撤诉，刑事诉讼部分审理终结后，则应当制作刑事判决书。

36. 问：刑事附带民事诉讼案件，刑事部分先判决，民事赔偿部分后处理的，使用何种裁判文书，能否使用同一案号？

答：根据刑事诉讼法第七十八条的规定，为了防止刑事案件的审判过分迟延，刑事部分先行判决的，应当制作刑事判决书；民事赔偿部分由同一审判组织继续审理、判决的，则应当制作刑事附带民事判决书，并在审理经过段写明刑事部分已先行判决，以便与本判决相衔接，并使用同一个案号。

五、未成年人犯罪刑事裁判文书

37. 问：判令未成年被告人的监护人（父母）承担民事赔偿责任的，在首部可否将其列为附带民事诉讼被告人？在判决结果中如何表述？

答：应当将依法对未成年被告人享有监护权的监护人列为“法定代理人暨附带民事诉讼被告人”，而不仅仅列为“法定代理人”或者“附带民事诉讼被告人”。在这种附带民事诉讼中，未成年被告人的监护人实际上具有双重诉讼地位和双重身份，他们既是未成年被告人的法定代理人，以维护被告人的合法权益，又是附带民事诉讼的被告人，以承担民事赔偿责任。在判决结果中，则应当表述为：“附带民事诉讼被告人×××赔偿附带民事诉讼原告人×××……（写明受偿人的姓名、赔偿的金额和支付的日期）。”

38. 问：如何规范未成年人犯罪刑事裁判文书的制作？

答：未成年人犯罪有其特殊性。制作未成年人犯罪刑事判决书应当坚持“教育、感化、挽救”的方针和“教育为主，惩罚为辅”的原则，并注意充分反映未成年人犯罪的特点。人民法院应当根据刑事诉讼法和最高人民法院《关于审理未成年人刑事案件的若干规定》，按照新补充的一审未成年人刑事案件适用普通程序用的刑事判决书样式及其说明的要求制作（参见补充样式2）。

六、第二审程序刑事裁判文书

39. 问：被告人和附带民事诉讼原告人均提起上诉的案件，对二审裁判文书的首部、事实和理由部分应当按何种顺序排列？

答：首部可以按先民事、后刑事的顺序排列，其他部分按先刑事、后民事的顺序排列。如果两个以上的附带民事诉讼原告人只有部分上诉的，对没有上诉的附带民事诉讼原告人，可以在“上诉人（原审附带民事诉讼原告人）”之后，再列“原审附带民事诉讼原告人”。

40. 问：对一审判处被告人死刑（包括死缓）而只有附带民事诉讼原告人提起上诉的案件，二审法院的裁判文书应当如何制作？能否在二审的同时一并对原判死刑（死缓）予以核准或者予以改判？

答：这实际涉及两个程序，是应当制作一份还是两份刑事裁判文书的问题。应当视二审和复核案件的不同情况而定。如果经高级法院（或者解放军军事法院）二审审理，对附带民事赔偿部分维持原判；经高级法院复核，刑事部分核准死刑（包括死缓），为了简便，可以只制作一份刑事附带民事裁定书，程序的代字用“终”字即可。如果经高级法院二审审理，对附带民事赔偿部分需要改判，或者刑事部分需要改判，则应当制作两份刑事裁判文书（一份刑事附带民事判决书，一份刑事裁定书；或者一份刑事附带民事裁定书，一份刑事判决书）。

41. 问：刑事附带民事诉讼中，一审判决后，如果刑事被告人不上诉，只是附带民事诉讼的当事人提出上诉的，二审裁判文书的首部是否还要表述“原公诉机关”？事实和证据部分是否应写明刑事部分内容？理由部分是否应写明“刑事部分已生效”？判决结果部分应否写明“维持刑事判决”？

答：在首部应当表述“原公诉机关”，并在审理经过段写明，在法定期限内未提出上诉、抗诉，原审判决的刑事部分在上诉、抗诉期满后即发生法律效力；在事实和证据部分主要应当写明由于被告人的犯罪行为给附带民事诉讼原告人造成的经济损失的事实及其证据；理由部分着重论证上诉人对附带民事部分提出的上诉理由是否成立；判决结果部分只需对附带民事部分作出裁判，不再涉及刑事部分。

42. 问：二审认定的事实和证据与一审没有出入，在二审刑事裁定书的事实和证据部分，应当详写一审还是二审认定的内容？如有出入时，又应当如何表述？

答：原则上应当因案而异。在一般情况下，如果二审认定的事实和证据与一审没有出入，且控辩双方对此也没有异议的，可以采取“此繁彼简”的方法，详述一审认定的事实和证据，对二审认定的事实和证据可以略述；如果二审认定的事实和证据与一审有出入，或者控辩双方对此有异议的，则应当侧重写明二审与一审有分歧的事实和证据，并针对控辩双方有异议的事实和证据进行分析、认证，写明是否采信的理由。如果根据案件的具体情况，认为采取“此简彼繁”的方法叙述比较适宜的，也可以略述一审，详述二审。总的要求是，繁简适当，避免一、二审之间事实部分不必要的重复。

43. 问：二审（复核）案件刑事裁判文书的理由部分是否应当引用实体法（如刑法）的条款？

答：应当区别不同情况予以援引。对裁定维持原判、发回重审或者核准一审判决的，可以只引用程序法的有关条文；撤销原判，予以改判的，或者一审引用法律条文错误的，则程序法、实体法的有关条文都应当引用，在顺序上，则应当先引用程序法，再引用实体法。但前述无论哪种情形，都应当在表述一审判决理由时，对一审判决适用的法律依据一并引用，这样才使二审（复核）裁判具有针对性。

44. 问：一审判处死缓的案件，检察机关抗诉后在二审期间又撤回抗诉并经法院审查同意的，二审法院应当制作一份还是两份裁判文书？

答：应当制作两份裁定书。一是制作准许撤回抗诉的刑事裁定书，二是制作核准死缓的刑事裁定书或者改判的刑事判决书。

七、死刑复核刑事裁判文书

45. 问：在共同犯罪的死刑复核案件中，既有判处死刑（死缓）的，又有判处无期徒刑、有期徒刑、拘役、管制等刑罚的，在制作复核死刑（死缓）的裁判文书时，是否还要写明原判无期徒刑和其他刑罚的被告人的基本情况？

答：根据最高人民法院《关于执行〈中华人民共和国刑事诉讼法〉的解释》第二百八十条的规定，在核准或者改判死刑的共同犯罪案件的裁判文书中，不需要写明原判无期徒刑、有期徒刑、拘役、管制等刑罚的被告人的基本情况。

46. 问：核准死刑缓期二年执行的裁判文书，是否需要写明死刑缓期二年执行期间的起止时间？

答：不需要。死刑缓期二年执行的期限，只是对死缓犯是否执行死刑的考验期限，且对该犯是否执行死刑尚属不确定状态。

47. 问：数罚并罚案件，既有判处死刑（死缓），又有判处其他刑罚或者没收财产、罚金等财产附加刑的，在核准死刑的裁判文书中，裁判结果可否只表述“核准×××中级（或高级）人民法院（××××）×刑初（或终）字第××号以××罪判处被告人×××死刑（死缓），剥夺政治权利终身的刑事判决”？

答：不可以。分别定罪量刑是数罪并罚的科学方法。人民法院核准死刑判决时，对数罪并罚案件而言，是在分别定罪量刑、然后决定执行刑罚的基础上进行的。因此，它不是只核准数罪中有死刑的判决，而是对原审法院整个判决（包括其他刑罚和没收财产、罚金财产附加刑）的核准。对犯一罪而被判处死刑并被判处财产附加刑的，也应当在裁判结果中一并写明。

八、再审刑事裁判文书

48. 问：上级人民法院按再审程序提审后，发现原一审判决认定事实不清，证据不足，决定发回重审的，文书样式是否可以参照二审发回重审的样式制作？

答：可以。这种裁判文书，在首部应当体现再审案件的特点；在理由和裁定结果部分可以参照二审发回重审的样式16及其说明的要求制作。

49. 问：对非因事实和证据方面的原因进行再审的案件，在制作裁判文书的“事实和证据”部分时，是详述原审认定的事实和证据，还是详述再审认定的事实和证据？

答：可以详述原审认定的事实和证据，略述再审认定的事实和证据。

50. 问：按《再审决定书》的制作要求，尾部均应写明“再审期间不停止原判决（裁定）的执行”。但对于死刑案件和已经执行完毕的案件，《再审决定书》的尾部应当如何表述？

答：再审期间不停止原判决、裁定的执行，是对一般案件来说的。对于死刑案件、已执行完毕的案件和原判宣告无罪、免于刑事处罚的案件，则可以在《再审决定书》的尾部一律不作上述表述。

51. 问：被判处死刑缓期二年执行的罪犯，在缓期二年执行期满后被减为有期徒刑，后又经再审将原判死缓改判为有期徒刑的，其刑期折抵在再审刑事判决书中应当如何表述？

答：刑期折抵的起始日仍应从被告人犯罪后被羁押之日起计算。

九、执行程序刑事裁判文书

52. 问：减刑刑事裁定书中是否应当写明执行机关提出的建议减刑的幅度？

答：按照修订样式的要求，在裁定书中只需写明执行机关提出减刑建议书及其具体日期即可，不需写明建议减刑的幅度。

53. 问：发现本院已生效的减刑、假释裁定确有错误，依法应当纠正，但人民检察院未提出的，在裁定理由部分应当引用什么法律作为裁定的依据？

答：应当根据生效裁定是认定事实上还是适用法律上确有错误，分别援引刑事诉讼法第二百零四条第（一）项或者第（三）项、刑法第七十九条或者第八十二条的规定作为裁定的法律依据。

54. 问：对于执行机关提出的减刑、假释建议书，经合议庭审理，认为不符合减刑、假释条件的案件，人民法院应当以什么形式退卷？

答：应当以决定书的形式将案卷退回执行机关（参见补充样式5），并在决定书中简要写明不符合减刑、假释条件，不予减刑、假释的具体理由。

55. 问：减刑、假释刑事裁定书尾部是否需要写明“本裁定为终审裁定”？

答：不需要。减刑、假释是刑罚执行过程中的刑罚变更制度，而不是审级制度。

因此，在裁定书尾部不须写：“本裁定为终审裁定。”但必须写明：“本裁定送达后即发生法律效力。”

十、其他

56. 问：对涉外刑事案件的被告人，人民法院决定限制其出境的，应当制作何种诉讼文书？

答：根据最高人民法院《关于执行〈中华人民共和国刑事诉讼法〉的解释》第三百二十二条、第三百二十三条的规定，对涉外刑事案件的被告人，人民法院决定限制其出境的，应当制作限制出境决定书。此决定书适用于人民法院认定的其他相关犯罪嫌疑人，并应另行具函，通报同级公安机关或者国家安全机关（参见补充样式4）。

57. 问：对出庭的检察人员，有的表述为“出庭支持公诉”，有的表述为“出庭履行职务”，还有的表述为“出庭参加诉讼”，哪一种表述正确？

答：根据最高人民法院《关于执行〈中华人民共和国刑事诉讼法〉的解释》第一百二十九条和修订样式的规定，对出庭的检察人员，在第一审程序中，应当表述为“出庭支持公诉”；在第二审程序中，应当表述为“出庭履行职务”或者“出庭支持抗诉”；在再审程序中，应当根据适用的程序不同，按照前述规定分别表述。

58. 问：对判处死刑的被告人，第一审宣判后、上诉期届满前死亡的，根据刑事诉讼法第十五条的规定，应当裁定终止审理。但此时一审已结束，二审和死刑复核程序还未启动，终止审理的裁定书应当由谁制作，应如何表述？

答：由于一审判决已经宣告，即一审程序已经结束，因此，终止审理的裁定书应当由上一级人民法院制作；上一级人民法院可以参照修订样式41的样式制作刑事裁定书，并对有关部分作相应的改动。

59. 问：人民法院同意人民检察院的建议决定延期审理的，应当采用什么形式？

答：根据最高人民法院《关于执行〈中华人民共和国刑事诉讼法〉的解释》第一百五十七条的规定，人民法院应当制作延期审理决定书（参见补充样式3）。

60. 问：修订样式规定了裁判文书的字体、字号，而现在使用的微机字体有的与样式的规定不符，怎样处理？

答：字号大小应严格执行修订样式的规定。但由于不同微机（软件）对字体的设定不完全统一，因此，可以将文书的字体作适当变通，但务必做到庄重、美观、清晰。

最高人民法院
关于在裁判文书中如何表述修正前后刑法条文的批复

法释〔2012〕7号

（2012年2月20日最高人民法院审判委员会第1542次会议通过
2012年5月15日最高人民法院公告公布
自2012年6月1日起施行）

各省、自治区、直辖市高级人民法院，解放军军事法院，新疆维吾尔自治区高级人民法院生产建设兵团分院：

近来，一些法院就在裁判文书中引用修正前后刑法条文如何具体表述问题请示我院。经研究，批复如下：

一、根据案件情况，裁判文书引用1997年3月14日第八届全国人民代表大会第五次会议修订的刑法条文，应当根据具体情况分别表述：

（一）有关刑法条文在修订的刑法施行后未经修正，或者经过修正，但引用的是现行有效条文，表述为"《中华人民共和国刑法》第××条"。

（二）有关刑法条文经过修正，引用修正前的条文，表述为"1997年修订的《中华人民共和国刑法》第××条"。

（三）有关刑法条文经两次以上修正，引用经修正、且为最后一次修正前的条文，表述为"经××××年《中华人民共和国刑法修正案（×）》修正的《中华人民共和国刑法》第××条"。

二、根据案件情况，裁判文书引用1997年3月14日第八届全国人民代表大会第五次会议修订前的刑法条文，应当表述为"1979年《中华人民共和国刑法》第××条"。

三、根据案件情况，裁判文书引用有关单行刑法条文，应当直接引用相应该条例、补充规定或者决定的具体条款。

四、最高人民法院《关于在裁判文书中如何引用修订前、后刑法名称的通知》（法〔1997〕192号）、最高人民法院《关于在裁判文书中如何引用刑法修正案的批复》（法释〔2007〕7号）不再适用。

附：

《关于在裁判文书中如何表述修正前后刑法条文的批复》的理解与适用*

为规范、统一裁判文书中所引用的修正前后刑法条文的表述，最高人民法院发布了《关于在裁判文书中如何表述修正前后刑法条文的批复》（法释〔2012〕7号，以下简称《批复》），自2012年6月1日起施行。为便于司法实践中正确理解和适用，现就《批复》的制定背景及经过、主要内容介绍如下。

一、《批复》的起草背景及过程

最高人民法院分别于1997年和2007年发布了《关于在裁判文书中如何引用修订前、后刑法名称的通知》（法〔1997〕192号）、《关于在裁判文书中如何引用刑法修正案的批复》（法释〔2007〕7号），规定对1997年3月14日第八届全国人民代表大会第五次会议修订后的刑法一律称“《中华人民共和国刑法》”；在裁判文书中适用刑法修正案的规定时，应当直接引用修正后的刑法条文，表述为“《中华人民共和国刑法》第×××条的规定”，或者“《中华人民共和国刑法》第×××条之×的规定”；对1997年3月14日第八届全国人民代表大会第五次会议修订前的刑法一律称“1979年《中华人民共和国刑法》”。

随着时间推移，法〔1997〕192号通知、法释〔2007〕7号批复已不能完全适应司法实践需要。主要体现在：1997年修订的《刑法》通过后，立法机关又通过一个决定、八部修正案对其作了幅度不小的修正，有些条文甚至经过两次以上修正。为从旧兼从轻的刑法溯及力原则所决定，裁判文书确定适用的既可能是修正前刑法，也可能是修正后刑法，还有可能是“中间法”。而按照法〔1997〕192号通知、法释〔2007〕7号批复的规定，如引用的是1997年修订后的刑法，无论何种情况，一律表述为“《中华人民共和国刑法》”。这样，就无法从名称上直观地反映裁判所适用、据以定罪量刑的究竟是哪一刑法条文，既影响裁判文书说理，也影响控辩双方

* 撰稿人：胡云腾、周加海、喻海松。原载《人民司法》2012年第13期。

对上诉权、申诉权、抗诉权的行使，影响对其诉讼权利的保障。

鉴此，为规范、统一裁判文书表述，最高人民法院根据部分地方法院的请示，启动了本批复的制定工作。最高人民法院研究室以法〔1997〕192号通知、法释〔2007〕7号批复为基础，根据法律修改情况，起草出了批复稿。后经广泛征求各方面意见，认真修改完善，形成了《批复》（送审稿），于2012年2月20日由最高人民法院审判委员会第1542次会议通过，自2012年6月1日起施行。

二、《批复》的主要内容

《批复》共4个条文，对在裁判文书中引用1997年3月14日八届全国人大五次会议修订前后的刑法条文、单行刑法条文如何具体表述问题作出了明确规定。

（一）引用1997年3月14日八届全国人大五次会议修订的刑法条文的表述问题

《批复》第一条明确了在裁判文书中引用1997年3月14日第八届全国人民代表大会第五次会议修订的刑法条文如何表述的问题。对于此种情形，应当区分三种情况分别表述：

1. 有关刑法条文在1997年10月1日后未经修正，或者经过修正，但引用的是现行有效条文，表述为"《中华人民共和国刑法》第××条"。

例如，《刑法》第二百六十三条（抢劫罪）在1997年10月1日后未经修正，故引用该条文的，应当表述为"《中华人民共和国刑法》第二百六十三条"；又如，《刑法》第二百六十四条（盗窃罪）经2011年2月25日《刑法修正案（八）》修正，如根据案件情况和从旧兼从轻原则，对被告人应适用修正后即现行有效刑法条文的，也应表述为"《中华人民共和国刑法》第二百六十四条"。

有关刑法条文在1997年10月1日后如未经修正，引用时应表述为"《中华人民共和国刑法》第××条"，对此不存在认识分歧。但对有关刑法条文在1997年10月1日后经过修正，而引用的是现行有效条文的，应当如何表述，在《批复》起草过程中曾有不同意见。有一种意见认为，为明确起见，此种情形下，应表述为"经××××年《中华人民共和国刑法修正案（×）》修正的《中华人民共和国刑法》第××条"。经研究，没有采纳这一意见，主要是考虑：从便利司法实践出发，对有关刑法条文的表述应尽可能简洁。而绝大多数案件、常态案件无疑是要适用现行有效的刑法条文，因此，如有关条文在1997年10月1日后经过修正，而引用的是现行有效条文的，表述为"《中华人民共和国刑法》第××条"，最为简洁、可取。

相反，如规定此种情形下要表述为“经××××年《中华人民共和国刑法修正案（×）》修正的《中华人民共和国刑法》第××条”，在新旧法衔接的短暂过渡期过去后仍一直要沿用这样表述，显然失之烦琐；此外，按此种表述，如引用的是修正前刑法，直接表述为《中华人民共和国刑法》不合适，因易让人误解为是现行刑法；表述为“经《中华人民共和国刑法修正案（×）》修正前的《中华人民共和国刑法》”同样也很烦琐。

2. 有关刑法条文在1997年10月1日后经过修正，引用修正前的条文，表述为“1997年修订的《中华人民共和国刑法》第××条”。

例如，《刑法》第六十五条（一般累犯）曾经2011年2月25日《刑法修正案（八）》修正，如根据案件情况和从旧兼从轻原则，对被告人应适用修正前刑法条文的，则应表述为“1997年修订的《中华人民共和国刑法》第六十五条”。再如，《刑法》第一百九十一条（洗钱罪）曾经2001年12月29日《刑法修正案（三）》、2006年6月29日《刑法修正案（六）》两次修正，如根据案件情况和从旧兼从轻原则，对被告人应适用两次修正前，即1997年修订《刑法》时规定的第一百九十一条的，也应表述为“1997年修订的《中华人民共和国刑法》第一百九十一条”。

3. 有关刑法条文在1997年10月1日后经两次以上修正，引用经修正且为最后一次修正前的条文，表述为“经××××年《中华人民共和国刑法修正案（×）》修正的《中华人民共和国刑法》第××条”。

例如，《刑法》第二百二十五条（非法经营罪）曾经1999年12月25日《刑法修正案》、2009年2月28日《刑法修正案（七）》两次修正，如根据案件情况和从旧兼从轻原则，对被告人应适用经1999年刑法修正案修正后的《刑法》第二百二十五条的，则应表述为“经1999年《中华人民共和国刑法修正案》修正的《中华人民共和国刑法》第二百二十五条”。

需要说明的是，截至目前，有关刑法条文在1997年10月1日后经两次以上修正的只有7个条文，因此，按此种方式表述的应该极少。

（二）引用1997年3月14日八届全国人大五次会议修订前刑法条文的表述问题

《批复》第二条明确了在裁判文书中如何表述所引用的1997年3月14日第八届全国人民代表大会第五次会议修订前的刑法条文的问题。《批复》沿用法〔1997〕192号通知的规定，对此种情形应表述为“1979年《中华人民共和国刑法》第××条”。

（三）引用单行刑法条文的表述问题

在1997年3月14日第八届全国人民代表大会第五次会议修订《刑法》前，单行刑法大量存在，包括条例、补充规定和决定；1997年修订《刑法》通过后，全国人大常委会也曾制定《关于惩治骗购外汇、逃汇和非法买卖外汇犯罪的决定》等单行刑法。在司法实践中，少数案件存在适用单行刑法的可能。鉴此，《批复》第三条规定，根据案件情况，裁判文书引用有关单行刑法条文，应当直接引用相应该条例、补充规定或者决定的具体条款。

（四）法〔1997〕192号通知、法释〔2007〕7号批复的效力问题

鉴于《批复》已对在裁判文书中如何表述修正前后刑法条文问题作出了新的规定，《批复》第四条明确规定《最高人民法院关于在裁判文书中如何引用修订前、后刑法名称的通知》（法〔1997〕192号）、《最高人民法院关于在裁判文书中如何引用刑法修正案的批复》（法释〔2007〕7号）不再适用。

最高人民法院
关于死刑缓期执行限制减刑案件审理程序若干问题的规定（节录）

法释〔2011〕8号

(2011年4月20日最高人民法院审判委员会第1519次会议通过
2011年4月25日最高人民法院公告公布
自2011年5月1日起施行)

第七条　人民法院对被判处死刑缓期执行的被告人所作的限制减刑决定，应当在判决书主文部分单独作为一项予以宣告。

最高人民法院
关于裁判文书引用法律、法规等规范性法律文件的规定

法释〔2009〕14号

（2009年7月13日最高人民法院审判委员会第1470次会议通过
2009年10月26日最高人民法院公告公布
自2009年11月4日起施行）

为进一步规范裁判文书引用法律、法规等规范性法律文件的工作，提高裁判质量，确保司法统一，维护法律权威，根据《中华人民共和国立法法》等法律规定，制定本规定。

第一条 人民法院的裁判文书应当依法引用相关法律、法规等规范性法律文件作为裁判依据。引用时应当准确完整写明规范性法律文件的名称、条款序号，需要引用具体条文的，应当整条引用。

第二条 并列引用多个规范性法律文件的，引用顺序如下：法律及法律解释、行政法规、地方性法规、自治条例或者单行条例、司法解释。同时引用两部以上法律的，应当先引用基本法律，后引用其他法律。引用包括实体法和程序法的，先引用实体法，后引用程序法。

第三条 刑事裁判文书应当引用法律、法律解释或者司法解释。刑事附带民事诉讼裁判文书引用规范性法律文件，同时适用本规定第四条规定。

第四条 民事裁判文书应当引用法律、法律解释或者司法解释。对于应当适用的行政法规、地方性法规或者自治条例和单行条例，可以直接引用。

第五条 行政裁判文书应当引用法律、法律解释、行政法规或者司法解释。对于应当适用的地方性法规、自治条例和单行条例、国务院或者国务院授权的部门公布的行政法规解释或者行政规章，可以直接引用。

第六条 对于本规定第三条、第四条、第五条规定之外的规范性文件，根据审

理案件的需要，经审查认定为合法有效的，可以作为裁判说理的依据。

第七条　人民法院制作裁判文书确需引用的规范性法律文件之间存在冲突，根据立法法等有关法律规定无法选择适用的，应当依法提请有决定权的机关做出裁决，不得自行在裁判文书中认定相关规范性法律文件的效力。

第八条　本院以前发布的司法解释与本规定不一致的，以本规定为准。

附：

《关于裁判文书引用法律、法规等规范性法律文件的规定》的理解与适用*

最高人民法院《关于裁判文书引用法律、法规等规范性法律文件的规定》（以下简称《规定》）已于近日正式公布实施。《规定》是最高人民法院第一次系统、全面地对民事、刑事和行政裁判文书引用规范性法律文件问题作出明确规定，对于进一步规范人民法院裁判文书引用法律、法规等规范性法律文件工作，提高裁判质量，确保司法统一，维护法律权威，将具有积极的意义。现对《规定》起草的背景、主要内容等作一简要说明。

一、《规定》起草的背景

人民法院的裁判文书必须有正当的裁判依据，才能保证裁判结果的正当性和权威性，但如何引用作为裁判依据的规范性法律文件，一直欠缺全面、明确的详细规定。近年来，随着中国特色社会主义法律体系的不断完善，有关经济社会生活各主要方面的法律逐步颁布实施，特别是《刑事诉讼法》《民事诉讼法》和《行政诉讼法》实施后，人民法院的裁判工作有了较为完备的法律依据。《立法法》《各级人民代表大会常务委员会监督法》出台后，我国立法分工和各机关的权限更加明确，对不同立法文件的效力和适用也予以确定。因此，人民法院的裁判文书引用规范性法律文件工作必须进一步规范化和制度化，而建立统一的引用规范性法律文件的规则，才能确保裁判文书正确引用相关规范性法律文件，避免引用不当导致错判误判，确保裁判的效力。

目前，法律和司法解释关于人民法院裁判文书如何引用规范性法律文件的规定很少，散见于《行政诉讼法》及其司法解释和1986年《最高人民法院关于人民法院制作裁判文书如何引用规范性法律文件的批复》（以下简称《批复》）、2007年《最高人民法院关于司法解释工作的规定》等。这些规定不够详细明确，实践中仍

---

* 撰稿人：吴兆祥。原载《人民司法》2009年第23期。

然存在较多问题，有必要统一进行规范根据中央要求，最高人民法院决定对《批复》进行补充和完善，进一步规范人民法院在制作裁判文书中的法律引用。经过充分调研和论证，并征求立法机关的意见后，最高人民法院审判委员会讨论通过了《规定》。

二、对几个主要问题的说明

（一）《规定》只解决法律引用的问题，不解决法律适用问题

《规定》解决的是人民法院制作裁判文书时如何引用法律依据的问题，即可以引用的规范性法律文件的范围、顺序和规范等，不解决如何适用法律的问题。法律适用要解决的是法律选择、法律效力判断等问题，应当由各实体法和程序法的司法解释解决，避免使问题复杂化。如第四条规定“对于应当适用行政法规、地方性法规、自治条例或者单行条例的，可以直接引用。应当适用国际条约或者交易习惯（国际惯例）的，可以直接引用。”“应当适用”即隐含了法官适用法律的审查和判断，但如何适用法律，人民法院应当结合案件情况，并根据有关法律规定进行。

（二）关于裁判文书的范围

按照现行三大诉讼法，人民法院在诉讼过程中制作的文书统称为法律文书，但包括的类型很多：判决、裁定、调解书、决定、通知、公告等。法律文书也包括非法院制作的有法律效力的文书，如行政决定书、仲裁裁决书、具有强制执行力的公证书等。在起草中有两种意见：一是使用法律文书的称谓，以与法律规定一致，也避免遗漏。如诉讼中的拘留、罚款等要用决定形式，也要引用相应的规范性法律文件作为依据。二是使用裁判文书的称谓，可以缩小规范，避免产生所有法律文书都要引用规范性法律文件的问题，而且目前看主要问题集中在裁判文书上。《规定》采纳了第二种意见。裁判文书是指判决书、裁定书、调解书三类，至于人民法院制作的其他法律文书中需要引用规范性法律文件的，可以参考《规定》执行。

（三）关于规范性法律文件的理解

对于法律、行政法规、地方性法规、自治条例、单行条例、司法解释等文件如何统称，从现有法律规定来看，《立法法》中没有规定。《各级人民代表大会常务委员会监督法》第五章规定了规范性文件备案制度，但规范性文件包括行政法规、地方性法规、自治条例和单行条例、规章，县级以上人大及其常委会的决议和决定、

人民政府发布的决定和命令，司法解释，可见其范围比人民法院裁判依据的范围要广一些，且不包括法律。《批复》使用的是“法律规范性文件”。经查，在现有能够检索到的正式规范性文件中仅此一例，且在法理上也基本没有此用法。从现有的有关文件的使用情况和法理学的概念界定来看，多使用“规范性法律文件”一词。规范性法律文件是指具有普遍约束力的一般抽象性的规范性文件，其范围包括法律、行政法规、地方性法规、自治条例和单行条例、行政规章、司法解释。因此，《规定》使用了“规范性法律文件”一词。

（四）规范性法律文件引用的基本规则

引用规范性法律文件要以正确选择适用法律为基本前提，而能够作为案件裁判依据的规范性法律文件数量众多，层次复杂，如何适用规范性法律文件是一项困难和复杂的工作，《规定》未作规定。《规定》只对确定了适用的规范性法律文件以后如何在裁判文书中引用加以规定。规范性法律文件引用时应当注意：第一，引用法律规则基本要求是准确、有效、适当，而最关键的是确保所引规范性法律文件的有效性和可适用性。第二，规范性法律文件引用的顺序问题。裁判文书中引用法律规范性文书，应当按照文书各部分的具体情况而分别引用适当的规范性法律文件，但如果在裁判文书的同一部分并列引用多个规范性法律文件时，则产生引用的顺序问题。在作出裁判时，人民法院会将所引用的全部实体法和程序法都列上，特别是实体法有多个时，就要确定按何顺序援引。原则上应当按照效力顺序来引用。一般来说，法律效力最高，然后是行政法规，行政法规的效力又高于地方性法规。故先引法律，后引行政法规，再引地方性法规、自治条例和单行条例，最后是司法解释。但自治条例、单行条例和经济特区的地方性法规对法律的变通规定在其当地具有特别的优先适用的效力，引用顺序上有例外。

引用的法律包括基本法律和其他法律的，应当先引基本法律，后引其他法律。2000年《立法法》第七条规定：全国人民代表大会制定和修改刑事、民事、国家机构和其他的基本法律。全国人民代表大会常务委员会制定和修改除应当由全国人民代表大会制定的法律以外的其他法律。所以，基本法律是指全国人大制定或者修改的刑事、民事、国家机构等法律。其他法律是指基本法律之外的，由全国人大常委会制定的法律。虽然基本法律和其他法律之间立法法没有规定效力关系，但两者的区别还是有的。基本法律涉及国家的基本民事、刑事和机构设置等制度，该种法律地位更为重要，所以要由全国人大而不是人大常委会制定。其他法律虽然也很重要，但与基本法律相比，地位还是要低一些。所以，在引用基本法律和其他法律时，应当先引基本法律，再引其他法律。

如果既需要引用实体法也要引用程序法时，应当先实体后程序。从审判实践来看，人民法院在裁判文书中并列引用实体法和程序法主要是在作出裁判时，在本院认为之后依据相应的规范性法律文件作出裁定、判决。此时，实体法是裁判内容的依据，对当事人争议的法律关系的处理必须依据实体法作出决定。一般情况下，有实体内容的裁判中，主要由实体法决定裁判内容；程序法则是人民法院在裁判形式上进行选择的依据，是人民法院决定裁判结论是采用裁定还是判决形式的直接依据，也是表明裁判的法律效力，如是一审判决还是二审判决的依据。在诉讼法上，人民法院是作出判决还是裁定，有明确的分工，在一审中裁定主要针对程序事项，而判决一般会有实体法上的判断。在二审程序中裁定或者判决的选择更为复杂，涉及对原审判决实体内容的改变时用判决，仅作程序上处理，如维持或者发回重审用裁定。从实体法和程序法对于裁判的意义而言，实体法上的判断是人民法院作出裁判的前提，程序法与作出裁判之间联系更为直接，所以，从引用顺序上而言，应当先引实体法后引程序法。

（五）关于引用宪法规定的问题

在此要特别对援引宪法规定的问题作一说明。对于人民法院在裁判文书中能否引用宪法规定作为说理或者裁判的依据，尽管最高人民法院历来的司法解释都持否定态度，但随着改革开放和经济的发展，民众的权利意识不断增强，法律观念不断提升，加之立法相对滞后，实践中出现了按照宪法规定起诉以保护权利的所谓“宪法诉讼”案件，有些地方法院亦予受理；同时理论界关于宪法司法化的讨论也日益热烈，要求确保宪法的实施和执行，并通过司法途径予以保障。特别是经有关媒体宣传报道后，引起了社会的争议。宪法是国家的根本大法，其解释和监督实施机关为全国人大及其常委会，人民法院不受理宪法诉讼案件，也不以宪法作为裁判依据。为此，最高人民法院下发文件要求“各级人民法院不得受理所谓的‘宪法诉讼’案件，不得将宪法引入诉讼程序，不得改变宪法规定的国家机关的职能配置，绝不允许损害宪法权威”。“人民法院审判案件，不得在裁判文书中援引宪法规定。对于宪法和法律都有规定的，人民法院应当依据法律规定裁判案件。”上述通知发出后，全国各级法院很好地贯彻执行，未再受理所谓“宪法诉讼”案件，也未再在裁判文书中援引宪法规定作为裁判依据。《规定》第一条明确规定，“人民法院的裁判文书应当依法引用相关法律、法规等规范性文件作为裁判依据。”其义有二：一是人民法院裁判文书应当引用规范性法律文件作为裁判依据；二是引用规范性法律文件的范围限于法律、法规等范围，不包括宪法在内，这与立法法规定是一致的。

（六）刑事裁判文书引用规范性法律文件的问题

刑法明确规定了罪刑法定原则，因此确定犯罪并科以刑罚的依据原则上只能是法律，不能引用法律之外的法律规范。刑事法律主要指刑法、刑事诉讼法等，刑法修正案是全国人大常委会通过的对刑法内容的修改，本身仍然属于刑法的部分，在引用时等同于刑法。全国人大常委会还就一些问题专门制定了法律解释，到目前共有8个刑法法律解释。这些法律解释按照立法法规定，与刑法具有同等的法律效力，所以可以在刑事裁判文书中直接引用。最高人民法院制定的刑事司法解释，从本质看是对法律条文的理解，属于刑法应有之义，所以刑事司法解释应当在刑事裁判文书中直接引用。对于刑事裁判文书中的刑事附带民事部分，除了引用刑事法律、司法解释相关规定外，就确定民事责任的实体法还可以按照民事裁判文书引用法律规范的规则引用。

（七）民事裁判文书引用规范性法律文件的问题

民事裁判文书引用规范性法律文件的问题相对复杂，最高人民法院之前曾先后有过一些规定，但不够规范明确。根据《立法法》《民事诉讼法》的有关规定，我们认为民事案件裁判文书中可以直接援引的规范性法律文件包括：法律、行政法规、地方性法规、自治条例或者单行条例、司法解释等国内法律依据，有关国际条约、国际惯例以及外国法律等。

第一，行政法规的引用问题。司法实践中对在民事裁判文书中能否引用行政法规一直有争议。根据《立法法》第七条、第八条的规定，民事基本制度、基本经济制度和诉讼、仲裁制度都属于制定法律的范畴，所以，人民法院审理民事案件引用法律时应以援引法律为原则。但按照《立法法》的规定，两类行政法规可以对民事法律关系进行规定。按照《立法法》第五十六条的规定，“行政法规可以就下列事项作出规定：（一）为执行法律的规定需要制定行政法规的事项；（二）宪法第八十九条规定的国务院行政管理职权的事项。应当由全国人民代表大会及其常务委员会制定法律的事项，国务院根据全国人民代表大会及其常务委员会的授权决定先制定的行政法规，经过实践检验，制定法律的条件成熟时，国务院应当及时提请全国人民代表大会及其常务委员会制定法律。”所以，民事审判工作可以援引的行政法规，一是国务院为执行民事法律而制定的行政法规。此类行政法规是为执行民事法律基本制度而由行政法规进行细化而制定的，实际上是对民事法律的补充。二是全国人大及其常委会授权国务院制定的本属于应当制定法律的民事事项的行政法规，此类行政法规实质上代行民事法律职能。如医疗事故处理条例即属此类。

第二，地方性法规的引用问题。地方性法规包括三种：一是省、自治区、直辖市人民代表大会及其常委会制定的地方性法规；二是较大的市的人民代表大会及其常委会制定的地方性法规（较大的市是指省、自治区的人民政府所在地的市，经济特区所在地的市和经国务院批准的较大的市）；三是经济特区所在地的省、市人民代表大会及其常务委员会根据全国人民代表大会的授权决定，制定的在经济特区范围内实施的法规。

理论界和实务界对地方性法规能否在民事裁判文书中引用问题，一直存有争议。从最高人民法院的意见来看，基本上持肯定态度。《批复》1993 年 5 月的经济审判座谈会纪要都明确地方性法规在不违反国家法律、行政法规的前提下，可以适用或者参照。我们认为：地方性法规作为立法法规定的立法形式之一，有其法定的调整事项和适用范围，人民法院在处理符合地方性法规调整的事项且在地方性法规适用的效力范围内的案件，应当适用地方性法规，而不是参照。地方性法规在其适用的范围内可以作为民事案件裁判依据，可以在裁判文书中直接引用。

第三，自治条例和单行条例。根据立法法的规定，自治条例和单行条例是与地方性法规并列的一种立法形式，是我国实行的民族区域自治制度的产物，是指民族自治地方的人民代表大会依照当地民族的政治、经济和文化特点，制定的在该自治地方适用的法规。自治条例是规范和保障居住在县级以上聚居区的少数民族的平等权利和自治权利的综合性自治法规。单行条例是关于规范自治地方某一方面具体事项的自治法规，解决某个方面的民族关系问题，实质上就是一种变通之权，据不完全统计，在 200 年前民族区域自治地方制定的单行条例中，对法律作出变通和补充规定的有 60 多个。

自治条例和单行条例可以依照当地民族的特点，对法律和行政法规的规定作出变通规定，但不得违背法律或者行政法规的基本原则，不得对宪法和民族区域自治法的规定以及其他有关法律、行政法规专门就民族自治地方所作的规定作出变通规定。从效力上来看，自治条例和单行条例对法律、行政法规的变通规定，在该自治地方优先于被变通之法律、行政法规而适用。因此，《宪法》《立法法》等对自治条例和单行条例的生效程序作了特别的规定，即需要上一级立法机关批准后生效。自治区的自治条例和单行条例，报全国人民代表大会常务委员会批准后生效。自治州、自治县的自治条例和单行条例，报省、自治区、直辖市的人民代表大会常务委员会批准后生效。人民法院处理自治地方的相关民事案件时，该地有自治条例和单行条例应当适用的，可以引用自治条例和单行条例作为裁判的依据。

第四，司法解释引用问题、司法解释是法律赋予最高人民法院的一项审判职权，可以对审理案件中的法律适用问题作出解释。司法解释具备特别的程序和形式要求，最高人民法院制定了相应的司法解释工作规范文件，对司法解释的形式、效力都有明确规定。最高人民法院的司法解释包括规定、解释、批复和决定四类，涉及司法协助的还有安排一类。1997年以后，最高人民法院的司法解释文号统一为法释字，在形式上已经明确，可以与相关的司法性文件相区别。按照最高人民法院的有关规定，司法解释可以直接引用作为裁判的法律依据。从地位上看，司法解释是对法律的解释，是法律的应有之义，因此其适用效力与被解释的法律一致。在引用规则上，作为法律解释，司法解释应当在法律之后引用，而在一个案件中同时引用地方性法规、自治条例和单行条例时，原则上，司法解释应当排在法律、行政法规、地方性法规、自治条例和单行条例之后。尤其是引用的法律、行政法规、地方性法规、自治条例和单行条例与司法解释冲突时，人民法院应当尊重立法权，优先适用法律、行政法规、地方性法规、自治条例和单行条例。但认为行政法规、地方性法规与法律有冲突或者矛盾时，人民法院应当依照立法法规定的途径解决，而不能对立法文件的效力进行审查。自治条例和单行条例以及经济特区法规对法律的变通规定与司法解释不一致的，按照自治条例和单行条例、经济特区法规处理。

第五，司法性文件的引用问题。除司法解释以外，最高人民法院每年都有一些审判指导性文件出台，一般称为司法性文件。司法性文件从性质上来说，不是司法解释，但有的对审判工作又具有指导作用，是否可以援引，并没有明确的说法。特别是1997年之前最高人民法院的司法解释形式不明确时，一般都统称为司法解释。我们认为，司法性文件不是司法解释，不具备法律效力，因此不能直接引用与法律、行政法规等并列作为裁判依据，但可以在说理部分引用作为说理依据。至于1997年以前的司法性文件，一般作为司法解释对待，可以引用。

（八）行政裁判文书引用规范性法律文件问题

行政裁判文书引用规范性法律文件相对来说有明确的规定。《行政诉讼法》第五十二条和第五十三条规定，人民法院审理行政案件，以法律和行政法规、地方性法规、自治条例和单行条例为依据地方性法规适用于本行政区域内发生的行政案件。自治条例和单行条例适用于民族自治地方的行政案件。并可以参照国务院部、委和地方政府的规章。《最高人民法院关于执行行政诉讼法若干问题的解释》第六条规定可以引用司法解释，并可以引用合法有效的规章及其他规范性文件。经研究，

《规定》第五条除规定了法律、法律解释、行政法规、司法解释可以直接引用，对于经审查认为应当适用的地方性法规、自治条例和单行条例、行政规章外，增加了行政法规解释类型。

（九）裁判说理依据的规范性文件的引用

人民法院裁判文书中除作为裁判依据的规范性文件引用以外，在说理部分往往也需要引用相应的依据。在说理部分，引用的规范性文件虽然不限于《规定》确定的可以作为裁判依据引用的规范性法律文件，但在引用前必须经审查认定为合法有效的文件，对于与法律、法规、司法解释相冲突的规范性文件，不得作为裁判的说理依据。

（十）关于规范性法律文件冲突的解决

人民法院制作裁判文书确需引用的规范性法律文件之间存在冲突时，就必须首先选择确定要适用的规范性文件。按照《立法法》的规定，法律、法规等规范性法律文件之间根据效力等级的不同，有不同的选择适用的规则。具体讲：一是自治条例和单行条例依法对法律、行政法规、地方性法规作变通规定的，在本自治地方适用自治条例和单行条例的规定。二是经济特区法规根据授权对法律、行政法规、地方性法规作变通规定的，在本经济特区适用经济特区法规的规定。三是法律之间对同一事项的新的一般规定与旧的特别规定不一致，不能确定如何适用时，由全国人民代表大会常务委员会裁决。四是行政法规之间对同一事项的新的一般规定与旧的特别规定不一致，不能确定如何适用时，由国务院裁决。五是地方性法规、规章之间不一致时，由有关机关依照下列规定的权限作出裁决：（1）同一机关制定的新的一般规定与旧的特别规定不一致时，由制定机关裁决。（2）地方性法规与部门规章之间对同一事项的规定不一致，不能确定如何适用时，由国务院提出意见，国务院认为应当适用地方性法规的，应当决定在该地方适用地方性法规的规定；认为应当适用部门规章的，应当提请全国人民代表大会常务委员会裁决。（3）部门规章之间、部门规章与地方政府规章之间对同一事项的规定不一致时，由国务院裁决。六是根据全国人大的授权制定的法规与法律规定不一致，不能确定如何适用时，由全国人民代表大会常务委员会裁决。

人民法院根据上述规则仍然不能选择确定适用的规范性文件的，应当按照立法法的规定向有权机关提请作出裁决。根据《立法法》第八十八条的规定，改变或者撤销法律、行政法规、地方性法规、自治条例和单行条例、规章的权限是：（1）全国人民代表大会有权改变或者撤销它的常务委员会制定的不适当的法律，有权撤销全国人民代表大会常务委员会批准的违背《宪法》和本法第六十六条第二款规定的自治条例和单行条例；（2）全国人民代表大会常务委员会有权撤销同宪法和法律相抵触的行政法规，有权撤销同宪法、法律和行政法规相抵触的地方性法规，有权撤销省、自治区、直辖市的人民代表大会常务委员会批准的违背《宪法》和本法第六十六条第二款规定的自治条例和单行条例；（3）国务院有权改变或者撤销不适当的部门规章和地方政府规章；（4）省、自治区、直辖市的人民代表大会有权改变或者撤销它的常务委员会制定和批准的不适当的地方性法规；（5）地方人民代表大会常务委员会有权撤销本级人民政府制定的不适当的规章；（6）省、自治区的人民政府有权改变或者撤销下一级人民政府制定的不适当的规章；（7）授权机关有权撤销被授权机关制定的超越授权范围或者违背授权目的的法规，必要时可以撤销授权。所以，《规定》明确规定，各级人民法院不得自行在裁判文书中认定有关规范性法律文件的效力。

最高人民法院

关于刑事裁判文书中刑期起止日期如何表述问题的批复

法释〔2000〕7号

（2000年2月13日最高人民法院审判委员会第1099次会议通过
2000年2月29日最高人民法院公告公布
自2000年3月4日起施行）

江西省高级人民法院：

你院赣高法〔1999〕第151号《关于裁判文书中刑期起止时间如何表述的请示》收悉。经研究，答复如下：

根据刑法第四十一条、第四十四条、第四十七条和《法院刑事诉讼文书样式》（样本）的规定，判处管制、拘役、有期徒刑的，应当在刑事裁判文书中写明刑种、刑期和主刑刑期的起止日期及折抵办法。刑期从判决执行之日起计算。判决执行以前先行羁押的，羁押一日折抵刑期一日（判处管制刑的，羁押一日折抵刑期二日），即自××××年××月××日（羁押之日）起至××××年××月××日止。羁押期间取保候审的，刑期的终止日顺延。

此复

最高人民法院
印发《关于加强和规范裁判文书释法说理的指导意见》的通知

2018年6月1日　　法发〔2018〕10号

各省、自治区、直辖市高级人民法院，解放军军事法院，新疆维吾尔自治区高级人民法院生产建设兵团分院：

现将《最高人民法院关于加强和规范裁判文书释法说理的指导意见》印发给你们，请遵照执行。

最高人民法院

2018年6月1日

为进一步加强和规范人民法院裁判文书释法说理工作，提高释法说理水平和裁判文书质量，结合审判工作实际，提出如下指导意见。

一、裁判文书释法说理的目的是通过阐明裁判结论的形成过程和正当性理由，提高裁判的可接受性，实现法律效果和社会效果的有机统一；其主要价值体现在增强裁判行为公正度、透明度，规范审判权行使，提升司法公信力和司法权威，发挥裁判的定分止争和价值引领作用，弘扬社会主义核心价值观，努力让人民群众在每一个司法案件中感受到公平正义，切实维护诉讼当事人合法权益，促进社会和谐稳定。

二、裁判文书释法说理，要阐明事理，说明裁判所认定的案件事实及其根据和理由，展示案件事实认定的客观性、公正性和准确性；要释明法理，说明裁判所依据的法律规范以及适用法律规范的理由；要讲明情理，体现法理情相协调，符合社会主流价值观；要讲究文理，语言规范，表达准确，逻辑清晰，合理运用说理技巧，增强说理效果。

三、裁判文书释法说理，要立场正确、内容合法、程序正当，符合社会主义核心价值观的精神和要求；要围绕证据审查判断、事实认定、法律适用进行说理，反映推理过程，做到层次分明；要针对诉讼主张和诉讼争点、结合庭审情况进行说理，做到有的放矢；要根据案件社会影响、审判程序、诉讼阶段等不同情况进行繁简适度的说理，简案略说，繁案精说，力求恰到好处。

四、裁判文书中对证据的认定，应当结合诉讼各方举证质证以及法庭调查核实证据等情况，根据证据规则，运用逻辑推理和经验法则，必要时使用推定和司法认知等方法，围绕证据的关联性、合法性和真实性进行全面、客观、公正的审查判断，阐明证据采纳和采信的理由。

五、刑事被告人及其辩护人提出排除非法证据申请的，裁判文书应当说明是否对证据收集的合法性进行调查、证据是否排除及其理由。民事、行政案件涉及举证责任分配或者证明标准争议的，裁判文书应当说明理由。

六、裁判文书应当结合庭审举证、质证、法庭辩论以及法庭调查核实证据等情况，重点针对裁判认定的事实或者事实争点进行释法说理。依据间接证据认定事实时，应当围绕间接证据之间是否存在印证关系、是否能够形成完整的证明体系等进行说理。采用推定方法认定事实时，应当说明推定启动的原因、反驳的事实和理由，阐释裁断的形成过程。

七、诉讼各方对案件法律适用无争议且法律含义不需要阐明的，裁判文书应当集中围绕裁判内容和尺度进行释法说理。诉讼各方对案件法律适用存有争议或者法律含义需要阐明的，法官应当逐项回应法律争议焦点并说明理由。法律适用存在法律规范竞合或者冲突的，裁判文书应当说明选择的理由。民事案件没有明确的法律规定作为裁判直接依据的，法官应当首先寻找最相类似的法律规定作出裁判；如果没有最相类似的法律规定，法官可以依据习惯、法律原则、立法目的等作出裁判，并合理运用法律方法对裁判依据进行充分论证和说理。法官行使自由裁量权处理案件时，应当坚持合法、合理、公正和审慎的原则，充分论证运用自由裁量权的依据，并阐明自由裁量所考虑的相关因素。

八、下列案件裁判文书，应当强化释法说理：疑难、复杂案件；诉讼各方争议较大的案件；社会关注度较高、影响较大的案件；宣告无罪、判处法定刑以下刑罚、判处死刑的案件；行政诉讼中对被诉行政行为所依据的规范性文件一并进行审查的案件；判决变更行政行为的案件；新类型或者可能成为指导性案例的案件；抗诉案件；二审改判或者发回重审的案件；重审案件；再审案件；其他需要强化说理的案件。

九、下列案件裁判文书，可以简化释法说理：适用民事简易程序、小额诉讼程序审理的案件；适用民事特别程序、督促程序及公示催告程序审理的案件；适用刑事速裁程序、简易程序审理的案件；当事人达成和解协议的轻微刑事案件；适用行政简易程序审理的案件；适用普通程序审理但是诉讼各方争议不大的案件；其他适宜简化说理的案件。

十、二审或者再审裁判文书应当针对上诉、抗诉、申请再审的主张和理由强化释法说理。二审或者再审裁判文书认定的事实与一审或者原审不同的，或者认为一审、原审认定事实不清、适用法律错误的，应当在查清事实、纠正法律适用错误的基础上进行有针对性的说理；针对一审或者原审已经详尽阐述理由且诉讼各方无争议或者无新证据、新理由的事项，可以简化释法说理。

十一、制作裁判文书应当遵循《人民法院民事裁判文书制作规范》《民事申请再审诉讼文书样式》《涉外商事海事裁判文书写作规范》《人民法院破产程序法律文书样式（试行）》《民事简易程序诉讼文书样式（试行）》《人民法院刑事诉讼文书样式》《行政诉讼文书样式（试行）》《人民法院国家赔偿案件文书样式》等规定的技术规范标准，但是可以根据案件情况合理调整事实认定和说理部分的体例结构。

十二、裁判文书引用规范性法律文件进行释法说理，应当适用《最高人民法院关于裁判文书引用法律、法规等规范性法律文件的规定》等相关规定，准确、完整地写明规范性法律文件的名称、条款项序号；需要加注引号引用条文内容的，应当表述准确和完整。

十三、除依据法律法规、司法解释的规定外，法官可以运用下列论据论证裁判理由，以提高裁判结论的正当性和可接受性：最高人民法院发布的指导性案例；最高人民法院发布的非司法解释类审判业务规范性文件；公理、情理、经验法则、交易惯例、民间规约、职业伦理；立法说明等立法材料；采取历史、体系、比较等法律解释方法时使用的材料；法理及通行学术观点；与法律、司法解释等规范性法律文件不相冲突的其他论据。

十四、为便于释法说理，裁判文书可以选择采用下列适当的表达方式：案情复杂的，采用列明裁判要点的方式；案件事实或数额计算复杂的，采用附表的方式；裁判内容用附图的方式更容易表达清楚的，采用附图的方式；证据过多的，采用附录的方式呈现构成证据链的全案证据或证据目录；采用其他附件方式。

十五、裁判文书行文应当规范、准确、清楚、朴实、庄重、凝炼，一般不得使用方言、俚语、土语、生僻词语、古旧词语、外语；特殊情形必须使用的，应当注明实际含义。裁判文书释法说理应当避免使用主观臆断的表达方式、不恰当的修辞方法和学术化的写作风格，不得使用贬损人格尊严、具有强烈感情色彩、明显有违常识常理常情的用语，不能未经分析论证而直接使用“没有事实及法律依据，本院不予支持”之类的表述作为结论性论断。

十六、各级人民法院应当定期收集、整理和汇编辖区内法院具有指导意义的优秀裁判文书，充分发挥典型案例释法说理的引导、规范和教育功能。

十七、人民法院应当将裁判文书的制作和释法说理作为考核法官业务能力和审判质效的必备内容，确立为法官业绩考核的重要指标，纳入法官业绩档案。

十八、最高人民法院建立符合裁判文书释法说理规律的统一裁判文书质量评估体系和评价机制，定期组织裁判文书释法说理评查活动，评选发布全国性的优秀裁判文书，通报批评瑕疵裁判文书，并作为监督指导地方各级人民法院审判工作的重要内容。

十九、地方各级人民法院应当将裁判文书释法说理作为裁判文书质量评查的重要内容，纳入年度常规性工作之中，推动建立第三方开展裁判文书质量评价活动。

二十、各级人民法院可以根据本指导意见，结合实际制定刑事、民事、行政、国家赔偿、执行等裁判文书释法说理的实施细则。

二十一、本指导意见自 2018 年 6 月 13 日起施行。

附：

裁判文书释法说理：原则、目的与价值*

——《关于加强和规范裁判文书释法说理的指导意见》的理解与适用（上）

2018年6月11日最高人民法院公布了《关于加强和规范裁判文书释法说理的指导意见》（以下简称《意见》）。这是人民法院推进司法改革中进一步规范审判权力运行、提升裁判质量、加强法治宣传、增进裁判文书法律效果和社会效果的重要举措。现就《意见》的起草背景、经过及主要内容作些介绍和解读。

一、《意见》的制定背景

党的十八届三中全会通过的《关于全面深化改革若干重大问题的决定》（以下简称《三中全会决定》）提出："增强法律文书说理性，推动公开法院生效裁判文书"。党的十八届四中全会通过的《关于全面推进依法治国若干重大问题的决定》（以下简称《四中全会决定》）提出："加强法律文书释法说理，建立生效法律文书统一上网和公开查询制度。"为贯彻落实上述两个决定的要求，《最高人民法院关于全面深化人民法院改革的意见——人民法院第四个五年改革纲要（2014—2018）》专门列出"推动裁判文书说理改革"条目，提出"根据不同审级和案件类型，实现裁判文书的繁简分流，加强对当事人争议较大、法律关系复杂、社会关注度较高的一审案件，以及所有的二审案件、再审案件、审判委员会讨论决定案件裁判文书的说理性。对事实清楚、证据确实充分、被告人认罪的一审轻微刑事案件，使用简化的裁判文书，通过填充要素、简化格式，提高裁判效率。重视律师辩护代理意见，对于律师依法提出的辩护代理意见未予采纳的，应当在裁判文书中说明理由。完善裁判文书说理的刚性约束机制和激励机制，建立裁判文书说理的评价体系，将裁判文书的说理水平作为法官业绩评价和晋级、选升的重要因素"。

裁判文书释法说理改革涉及方方面面的理论与实践问题、不同的诉讼领域、众

---

* 撰稿人：胡仕浩、刘树德，原载《人民司法·应用》2018年第25期。

多的文书种类、系列的配套机制建设，从“一五改革纲要”提出题目，到“四五改革纲要”必须落地，确实是司法改革项目中一块“难啃的骨头”。按照最高人民法院“四五改革纲要分工方案”，最高人民法院司改办承担此项改革任务。按照院领导的指示，司改办成立调研起草小组，制定调研方案，在广泛调研、吸收本院各审判部门和地方法院意见、征求专家意见的基础上，数易其稿，形成《最高人民法院关于人民法院裁判文书说理的若干规定（征求意见稿）》，再向中央政法委、全国人大常委会法工委、中国法学会征求意见。在充分吸收各方意见建议基础上，修改形成《关于人民法院裁判文书说理若干问题的意见（送审稿）》，经最高人民法院审判委员会讨论和党组会审议通过。最高人民法院于2018年6月11日发布《关于加强裁判文书释法说理的指导意见》（法发〔2018〕10号）。

二、《意见》的主要特点

裁判文书释法说理，事关司法公开的实质性深化，事关审判权的严格规范行使，事关司法责任制的全面落实，事关裁判文书定分止争功能的发挥，事关司法公信力的不断提升。《意见》作为未来一个时期指导全国法院裁判文书释法说理改革的指导性文件，契合党的十九大报告提出的“深化司法体制综合配套改革，全面落实司法责任制，努力让人民群众在每一个司法案件中感受到公平正义”的精神和要求。

在起草过程中注重体现了以下特点：

一是体现于法有据。《意见》是规范和指导裁判文书制作的司法文件，对司法行为和司法公正的影响力巨大。从裁判说理的立法化来看，域外一些国家在民事诉讼法和刑事诉讼法中加以具体规定，例如德国、韩国、日本、俄罗斯。我国《民事诉讼法》第一百五十二条规定，判决书应当写明判决结果和作出该判决的理由；第一百五十四条规定，裁定书应当写明裁定结果和作出该裁定的理由。《行政诉讼法》第四十三条第二款规定，对未采纳的证据应当在裁判文书中说明理由；《刑事诉讼法》没有明文规定裁判文书制作要求，但2013年1月1日起施行的《最高人民法院关于适用〈中华人民共和国刑事诉讼法〉的解释》第二百四十六条规定，裁判文书应当写明裁判依据，阐释裁判理由，反映控辩双方的意见并说明采纳或者不予采纳的理由，等等。这些法律和司法解释规定是《意见》的主要制定依据。

二是体现问题导向。无论是学术界的学理研究还是实务界的实证分析，均表明我国当下的裁判文书依然存在“不愿说理”“不会说理”“不敢说理”“不善说理”“说不好理”等方面的问题。《意见》以解决一些重点问题为出发点和落脚点，提出有针对性的意见和要求。

三是体现从实际出发。我国当下司法实践中，裁判文书存在不同的种类，包括判决书、裁定书、决定书、调解书；适用于不同的审判领域，包括刑事审判、民事审判、行政审判、国家赔偿、执行；适用于不同的诉讼阶段，包括立案、一审、二审、再审、执行；适用于不同的诉讼程序，包括普通程序、简易程序、特别程序、督促程序、公示催告程序，等等；适用于不同的案件，包括简单案件、复杂案件；适用于不同层级法院，包括基层法院、中级法院、高级法院和最高人民法院。案件难易、讼争事实、审判程序、案情影响大小、文书种类等因素，均会直接或者间接地影响裁判文书的释法说理。《意见》不追求大而全，而是重点解决一些宏观层面的共性问题，至于刑事裁判文书释法说理、民事裁判文书释法说理、行政裁判文书释法说理等方面的个性问题，可在总结审判实践经验的基础上再分别作出细则性的规定（《意见》第十九条）。同时，针对一些实践中尚存在较大争议的问题，例如，合议庭成员不同意见及其理由是否在全部或者部分裁判文书中公开、裁判文书是否附加法官寄语，等等，《意见》未予明确，有待司法实践的进一步探索。

四是体现系统协同。裁判文书释法说理是一项具有牵引作用的机制性改革，关联着司法责任制改革、多元纠纷解决机制改革、繁简分流机制改革、以审判为中心的刑事诉讼制度改革等。《意见》注重与2015年《最高人民法院关于完善人民法院司法责任制的若干意见》（法发〔2015〕13号），2016年《最高人民法院关于人民法院进一步深化多元化纠纷解决机制改革的意见》（法发〔2016〕14号），2016年《最高人民法院、最高人民检察院、公安部、国家安全部、司法部关于推进以审判为中心的刑事诉讼制度改革的意见》（法发〔2016〕18号），2016年《最高人民法院关于进一步推进案件繁简分流优化司法资源配置的若干意见》（法发〔2016〕21号）等改革文件内容的照应与配套，最大程度地提高改革集成度和优化整体改革效能。

《意见》共20条，主要包括以下内容：裁判文书释法说理应当遵守的基本原则；裁判文书释法说理的四个方面即证据采信说理、事实认定说理、法律适用说理、自由裁量权说理；裁判文书释法说理的繁简分流；裁判文书遵循的技术规范、法律引用、裁判辅助论据、表达方式、语言规范；裁判文书释法说理应当健全的配套机制，包括指导机制、考核机制、评估监督机制、评查机制。

三、裁判文书释法说理的价值功能

《意见》第一条就裁判文书释法说理的目的和价值功能作了规定，即裁判文书释法说理的目的是通过阐明裁判结论的形成过程和正当性理由，提高裁判的可接受性，实现法律效果和社会效果的有机统一；其主要价值体现在增强裁判行为公正度、透明度，规范审判权行使，提升司法公信力和司法权威，发挥裁判的定分止争和价值引领作用，弘扬社会主义核心价值观，努力让人民群众在每一个司法案件中感受到公平正义，切实维护诉讼当事人合法权益，促进社会和谐稳定。

裁判文书是人民法院依照法律规定独立行使审判权，审理民事、刑事、行政等案件过程中制作的法律文书，记录裁判过程、公开裁判理由，是彰显司法公正、弘扬法治精神、维护社会公平正义的载体。裁判文书释法说理是独任法官或者合议庭在制作裁判文书过程中围绕审查判断证据、认定案件事实、法律适用等方面的争议焦点、裁判论点和推理过程，论证裁判主文的合法性和正当性的活动。裁判文书释法说理的目的就是提高裁判文书的可接受性，实现法律效果和社会效果的统一。

裁判文书释法说理的价值功能主要体现在以下几个方面：

（一）裁判文书释法说理是深化依法治国实践和提升国家治理能力的基础工程

《三中全会决定》提出："全面深化改革的总目标是完善和发展中国特色社会主义制度，推进国家治理体系和治理能力现代化。"《四中全会决定》强调："法治建设还存在许多不适应、不符合的问题，主要表现为：……执法司法不规范、不严格、不透明、不文明现象较为突出。"无论是深化依法治国实践还是提升国家治理能力，均离不开严格司法，离不开公正、高效、权威的社会主义司法制度的强有力支撑。裁判文书释法说理，事关审判权的严格规范行使，事关司法责任制的全面落实，事关裁判文书定分止争功能的发挥，事关司法公信力的不断提升。裁判文书的说理，在某种程度上是检测全面深化司法改革最终成效的重要指数，是助推人民法院审判能力现代化的重要切口，是促进国家治理能力现代化的重要途径。

（二）裁判文书释法说理是展示法院公正形象的载体工程

《四中全会决定》强调："公正是法治的生命线。司法公正对社会公正具有重要引领作用，司法不公对社会公正具有致命破坏作用。"习近平总书记指出："司法是维护社会公平正义的最后一道防线。"按照中央的部署，为确保法院依法独立公正行使审判权，此轮司法体制改革中推出的系列举措，例如，建立领导干部干预司法活动、插手具体案件处理的记录、通报和责任追究制度，建立健全司法人员履行法定职责保护机制等，着重从外围建立确保司法公正的"防火墙"。"司法公正不仅要实现，而且要以看得见的方式实现"，裁判文书释法说理则是人民法院从内部增加的倒逼司法公正的"加压器"，是以"让人感觉到的方式"来呈现司法公正的重要环节和关键载体。

（三）裁判文书释法说理是提高司法产品质量和审判效率的优化工程

当前世界主要法治国家均面临一个共同的现实问题，即民众既要求严格司法，实现正义，又要求快速审判，提高效率，节约成本。随着经济社会的发展和人民群众法治意识、权利意识的增强，全国法院案件数量近年来持续大幅增长，始终保持高位运行。特别是随着立案登记制的实施和《行政诉讼法》等许多法律的修改或制定，案多人少矛盾在部分地区和法院愈发凸显。裁判文书释法说理专门提出繁简适度的要求，不仅强调法官应当根据案情是否重大复杂、诉讼各方争议程度、审判程序类型、案件社会影响大小、文书种类等不同情况进行繁简适度的说理，而且详细列举了“应当加强说理”和“可以简化说理”的情形，确保“简案快审、繁案精审”“该繁则繁，当简则简，繁简适度”原则在裁判文书制作和说理环节的落实，从而更好地实现更高层次的司法公正与效率的有机统一。如果把公正的判决比作一份合格的司法产品，那么裁判文书释法说理在很大程度上决定着这份产品的质量和性价比。人民法院通过建立健全积极引导法官“愿说理”“敢说理”“说好理”的机制，不断地优化裁判文书释法说理，必将为人民群众提供优质、高效的司法产品。

（四）裁判文书释法说理是推进司法公开的升华工程

审判公开作为我国宪法规定的一项重要原则，是社会主义司法制度的本质要求，是司法文明的标志，是司法公正的保障。《四中全会决定》强调：“构建开放、动态、透明、便民的阳光司法机制，推进审判公开、检务公开、警务公开、狱务公开，依法及时公开执法司法依据、程序、流程、结果和生效法律文书，杜绝暗箱操作。加强法律文书释法说理，建立生效法律文书统一上网和公开查询制度。”最高人民法院近年来以此为动力，以上率下，统筹谋划，一体部署，强有力地采取了系列深化司法公开制度改革的工作举措，包括推进审判流程公开、庭审公开、裁判文书公开、执行信息公开四大平台建设，等等，使得我国的司法公开程度迅速提升。司法公开是一面镜子，是一块试金石，更是一缕阳光。《意见》强调的裁判文书释法说理公开、审判委员会讨论案件适用法律的理由公开、裁判文书释法说理如实反映庭审过程，等等，必将促进司法的实质化公开迈上新台阶。

（五）裁判文书释法说理是改善人民群众公平正义获得感的民生工程

在司法权运行的各个环节中，裁判文书全景展现司法裁判的内容，直接影响当事人和社会公众对公平正义的感受。司法个案的案情不同，难易有别，具体当事人自然会存在不同的需求。对于简单案件，当事人对诉讼程序的需求更偏重于及时、便捷、低成本、高效益，不希望因为程序复杂导致诉讼拖延；而对于复杂程序，当事人往往更愿意法院严格适用普通程序进行实质化或者优质化审理，更期待法官进行精准到位的裁判文书释法说理，切实发挥司法裁判定分止争的功能。当前，一些法院的审判工作存在繁简不分、简案办不快、难案办不精等突出问题，不能充分满足人民群众的不同司法需求。《意见》深入贯彻以人民为中心的发展思想，充分关注有限司法资源与多元司法需求的冲突，根据案件的不同情形合理配置司法资源，即“说理支出”不是广撒“胡椒面”，而是有重点地聚焦，真正地把需要说的理说透讲明，不需要说的理绝不无病呻吟，不断地提升裁判文书对不同受众的说服效果，切实“让人民群众在每一个司法案件中感受到公平正义”。

四、裁判文书释法说理的基本原则

《意见》第二条对裁判文书释法说理的基本内容和要求作了规定，即“裁判文书释法说理，要阐明事理，说明裁判所认定的案件事实及其根据和理由，展示案件事实认定的客观性、公正性和准确性；要释明法理，说明裁判所依据的法律规范以及适用法律规范的理由；要讲明情理，体现法理情相协调，符合社会主流价值观；要讲究文理，语言规范，表达准确，逻辑清晰，合理运用说理技巧，增强说理效果”。具体包括以下几个方面：

（一）阐明事理

此处的“事理”就是案件的来龙去脉、本来面目和前因后果。阐明事理，就是说明裁判所认定的案件事实及其根据和理由。显然，经审判查明和认定的事实不是纯本源意义上的客观事实，而是经由各诉讼参与人和法官的系列诉讼活动加工和重塑而成的法律事实。考虑到法律事实只能无限地趋近于客观事实，阐明事理必须展示案件事实认定的客观性、公正性和准确性。

（二）释明法理

此处的“法理”就是法律根据，即裁判所依凭的法律、行政法规、司法解释、地方性法规等。释明法理就是要说明裁判所依据的法律规范以及适用法律规范的理由。就法律适用简单的案件而言，仅需列明所适用的法律就可；而针对实践中的以下几种情况而言，既需说明裁判所依据的法律规范，而且需要说明适用法律规范的理由。一是法律条文里规定了多种情形，如果案件只符合其中的一种情形，裁判文书就必须说明本案符合该种情形，不能简单地引用条文了事。二是法律规定了很多种处罚方法，法官如果只选择其中的一种处罚方法，裁判文书必须说明为什么只选择其中的一种处罚方法。例如，如果一个刑法条文规定的犯罪有死刑、无期徒刑和有期徒刑，法官选择了死刑，裁判文书就必须说明判决选择死刑而不选择其他刑罚方法的理由。三是法律条文本身模糊和抽象，甚至包容多种含义，而判决选择的是其中的一种理解或含义，在这种情况下，裁判文书就必须说清为何这样而不那样解释法律的道理，以告诉当事人采纳该种理解的理由。四是法律条文存在冲突或者竞合的情形，裁判文书就要说明裁判所选择的法律规范及其选择理由。五是法律存在漏洞的情形，裁判文书就要说明采用填补漏洞等法律方法所发现和最终适用的法律规范，并通过法律论证来确保裁判的正当性和可接受性。

（三）讲明情理

从理的普遍性看，事理、法理与情理都是相通的，任何道理都是通人情的。讲情理的裁判文书，更能打动人、说服人。裁判文书讲明情理，要体现法理情相协调，符合社会主流价值观。裁判文书对情理的运用，应注意两点：一是情理能否被法律所包容。凡是已被法律包容或者能为法律所包容的人情，裁判文书就应当把法律所包容或者与法律相协调的人情阐发出来，以展示法律的可亲可近之情；凡是不为法律所包容的人情，就不能以情废法。二是要区分集体人情、大众人情和极少数人的人情。集体人情、大众人情就是社情和民情，裁判文书释法说理时应当予以格外尊重，不得伤害正当的民情；当民情的舆论取向与判决的结论不一致时，更要注重说理方式，有效引导和化解不当或者错误的民情。

（四）讲究文理

此处的“文理”主要指说理的语言、形式和技巧，其往往反映一个人的说理能力特别是文字能力、思维能力、逻辑能力等。裁判文书讲究文理，既要做到语言规范、表达准确、逻辑清晰，也要合理运用说理技巧，增强说理效果。其中，逻辑清晰、严密方面的要求，主要包括以下三方面内容：

其一，裁判文书释法说理应遵循形式逻辑和非形式逻辑。形式逻辑要求裁判文书以案件事实和法律适用为基础，严格按照逻辑学三段论的推理规则进行说理，充分论证和阐明法律规范与案件事实之间的内在联系，使事实、理由和判决结果相互联系，思路清晰，层次分明，做到理由与事实一致、理由与判决结果一致。形式逻辑的基本原理包括同一律、矛盾律、排中律和充足理由律。同一律要求在论证过程中，实际证明的判断要和需要证明的判断同一；矛盾律要求裁判文书释法说理不能前后矛盾；排中律要求法官的判决要观点鲜明，是非明确，不能观点含糊，模棱两可；充足理由律要求每一个判断都要有充足的理由。非形式逻辑是逻辑的一个分支，其任务是讲述日常生活中分析、解释、评价、批评和论证建构的非形式标准、尺度和程序。非形式逻辑要求裁判文书释法说理不可以违背日常经验法则、常识判断等，在依据法律、司法解释规定外，法官可以运用公理、情理、经验法则、交易习惯、职业伦理等论据论证裁判理由，以提高裁判结论的正当性和可接受性。

其二，裁判文书释法说理应遵循法律逻辑。法律逻辑要求裁判文书释法说理在形式上遵守裁判文书制作规范；语言表述上符合法律规范、严谨科学；在证据审查和认定事实的过程中严格遵守证据规则；在法律适用和形成裁判结论过程中进行法律解释和法律推理。

其三，裁判文书释法说理应遵循诉讼逻辑和审判逻辑。诉讼逻辑要求裁判文书对诉讼各阶段全面反映和记录，对诉讼各方在法庭辩论中的主张与抗辩、举证与质证、论证与反驳等进行回应，并阐明理由。不同审判领域的裁判文书释法说理各自应当遵循民事诉讼逻辑、刑事诉讼逻辑和行政诉讼逻辑。审判逻辑要求裁判文书释法说理过程必须全面反映人民法院的审理过程和结果，不得遗漏案件审理的程序性事项、诉讼各方的诉讼主张、公诉及辩护意见等。

《意见》第三条对裁判文书释法说理的具体原则作了规定，具体包括以下几方面：

一是合法性原则。裁判文书释法说理应合乎法律，做到“有法必依”。《三中全会决定》强调：“推进严格司法。坚持以事实为根据、以法律为准绳，健全事实认定符合客观真相、办案结果符合实体公正、办案过程符合程序公正的法律制度。”合法性原则贯穿于裁判文书释法说理的方方面面，具体来说，裁判文书释法说理的合法性原则主要体现在四个方面：第一，对审查判断证据的说理应严格遵守《最高人民法院关于民事诉讼证据的若干规定》《最高人民法院关于行政诉讼证据若干问题的规定》《最高人民法院关于办理刑事案件严格排除非法证据若干问题的规定》等相关证据规则的规定。第二，对认定案件事实的说理应在审查判断证据的基础上，结合庭审举证、质证、法庭辩论等情况，严格遵守民事诉讼法、刑事诉讼法、行政诉讼法的相关规定认定案件事实。第三，对适用法律的说理应当严格遵守《立法法》《最高人民法院关于裁判文书引用法律、法规等规范性法律文件的规定》及民法、刑法、行政法等法律法规的相关规定。第四，对行使自由裁量权的说理应当遵守相关法律规定。

二是正当性原则。包括三个层面：第一，裁判文书释法说理的内容要正当合理，传达社会正能量，宣扬正确的价值观，将法理和情理融为一体。如“狼牙山五壮士”名誉侵权案一、二审裁判文书①有力地维护了英雄形象，弘扬了社会主义核心价值观。于欢故意伤害案二审刑事判决书②坚持法治、道德与伦理相结合，体现了法理情的有机统一。朱振彪追赶交通肇事逃逸者案③支持鼓励见义勇为，捍卫善良风俗。第二，裁判文书释法说理要遵守“禁止向一般条款逃逸”的规则，不能借口符合情理来突破法律规定。第三，裁判文书释法说理应平等对待诉讼各方，回应诉讼各方的意见。第四，裁判文书释法说理应符合正当程序原理和程序正义的基本要求和内在精神。

三是层次性原则。裁判文书要围绕证据审查判断、事实认定、法律适用进行说理，并反映出推理过程。具体来说，第一，审查判断证据说理。审查判断证据是法官进行裁判的第一道程序，更是准确认定案件事实、正确适用法律、恰当运用自由裁量权的基础和依据，因此，裁判文书释法说理的首要要求就是对审查判断证据进行说理。第二，认定案件事实说理。案件事实是裁判的前提和基础，是法官在诉讼过程中基于审查判断后所采信的证据而认定的有关案件的具有法律意义的事实。认定案件事实说理是法的适用过程中承上启下的环节，要以法律关系的构成要件为指导，在证据的支撑下抽象概括事实要素，分析认定案件性质。第三，法律适用说理。法律适用是在查明案件事实的基础上寻找合适的法律规范，并在法律规范和案件事实的基础上进行推理而形成裁判结论。

四是针对性原则。裁判文书释法说理要注意针对具体对象和具体问题，做到有的放矢。一方面，随着当事人主义诉讼模式的逐步完善，法官更需要对诉讼各方的意见进行回应，尤其是要对不予采纳的观点说明理由，从而淡化裁判文书的威权色彩。另一方面，繁简分流要求法官应当在裁判文书中围绕争议焦点分配说理资源，集中笔墨解决有争议事项。具体来说，裁判文书释法说理的针对性原则主要包括三个方面的内容：第一，裁判文书释法说理应针对诉讼各方的主张来进行，对是否支持当事人的诉辩主张明确表态，分清是非，明确责任。第二，裁判文书释法说理应针对诉讼各方的争点来进行，既包括诉讼各方对证据“三性”（关联性、合法性和

① 参见北京市海淀区人民法院（2014）海民初字第13924号民事判决书和北京市第一中级人民法院（2016）京01民终1563号民事判决书。

② 参见山东省高级人民法院（2017）鲁刑终151号刑事附带民事判决书。

③ 参见河南省滦南县人民法院（2017）冀0224民初3480号民事判决书。

真实性）的争论，也包括事实认定方面的争论，还包括法律适用方面的争论，甚至是某个量刑情节是否存在的问题。第三，裁判文书释法说理应针对不同的受众来进行，案件当事人、与案件程序流转相关的法官、其他法律工作者、社会普通大众均会或多或少地直接或者间接地影响法官的裁判文书释法说理。以刑事案件为例，一审裁判文书释法说理主要针对公诉方的指控意见和被告方的辩护意见；二审裁判文书释法说理主要针对上诉人的上诉意见或检察机关的抗诉意见；改判发回案件的裁判文书释法说理还要针对下级法院的原审判决。

五是必要性原则。裁判文书释法说理要“繁简分流”和“适可而止”。具体来说，裁判文书释法说理的必要性原则主要包括以下几个方面：第一，法官应根据案件难易、讼争事实、庭审情况的不同进行繁简适度的说理，简单案件简化说理，繁难案件需要强化说理。第二，法官在判决书、裁定书、调解书、决定书中的说理应存有差别。实体类的判决书、裁定书要求说理的程度较高，程序类的裁定书和决定书一般说理要求不高，调解书因双方当事人的合意处分因素自然地会减少说理的必要性。第三，从协同性、配套性角度来说，不同的诉讼程序往往需要不同的裁判文书样式，其中就包括对裁判说理作出不同的安排，普通程序需要制作要式裁判文书，简易程序需要制作简式裁判文书。第四，从不同层级法院功能的角度而言，四级法院制作的裁判文书的说理理应有别。基层法院和中级法院应该更加注重解决纠纷，高级法院和最高法院则应该更加偏重确立规则。《四中全会决定》提出：“完善审级制度，一审重在解决事实认定和法律适用，二审重在解决事实法律争议、实现二审终审，再审重在解决依法纠错、维护裁判权威。”按照此种一审、二审、再审的功能定位，单纯审理一审案件的基层法院的裁判文书释法说理要求有别于中级、高级、最高人民法院制作的裁判文书，同时中级、高级、最高人民法院各自制作的一审裁判文书的说理要求也有别于二审、再审裁判文书。第五，裁判文书释法说理应注意“度”的把握。一方面，从论点和论据的关系而言，既要求整个裁判文书的论据对于最终的裁判结论而言是充分的，也要求裁判文书中的每个论点均有充分的论据；另一方面，从具体标准而言，裁判文书既不能说理不到位、有欠缺，也不能烦琐说理、啰嗦说理、表演式说理，而要谨守“中庸之道”，力争恰到好处。

裁判文书释法说理：类型划分与重点聚焦*

——《关于加强和规范裁判文书释法说理的指导意见》的理解与适用（中）

一、审查判断证据说理

《关于加强和规范裁判文书释法说理的指导意见》（以下简称《意见》）第四条规定："裁判文书中对证据的认定，应当结合诉讼各方举证质证以及法庭调查核实证据等情况，根据证据规则，运用逻辑推理和经验法则，必要时使用推定和司法认知等方法，围绕证据的关联性、合法性和真实性进行全面、客观、公正的审查判断，阐明证据采纳和采信的理由。"

从法的适用阶段看，审查判断证据是第一道环节，缺乏对证据的认证分析，既不能展示法官心证的过程，也无从知晓证据与待证事实之间的关联性。审查判断证据说理的重点主要包括以下方面：

（一）关于举证、质证和法庭调查核实证据的情况

证据必须在法庭上出示，并经过质证，才可以作为认定案件事实的根据。法庭调查的过程就是诉讼各方在法官的主持下进行举证、质证的过程。《最高人民法院关于适用〈中华人民共和国刑事诉讼法〉的解释》（以下简称《刑事诉讼法解释》）第六十三条规定："证据未经当庭出示、辨认、质证等法庭调查程序查证属实，不得作为定案的根据，但法律和本解释另有规定的除外。"我国三大诉讼法都不同程度地赋予法院依职权调查取证的权利。法院依职权调取的证据不是质证的对象。在庭审中，法官应当将依职权调取的证据予以出示，诉讼各方可以对法院调查收集证据的合法性、真实性和关联性提出质疑，法庭也可以就调查收集证据的情况对当事人进行说明。法官应当将调查收集证据的情况以及庭审出示情况在裁判文书中加以

* 撰稿人：胡仕浩、刘树德，原载《人民司法》2018年第28期。

说明。

（二）关于运用证据规则和司法证明方法的情况

证据规则是指在诉讼中，规范证据的收集、证据的审查以及证据的评价等诉讼证明活动的准则。从通常意义上说，完善的证据规则有利于查明案件事实，实现实体公正，有利于约束裁判者的自由裁量权，有利于提升诉讼效率。在三大诉讼法中，证据规则的设定和要求有很大不同。刑事证据规则不仅具有发现事实、增强程序的可操作性功能，还具有保障人权和增进特定社会利益保护的功能。典型的刑事证据规则有关联性规则、非法证据排除规则、补强证据规则、传闻证据规则、最佳证据规则、意见证据规则等。通常认为，关联性规则、补强证据规则属于调整证明力的规则，而非法证据排除规则、传闻证据规则、意见证据规则、最佳证据规则都属于调整证据能力的规则。民事诉讼尊重当事人意思自治，为促进当事人和解、使诉讼更有效率，民事诉讼法规定了举证期限、证据交换等规则。《最高人民法院关于民事诉讼证据的若干规定》（以下简称《民事证据规定》）和《最高人民法院关于适用〈中华人民共和国民事诉讼法〉的解释》（以下简称《民事诉讼法解释》）对于无需证明的事实、举证责任分配和证明标准等规则作出了系统规定。行政诉讼的特殊证据规则主要集中在《最高人民法院关于行政诉讼证据若干问题的规定》（以下简称《行政证据规定》）中，典型证据规则是被告负举证责任的证明责任分配原则和行政案卷排除规则。

根据证据裁判主义与正当程序原则的要求，法官在认定案件事实时，首先以直接证据认定事实；只有以直接证据来认定事实存有疑问时，方可运用逻辑推理、经验法则、司法认知、推定等司法证明方法，且运用的过程必须透明、公开，确保司法的合法性与正当性。具体来说：

其一，逻辑推理是司法证明中最基本的方法，是指从已知事实或者判断出发，按照一定的逻辑规律或者规则，推导出新的认识或者判断。在逻辑推理中必须遵循的逻辑规律一般包括同一律、矛盾律和排中律等。在司法裁判中，常用的推理方式为演绎推理和归纳推理。在民事、行政诉讼中，当案件缺乏请求权基础时，会运用类比推理方式；在刑事案件中，类比推理间或也会被运用。在演绎推理中，法官应当围绕大前提与小前提的涵摄关系，对案件事实是否满足法律规范的事实构成并产生法律规范效果进行论证。在归纳推理中，法官应着重对归纳推理的前提与结论之间的必要性关系进行论证。在类比推理中，法官应当对案件事实缺乏法律规定、案件事实与拟类推适用的法律要件事实之间的相似性、拟类推适用的法律规范的立法本意进行充分论证。

其二，经验法则，是指人们从生活经验中归纳获得的关于事物因果关系或属性状态的法则或知识。《民事证据规定》和《行政证据规定》均确立了经验法则在诉讼过程中的法律地位和作用。在刑事诉讼中，《最高人民法院关于办理死刑案件审查判断证据若干问题的规定》第五条界定“证据确实、充分”的证明标准时，其中一项要求就是根据证据认定案件事实的过程符合逻辑和经验规则，由证据得出的结论为唯一结论。经验法则在决定证据能力、评价证据价值、事实推定中的推理、引导当事人证明活动的进行以及为证明标准的适用提供判断依据等方面起决定性作用。另一方面，经验法则也存在较大的局限性，具体表现为法官运用较低程度盖然性的经验法则推出的结论容易出错，经验法则的适用需建立在案件具体情况基础之上、具有适用的针对性与复杂性，经验法则属于主观判断活动范畴等。由于经验法则本身在证明案件事实上具有一定的盖然性，同时法官适用经验法则受个体条件的影响和制约，因此，法官运用经验法则认定案件事实时，应当在裁判文书中阐述理由，并对当事人或控辩双方就适用经验法则认定案件事实提出的意见进行评判和分析，增强裁判的说服力，规范法官自由裁量权的行使。

其三，推定是作为证据证明的一种补充手段而存在。法学理论将推定分为法律推定和事实推定，其划分标准是推定所依凭的根据。法律推定是指立法者按照特定的立法意图，依据立法程序在成文法条文中所设置的推定规范，规定以某一事实的存在为基础，据以认定另一事实或权利的存在；事实推定又称司法上的推定或诉讼上的推定，是指司法者在具体的诉讼过程中，在自由心证范围内根据有关证据和经验法则对有关证明对象所作出的一种推论。法官应当在裁判文书中公开推定的过程，以展示如何适用推定认定案件事实的心证过程，说明运用证据认定基础事实的过程、推定依据的经验法则和法律规定的有效性以及适用推定的合理性，同时对提出异议一方的反驳理由进行分析，增强推定的说服力，提高司法裁判的认同度。

其四，司法认知是指法院在审理过程中，依申请或依职权对特定事实的真实性直接予以确认的事实认定方法。法院对一定事实无须当事人举证即确认真实性，及时排除当事人无合理根据的争议，以确保审理高效有序地进行。从立法上来看，目前在我国的法律规范中并没有明确出现“司法认知”这一概念，只有最高人民法院2001年发布的《民事证据规定》规定了六类免证事实的内容。学界认为，采用司法认知之前，应当保障当事人的程序参与权，当事人有权对是否采用司法认知表达意见，特别是要保障对方当事人提出反证机会；在保障当事人程序参与权和进行必要调查的基础上，对方当事人没有提出反证的情况下，法官才能采用司法认知的事实。

在裁判文书中，法官应当注重阐述司法认知的形成过程，对这一司法证明的必要性、合法性进行充分论证。

（三）关于审查判断证据的情况

审查判断证据是认定案件事实的前提，包括证据能力和证明力的审查判断两个方面。审查判断证据能力适用证据的关联性、合法性和真实性三项标准，审查判断证明力则适用证据的确实性和充分性两项标准。2001 年《民事证据规定》第五十条规定："质证时，当事人应当围绕证据的真实性、关联性、合法性，针对证据证明力有无以及证明力大小，进行质疑、说明与辩驳。"《行政证据规定》第三十九条第一款规定："当事人应当围绕证据的关联性、合法性和真实性，针对证据有无证明效力以及证明效力大小，进行质证。"与之相应，我国的现行立法中确立了一些审查判断证据能力和证明力的规则，前者主要包括非法证据排除规则、电子证据的可采性规则、民事诉讼的最佳证据规则、行政案卷排他性规则、特定人员作证特免权规则等；后者主要包括补强证据规则、复制件证明力规则与证据证明力高的确认规则等。

法官首先根据证据能力的审查判断规则，对证据的合法性、关联性和真实性进行全面判断，从而界定证据有无证据资格，并阐述理由。证据的合法性决定了一项证据是否具有证据资格或证明能力，只有具有合法性的证据才具有证据能力，才存在进一步对其证明力作出判断的可能。具备合法性的证据，在形式上必须是客观存在的，在内容上必须是真实的。法官可以从证据的来源和内容以及是否与其他证据之间存在矛盾来判断证据是否真实可靠。判断证据是否具有关联性，需要考察的是证据与待证事实之间是否有联系以及联系是否密切。证据与案件事实联系越密切，证据的证明力就越强；联系越疏远，证据的证明力就越弱；无联系的，无证明力。实践中，对于案件争议焦点所涉及的关键证据、当事人提出异议的证据尤其应当注重强化说理。

证明力的审查判断是对案件中各种证据的认识活动，应该从个别到整体，循序渐进地进行。法官对单一证据可以从下列几方面进行审核认定：证据是否原件、原物，复印件、复制品与原件、原物是否相符；证据与本案事实是否相关；证据的形式、来源是否符合法律规定；证据的内容是否真实；证人或者提供证据的人与当事人有无利害关系。对于案件的全部证据，法官应当从各证据与案件事实的关联程度、各证据之间的联系等方面进行综合审查判断。就数个证据对同一事实的证明力，通常认为，国家机关、社会团体依职权制作的公文书证的证明力一般大于其他书证；

物证、档案、鉴定结论、勘验笔录或者经过公证、登记的书证，其证明力一般大于其他书证、视听资料和证人证言；原始证据的证明力一般大于传来证据；直接证据的证明力一般大于间接证据；证人提供的对与其有亲属或者其他密切关系的当事人有利的证言，其证明力一般小于其他证人证言。

（四）裁判文书阐明是否采纳证据及其理由

《民事证据规定》和《行政证据规定》均规定，“人民法院应当在裁判文书中阐明证据是否采纳的理由”。在刑事诉讼中，裁判文书阐明证据是否采纳的理由，是刑事司法正当程序原则的基本要求。法官撰写裁判文书不应简单罗列证据后直接给出认定结论，而是应当注重对证据进行详略得当、有主有次的分析和说理。对于诉讼各方无争议的证据可以简化说理，对于关键证据和争议证据应当强化说理，充分阐述证据采纳或不予采纳的理由，公开法官心证形成的过程，提升裁判文书公信力。

（五）关于非法证据排除的说理要求

《意见》第五条规定：“刑事被告人及其辩护人提出排除非法证据申请的，裁判文书应当说明是否对证据收集的合法性进行调查、证据是否排除及其理由。”非法证据排除规则，是指在刑事诉讼中，以非法手段取得的证据，不得被采纳为认定被告人有罪的根据。2010年以来，我国非法证据排除规则在两大方面得以完善：一是确立了以强制性排除、裁量性排除与瑕疵证据补正三元并立的非法证据排除模式，特别是确立了较为明确的非法证据排除对象；二是非法证据排除程序具备了大体稳定的制度框架，对于非法证据排除的启动、初步审查、庭前会议、庭审调查、裁判方式、救济途径等，确立了一系列具有可操作性的规则。根据本条规定，凡是当事人及其辩护人、诉讼代理人提出非法证据申请的，法官应当说明是否对证据收集的合法性进行调查，阐明是否排除证据及其相关理由，这实际上系要求法官在裁判文书中对非法证据排除程序的全过程即启动、调查、认定结论，进行全面说理。

法官在审查排除非法证据申请时，首先需要判断被告人及其辩护人申请排除的证据是否属于非法证据排除规则的适用范围。《刑事诉讼法》第五十四条第一款规定：“采用刑讯逼供等非法方法收集的犯罪嫌疑人、被告人供述和采用暴力、威胁等非法方法收集的证人证言、被害人陈述，应当予以排除。收集物证、书证不符合法定程序，可能严重影响司法公正的，应当予以补正或者作出合理解释；不能补正或者作出合理解释的，对该证据应当予以排除。”我国非法证据排除规则的适用范围包括非法言词证据和非法实物证据，两类非法证据的构成条件不同。

非法证据排除调查程序的启动包括两种方式：其一是依职权启动方式，即在法庭审理过程中，审判人员认为可能存在某一证据系侦查人员以非法方法所获取的证据，依据职权启动对该证据收集的合法性进行调查的程序。其二是依申请启动方式，即经当事人及其辩护人、诉讼代理人申请启动，法院经审查认为符合法定条件才启动排除非法证据程序。此处的法定条件是“提供相关线索或者材料”，其中“线索”是指内容具体、指向明确的涉嫌非法取证的人员、时间、地点、方式等；“材料”是指能够反映非法取证的伤情照片、体检记录、医院病历、讯问笔录、讯问录音录像或者同监室人员的证言等。实践中，绝大多数案件的非法证据排除程序系经被告人及其辩护人申请启动的方式。为保障被告人充分行使诉权，同时又避免被告人方滥用诉权，我国法律确立了在开庭审理前提出排除非法证据申请的基本原则。被告人方在开庭审理前提出排除非法证据的申请，人民法院经审查，对证据收集的合法性有疑问的，应当召开庭前会议，就非法证据排除等问题了解情况，听取意见，公诉人、被告人及其辩护人在庭前会议中对证据收集是否合法未达成一致意见的，法院应当开展庭审调查。对于被告人方在开庭审理前未申请排除非法证据，在庭审过程中提出申请的，应当说明理由。法院经审查，对证据收集的合法性有疑问的，应当进行调查；没有疑问的，应当驳回申请。对于被告人方申请排除非法证据，因不具备法定条件而未启动非法证据排除调查程序的情形，尤其应当注重在裁判文书中对被告人方提供线索的情况进行说明，并阐述不启动非法证据排除程序的理由。

在法院启动对证据收集合法性的调查程序后，检察院对控诉证据的合法性负有证明责任，应当达到的证明标准是：排除该证据系非法取得的可能性。经过法庭审理，确认或者不能排除存在2012年《刑事诉讼法》第五十四条规定的以非法方法收集证据情形的，对有关证据应当予以排除。对于庭审调查过程和认定结果，法官应当在裁判文书中针对检察院提供证据的质证结果、录音录像播放、侦查人员出庭等关键情况进行充分说明，并详细阐述证据应否排除的理由。申言之，对于检察院出示的讯问笔录、提讯登记、体检记录、采取强制措施或者侦查措施的法律文书、侦查终结前对讯问合法性的核查材料等证据材料，详细阐述法庭举证、质证情况。对于讯问录音录像，详细说明对于讯问录音录像是否依法制作、讯问录音录像是否完整、讯问录音录像是否同步制作、讯问录音录像与讯问笔录的内容是否存在差异等内容的审查结论。

（六）关于举证责任分配或证明标准争议的说理要求

《意见》第五条规定：“民事、行政案件涉及举证责任分配或者证明标准争议的，裁判文书应当说明理由。”证明责任，又称举证责任，是指当作为裁判基础的法律要件事实在诉讼中处于真伪不明的状态时，一方当事人因此而承担的诉讼上的不利后果。法院在裁判案件争议时，首先确定作为裁判基础的事实关系是否存在，然后才能适用相应的法律作出裁判。在民事诉讼和行政诉讼中，即使案件事实真伪不明，法院也必须作出裁判，而且裁判后果总是对其中一方当事人不利。证明责任是一种不利的后果，这种后果只在作为裁判基础的主要事实真伪不明时才发生作用。

在事实真伪不明时，法律上规定由谁承担由此带来的不利后果就是所谓的证明责任分配。民事诉讼和行政诉讼实行不同的证明责任分配规则。民事诉讼证明责任分配一般贯彻“谁主张，谁举证”原则，同时存有证明责任的转移、证明责任的倒置、证明责任的司法裁量等特殊规则。2001年《民事证据规定》第二条第一款规定：“当事人对自己提出的诉讼请求所依据的事实或者反驳对方诉讼请求所依据的事实有责任提供证据加以证明。”同时，该规定对合同案件、特殊侵权案件、劳动争议案件的证明责任分配作出了比较明确的规定。实践中的问题是，在法律没有明确规定时，哪些事实是诉讼请求所依据的事实并不明确，需要法官针对个案进行判断。

行政诉讼中，证据论证主要围绕被诉行政行为的合法性展开，证明责任分配原则是“被告负举证责任”。《行政诉讼法》第三十四条第一款规定：“被告对作出的行政行为负有举证责任，应当提供作出该行政行为的证据和所依据的规范性文件。”行政诉讼的原告也要承担一定的证明责任，在不作为、行政赔偿案件中，应当提供曾经提交过申请、自己遭受损害的证据。《行政证据规定》第四条规定：“公民、法人或者其他组织向人民法院起诉时，应当提供其符合起诉条件的相应的证据材料。在起诉被告不作为的案件中，原告应当提供其在行政程序中曾经提出申请的证据材料。”第五条规定：“在行政赔偿诉讼中，原告应当对被诉具体行政行为造成损害的事实提供证据。”

证明标准是指法院在诉讼中认定案件事实所要达到的证明程度。民事诉讼法和行政诉讼法均没有关于证明标准的明确规定，但在相关条款中均有所涉及。《民事诉讼法》第一百七十条规定：“第二审人民法院对上诉案件，经过审理，按照下列情形，分别处理：（一）原判决、裁定认定事实清楚，适用法律正确的，以判决、裁定方式驳回上诉，维持原判决、裁定；（二）原判决、裁定认定事实错误或者适用法律错误的，以判决、裁定方式依法改判、撤销或者变更；（三）原判决认定基本事实不清的，裁定撤销原判决，发回原审人民法院重审，或者查清事实后改判；（四）原判决遗漏当事人或者违法缺席判决等严重违反法定程序的，裁定撤销原判决，发回原审人民法院重审。原审人民法院对发回重审的案件作出判决后，当事人提起上诉的，第二审人民法院不得再次发回重审。”该规定采取否定表述方式规定民事诉讼的证明标准为“事实清楚，证据充分”。2001 年《民事证据规定》第七十三条规定：“双方当事人对同一事实分别举出相反的证据，但都没有足够的依据否定对方证据的，人民法院应当结合案件情况，判断一方提供证据的证明力是否明显大于另一方提供证据的证明力，并对证明力较大的证据予以确认。因证据的证明力无法判断导致争议事实难以认定的，人民法院应当依据举证责任分配的规则作出裁判。”该条规定表明，在我国司法解释中确认了民事诉讼的“优势证据”标准。《民事诉讼法解释》第一百零八条规定：“对负有举证证明责任的当事人提供的证据，人民法院经审查并结合相关事实，确信待证事实的存在具有高度可能性的，应当认定该事实存在。对一方当事人为反驳负有举证证明责任的当事人所主张事实而提供的证据，人民法院经审查并结合相关事实，认为待证事实真伪不明的，应当认定该事实不存在。法律对于待证事实所应达到的证明标准另有规定的，从其规定。”该条规定表明，在我国司法解释中，结合举证责任，确认了民事诉讼高度盖然性的证明标准。

《行政诉讼法》第六十九条规定：“行政行为证据确凿，适用法律、法规正确，符合法定程序的，或者原告申请被告履行法定职责或者给付义务理由不成立的，人民法院判决驳回原告的诉讼请求。”第八十九条第一款规定：“人民法院审理上诉案件，按照下列情形，分别处理：（一）原判决、裁定认定事实清楚，适用法律、法规正确的，判决或者裁定驳回上诉，维持原判决、裁定……（三）原判决认定基本事实不清、证据不足的，发回原审人民法院重审，或者查清事实后改判……”这从正反两方面阐述了行政诉讼的证明标准是“案件事实清楚，证据确凿（实）、充分”。

二、认定案件事实说理

《意见》第六条对认定案件事实说理的重点作了规定，即“裁判文书应当结合庭审举证、质证、法庭辩论以及法庭调查核实证据等情况，重点针对裁判认定的事实或者事实争点进行释法说理。依据间接证据认定事实时，应当围绕间接证据之间是否存在印证关系、是否能够形成完整的证明体系等进行说理。采用推定方法认定事实时，应当说明推定启动的原因、反驳的事实和理由，阐释裁断的形成过程”。

（一）裁判文书结合庭审对认定事实及事实争点的说理要求

法官在审查判断证据的基础上认定案件事实。法院实务中最主要、最困难的工作，在于认定事实，以适用法律。因此，法院必须调查证据，发现事实真相，并判断何者与法律的适用有关、何者无关。作为在裁判文书中被以文字形式表述的案件事实，系基于当事人主张，由法官对其提供证据进行审查判断的基础上予以认定的。认定案件事实，必须以证据为根据。案件事实的认定是司法裁判活动的重要组成部分，法官进行审判的首要步骤，是裁判活动的逻辑起点。

学界和实务界通常使用客观事实与法律事实来表述案件所涉事实，一般认为客观事实是指生活中实际发生的原汁原味的案件事实，不依赖人们的主观意识而存在于过去的事实真相；法律事实是指法官在审判程序中，依据法律规范认定的具有法律效果的案件事实。对于法律事实的定义，学术界从不同角度分别有“构成要件说”“因果关系说”“法律所规范之事实说”“实证法规范说”“法律事实的客观说”“法律适用前提说”“法律关系说”等不同认识，每个角度都有其合理性。客观事实真实存在，但由于存在于过去，在现实审判中就需要予以证明，因此，客观事实在诉讼中是通过当事人的陈述、主张、举证、质证来呈现的。法官基于当事人的主张进一步审查判断证据，实际上就是按照法定程序对客观事实予以再现或者复原，可以说法律事实是法官在审判程序中认定的案件事实。

法官应当在审查判断证据的基础上认定案件事实，亦即法官审查判断证据是认定案件事实的前提和基础。刑事、民事、行政三大诉讼法均规定法官对证据的查明判断是认定事实的根据，反之，没有查明判断的证据不能作为认定事实的根据，这是司法证明活动的基本原则。《民事诉讼法》第六十三条规定，证据必须查证属实，才能作为认定事实的根据；第六十四条规定，人民法院应当按照法定程序，全面地、客观地审查核实证据。《行政诉讼法》第三十三条规定，证据经法庭审查属实，才能作为认定案件事实的根据；第四十三条规定，人民法院应当按照法定程序，全面、客观地审查核实证据。对未采纳的证据应当在裁判文书中说明理由。《刑事诉讼法》第四十八条规定，证据必须经过查证属实，才能作为定案的根据。上述诉讼法对证据必须查证属实的规定，赋予了法官对证据进行审查判断的权力和职责。立法解释认为，只有经过人民法院认真、细致地调查和分析，查证属实后，这些证据才能作为认定事实的根据。未查证属实的证据，不得作为认定事实的根据。法官在审查判断证据的基础上进行案件事实的认定主要涉及两方面的问题。第一是区分不同法定形式的证据与遵守相应的证据规则进行审查判断。刑事、民事、行政三大诉讼法规定的法定证据形式，主要有陈述、书证、物证、视听资料、鉴定意见、勘验笔录、证人证言等，不同形式的证据遵守不同的证据规则进行审查判断。第二是从证明对象构成角度分析，对证据能否证明案件事实进行认定。证明对象，是指证明主体进行证明活动所指向的对象。在诉讼中，其是指公安司法机关以及当事人等在诉讼过程中运用证据加以证明的案件事实及有关情况，又称为“待证事实”“要证事实”“证明标的”或者“证明客体”。如刑事诉讼处理的是犯罪行为，其证明对象包括犯罪行为构成要件的事实；与犯罪行为轻重有关的量刑情节事实；排除行为违法性、可罚性的事实；具有免除或减轻刑事责任的事实，等等。民事诉讼处理的是有关民事权利义务关系的纠纷，其证明对象主要是民事法律关系发生、变更和消灭的事实。行政诉讼处理的是行政行为合法性、合理性的争议，其证明对象主要是与被诉行政行为合法性和合理性有关的事实。

在裁判文书中，案件事实常表现为主要事实或者争议事实。主要事实是指当事人对引发案件的事实本身无争议，而对该事实产生的法律效果有争议。此类案件审理中，法官不能因当事人承认就简单认定，而是有责任通过庭审审查证据判断主要事实的存在，并予以认定。实践中，存在一些表面上当事人对主要事实无争议，实际是通过恶意串通、共谋虚构事实的手段进行虚假诉讼，因此，实践中对主要事实进行查明是必要的。争议事实是指当事人对引发案件的事实存在争议，包括事实存在与否，以及事实构成、情节、程度、状态等方面的争议。在此类案件审理中，法官基于当事人之间就事实存在争议，因而依诉讼程序，运用证据规则进行事实的查明和认定。

主要事实或者争议事实包括的范围，因案件性质不同而有所区别，但基本内容在各诉讼法中均有所规定。诉讼法及其司法解释还对哪些事实需要运用证据证明作出了规定，这些事实即是案件的主要事实或争议事实。如刑事案件的主要事实，应当根据《刑事诉讼法解释》第六十四条认定，即应当运用证据证明的案件事实包括：（1）被告人、被害人的身份；（2）被指控的犯罪是否存在；（3）被指控的犯罪是否为被告人所实施；（4）被告人有无刑事责任能力，有无罪过，实施犯罪的动机、目的；（5）实施犯罪的时间、地点、手段、后果以及案件起因等；（6）被告人在共同犯罪中的地位、作用；（7）被告人有无从重、从轻、减轻、免除处罚情节；（8）有关附带民事诉讼、涉案财物处理的事实；（9）有关管辖、回避、延期审理等的程序事实；（10）与定罪量刑有关的其他事实。民事诉讼法和行政诉讼法基于案件类型特征确定需查明的事实范围，如婚姻类型案件必须查明婚姻登记时间、感情状况、子女情况、财产与债务情况，以及前后提起离婚诉讼的间隔时间等；公司担保纠纷必须查明公司章程、担保决议及程序、担保对象是股东或对外担保、担保合同内容；建设工程纠纷必须查明承包资质、招标备案、工程价款、竣工验收等事实。

庭审中对事实的证明活动由举证、质证、认证三个基本环节组成。《意见》第六条规定“裁判文书应当结合庭审举证、质证、法庭辩论以及法庭调查核实证据等情况，重点针对裁判认定的事实或者事实争点进行释法说理”的内容，体现了裁判文书力求将审判中的程序正义与实体正义相结合的要求。该条规定要求法官在认定事实时，严格遵守诉讼程序进行庭审的举证、质证、辩论、调查核实，并进一步提出在认定事实时说明理由，其实质上是要求法官具备运用证据规则的能力，并通过裁判文书说理来向当事人和社会公开展示运用证据规则得出结论的方法，从而取信于众。实践中，法官应当在证据规则体系中把握以下三个方面的内容：第一是举证规则的运用与说理。举证规则包含了证明责任分配规则、举证时限与责任规则、举证程序规则、申请证人和申请鉴定规则等，其核心是通过确定举证程序和证明责任分配，为查明事实提供条件。如民事案件中，大陆法系国家在举证责任分配理论中，提出待证事实分类说和法律要件分类说，前者根据待证事实证明难易决定举证责任的分配，后者从法律规范要件分类出发，在对实体法律规范结构分析的基础上，从权利发生与权利妨碍规范角度证明事实。《民事诉讼法解释》第九十一条规定了举证的规则，即人民法院应当依照下列原则确定举证证明责任的承担，但法律另有规定的除外：（1）主张法律关系存在的当事人，应当对产生该法律关系的基本事实承担举证证明责任；（2）主张法律关系变更、消灭或者权利受到妨害的当事人，应当对该法律关系变更、消灭或者权利受到妨害的基本事实承担举证证明责任。在裁判文书中对涉及上述举证规则的事实认定时，应当依该法条说明理由。第二是质证规则。质证的本质特征是“质”，即对证据进行质疑，具有当面对抗的性质，程序上要求在法庭上公开对质，如《行政诉讼法》第四十三条和《民事诉讼法》第六十八条均规定，证据应当在法庭上出示，并由当事人互相质证；《刑事诉讼法》第五十八条规定，证据必须经过当庭出示、辨认、质证等法庭调查程序查证属实，否则不能作为定案的根据。质证不限于法庭调查阶段发表的质证意见，也包括在法庭辩论过程中对证据的运用、采信和适用法律的意见。质证的内容主要是证据的三性，即真实性、合法性和关联性，如《民事诉讼法解释》第一百零四条规定，人民法院应当组织当事人围绕证据的真实性、合法性以及与待证事实的关联性进行质证，并针对证据有无证明力和证明力大小进行说明和辩论。在裁判文书中，对当事人的质证意见以及证据三性应当予以回应并说明理由。第三是认证规则。法官在审判活动中对证据进行审查评判，确认其证明力需依照相应的程序和证明标准进行，其主要包括证据审核的法定程序、证明力判断的逻辑推理和日常经验法则等标准。如《民事诉讼法解释》第一百零五条规定，人民法院应当按照法定程序、全面、客观地审核证据，依照法律规定，运用逻辑推理和日常生活经验法则，对证据有无证明力和证明力大小进行判断，并公开判断的理由和结果。

（二）依据间接证据认定事实需判断印证关系，形成完整证明体系并说理

以证据与案件事实之间的证明关系划分，可将证据划分为直接证据与间接证据。直接证据是能够单独直接证明案件事实的证据，间接证据以间接方式与案件事实相关联，不能单独、直接证明事实，必须与其他证据共同形成证据链或相互印证才可证明案件事实。运用间接证据认定案件事实比运用直接证据更为困难和复杂，较易出现差错。

运用间接证据证明案件事实的过程具有复杂性。在每个单独的间接证据均无法证明案件事实时，只有将若干间接证据相互结合，加以论证分析，形成一个相互依赖、连接的证据体系时，方具有较强的证明力，而这个由间接证据组成的证据体系通常被称为证据链。这些间接证据成为证据链中环环相扣的一环。依据间接证据认定事实，需要结合间接证据的特点，遵守相应的证据运用规则。《刑事诉讼法解释》对间接证据运用有较为明确规定，其第一百零五条规定，没有直接证据，但间接证据同时符合下列条件的，可以认定被告人有罪：（1）证据已经查证属实；（2）证据之间相互印证，不存在无法排除的矛盾和无法解释的疑问；（3）全案证据已经形成完整的证明体系；（4）根据证据认定案件事实足以排除合理怀疑，结论具有唯一性；（5）运用证据进行的推理符合逻辑和经验。显然，运用间接证据定案与直接证据定案规则有所不同，除了强调单个间接证据要查证属实、相互印证以外，司法解释还要求间接证据形成完整的证明体系，并且达到了“结论唯一”“排除合理怀疑”的证明程度。运用间接证据，首先，应当审查每个间接证据的真实性、合法性，真实性是所有证据客观存在的基础，在证据法上强调不得作伪证、伪造证据都是为了满足证据的真实性要求，而合法性要求对非法方法收集的证据依法予以排除，如民事诉讼中以侵害他人合法权益或者违反法律禁止性规定的方法取得的证据，不能作为认定案件事实的依据，刑事诉讼中严禁刑讯逼供和以威胁、引诱、欺骗以及其他非法方法收集证据。当间接证据不具备真实性、合法性时，应当予以排除。其次，应当审查间接证据之间的关联性，判断各间接证据之间是否存在印证关系。在证据链中，证据与案件事实存在关联性，审判中通过庭审的举证、质证环节，对证据互

相衔接、互相印证进行辨别，将其中相互矛盾、相互脱节之处进行查明，确定不存在无法排除的矛盾和无法解释的疑问，以确定间接证据之间的印证关系。最后，应当审查间接证据是否形成完整的证明体系。将间接证据结合起来，经过推理符合逻辑分析和经验判断，能够形成完整的证据链，运用间接证据组成的证据体系得出的结论具有确定性，而且能够排他，依该间接证据所构成的证据体系可以通过判断和推理得出案件事实。上述间接证据的运用、论证过程在裁判文书中应当予以充分说理。

（三）采用推定方法认定事实，需要阐释说明推定相关事项

根据证据裁判原则，认定案件事实需要证据证明，无证据不能认定事实。但在诉讼中受事过境迁、证据灭失、审理期限、调查方法等因素限制，难以取证，出现事实真假不明、难以查清的情况，未知事实导致诉讼陷入僵局，此时推定作为例外，也是证据制度的重要组成部分，在诉讼中发挥着不可替代的作用。一般认为，推定乃指由法律规定或者由法院按照经验法则，从已知的前提事实、基础事实推断未知的结果事实（又叫推定事实）存在，并允许当事人举证推翻的一种证据法则。通说认为，推定通常包含基础事实、推定事实以及从基础事实到推定事实的推论过程3个要素。推定的发生依据包括法律规定和经验法则，可划分为法律推定和事实推定。法律推定是通过法律明文确立下来的推定，即在诉讼活动中法官依据法律规定，依法审查某特定事实符合法律规定的条件，从而推断认定该案件事实。事实推定是在法律没有明文规定情况下推定事实，法官在诉讼活动中依据已知事实，根据经验法则进行逻辑上的演绎，判断待证事实是否存在与真伪，从而推断认定该案件事实。

推定毕竟只是一种辅助性的证明方法，并存在一定的局限性。在运用推定规则时，应当注意以下几点：第一是推定属于证据制度的例外，其运用是现有证据无法证明事实；第二是推定反映的是已知事实和未知事实、前提事实和推定事实之间的关系，因此已知事实是前提；第三是防止滥用推定，对因果关系盖然率不高的事件和经验法则不能验证的，均不得运用推定。因此，此条规定在裁判文书中应当说明推定启动的原因，阐释裁断的形成过程，以求运用推定的理由正当；第四是允许对法律推定和事实推定进行反驳，通过对反驳意见的判断分析和理由论证，求证待证事实的真实性。

三、适用法律说理

《意见》第七条对适用法律说理及其重点作了规定，即“诉讼各方对案件法律

适用无争议且法律含义不需要阐明的，裁判文书应当集中围绕裁判内容和尺度进行释法说理。诉讼各方对案件法律适用存有争议或者法律含义需要阐明的，法官应当逐项回应法律争议焦点并说明理由。法律适用存在法律规范竞合或者冲突的，裁判文书应当说明选择的理由。民事案件没有明确的法律规定作为裁判直接依据的，法官应当首先寻找最相类似的法律规定作出裁判；如果没有最相类似的法律规定，法官可以依据习惯、法律原则、立法目的等作出裁判，并合理运用法律方法对裁判依据进行充分论证和说理”。具体包括以下几点：

（一）诉讼各方对案件法律适用无争议情况下的裁判文书说理要求

司法裁判必须以事实为依据，以法律为准绳。法官对案件事实的正确认定是适用法律进行公正裁判的前提和基础。在法学方法论中，认定事实与适用法律通常被认为属于司法三段论的运用，即将法律规范作为大前提，将具体案件事实通过涵摄过程，归属于法律构成要件，形成小前提，然后通过三段论的逻辑推理以发生的法律效果为结论。在认定事实的基础上正确适用法律，就是根据司法裁判活动的特点，将事实这一小前提，涵摄于法律适用的构成要件中。

实践中运用司法三段论方法，构建事实、寻找法律以及进行涵摄操作时，应当考虑以下问题：第一，司法三段论以演绎推理的形式逻辑为基础，法律大前提与事实小前提均应为真。法律推理主要采用归纳推理与演绎推理，而司法三段论采取从一般到个别的方法进行演绎推理，这要求法官在运用演绎推理时，必须确定大小前提都是真实的，否则会得出错误结论，因此查明事实和准确找法两者缺一不可。第二，司法三段论以涵摄为核心，在法律大前提与事实小前提间建立有效衔接。当人们说在这一案件中具体的事实被涵摄到抽象的法定事实构成当中时，人们即是把一个司法上的思维过程纳入了一个（肯定前件）推理的逻辑结构。从具体事实到法定事实，从法定事实到法律规范，从法律规范到法律适用，存在着认定、构成、解释、漏洞等诸多不确定性。因此，审判中需要不断细致反复地进行审查、推敲、衡量、解释、判断，运用司法三段论推理，在大小前提间进行涵摄操作，也就是法官的目光往返流转于事实与法律之间，运用法律思维作出符合逻辑与经验判断的结论。

诉讼中各方当事人对案件的法律适用无争议时，法官应审查该法律适用是否正确，法律含义是否需要阐明解释。随着社会生活的丰富发展，法律规则不断完善和增多，这导致法官们为解决纷繁复杂、变化多端的纠纷，需要在浩瀚如海的法条中找法，准确娴熟地进行法律适用。司法三段论法确实提供了法律适用的一般方法，但并不意味着案件事实和法律适用均得到认可时，只要运用三段论法即可得出裁判结果。实践中，法官在运用三段论进行法律适用时，必然要对法律适用是否正确和法律含义是否明确进行判断。上述判断的前提是对所适用法律条文的认知和对法律适用方法的掌握。

首先，法律由法条构成，正确适用法律需要法官掌握理解法规范、法条的功能。法规范是由法律规定组成，而非由法条组成。法规范本身构成一个体系，其下又分成各个较小的规范单元或体系，所以法规范必须被整体地了解。法条只是组成各种法律规定之成员，而法律规定则又是组成法规范之单位。法条具体分为完全法条和不完全法条两类，其中完全法条兼备构成要件与法律效果这两个部分，完全法条是为法律适用设计的理想目标。不完全法条较为常见，包括说明性法条、限制性法条、引用性法条和拟制性法条。如《合同法》第三十九条①规定（格式条款是当事人为了重复使用而预先拟定，并在订立合同时未与对方协商的条款，都属于说明性法条）、第四十条②规定（格式条款具有本法第五十二条和第五十三条规定情形的，或者提供格式条款一方免除其责任、加重对方责任、排除对方主要权利的，该条款无效）属于引用性法条，而第四十一条③规定（对格式条款的理解发生争议的，应当按照通常理解予以解释。对格式条款有两种以上解释的，应当作出不利于提供格式条款一方的解释。格式条款和非格式条款不一致的，应当采用非格式条款）属于限制性法条。裁判中需运用对法规范、法条的理解，准确找到并识别法条性质，将法条组合成兼备构成要件与法律效果的法规范加以适用。

其次，法官应当掌握有效的法律适用方法。法律适用方法是一种系统性的方法，国内外许多学者对此都进行了系统和深入的研究，在司法实践中也为法官们所应用。就民事审判而言，一是请求权基础分析的法律适用方法；二是法律关系分析的法律适用方法。王泽鉴先生在《法律思维与民法实例》中提出请求权基础理念体系源于德国。在德国法学家的大量著作中，以及近年国家法官学院与德国国际合作机构引入的法律适用方法中，都阐述了该方法。请求权关系之基本模式为“谁得向谁，依据何种法律规范，主张何种权利”，在于探寻得支持一方当事人，向他方当事人有所主张的法律规范。这是围绕诉讼请求与权利基础让当事人提供法律规范依据，并加以审查的方法。法律关系分析法，是指通过理顺不同的法律关系，确定其要素及变动情况，从而全面地把握案件的性质和当事人的权利义务关系，并在此基础上通

① 对应《民法典》第四百九十六条。
② 对应《民法典》第四百九十七条。
③ 对应《民法典》第四百九十八条。

过司法三段论的适用以准确适用法律，作出正确判决的一种案例分析方法。在法律关系分析法中，法官需要熟练掌握不同类型案件的法律关系，从而判断当事人主张的权利义务与适用法律规范。上述两种方法，从法官的视角观察，请求权基础的方法是以“诉”为中心进行法律适用，法律关系分析法则是以“审”为中心进行法律适用。当法官运用正确法律适用方法完成找法之后，就可以直接援引相关法律规定作出裁判，并集中围绕裁判内容和尺度进行充分说理。

（二）诉讼各方对案件法律适用存有争议或者法律含义需要阐明的裁判文书说理要求

审理具体案件时，诉讼各方基于各自主张和对法律的理解不同而对案件法律适用存在争议，或者法律含义有需要阐明的内容，法官在裁判文书中应当予以回应，阐明法律含义及法律适用的理由。阐明法律含义与说明法律适用的理由，均涉及法律解释。法律解释无疑是法律适用中一个至关重要的环节。法律条文是抽象的，案件事实是具体的，司法过程就是将抽象的法律条文适用到具体的案件事实的过程。对抽象的法律条文含义进行阐明，决定法律规范适用具体案件并说明理由的过程就是法律解释。此条要求法官应当阐明法律含义及法律适用的理由，针对的是有法律条文规定情况下进行的法律解释，不包括出现法律漏洞的情形。学者对法律解释考虑的因素或方法有不同的称谓与分类。萨维尼区分“文法”“逻辑”“历史”及“体系”的解释因素。德国法学家卡尔·拉伦茨考虑的是解释的标准，即字义；法律的意义脉络；历史上的立法者之规定意向、目标及规范想法；客观的目的论；合宪法性解释的要求；各种解释标准之间的关系；解释法律与解释法律行为之比较。我国大陆法学家梁慧星对法律解释方法分类为文义解释、论理解释、比较法解释及社会学解释，其中论理解释包括体系解释、法意解释、扩张解释、限缩解释、当然解释、目的解释及合宪性解释。我国台湾地区法学家黄茂荣提出法律解释的因素分为五大类，即文义因素、历史因素、体系因素、目的因素及合宪性因素，并认为上述只是法律解释时必须考虑到的因素，它根本就不是解释的方法。上述这些学者提出的解释因素或方法，都是从不同角度为完成法律解释的任务而探求法律意旨。解释法律意味着对法律用词的涵义进行探究，也就是说，探究法律用词所表达的事实、价值和应然观念。实践中，具体裁判文书并不会清晰地指明运用哪种解释方法或考虑哪些因素、标准，法律适用的过程主要是一种内在的思维分析活动，最终以文字方式在裁判文书中予以表达。

司法实践主要运用以下几种解释方法：（1）文义解释，对法律条文字面含义的解释是法律适用的基础，是法律解释中最常用、最基本的解释方法。法官在进行文义解释时，必须尊重文本，不能脱离文本进行解释，否则就会导致裁判权的滥用。（2）历史解释，也称为立法解释、法意解释或沿革解释。其意在探求立法者或准立法者在制定法律时所作的价值判断及其所欲实现的目的，以推知立法者的意思。其重要的手段是引用立法过程中的记录、文件资料等，当前许多立法形成的资料以及参与立法者出版的书籍都成为解释的依据。历史解释与目的解释有交集，均涉及法律所追求的目的，历史解释更侧重于立法者意思的客观化，特定的历史环境背景是解释时考虑的因素。（3）目的解释，是指在解释法律文本时，将法律所追求的目的价值取向化，不拘泥于文字本身，考量法律规范所要达到的效果，使法律解释适应社会需求。学者指出，一个法律规范通常以一种关于社会过程控制的特定法律政治模式为基础，当立法者对特定行为方式作出了有约束力的规定，他是要以此实现特定的目的。对法律的解释要服务于法律的目的。客观解释理论并不停留于法律的发生过程及其发生史，更倾向于认为法律的含义会随着时代精神的变迁而变迁。（4）体系解释，要将个别的法律观念放在整个法律秩序的框架当中，或者在所有法律制度和法律规范连接成为一个大统一体的内在关联当中来考察。运用体系解释时，法官将法律作为合理、符合逻辑的完整体系，对法律条文进行解释。从外在体系上考虑条文在法律体系中的地位，即哪部法律、哪些章节等逻辑结构安排；再从内在体系上整体地理解法律制度之间的基本价值联系，与其同位阶和更高位阶的法规范不矛盾；最后观察法条所组成的法规范，各法条之间的联系与作用，从而作出解释。体系解释使法官不再孤立地观察某个法律规范，而是强调法律体系和价值目标的完整性，因此有利于更全面地验证法律适用的正确性。

法官在裁判文书中针对法律含义进行阐明以及说明法律适用的理由时，需要掌握上述解释因素、标准和方法。诉讼活动中，各方当事人常常会面临法律解释问题，并据此提出法律适用意见，这些意见在不同程度上与司法裁判中的法律适用相联系，对裁判构成大小不同的影响。诉讼各方所提出的法律适用意见，如何影响裁判者的判断，这些意见对错与否，法官对这些法律意见是否采纳，对裁判结果发生什么样的作用，都需要在裁判文书中予以回应，从而让法院的裁判文书真正能够做到以理服人。在司法公开、公信的要求下，法官对诉讼各方（尤其是公诉人、公益诉讼人、律师）所提出的法律适用意见是如何进行采纳与判断的，应当逐项予以回应并说明理由。

（三）法律规范竞合或者冲突时的说理要求

法律适用的过程中常常会遇到法律规范竞合或者冲突，由于同一法律事实为不同的法律规范所调整，而适用不同的法律规范可能产生不同的法律效果，因此，法官在进行判断和选择后，应当对选择的理由予以公开说明。法律规范竞合或者冲突，有别于请求权竞合的解决。请求权竞合时，当事人因同一目的而产生数个请求权并存，其可选择其中一个请求权，并因选择请求权使目的达到而消灭时，其他请求权因此消灭。法律规范竞合或者冲突时，因一法律规范的适用而排除另一法律规范的适用，两者不可并存，亦不可自由选择，必须遵守一定的法律适用规则。一般而言从法律体系位阶上遵循以下规则：第一，在法律体系位阶上，异位阶之间遵循上位法优于下位法的原则判断；第二，在同位阶法律规范之间，分别依据后法优于前法或者特别法优于一般法的原则判断。比如《民法总则》① 于 2017 年 10 月 1 日起施行后，《民法总则》与《民法通则》有关诉讼时效的规定同时存在，在一定范围内存在法律适用上的冲突。《民法通则》规定的两年普通诉讼时效期间与《民法总则》规定的 3 年普通诉讼时效期间均属于在同一法律事实上作出的不同规定，一旦产生争议，法官必须在该法律规范冲突时作出判断并写明选择的理由。

在选择理由上，法官会分析，因为《民法通则》与《民法总则》均属于基本法，在效力等级上处于同一位阶，故根据新法优于旧法的原则，在《民法总则》施行后，普通诉讼时效期间应为 3 年。再举例说明，《民法总则》规定的诉讼时效期间与民事单行法中有关诉讼时效期间亦会产生冲突。对此，《民法总则》第一百八十八条②明确规定，法律对于诉讼时效期间另有规定的，依照其规定。因此，在出现法律规范冲突时，法官会分析，《民法总则》有关诉讼时效期间的规定与民事单行法中有关诉讼时效期间的规定属于一般法与特别法的关系，应按照特别法优于一般法的原则判断，在《民法总则》施行后仍应优先适用民事单行法中有关诉讼时效期间的规定。

（四）没有明确法律规定作为裁判直接依据时的说理要求

本条针对“无法可司”的情形下如何进行裁判说理作了规定。在法律适用过程中，由于找不到相应的法条而陷入“无法可司”的局面，但基于法官不得拒绝裁判的裁判原则，在不涉及法外空间的情形下，必须找到某类裁判依据进行裁判。

本条规定的特殊情形必然要求充分说理论证。在裁判说理中，应当注意区分裁

① 现已失效。

② 对应《民法典》第一百八十条。

判依据和说理依据。在一般案件中，裁判依据通常就是法律规则或司法解释，[①] 说理依据一般指如何解释、支持规则，属于规则的正当性论证过程，比如，以法律解释方法、政策、道德、案例、学术观点等作为说理依据，支持法律规则的具体适用。因此，一般案件（有规则可适用的案件）的说理可能存在两种类型：一是引出论证结论的说理，即裁判依据，它们是得出裁判结论所依赖的论证，直接影响裁判结论，作为法律适用的理由；二是强化论证效果的说理，即说理依据，这类说理只是在必要的情况下加强论证效果。但在特殊案件中，由于缺乏明确的规则，裁判的依据不再是明确的法条，而可能采取类推的方法、习惯、原则的运用进行裁判，在这种特殊情形下，裁判依据与说理依据不可分，说理的目标就是要找寻到裁判依据，发现裁判依据的过程就必然伴随充分说理。

1. 什么是“真正的法律漏洞”？从法理学的发展来看，对于法律漏洞的认识不一，比如自然法学派认为，法律的空白之处能够依靠一般原则进行填补，因此不存在法律漏洞的问题；分析法学派对规范体系的信赖而淡化了法律漏洞的问题；而法社会学派承认广泛存在法律漏洞，并以社会福利作为衡量法律适用正确与否的标准。总体而言，自从利益法学派对概念法学全面批判之后，法学界基本已经认可法律漏洞的存在。

学术界对法律漏洞的定义颇多，比如，王泽鉴认为，“所谓法律漏洞指的是以现行法律规范之基本思想及内在目的，对某项问题，可期待有规定而未有规定之谓”。杨仁寿先生认为，“法律规范对于应规范之事项，由于立法疏忽、未预见，或者情况变更，致就某一法律事实未设规定时，审判官应探求其规范目的，就此漏洞加以补充，斯为漏洞补充”。杨解君认为，“法律漏洞是指由于各种主客观原因使法律规定在内容上出现欠缺或不周密，从而造成法律适用的困难”。从法律漏洞的分类来看，也不统一，比如，卡纳里斯将法律漏洞分为禁止拒绝裁判式漏洞、目的性漏洞、原则漏洞；拉伦茨将法律漏洞划分为开放的漏洞和隐藏的漏洞、自始的漏洞和嗣后的漏洞等。以上分类都有意义，但本条所规定的就是“无法可司”的情形，而非法律适用困难的情形，因此，仅指禁止拒绝裁判式漏洞或开放的漏洞，并不包含目的性漏洞（目的限缩或目的扩张）、碰撞型漏洞（规则冲突）、原则性漏洞（规则与原则冲突）等。

---

① 王成：《最高法院司法解释效力研究》，载《中外法学》2016年第1期。

2. 填补真正漏洞的方法。司法实践中，填补真正漏洞的方法主要包括以下几种：

一是类推适用的方法。所谓类推适用，是指将法律明文之规定，适用到该法律规定所未直接加以规定，但其规范上之重要特征与该规定所明文规定者相同的案型。需要指出的是，本条所规定的类推适用与类比推理有一定区别，类比推理一般采用个案之间的类比，在判例法国家较为常用，而本条并非论证后案与前案相似，而是一种类型化思维，其主要论证的是个案事实是否类属于法律条文中对案件事实的抽象化规范。首先是考察能否被规范涵摄。如果可以通过法律解释予以涵摄，则不属于真正的漏洞。如果在文义上根本没有涵摄的可能性，则会考虑进行类推。其次要判断类推适用的可行性。某些法律规范因其自身特点而不具有进行类推的可能性，比如规范本身就是特殊规范，不具有一般性，是故要予以排除。最后是对案件事实的可类推性进行判断，其判断重点乃是规范事实构成与案件具体事实之间的相似性问题。由于类推说理已经排除了文义、体系、目的扩张、限缩等法律体系内的解释方法，此处的说理应当追求事物本质与法规范的一致性，通过探求法律的真意进行判断，该相似性的论证就是类推说理的核心。

二是习惯的方法。在现今各国民事法制方面，不论其法典本身有无明文规定，几无不承认习惯为法源之一种。习惯要成为民法渊源，首先，要具有稳定性和内心确信性的特点。所谓稳定性，是指习惯应当有一定的历史积淀并被反复使用；所谓内心确信性，是指该习惯应当被所涉及的圈子认为具有拘束力，这是习惯能够作为裁判依据的核心属性。其次，要具有具体行为规则属性，否则无法予以适用。最后，习惯要符合公序良俗，不得违反法律的强制性规定。

三是法律原则、立法目的方法。依法律原则、立法目的进行裁判均需进行相应的法益考量。在运用法律原则、立法目的作为裁判依据时，需要注重原则、目的之间的利益衡量问题。在存在多个原则、目的相互冲突的情形，选取哪个原则、目的作为裁判依据，就需要进行充分的论证说理，此处需要强化论证的是通过利益衡量的方法。利益衡量方法应采取比例原则，衡量哪种利益具有明显的价值优越性；哪种利益受影响的程度更高；对哪种利益保护更具有紧迫性；假如某种利益需要作出让步，其受害程度如何；选择保护哪种利益能使相对利益的损害程度最低；利益并存时，可否使其各自实现一部分。参照生活常情或事物本质确立原则、目的之间的优先条件，通过具体的优先条件确立优先原则、目的，继而适用于个案。

3. 填补真正的法律漏洞要加强法律论证。审判实践中，要注意以下几点：一是要在庭审中以方法适用作为辩论的焦点。一般来说，裁判说理具有三条基本的进路：

逻辑进路；修辞进路；商谈进路。在填补真正的法律漏洞时，要充分重视商谈程序的运用。在填补真正漏洞的情形下，类推的适用、习惯的确认、原则的运用都直接关涉法律适用，只有通过庭审、经过充分的辨法析理，对各方提出的观点进行汇总，才能够辨明方法运用的可取性，比如，对于某类习惯的确认，就需要在听取双方当事人观点基础上形成判断。在这一过程中，要尽可能塑造庭审中的理想交谈情境；对于方法适用的讨论，要更为开放自由，在充分听取双方观点基础上形成裁断。二是要在裁判文书中对方法适用进行充分说理。在类推适用中，要寻找法律规范欲以保护的法益，以此论证规范事实构成与案件具体事实之间的相似性问题。在习惯的运用中，要抓住习惯的本质特征，对待证习惯进行论证，是否具有稳定性以及在某个范围内具有普遍的内心确认与约束力。在原则的运用中，应对该项原则本身进行阐明，在出现原则冲突的情形下，要通过优先条件论证出某原则的优先性。

四、运用自由裁量权说理

《意见》第七条规定："法官行使自由裁量权处理案件时，应当坚持合法、合理、公正和审慎的原则，充分论证运用自由裁量权的依据，并阐明自由裁量所考虑的相关因素。"

（一）审判中的自由裁量权

立法的一般性、抽象性、概括性、滞后性等特点，立法权与司法权的合理分工，司法判断权行使的实践性等属性，等等，均决定了自由裁量主义相比于严格规则主义更能反映司法活动的内在规律。换言之，任何法律都不可能完美无缺，客观上需要法官行使一定自由裁量权，以弥补法律体系存在的不足。因此，自由裁量权是审判权的重要内容，是法官在司法过程中必然享有的权力，具体存在于法律适用、事实认定以及程序处理三个环节之中。

自由裁量权存在于案件审理的各个阶段，但并不是所有案件的处理均存在或者需要自由裁量权。一般来说，下列几种情况会涉及自由裁量权的运用：一是法律明确授权的。法律授权可以是直接授权根据案件具体情况进行裁量，也可以是授权从几种法定情形中选择其一进行裁量，或者在法定的范围、幅度内进行裁量。二是法律虽未明确授权，但由于其所使用的表述不够具体、明确，无法为法官提供确定结论的，法官需要结合案件具体情况行使自由裁量权，对法律精神、规则或者条文进行阐释。三是出现法律没有规定的新类型案件时，法官需行使自由裁量权，根据法律原则和精神对案件进行审理。四是证据审查判断和案件事实认定过程中的自由心证，涉及自由裁量权的运用。

（二）运用自由裁量权的原则

审判中自由裁量权的运用是法官个人主观选择和判断的过程，要遵循以下几项原则：一是合法原则，即要遵循法定程序，符合法律、法规和司法解释的精神以及基本法理的要求，不能违反法律明确、具体的规定。二是合理原则，即要充分考虑公共政策、社会主流价值观念、社会发展的阶段性、社会公众的认同度等因素，正确把握不同审判工作的裁判理念，确保裁判结果符合社会发展方向，努力实现法律效果与社会效果的统一。三是公正原则，即要坚持实体公正与程序公正并重，在程序上应严格保持中立，平等对待各方当事人，不能有所偏袒，在实体上应注重裁量结果与社会公众对公平正义普遍理解的契合性，裁判结果应符合司法公平正义的要求。四是审慎原则，即要求法官增强责任意识，在充分理解法律精神、依法认定案件事实的基础上，审慎作出裁判，不得随意、草率地行使自由裁量权。

（三）运用自由裁量权的具体情形

审判过程中，下列情形中往往涉及自由裁量权的运用：（1）运用自由心证。涉及自由心证的，法官裁判文书说理时应当说明在证据规则基础上认定的证据和事实符合经验法则、逻辑规则、社会伦理。（2）“无法可司”。在民事审判中，当出现法律没有规定的新类型案件时，法官需行使自由裁量权，根据法律原则对案件进行审理。（3）涉及利益衡量。法官应当综合把握具体案情，结合社会环境、价值观念等，注意寻找实质判断的法律根据，对相互冲突的利益进行衡量和取舍，努力实现利益最大化，并说明进行衡量的理由。利益衡量必须注意与法条结合，通过衡量得出的结论不能离开法律理由的说理和论证，必须经得起法律规范以及相关法学理论的检验，以免沦为个人的任意决断。

裁判文书释法说理：规范支撑与技术增效*

——《关于加强和规范裁判文书释法说理的指导意见》的理解与适用（下）

裁判文书释法说理离不开裁判文书的制作规范、引用法律规范、语言运用规范的支撑和保障。裁判文书要达至好的释法说理效果，离不开辅助论据、附件和修辞等技能方法的合理运用。

一、裁判文书的制作规范

《关于加强和规范裁判文书释法说理的指导意见》（以下简称《意见》）第十一条规定："制作裁判文书应当遵循《人民法院民事裁判文书制作规范》《民事申请再审诉讼文书样式》《涉外商事海事裁判文书写作规范》《人民法院破产程序法律文书样式（试行）》《民事简易程序诉讼文书样式（试行）》《人民法院刑事诉讼文书样式》《行政诉讼文书样式（试行）》《人民法院国家赔偿案件文书样式》等规定的技术规范标准，但是可以根据案件情况合理调整事实认定和说理部分的体例结构。"

裁判文书是诉讼参与人和人民法院进行诉讼活动的重要载体，本质上属于公文，应当具有统一的文书样式和规范标准。法院诉讼文书样式对裁判文书说理的模式、要素、写作要求等作了规范。最高人民法院自1992年起先后制定了《法院诉讼文书样式（试行）》《法院刑事诉讼文书样式》《行政诉讼文书样式（试行）》《民事诉讼文书样式》等涉及不同诉讼类型的裁判文书样式，供法官制作裁判文书时参照。例如，《人民法院民事裁判文书制作规范》强调，"为指导全国法院民事裁判文书的制作，确保文书撰写做到格式统一、要素齐全、结构完整、繁简得当、逻辑严密、用语准确，提高文书质量，制定本规范"。同时要求，"本规范关于裁判文书的要素和文书格式、标点符号、数字使用、印刷规范等技术化标准，各级人民法院应当认真执行"。

---

* 撰稿人：胡仕浩、刘树德，原载《人民司法·应用》2018年第31期。

从2015年4月30日发布的《行政诉讼文书样式（试行）》和2016年8月1日发布的《民事诉讼文书样式》可以看出，与原有样式相比，新样式有以下几个特点：第一，重视区分争议证据和无争议证据、争议事实和无争议事实，以便让其后的审理和裁判文书制作紧密围绕争议问题，重点突出。第二，要求说理应当围绕争议焦点展开，逐一进行分析论证，层次明确。第三，更加强调裁判文书的论理性和可读性，注重文书撰写的繁简得当，重视文书对法理问题和争议问题的阐述分析。

诉讼文书样式和文书制作规范等技术规范为裁判文书事实认定和说理部分的体例结构提供了基本遵循。根据案件情况，法官可以合理调整裁判文书事实认定和说理部分的体例结构。例如，《人民法院民事裁判文书制作规范》指出，“本规范可以适用于人民法院制作的其他诉讼文书，根据具体文书性质和内容作相应调整……对于裁判文书正文内容、事实认定和说理部分，可以根据案件的情况合理确定”。《行政诉讼文书样式（试行）》指出，“更加强调文书规范化和个性化的统一，在确保裁判文书基本要素完整、主要结构规范的同时，也注意兼顾为各级人民法院和法官个人对文书的发展续造预留空间”。

裁判文书说理与诉讼文书样式，是内容与形式的关系，案件类型的复杂性、多样化决定了裁判文书说理模式的多元化。在坚持裁判文书规范化的同时，不能否定或者排斥个性化，法官可以在遵循裁判文书基本样式、逻辑推理规则等基础上，积极发挥主观能动性，在释法说理方面充分展现出个性化。

二、裁判文书的引用法律规范

《意见》第十二条规定：“裁判文书引用规范性法律文件进行释法说理，应当适用最高人民法院《关于裁判文书引用法律、法规等规范性法律文件的规定》等相关规定，准确、完整地写明规范性法律文件的名称、条款项序号；需要加注引号引用条文内容的，应当表述准确和完整。”《最高人民法院关于裁判文书引用法律、法规等规范性法律文件的规定》是当前关于裁判文书引用法律、法规等规范性法律文件的专门性司法解释。该解释包括以下内容：

（一）引用顺序

裁判文书中引用规范性法律文件，应当按照文书各部分的具体情况分别引用适当的规范性法律文件，但如果在裁判文书的同一部分并列引用多个规范性法律文件时，则需考虑引用顺序问题。并列引用多个规范性法律文件的，引用顺序应如下：法律及法律解释、行政法规、地方性法规、自治条例或者单行条例、司法解释；同时引用两部以上法律的，应当先引用基本法律，后引用其他法律；引用同时包括实体法和程序法的，先引用实体法，后引用程序法。

（二）引用范围

刑事、民事、行政三大诉讼裁判文书引用规范性法律文件的范围有所区别。其一，刑事裁判文书的引用范围。刑法罪刑法定原则决定了确定犯罪并科以刑罚的依据原则上只能是法律，不能引用法律之外的规范性文件。刑事法律主要指刑法、刑事诉讼法等，刑法修正案是全国人大常委会通过的对刑法内容的修改，本身仍然属于刑法的组成部分，在引用时等同于刑法。根据《立法法》规定，法律解释与刑法具有同等的法律效力，可以在刑事裁判文书中直接引用。最高人民法院制定的刑事司法解释，从本质上看是对法律条文的理解，属于刑法应有之义，可以在刑事裁判文书中直接引用。刑事附带民事诉讼裁判文书引用规范性法律文件，适用民事裁判文书的引用规定。其二，民事裁判文书的引用范围。民事裁判文书应当引用法律、法律解释或者司法解释。对于应当适用的行政法规、地方性法规或者自治条例和单行条例，可以直接引用。其三，行政裁判文书的引用范围。行政裁判文书应当引用法律、法律解释、行政法规或者司法解释。对于应当适用的地方性法规、自治条例和单行条例、国务院或者国务院授权的部门公布的行政法规解释或者行政规章，可以直接引用。

（三）关于规范性法律文件冲突的解决

确需引用的规范性文件之间存在冲突，根据立法法等有关法律规定无法选择适用的，应依法提请有决定权的机关作出裁决，不得自行在裁判文书中认定相关规范性法律文件的效力。根据立法法的规定，法律、法规等规范性法律文件之间根据效力等级的不同，有不同的选择适用规则：（1）法律的效力高于行政法规、地方性法规、规章。行政法规的效力高于地方性法规、规章。（2）地方性法规的效力高于本级和下级地方政府规章；省、自治区的人民政府制定的规章的效力高于本行政区域内设区的市、自治州的人民政府制定的规章。（3）自治条例和单行条例依法对法律、行政法规、地方性法规作变通规定的，在本自治地方适用自治条例和单行条例的规定；经济特区法规根据授权对法律、行政法规、地方性法规作变通规定的，在本经济特区适用经济特区法规的规定。（4）部门规章之间、部门规章与地方政府规章之间具有同等效力，在各自的权限范围内施行。（5）同一机关制定的法律、行政法规、地方性法规、自治条例和单行条例、规章，特别规定与一般规定不一致的，适用特别规定；新的规定与旧的规定不一致的，适用新的规定。（6）法律之间对同一事项新的一般规定与旧的特别规定不一致，不能确定如何适用时，由全国人民代表大会常务委员会裁决；行政法规之间对同一事项新的一般规定与旧的特别规定不一致，不能确定如何适用时，由国务院裁决。（7）地方性法规、规章之间不一致时，由有关机关依照下列规定的权限作出裁决：①同一机关制定的新的一般规定与旧的特别规定不一致时，由制定机关裁决。②地方性法规与部门规章之间对同一事项的规定不一致，不能确定如何适用时，由国务院提出意见，国务院认为应当适用地方性法规的，应当决定在该地方适用地方性法规的规定；认为应当适用部门规章的，应当提请全国人民代表大会常务委员会裁决。③部门规章之间、部门规章与地方政府规章之间对同一事项的规定不一致时，由国务院裁决；根据授权制定的法规与法律规定不一致，不能确定如何适用时，由全国人民代表大会常务委员会裁决。

（四）引用规则

针对司法实践中裁判文书存在的法律文件引用不完整、不规范、不准确等问题，该条着重强调了裁判文书引用规范性法律文件进行说理，应当准确、完整地写明规范性法律文件的名称、条款项序号，需要加注引号引用条文内容的，应当表述准确和完整，以当事人看得见、听得懂、能理解的方式实现司法公正。

三、裁判文书的语言运用规范

《意见》第十五条规定："裁判文书行文应当规范、准确、清楚、朴实、庄重、凝炼，一般不得使用方言、俚语、土语、生僻词语、古旧词语、外语；特殊情形必须使用的，应当注明实际含义。裁判文书释法说理应当避免使用主观臆断的表达方式、不恰当的修辞方法和学术化的写作风格，不得使用贬损人格尊严、具有强烈感情色彩、明显有违常识常理常情的用语，不能未经分析论证而直接使用'没有事实及法律依据，本院不予支持'之类的表述作为结论性论断。"

裁判文书说理是一个使用语言表达和证成观点的过程。概括来说，裁判文书的语言运用应当达到如下要求：

（一）行文规范、准确、清楚、朴实、庄重、凝炼

"规范、准确、清楚"是对文字承载信息准确性的要求，也是裁判文书书写的基本要求。裁判文书一旦生效，即具有法律效力，就会成为执行的依据，裁判文书的语言表达不能有歧义，必须非常清晰。在一个统一的国家、统一的市场经济状态

下，法院代表国家作出的司法裁决，其适用范围也是中华人民共和国管辖的所有区域以内，裁判文书必须能被所有受过统一正规通用汉语教育的国民所明确理解。方言、俚语、土语、生僻词语、古旧词语、外语等，既可能存在多数人不懂的问题，也可能存在不同方言造成重大理解差异的问题。因此，此条对如何使用上述表达方式作出了明确要求，即“一般不得使用”；但也存在例外的特殊情况，即如不使用就不能真切表达其意思时，可以使用，但应当进行注释并解释明确。

“朴实、庄重、凝练”是对文字表述风格的要求。朴实是指质朴实在，淳朴诚实，不奢侈、不华丽；庄重是指文辞严谨，典雅端重，不虚夸；精练是指文章或语言简明扼要，没有多余的词句，防止累赘。

（二）逻辑严密

绝大多数裁判文书必须展示事实与法律推理的过程，这个逻辑推理的过程，是要向当事人公开裁判结果的形成过程。这就要求相比普通的文字表达，裁判文书需要有更为严格的逻辑结构要求。裁判文书始终离不开证成的过程，就像层层剥笋一样，逻辑的要求必然带来清晰的结果。此条以否定性表达方式要求，裁判文书释法说理要避免使用主观臆断的表达方式，其原因就在于裁判文书本身的逻辑要求。

裁判文书的基本逻辑结构是：将大前提、小前提进行逻辑比对，进而推导出裁判结果。作为事实的小前提必须建立在法官采信的证据之上，也就是说，法官对事实的所有描述，必须是建立在证据之上。事实必须由证据说话，而不是法官自言自语、自说自话，法官对事实的描述都有充分的证据作为支撑。裁判的客观性就表现在以证据来构成小前提。以证据来构筑事实，防止主观臆断就是其中应有之义。对此，此条提出了“应当避免使用主观臆断的表达方式”的明确要求。

裁判文书说理的基础是案件事实，说理过程必须围绕着基础而展开，既然说理严格受制于案件事实的清晰表达，在严密的逻辑要求下，绚丽的文风很难有立足之地。在事实认定方面，法官必须追求朴实、庄重和精练。从裁判文书主要受众是当事人及其代理律师方面考虑，此条强调应当避免“学术化的写作风格”，避免为受众带来理解的障碍。

（三）论证充分

此条明确提出，“不能未经分析论证而直接使用‘没有事实及法律依据，本院不予支持’之类的表述作为结论性论断”。多年以来，裁判文书不说理，而以一句“没有事实及法律依据，本院不予支持”作为替代，简单粗暴甚至可以说是司法蛮横。长期以来裁判文书不说理的状况，不仅普遍化，而且已经影响到公民对司法的信心。从法院的内部监督管理来说，不说理的裁判文书使司法监督因缺乏监督标的而无从下手，更遑论落实司法责任。实有必要明确禁止不说理或一语概之的情况，这一禁止性规定是切中要害的。

从域外来看，两大法系国家曾对裁判文书论证充分的要求有所不同。如果说大陆法系法官是“不厌其简”，则普通法系法官是“不厌其繁”。不过，当今在裁判文书方面均呈现出这样的发展方向：简者更简、繁者更繁。简单明了的案件基本不解释论证，以提高结案效率，而对复杂疑难的案件加强说理，“不厌其繁”。

裁判文书说理，尤其是疑难案件的说理，运用一种论证方法往往难以达到充分说服的程度，而必须借助多种方法，通过详细的说明来表达法官的内心思考和确信。为此，已故美国最高法院卡多佐大法官总结认为，法官裁判有四种需要遵循的力量和论证方法，具体包括：“逻辑或类比的力量，其提供的是哲学的方法；历史的力量，提供的是历史或进化的方法；习惯的力量，提供的是传统的方法；正义、道德、社会福利的力量，以及当代的风俗习惯，提供的是社会学的方法。”法官若能根据案件需要将这些论证方法具体地用于裁判说理之中，就能达到论证充分的要求。

四、裁判文书辅助论据的运用

《意见》第十三条规定：“除依据法律法规、司法解释的规定外，法官可以运用下列论据论证裁判理由，以提高裁判结论的正当性和可接受性：最高人民法院发布的指导性案例；最高人民法院发布的非司法解释类审判业务规范性文件；公理、情理、经验法则、交易惯例、民间规约、职业伦理；立法说明等立法材料；采取历史、体系、比较等法律解释方法时使用的材料；法理及通行学术观点；与法律、司法解释等规范性法律文件不相冲突的其他论据。”具体来说：

（一）最高人民法院发布的指导性案例

根据《最高人民法院关于案例指导工作的规定》，指导案例所确定的裁判要点，对人民法院审理类似案件、作出裁判具有指导作用，即在根据法律、有关司法解释作出裁判的同时，各级人民法院在审判类似案件时应当参照，并可以作为裁判文书的说理依据加以引用。尽管指导性案例不具备强制的约束力，但因发布机关的权威性和指导性案例本身的示范作用，在类似的案件中引用指导性案例进行说理时，由于裁判结果的相同或大体的一致，可以使人们对司法公正和正义产生合理的信赖。同时，指导性案例说理较为充分，法院在参照指导性案例裁决类似案件时，可以减轻法院的说理义务。根据权威的观点，在参照指导性案例说理时，一是要准确把握指导性案例中裁判要点所归纳的裁判规则，不得超越裁判要点的指导范围借题发挥；二是要切实把握准类似案件；三是要参照指导性案例确定的裁判规则或者价值精神。

（二）最高人民法院发布的非司法解释类审判业务规范性文件

《最高人民法院关于司法解释工作的规定》第六条规定：司法解释包括解释、规定、批复和决定四种形式。司法解释施行后，人民法院作为裁判依据的，应当在裁判文书中援引。除上述四种情形以外，针对某一类案件、某一类事项如何应用法律问题的指导性意见，系最高人民法院针对实践中的疑难或普遍性问题，经广泛调研、论证后发布，具有较强的现实针对性和公信力。这些规范性文件虽不是司法解释，但引用这些文件进行说理，亦容易为当事人所接受。如为妥善应对和处理因全球金融危机蔓延所引发的矛盾和纠纷，最高人民法院于2009年7月7日发布《关于当前形势下审理民商事合同纠纷案件若干问题的指导意见》，就人民法院在当时情势下审理民商事合同纠纷发布指导意见，属于非司法解释类审判业务规范性文件。

（三）公理、情理、经验法则、交易惯例、民间规约、职业伦理

所谓公理，在通用语言中，指公众普遍认同的道理；与科学相联的，指已经为实践反复证实，无需加以证明的命题。从真理、学科定理以及人类智慧发展出来的为公众普遍认同的判断，都应视为公理。所谓情理，是裁判文书不可不说的道理，任何道理都是通人情的，有情理的裁判文书才能打动人、征服人。所谓经验法则，是指人们从生活经验中归纳获得的关于事物因果关系或属性状态的法则或知识，既包括一般人日常生活所归纳的常识，也包括某些专门性的知识，如科学（法学）、技术、艺术、商贸等方面的知识。2001年《最高人民法院关于民事诉讼证据的若干规定》第九条第一款第（三）项规定，根据法律规定或者已知事实和日常生活经验法则能推定出的另一事实，无需举证加以证明。经验法则和交易惯例都是从以前的生活或习惯性做法中归纳出来的一种认知，反映了事物发展在一定程度上的规律性和发生的概率。民间规约和职业伦理具有地域性或行业性，反映了一定地域或行业内的道德要求和价值观。但有些民间规约中的部分规定可能与法律规定的精神不符，也与社会主义核心价值观的要求不符，不得用来说理，否则会导致不公正的结果。职业伦理要求从业者遵守职业的行为规范和伦理准则。比如商人应当诚信经营，价格公道，童叟无欺。买卖交易，各取所需，看起来你情我愿，但如果商家的利润过高，对顾客来说是不公平的，违背了销售职业伦理。再比如，消防队员在抢险救灾

中保护人民群众生命财产安全，这既是一种岗位职责，也是一种伦理要求。

（四）立法说明等立法材料

立法说明是法律草案说明的一种通用提法，是立法活动中形成的重要法律文件。《立法法》第四十八条规定：“提出法律案，应当同时提出法律草案文本及其说明，并提供必要的资料。法律草案的说明应当包括制定该法律的必要性和主要内容。”检索立法材料，有助于理解立法目的和立法时的本源含义。在我国审判实践中，法意解释是常用的解释方法，在立法机关有特殊的立法意图，以及法律规范文义模糊或者产生歧义时，检索立法说明等立法材料是确定其含义的重要方法。例如《中华人民共和国民法总则（草案）》的说明中提到，为匡正社会风气，鼓励见义勇为的行为，草案规定，因自愿实施紧急救助行为造成受助人损害的，救助人不承担民事责任。草案中的第一百八十七条，就是后来通过的《民法总则》第一百八十四条。通过立法说明，可以更好地理解《民法总则》第一百八十四条的立法目的和涵义。

（五）采取历史、体系、比较等解释时使用的材料

法律解释方法是指为了探究法律规范意旨，澄清法律疑义，使法律含义明确化、具体化、正确化而采用的方法。法学本身是以解释论为中心的。法律颁布后，除了法理解释，还有司法解释。司法解释本身有时也需要解释。通过法律解释来不断地完善法律，在遭遇法律空白时，法官需要通过法律解释填补立法漏洞来裁决案件。在法律含义不明确时，适用历史、体系、比较等解释来确定法律的含义，如比较法解释，就是参考外国的立法例及判例来解释本国法律的解释方法。现在，不同国家间的借鉴和吸收已是不争的事实，特别是在民法领域，立法的国际化趋势非常明显。与之相适应，比较法解释也就有了更大的适用余地。

（六）法理及通行学术观点

法理，即法律通常之原理，例如历来办案之成例及法律一般原理、原则。在大陆法系国家，法条本身就是一种理。法理的基本功能系在补充法律及习惯法的不备，是执法者自立于立法者的地位，寻求案件所应适用的法则，以实现公平与正义，调和社会生活上相对立的各种利益。

利用学术观点说理时应引用通行学术观点，学界并无争议。法官尽量注意不引用有争议的学术观点在裁判文书中说理，而且论证任何理论，都必须坚信该学术观点对本案判决的唯一正确性。如果说引用的观点争议比较大，或者有些片面，没有

说到位，就会引起比较大的争议，不仅不能起到辅助说理的作用，反而冲淡了裁判文书的说服力。

此处需要提及的是，关于在引用学术观点说理时能否说出具体的学者名字的问题，有两种不同的观点。一种观点认为，点名点姓地引用学者的观点，可以推动理论与实务的衔接。以往学者会抱怨，实务部门不理睬自己的观点，而实务部门也抱怨，学者都是自娱自乐，搞文字游戏，相互之间似乎缺乏一种沟通和融洽。在这种情况之下，如何让一个学者的观点在实务中得到有效的接受？一个学者的观点在裁判文书中得到引用，对提高该学者对实践的关注度以及实务部门对于该学者理论产出产品的关注度，都有相当的好处，可以在一定程度上推动理论与实务的衔接。另一种观点认为，中国是一个成文法国家，如果出现对相关的法律条文通过解释已经无法适用本案的情况，不一定要直接援引学术观点，可以通过将学术观点转化成法官自己的观点来加以说理。在中国当代，援引一些似是而非、模棱两可的观点，效果可能还不一定好，为什么这么说呢？因为在法官引用时，很难说观点就是某位学者的，类似的观点总是有很多，是否是该学者首先说的，存在着不同的看法。法学不像理工科那样，有个明确的认定标准。法官指名道姓地引用学术观点后，可能会引起其他学者的意见，导致不必要的争议，故目前不适宜在引用学术观点时指明是哪位学者的观点。这一问题尚需要在实践中继续加以探索。

（七）与法律、司法解释等规范性法律文件不相冲突的其他论据

此兜底条款中的其他论据的范围很广，在实务中大量存在，比如部门规章、会议纪要等，只要不与法律、司法解释等规范性法律文件相冲突，就可以在裁判中用来说理，以提高裁判结论的正当性和可接受性。

五、裁判文书附件的运用

《意见》第十四条规定："为便于释法说理，裁判文书可以选择采用下列适当的表达方式：案情复杂的，采用列明裁判要点的方式；案件事实或数额计算复杂的，采用附表的方式；裁判内容用附图的方式更容易表达清楚的，采用附图的方式；证据过多的，采用附录的方式呈现构成证据链的全案证据或证据目录；采用其他附件方式。"具体来说：

（一）案情复杂的案件，可以采取列明裁判要点的说理方式

"裁判要点"一词最早出现在《〈最高人民法院关于案例指导工作的规定〉实施

细则》当中，其第三条规定：指导性案例由标题、关键词、裁判要点、相关法条、基本案情、裁判结果、裁判理由以及包括生效裁判审判人员姓名的附注等组成；第九条规定：各级人民法院正在审理的案件，在基本案情和法律适用方面，与最高人民法院发布的指导性案例相类似的，应当参照相关指导性案例的裁判要点作出裁判；第十一条规定：在办理案件过程中，案件承办人员应当查询相关指导性案例。在裁判文书中引述相关指导性案例的，应在裁判理由部分引述指导性案例的编号和裁判要点。对于当事人争议较大、法律关系复杂、案情复杂的案件，采取列明裁判要点的说理方式，能够有效理清说理条理、理顺说理逻辑、明晰说理重点，使裁判文书说理始终紧紧围绕案件争议焦点问题，明确表达裁判要点所涉及的法律、司法解释内容和知识，增强裁判文书说理的条理性、针对性、逻辑性。具体操作上，常采取一个裁判要点归纳为一个自然段，有两个以上裁判要点的，按照裁判要点的重要性或者逻辑关系用数字顺序号分段标示。

（二）采取附表、附图、附录或者其他附件方式，以实现裁判文书说理繁简得当、条理清楚，重点突出，直白易懂

对于案件事实、裁判内容以及证据繁多的案件，可以灵活采取附表、附图、附录或者其他附件等形式多元的说理表达方式，以实现裁判文书说理主旨明确、条理清楚，繁简得当、重点突出，直白易懂，做到裁判文书说理详细充分、明确透彻，人民群众乐于接受。

（三）其他附件方式

此属于兜底项，包括审判实践中的其他做法，例如，将本裁判文书主文所引用的主要法律条文作为附件，全文载明所引用法律条文、司法解释的内容；对本裁判文书主文中所涉及的特定名词、法律术语、技术术语、行业术语以及其他特定文字内容的含义，通过附件的方式，全面准确客观地予以阐述、解释和说明。

六、裁判文书修辞方法的运用

《意见》第十五条规定："裁判文书释法说理应当避免使用……不恰当的修辞方法……"此处"不恰当的修辞方法"，既包括有悖于规范、准确、清楚、朴实、庄重、凝炼要求的夸张、反讽、拟人等修辞方法，也包括一切不为说服目的而使用的修辞方法。这意味着裁判文书可以使用恰当的修辞方法，增强释法说理的效果。裁判文书的目的是说服当事人（及为其服务的法律工作者）。为达到说服的目的，对

说理做一个恰当的表达，面对不同的受众，针对不同的案件，使用恰当的修辞方式是必要的。修辞是人们对各种加强言语表达效果的方法和手段的运用。恰当地使用修辞方式，不仅可以增强裁判文书的说理效果，也可以使裁判文书在一定程度上呈现出不同的风格特点，在保持基本共性的基础上，避免千篇一律。修辞的自由使用，意味着将裁判文书作为法官的作品予以尊重，也就是尊重法官的写作个性，甚至是尊重法官的思考自由。

需注意的是，裁判文书运用修辞方法必须谨慎而行。运用修辞不是为了裁判语言的美丽，而是增强说理的强度和厚度，提高裁判的说服力。修辞本身不是目的，修辞的运用必须为说服的目的服务，也就是为说理服务。如果不为说服的目的使用修辞，实际上是炫耀技巧。脱离主旨的、花哨无用的修辞，反而会让裁判文书的读者反感。

最高人民法院

印发《关于深入推进社会主义核心价值观融入裁判文书释法说理的指导意见》的通知

2021 年 1 月 19 日　　　　法〔2021〕21 号

各省、自治区、直辖市高级人民法院，解放军军事法院，新疆维吾尔自治区高级人民法院生产建设兵团分院：

现将《关于深入推进社会主义核心价值观融入裁判文书释法说理的指导意见》予以印发，请结合实际认真贯彻执行。执行中遇有问题，请及时层报最高人民法院。

最高人民法院

2021 年 1 月 19 日

为深入贯彻落实中共中央关于进一步把社会主义核心价值观融入法治建设的工作要求，正确贯彻实施民法典，充分发挥司法裁判在国家治理、社会治理中的规则引领和价值导向作用，进一步增强司法裁判的公信力和权威性，努力实现富强、民主、文明、和谐的价值目标，努力追求自由、平等、公正、法治的价值取向，努力践行爱国、敬业、诚信、友善的价值准则，结合审判工作实际，现提出如下意见。

一、深入推进社会主义核心价值观融入裁判文书释法说理，应当坚持以下基本原则：

（一）法治与德治相结合。以习近平新时代中国特色社会主义思想为指导，贯彻落实习近平法治思想，忠于宪法法律，将法律评价与道德评价有机结合，深入阐释法律法规所体现的国家价值目标、社会价值取向和公民价值准则，实现法治和德治相辅相成、相得益彰。

（二）以人民为中心。裁判文书释法说理应积极回应人民群众对公正司法的新要求和新期待，准确阐明事理，详细释明法理，积极讲明情理，力求讲究文理，不断提升人民群众对司法裁判的满意度，以司法公正引领社会公平正义。

（三）政治效果、法律效果和社会效果的有机统一。立足时代、国情、文化，综合考量法、理、情等因素，加强社会主义核心价值观的导向作用，不断提升司法裁判的法律认同、社会认同和情理认同。

二、各级人民法院应当深入推进社会主义核心价值观融入裁判文书释法说理，将社会主义核心价值观作为理解立法目的和法律原则的重要指引，作为检验自由裁量权是否合理行使的重要标准，确保准确认定事实，正确适用法律。对于裁判结果有价值引领导向、行为规范意义的案件，法官应当强化运用社会主义核心价值观释法说理，切实发挥司法裁判在国家治理、社会治理中的规范、评价、教育、引领等功能，以公正裁判树立行为规则，培育和弘扬社会主义核心价值观。

三、各级人民法院应当坚持以事实为根据，以法律为准绳。在释法说理时，应当针对争议焦点，根据庭审举证、质证、法庭辩论以及法律调查等情况，结合社会主义核心价值观，重点说明裁判事实认定和法律适用的过程和理由。

四、下列案件的裁判文书，应当强化运用社会主义核心价值观释法说理：

（一）涉及国家利益、重大公共利益，社会广泛关注的案件；

（二）涉及疫情防控、抢险救灾、英烈保护、见义勇为、正当防卫、紧急避险、助人为乐等，可能引发社会道德评价的案件；

（三）涉及老年人、妇女、儿童、残疾人等弱势群体以及特殊群体保护，诉讼各方存在较大争议且可能引发社会广泛关注的案件；

（四）涉及公序良俗、风俗习惯、权利平等、民族宗教等，诉讼各方存在较大争议且可能引发社会广泛关注的案件；

（五）涉及新情况、新问题，需要对法律规定、司法政策等进行深入阐释，引领社会风尚、树立价值导向的案件；

（六）其他应当强化运用社会主义核心价值观释法说理的案件。

五、有规范性法律文件作为裁判依据的，法官应当结合案情，先行释明规范性法律文件的相关规定，再结合法律原意，运用社会主义核心价值观进一步明晰法律内涵、阐明立法目的、论述裁判理由。

六、民商事案件无规范性法律文件作为裁判直接依据的，除了可以适用习惯以外，法官还应当以社会主义核心价值观为指引，以最相类似的法律规定作为裁判依据；如无最相类似的法律规定，法官应当根据立法精神、立法目的和法律原则等作出司法裁判，并在裁判文书中充分运用社会主义核心价值观阐述裁判依据和裁判理由。

七、案件涉及多种价值取向的，法官应当依据立法精神、法律原则、法律规定以及社会主义核心价值观进行判断、权衡和选择，确定适用于个案的价值取向，并在裁判文书中详细阐明依据及其理由。

八、刑事诉讼中的公诉人、当事人、辩护人、诉讼代理人和民事、行政诉讼中的当事人、诉讼代理人等在诉讼文书中或在庭审中援引社会主义核心价值观作为诉辩理由的，人民法院一般应当采用口头反馈、庭审释明等方式予以回应；属于本意见第四条规定的案件的，人民法院应当在裁判文书中明确予以回应。

九、深入推进社会主义核心价值观融入裁判文书释法说理应当正确运用解释方法：

（一）运用文义解释的方法，准确解读法律规定所蕴含的社会主义核心价值观的精神内涵，充分说明社会主义核心价值观在个案中的内在要求和具体语境。

（二）运用体系解释的方法，将法律规定与中国特色社会主义法律体系、社会主义核心价值体系联系起来，全面系统分析法律规定的内涵，正确理解和适用法律。

（三）运用目的解释的方法，以社会发展方向及立法目的为出发点，发挥目的解释的价值作用，使释法说理与立法目的、法律精神保持一致。

（四）运用历史解释的方法，结合现阶段社会发展水平，合理判断、有效平衡司法裁判的政治效果、法律效果和社会效果，推动社会稳定、可持续发展。

十、裁判文书释法说理应当使用简洁明快、通俗易懂的语言，讲求繁简得当，丰富修辞论证，提升语言表达和释法说理的接受度和认可度。

十一、人民法院应当探索建立强化运用社会主义核心价值观释法说理的案件识别机制，立案部门、审判部门以及院长、庭长等应当加强对案件诉讼主体、诉讼请求等要素的审查，及时识别强化运用社会主义核心价值观释法说理的重点案件，并与审判权力制约监督机制有机衔接。

十二、人民法院应当认真落实《最高人民法院关于统一法律适用加强类案检索的指导意见（试行）》《最高人民法院关于完善统一法律适用标准工作机制的意见》等相关要求，统一法律适用，确保同类案件运用社会主义核心价值观释法说理的一致性。

十三、对于本意见第四条规定的案件，根据审判管理相关规定，需要提交专业法官会议或审判委员会讨论的，法官应当重点说明运用社会主义核心价值观释法说理的意见。

十四、各级人民法院应当定期组织开展法官业务培训，将业务培训与贯彻实施民法典结合起来，坚持学习法律知识、业务技能与社会主义核心价值观并重，增强法官运用社会主义核心价值观释法说理的积极性和自觉性，不断提升法官释法说理的能力水平。

十五、人民法院通过中国裁判文书网、“法信”平台、12368诉讼服务热线、中国应用法学数字化服务系统、院长信箱等途径，认真收集、倾听社会公众对裁判文书的意见建议，探索运用大数据进行统筹分析，最大程度了解社会公众对裁判文书的反馈意见，并采取措施加以改进。

十六、人民法院应当充分发挥优秀裁判文书的示范引领作用，完善优秀裁判文书考评激励机制，积极组织开展“运用社会主义核心价值观释法说理优秀裁判文书”评选工作，评选结果应当作为法官业绩考评的重要参考。

十七、最高人民法院、各高级人民法院应当定期收集、整理和汇编运用社会主义核心价值观释法说理的典型案例，加强宣传教育工作，进一步带动人民群众将法治精神融入社会生活，培育和营造自觉践行社会主义核心价值观的法治环境。

十八、各高级人民法院可以根据本意见，结合工作实际，制定刑事、民事、行政、国家赔偿、执行等裁判文书释法说理的实施细则，报最高人民法院备案。

十九、本意见自2021年3月1日起施行。

《关于深入推进社会主义核心价值观融入裁判文书释法说理的指导意见》重点问题解读*

编者按 深入推进社会主义核心价值观融入裁判文书释法说理是人民法院一贯践行和弘扬社会主义核心价值观、以公正裁判树立行为规则、引领社会风尚的重要举措。以恰当的方式将社会主义核心价值观融入裁判文书释法说理，可以增强裁判的说服性，向社会提供善与恶、是与非、美与丑的评判标准。但社会主义核心价值观并非直接的裁判依据，将社会主义核心价值观融入裁判文书释法说理的过程，主要是通过解释和修辞辅助论证的过程。因此，如何以恰当的方法，将社会主义核心价值观融入裁判文书释法说理，并避免向一般条款逃逸、以社会主义核心价值观代替法律、流于说教等误区，亟待研究。

党的十八大以来，习近平总书记多次就培育和践行社会主义核心价值观作出重要论述，指出培育和弘扬社会主义核心价值观，是推进中国特色社会主义伟大事业、实现中华民族伟大复兴中国梦的战略任务。2013 年以来，中央先后印发《关于培育和践行社会主义核心价值观的意见》《关于进一步把社会主义核心价值观融入法治建设的指导意见》等文件，加强社会主义核心价值观建设，把社会主义核心价值观融入法治建设，坚持依法治国和以德治国相结合，巩固全体人民团结奋斗的思想道德基础。2015 年以来，最高人民法院先后印发《关于在人民法院工作中培育和践行社会主义核心价值观的若干意见》《关于在司法解释中全面贯彻社会主义核心价值观的意见》《关于在司法解释中全面贯彻社会主义核心价值观的工作规划（2018－2023）》等文件。2020 年以来，最高人民法院发布两批人民法院大力弘扬社会主义核心价值观十大典型民事案例。2021 年 1 月，最高人民法院印发《关于深入推进社会主义核心价值观融入裁判文书释法说理的指导意见》（法〔2021〕21 号，以下简称《意见》），全面规范了法官运用社会主义核心价值观释法说理的基本原则、基本要求、主要方法、重点案件等，充分发挥司法裁判在国家治理和社会治理中的教育、引导功能。2021 年 1 月 1 日实施的民法典第一条开宗明义指明，立法目的之一是弘

* 撰稿人：刘峥、邓宇、金晓丹，原载《人民司法》2022 年第 16 期。

扬社会主义核心价值观，强化规则意识，增强道德约束，倡导契约精神，弘扬公序良俗。近年来，周强院长在《最高人民法院工作报告》、全国高级法院院长会议讲话中多次强调，要践行和弘扬社会主义核心价值观，通过司法断案弘扬真善美，鞭笞丑恶假，引导社会成员增强公共意识、规则意识，以公正裁判树立行为规则，引领社会风尚，努力创造符合时代精神、满足人民企盼、引领规则导向的伟大判决。近期，为全面了解各级人民法院运用社会主义核心价值观释法说理的总体情况，发现存在的问题，有力指导各级人民法院深入推进此项工作，我们就此项工作进行了专题调研。据调研统计，2016年1月至2021年6月，全国各级人民法院一审审结运用社会主义核心价值观释法说理的案件共计85．75万件，年均增长率达24．3%，广布于民间借贷、买卖合同、人身损害赔偿等132类民事案件，公正、法治、自由、平等、和谐等社会主义核心价值观得到有效弘扬和普遍认知，社会主义核心价值观已成为法官裁判民事纠纷的重要指引。同时我们也发现，各级法院在将社会主义核心价值观融入裁判文书释法说理过程中仍存在一些困惑和问题，为便于各级人民法院正确理解、准确落实《意见》要求，应当注重把握好3个方面问题。

一、深刻理解推进社会主义核心价值观融入裁判文书释法说理的重要性和必要性

社会主义核心价值观是社会主义价值体系的内核，体现社会主义核心价值体系的根本性质和基本特征。近年来，中央要求把社会主义核心价值观贯彻到依法治国、依法执政、依法行政实践中，落实到立法、执法、司法、普法和依法治理各个方面。

深入推进社会主义核心价值观融入裁判文书释法说理，规范法官行使自由裁量权，是人民法院增强司法裁判公信力和透明度的重要举措。裁判文书是法院代表国家宣示法律决定并证明其合法、公正的法律文件，是审判过程的有效载体，是司法活动的最终成果。在现代社会，法院的裁判文书具有宣示、证成以及教育功能，[①]法官需要在裁判文书中证明自己的决定合法、正当。法官审理案件依法具有自由裁量权，但这一权力并不是专断、任意的，正如德国哲学家伽达默尔指出的："一个法治国家的观念包含着，法官的判决绝不是产生于某个任意的无预见的决定，而是产生于对整个情况的公正的权衡。"[②]《意见》指出，社会主义核心价值观是法官理

① 张骐："论裁判文书的对话性"，载《中国应用法学》2022年第1期。

② ［德］汉斯—格奥尔格·伽达默尔：《真理与方法》（上卷），洪汉鼎译，上海译文出版社2004年版，第427页。

解立法目的和法律原则的重要指引，特别是在民商事案件无规范性法律文件作为裁判直接依据的情形下，法官应在社会主义核心价值观的指引下，以最相类似的法律规定作为裁判依据。在无最相类似的法律规定的情况下，法官应依据立法精神、立法目的以及法律原则作出司法裁判，并在裁判文书中充分运用社会主义核心价值观释法说理。上述规范性要求不仅为法官行使裁量权提供了有力指引，也为法官行使自由裁量权提供了有效监督，法官不能肆意妄为，而必须依照相关顺次找到裁判依据，且其裁判结果必须与社会主义核心价值观相一致。

深入推进社会主义核心价值观融入裁判文书释法说理，有效回应群众诉求，是提升人民群众对法院审判工作接受度和满意度的关键环节。坚持服务大局、司法为民、公正司法，努力为人民群众提供高质量的司法保障和服务，是人民法院义不容辞的使命和担当。当前，人民群众对公平正义的期盼越来越高，对人民法院司法能力水平提出了更高要求。人民群众不仅要求裁判过程公开透明，裁判结果公正准确，而且要求释法说理逻辑清晰、通俗易懂，将法理、事理、情理有机结合。裁判文书释法说理是否恰当、充分、透彻，直接关涉到司法裁判的公信力和透明度，关涉到人民群众对司法裁判的接受度和满意度。法官在裁判文书中向当事人、律师以及社会公众说明在审案件的事实认定理由、法律适用依据和过程、案件事实与法律规定之间的合理关联，一方面可以帮助自己把判决建立在坚实的事实和法律基础之上，另一方面可以帮助当事人、律师等群体了解法官的裁判进路和考量依据，帮助他们更好地理解裁判结果，不折不扣地执行裁判文书。社会主义核心价值观是全体人民在价值观念上的“最大公约数”，深入推进社会主义核心价值观融入裁判文书释法说理，用简洁明快、通俗易懂的语言释明法理、讲明情理，用人民群众接受、认可的方式释法说理，可以进一步增进人民群众对司法裁判的法律认同和情感认同。

深入推进社会主义核心价值观融入裁判文书释法说理，将法律评价与道德评价有机结合，是人民法院践行依法治国和以德治国相结合的必然要求。法律是准绳，任何时候都必须遵循；道德是基石，任何时候都不可忽视。法律和道德共同规范社会行为、调整社会关系，法律的有效实施依赖道德的支持，道德的践行也离不开法律的约束。法治和德治不可分离、不可偏废，国家治理需要法律和道德协同发力。正如习近平总书记指出的：“以法治承载道德理念，道德才有可靠的制度支撑。法律法规要树立鲜明道德导向，弘扬美德义行，立法、执法、司法都要体现社会主义道德要求，都要把社会主义核心价值观贯穿其中，使社会主义法治成为良法善治。”人民法院在司法裁判中也应将社会主义核心价值观贯穿到审判执行的各个环节，在司法裁判中深入阐释法律法规所体现的国家价值目标、社会价值取向和公民价值准则，为人民群众在实施见义勇为、正当防卫以及维护公共利益和公共秩序时，在遇到“扶不扶”“劝不劝”“管不管”等法律和道德难题时，亮明立场，辨明方向，让司法有力量、有是非、有温度，让群众有温暖、有遵循、有保障。

深入推进社会主义核心价值观融入裁判文书释法说理，以公正司法引领社会公正，是人民法院推进国家治理体系和治理能力现代化的有效途径。公正是法治的生命线。司法公正对于社会公正具有重要引领作用，司法不公对社会公正具有致命破坏作用。党的十八大以来，中央先后印发《关于培育和践行社会主义核心价值观的意见》《关于进一步把社会主义核心价值观融入法治建设的指导意见》等，要求人民法院“用司法公正引领社会公正”。党的十九届五中全会以及《法治社会建设实施纲要（2020—2025年）》也提出，要以社会主义核心价值观引领文化建设，用法律的权威来增强人们培育和践行社会主义核心价值观的自觉性。《意见》要求人民法院对于裁判结果有价值引领导向、行为规范意义的案件，应当强化运用社会主义核心价值观释法说理，使符合社会主义核心价值观的行为得到倡导和鼓励，违背社会主义核心价值观的行为受到制约和惩处，促进人民在理想信念、价值理念、道德观念上紧紧团结在一起，确保人民法院的司法解释、司法政策、裁判规则发挥价值引领功能，促进用法治思维和法治方式深化改革、推动发展、化解矛盾、维护稳定。

二、运用社会主义核心价值观释法说理应遵循的基本原则

一是坚持依法裁判。司法裁判必须遵循司法活动的基本原则，同时必须遵循审判活动的特有原则。人民法院依照法律规定独立行使审判权，法律规定是司法裁判的依据。社会主义法律体系作为社会主义核心价值观的有效载体，集中体现了社会主义核心价值理念，是对社会自由、平等和公正的确认，也是对社会主体自由、平等、公正价值需求的维护和实现。在司法裁判中，严格依法办事、尊崇法治精神与弘扬社会主义核心价值观在本质上是一脉相承的。按照中央下发的相关文件精神，《意见》相关规定坚持符合司法规律，避免引发“以社会主义核心价值观替代或者优先法律进行司法裁判”的误读和疑虑，突出强调“法官在法律框架内运用社会主义核心价值观释法说理”这一基本定位，将社会主义核心价值观落脚于具体的法律规则和法律原则，进一步理顺社会主义核心价值观与法律规则的内在统一关系。如《意见》第1条明确规定“忠于宪法法律，深入阐释法律法规所体现的国家价值目标、社会价值取向和公民价值准则”。第5条规定突出依法依规，即要求法官在裁判文书中先行释明法律规定，再结合法律原意，运用社会主义核心价值观进一步释法说理，以强调司法裁判的稳定性、权威性和人民群众的可接受度。

二是坚持问题导向。在书面、实地调研的基础上，我们查阅了大量典型案例，深入听取一线法官和专家学者的意见建议，梳理出司法实践中较为突出和亟待解决的3个问题。第一，理解差异化。部分法官对社会主义核心价值观与法律规定的功能定位理解不统一，有的法官没有从根本上理解社会主义核心价值观的规则引领和价值导向功能。同时，在具体运用中缺乏统一规范，有的法官用社会主义核心价值观代替法律规定进行释法说理，有的法官将社会主义核心价值观直接作为裁判依据，有的法官则认为社会主义核心价值观不能作为释法说理的依据，等等。第二，运用随意化。在司法实践中，一些法官不了解在哪些案件中应强化社会主义核心价值观的引领、示范作用，制约了司法裁判在传播社会正能量、引领社会新秩序方面的作用发挥。在同类案件中，各地在运用社会主义核心价值观释法说理的方式、方法、内容、重点等方面差异较大，法官运用社会主义核心价值观释法说理的随意性、随机性较大，导致社会公众对裁判结果的预期降低，影响了社会公众对裁判结果的信任。第三，说理简单化。我们通过调研发现，各地在运用社会主义核心价值观释法说理中，由于说理简单化、模板化、碎片化，导致说理重点不突出、说理方式随意、说理效果不佳等问题。《意见》以解决上述问题为基本导向，对释法说理的基本原则、基本要求、主要方法、案件范围、适用情形等作出规范。

三是坚持统筹推进。第一，保持与前期印发文件的口径一致。最高人民法院印发的《关于加强和规范裁判文书释法说理的意见》为人民法院裁判文书释法说理提供了基本指引，《意见》作为该文件的细化和延伸，其基本要求与之保持一致和稳定，并进一步深化运用社会主义核心价值观释法说理的方式方法。第二，注意与相关改革措施的配套衔接。裁判文书说理改革涉及不同诉讼领域、众多文书种类、系列配套机制建设等方方面面的理论与实践问题，可以说是司法改革项目中一块“难啃的硬骨头”，加之运用社会主义核心价值观释法说理尚未形成较为成熟、可行的经验总结，为此，我们将此项改革与审判权力制约监督机制、类案统一机制、案例指导制度等改革统筹推进、系统集成，形成制度合力，促进协同发力。第三，强化对各级法院统筹落实的分类指导。从司法实践出发，《意见》授权各级人民法院结合实际制定刑事、民事、行政、国家赔偿、执行等裁判文书释法说理的实施细则，细化裁判指引，加强监督指导。

三、准确把握深入推进社会主义核心价值观融入裁判文书释法说理的几个重点问题

（一）关于基本定位

《意见》要解决如何运用社会主义核心价值观释法说理这一基本问题，就需要先厘清社会主义核心价值观与法律的逻辑关联。只有准确界定这一问题，才能正确运用社会主义核心价值观释法说理。

第一，社会主义核心价值观不具有规范效力和强制约束力，必须入法入规。社会主义核心价值观是国家的共同价值，是法治建设的道德基础，其本身属于意识形态范畴，并没有强制效力。党的十九届四中全会决定要求："坚持依法治国和以德治国相结合，完善弘扬社会主义核心价值观的法律政策体系，把社会主义核心价值观要求融入法治建设和社会治理。"通过在法律政策、司法裁判中不断融入社会主义核心价值观的内容和精神，推动形成具有中国特色的弘扬社会主义核心价值观的法律政策体系。2018年3月11日，第十三届全国人民代表大会第一次会议通过的宪法修正案，将"国家倡导社会主义核心价值观"写入宪法第二十四条，也是社会主义核心价值观融入法律政策的根本法源。

第二，社会主义核心价值观与法律共同规范社会行为，传导价值取向。法律是成文的道德，道德是内心的法律。法律作为一种原则性的规范，不可能把千变万化的社会生活全面涵盖，一些法律无法涉及的领域也不能仅仅依靠道德来接管，而是以法治承载道德理念、鲜明价值导向、弘扬美德义行，把社会主义道德要求体现到立法、执法、司法、守法之中，推动法律和道德在社会治理中相互支撑、相辅相成，发挥两者维护社会秩序和引领社会风尚各自不可替代的作用。

第三，社会主义核心价值观是立法宗旨，也是理解和适用法律的指引。民法典将"弘扬社会主义核心价值观"作为立法宗旨之一写入其中，《关于适用民法典时间效力的若干规定》第2条也规定："民法典施行前的法律事实引起的民事纠纷案件，当时的法律、司法解释有规定，适用当时的法律、司法解释的规定，但是适用民法典的规定更有利于保护民事主体合法权益，更有利于维护社会和经济秩序，更有利于弘扬社会主义核心价值观的除外。"可以说，民法典从基本原则到制度规范、具体规则，通篇体现着社会主义核心价值观的要求，社会主义核心价值观塑造了民法典的精神灵魂。

基于社会主义核心价值观的基本属性以及与法律的逻辑关联，《意见》将"法

官在法律框架内运用社会主义核心价值观释法说理”作为基本定位，要求人民法院在坚持依法治国和以德治国相结合的基本原则下，积极运用社会主义核心价值观指导审判活动，严格依照民法典条文精神内涵，定分止争、惩恶扬善，在裁判文书释法说理中厘清争点，亮明观点。

（二）关于基本要求

《意见》第2条以社会主义核心价值观在司法裁判中的功能定位为出发点，对人民法院如何运用社会主义核心价值观释法说理提出了总体要求，可分为3个层面。

一是以社会主义核心价值观为重要指引，正确理解立法目的和法律原则，充分发挥社会主义核心价值观的裁判指引功能。社会主义核心价值体系与社会主义法律体系高度融合、内在统一，法官在理解、解释法律以及适用法律时，必须以立法精神、社会主义核心价值观为指引，确定裁判依据，准确适用法律。

二是以社会主义核心价值观为重要标准，检验自由裁量权是否合理行使，充分发挥社会主义核心价值观的规范裁判功能。如《意见》第5条就明确规定，民商事案件无规范性法律文件作为裁判直接依据的，除了可以适用习惯以外，法官还应当以社会主义核心价值观为指引，以最相类似的法律规定作为裁判依据，以监督制约法官合理行使自由裁量权。

三是以社会主义核心价值观为重要考量，平衡司法裁判的政治效果、法律效果和社会效果，充分发挥社会主义核心价值观的价值引导功能。《意见》要求，对于裁判结果有价值引领导向、行为规范意义的案件，法官应当强化运用社会主义核心价值观释法说理，切实发挥司法裁判在国家治理、社会治理中的规范、评价、教育、引领等功能，以公正裁判树立行为规则，引领社会风尚。

（三）关于事实认定

社会主义核心价值观是否可以用于案件事实认定中呢？从司法实践看，有时我们确需运用社会主义核心价值观进行事实认定，如对于是否构成正当防卫、紧急避险等行为的认定。但是，在绝大多数情况下，对于案件事实的认定更多是以证据标准、事实要件等客观因素作为判断标准。因此，《意见》并未排除运用社会主义核心价值观进行事实认定的情形，但是将规范的重点放在法官运用社会主义核心价值观确定裁判依据、准确适用法律上。如《意见》第2条规定“社会主义核心价值观应作为理解立法目的和法律原则的重要指引，检验自由裁量权是否合理行使的重要标准，确保准确认定事实”；第3条、第5条至第7条则进一步规范法官如何运用社会主义核心价值观确定裁判依据、准确法律适用、说明裁判理由。

（四）关于重点案件

针对司法实践中一些法官不知道哪些案件应当强化运用社会主义核心价值观释法说理的问题，结合中央相关文件精神和部分典型案例，综合考量社会关注度、争议度、案件主体以及是否存在道德评价、具有行为规范和价值引领导向等因素，《意见》第4条确定了6类应强化释法说理的重点案件。在确定重点案件时，我们主要考虑到这6类案件的社会关注度高、影响较大，对于社会风气和社会秩序的型构具有较为明显的引导作用，且在法律解释中可以上升到价值观念、道德规范层面，更加有利于在司法个案中实现法律效果与社会效果的有机统一。具体包括涉及国家利益、重大公共利益，社会广泛关注的案件；涉及疫情防控、抢险救灾、英烈保护、见义勇为等，可能引发社会道德评价的案件；涉及新情况、新问题，需要法官对法律规定、司法政策等进行深入阐释，引导社会风气、价值导向的案件等。针对上述6类案件，由于具体案情的复杂性和差异性，《意见》倡导性地要求法官强化运用社会主义核心价值观释法说理，给法官在多元价值评判、复杂利益平衡裁量以及核心价值观培育、引领、践行等方面提供释法说理指引，预留了以小案例讲述大道理的空间。

（五）关于运用情形

在司法裁判中，明确案件范围以后，就涉及在哪些情形中需要运用社会主义核心价值观释法说理，有必要作出细分。《意见》第5至7条以法律规定与社会主义核心价值观的逻辑关联为切入点，分3种情形释法说理，为法官提供相对明确的实践指引，解决法官“不会用”的问题。

一是有规范性法律文件作为裁判依据的案件。在此类案件裁判中，法官应结合案情，首先挖掘法律规定本身所蕴含的社会主义核心价值观的内在要求，找到法律规定与社会主义核心价值观的关联点。在释法说理时，法官应先行释明规范性法律文件的相关规定，再结合法律原意，运用社会主义核心价值观进一步明晰法律内涵、阐明立法目的、论述裁判理由，使得法律规定和社会主义核心价值观相得益彰，形成合力。

二是无规范性法律文件作为裁判直接依据的案件。《意见》第6条在严格遵循“法官在法律框架内运用社会主义核心价值观释法说理”这一基本定位的基础上，以“法律—习惯—法律原则”为适用顺序，提出法官可以采用类推适用的方法确定裁判依据，并分两个层面予以规定。第一个层面，在民商事案件无规范性法律文件作为裁判直接依据的情况下，根据民法典第十条“法律没有规定的，可以适用习惯，但是不得违背公序良俗”的规定，《意见》提出，法官除了可以适用习惯以外，还应当以社会主义核心价值观为指引，以最相类似的法律规定作为裁判依据；第二个层面，在无最相类似的法律规定作为裁判依据的情况下，法官应当根据立法精神、立法目的和法律原则等作出司法裁判，社会主义核心价值观可以作为阐述裁判依据和裁判理由的重要因素。这一规定，再次凸显了司法裁判法定性的基本要求，社会主义核心价值观也成为帮助法官发现裁判依据、证成裁判理由的利器。

需要特别说明的是，该条类推适用的规定将案件范围仅限定为民商事案件，主要考量以下4方面的因素：第一，与已印发的规范性文件保持统一。2018年最高人民法院印发的《关于加强和规范裁判文书释法说理的意见》第7条将类推适用的案件范围限定在民事案件；第二，民商事案件的审判特点。社会主义核心价值观与中华民族优秀传统文化同符合契，与民法的平等、诚信、公序良俗等原则息息相通。民法典将“弘扬社会主义核心价值观”作为立法目的之一。相较其他类型的审判工作，民事审判更加重视个案中的社会伦理评价，是培育和践行社会主义核心价值观的重要阵地；第三，刑事案件罪刑法定的审判原则。刑法第三条规定：“法律明文规定为犯罪行为的，依照法律定罪处刑；法律没有明文规定为犯罪行为的，不得定罪处刑。”在刑事审判领域，类推适用等于将刑法规范适用于无明文规定的情形，不仅会对公民的权利造成侵害，也会使社会公众无法根据刑法规范预判行为性质。因此，刑事审判禁止类推适用；第四，行政案件原则上排除类推适用的原则。在行政法领域，依法行政强调行政权力行使方式的法定性，即确定行政行为是否合法要严格依据法律规定。虽然，近年来，行政审判领域中也出现了类推适用民事法律规范的现象，但是其适用程序和条件均有严格的限制。考虑到行政案件类推适用对法官行使自由裁量权要求较高，为避免出现滥用自由裁量权、侵犯公民合法权益的情况，《意见》并未将行政案件纳入类推适用的范围。

三是涉及多种价值取向的案件。随着改革开放和发展社会主义市场经济条件下思想意识不断多元多样多变，人民法院的审判工作在多元价值评判、复杂利益平衡以及核心价值观培育和引领方面仍面临很多挑战。一些案件并没有明确、直接的法律规定作为裁判依据，法官经常要在同一案件中对不同价值取向进行权衡和取舍。如在“泸州二奶案”中，涉及意思自治、公序良俗等价值判断，在“狼牙山五壮士案”中，涉及言论自由、英烈保护等价值判断，等等。法官如何判断适用于案情的价值位阶？如何划分优先级？《意见》提出，法官应当依据立法精神、法律原则、法律规定以及社会主义核心价值观进行判断、权衡和选择，确定适用于个案的价值取向，并在裁判文书中详细阐明依据及其理由。

（六）关于回应诉求

随着公民道德意识和文化水平的不断进步，在司法实践中，诉讼主体援引社会主义核心价值观作为诉辩理由的情形时有发生，部分法官或默不回应，或不知所措。为让人民群众获得良好的司法体验，满足人民群众多元司法需求，有效指引法官积极应对，《意见》第8条规定，诉讼主体在诉讼文书中或者在庭审中援引社会主义核心价值观作为诉辩理由的，人民法院一般应当采用口头反馈、庭审释明等方式予以回应；属于本意见第4条规定的重点案件的，人民法院应当在裁判文书中明确予以回应。

（七）关于说理方法

为了指引、规范法官运用社会主义核心价值观解释法律，提高广大法官运用核心价值观释法说理的能力水平，解决“精准用”的问题，《意见》第3条规定了释法说理的基本方法，即坚持以事实为根据，以法律为准绳。在释法说理时，应当针对争议焦点，根据庭审举证、质证、法庭辩论以及法律调查等情况，结合社会主义核心价值观，重点说明裁判事实认定和法律适用的过程和理由。此规定既是对2018年最高人民法院印发的《关于加强和规范裁判文书释法说理的意见》的延续，也是对法官运用社会主义核心价值观释法说理的总体指引。《意见》第9条总结归纳了司法实践和法学界普遍采用和认同的4种解释方法。

一是文义解释方法。法律是高度概括和抽象的，法律语言也不同于日常语言。文义解释要求解释者根据法律条文的含义进行分析，说明其内容，是一种最古老也最为基础的解释方法。《意见》要求法官充分运用文义解释的方法，准确解读法律规定所蕴含的社会主义核心价值观的精神内涵，充分说明社会主义核心价值观在个案中的内在要求和具体语境，以避免部分裁判文书脱离具体案情，简单使用“符合或不符合社会主义核心价值观”“与社会主义核心价值观相悖”等表述。

二是体系解释方法。体系解释是指将被解释的法律规范放在整部法律中，乃至整个法律体系中，联系此规范与其他规范的相互关系来解释法律。《意见》在此基础上，以社会主义法律体系和核心价值体系的高度统一关系为出发点，进一步要求法官将法律规定与社会主义核心价值体系联系起来，找到两者的关联点，全面系统分析法律规定的内涵，并在司法裁判中以释法说理推动社会主义核心价值体系建设。

三是目的解释方法。目的解释方法要求解释者按照立法精神，根据具体案件，从逻辑上进行解释。《意见》提出，法官应以社会发展方向以及立法目的为出发点，使释法说理与立法目的、法律精神保持一致。

四是历史解释方法。历史解释是指对法律规范产生、修改或废止的经济、政治、文化、社会历史条件的研究作出说明，同时将新的法律规范同以往同类法律进行对照、比较，以阐明法律的意义。从这一角度说，司法裁判不仅是法治进程的见证者，更是法治进程的推动者。《意见》从历史解释的基本要求出发，要求法官结合现阶段社会发展水平，合理判断、有效平衡司法裁判的政治效果、法律效果和社会效果，引领社会未来发展方向。

需要说明的是，以上 4 种解释方法作为司法实践中采用频率较高的解释方法，以不同的考量因素和视角为出发点，具有不同的解释要求和解释功能，在很多情况下都是合并使用的。根据理论界和实务界的基本共识，法官在运用上述解释方法的时候，一般遵循文义解释—体系解释—目的解释—历史解释的位阶顺序，但也可以根据个案情况进行调整。

（八）关于配套机制

为推动《意见》有效落地，与其他改革措施协同配合，《意见》制定了以下配套机制：

一是案件识别机制。《意见》第 11 条要求探索建立强化运用社会主义核心价值观释法说理的案件识别机制，立案部门、审判部门以及院长、庭长等应当加强对案件诉讼主体、诉讼请求等要素的审查，及时识别强化运用社会主义核心价值观释法说理的重点案件，并与审判权力制约监督机制有机衔接，以便在案件审理过程中，及时提示、引导法官积极运用社会主义核心价值观释法说理。

二是类案统一机制。《意见》第 12 条要求法官积极通过类案检索等制度，统一法律适用，确保同类案件运用社会主义核心价值观释法说理的一致性，进一步增强司法裁判的确定性和公信力。

三是审判监督管理机制。为与其他审判监督管理机制有效配合、协同发力，《意见》第 13 条规定，对于本意见第 4 条规定的案件，根据审判管理相关规定，需要提交专业法官会议或审判委员会讨论的，法官应当重点说明运用社会主义核心价值观释法说理的意见。

四是业务培训机制。《意见》第 14 条要求各级人民法院定期组织开展法官业务培训，坚持学习法律知识、业务技能与社会主义核心价值观并重，增强法官运用社会主义核心价值观释法说理的积极性和自觉性，不断提升法官释法说理的能力水平。最高人民法院近期发布的民法典、刑事诉讼法等系列司法解释，不少内容已经充分体现了核心价值观的要求。在培训过程中，要结合民法典贯彻实施工作，积极指引广大法官敢用、会用社会主义核心价值观释法说理，注重在司法裁判中体现鲜明价值导向。

五是文书反馈及改进机制。为切实了解人民群众对裁判文书释法说理的意见建议，有效提升法官释法说理的能力水平，将这项工作做实、做深，《意见》第15条提出建立裁判文书的反馈以及改进机制，依托人民法院通过中国裁判文书网、法信平台、12368诉讼服务热线、中国应用法学数字化服务系统、院长信箱等途径，认真收集、倾听社会公众对裁判文书的意见建议，探索运用大数据进行统筹分析，最大程度了解社会公众对裁判文书的反馈意见，并采取措施加以改进。

六是完善考评激励机制。《意见》第16条提出，充分发挥优秀裁判文书的示范引领作用，完善优秀裁判文书考评激励机制，积极组织开展“运用社会主义核心价值观释法说理优秀裁判文书”评选工作，评选结果应当作为法官业绩考评的重要参考。最高人民法院也将充分依托理论研究和课题调研的优秀成果，定期发布弘扬社会主义核心价值观的典型案例以及优秀说理裁判文书等，加强对下指导，提供裁判指引。

（九）关于理解误区

我们发现，部分法院在贯彻落实《意见》过程中在政策理解方面，特别是在社会主义核心价值观与法律规范的关系定位方面，出现了一些理解偏差，直接影响运用社会主义核心价值观释法说理的成效。我们总结了以下3种可能出现的理解误区，以帮助各级人民法院及时发现、纠正偏差，精准、有效落实此项工作。

误区一：社会主义核心价值观可以替代法律作为裁判依据

部分法官认为，以前我们只用法律说理，现在《意见》要求人民法院积极运用社会主义核心价值观释法说理，那就是将社会主义核心价值观等同于法律规范。这种理解是非常片面，也是十分危险的。我们说，运用社会主义核心价值观释法说理，亦即法官可以运用社会主义核心价值观解释法律依据、说明审判理由、证成裁判结果。社会主义核心价值观作为一种说理依据，可以帮助法官更好地理解法律规范、说明裁判理由，帮助公众更易理解裁判结果，但是却并不能与法律规范等同。法律规范是经国家立法机关制定或认可的，由国家强制力保证实施的行为规范，但是社会主义核心价值观并不具有强制约束力和执行力，社会主义核心价值观只有在入法入规后，才对社会公众具有强制约束力。那么社会主义核心价值观可以作为裁判依据吗?《意见》第5至7条给予了明确回答。简言之，即是案件有法律规范应以法律规范为裁判依据，无法律规范作为直接裁判依据，应以习惯、最相类似的法律规定、立法精神、立法目的和法律原则作为裁判依据，社会主义核心价值观可以作为理解、寻找法律规范的指引，可以作为裁判说理依据，但并不能作为裁判依据。

误区二：运用社会主义核心价值观释法说理等于司法道德泛化

部分法官认为，司法裁判必须并且只能依据法律规范，即遵循严格的“法律规范主义”，拒绝在法律之外寻求裁判的理由。他们认为，将社会主义核心价值观这类道德层面的要求运用到司法裁判中即是司法的道德泛化，是以道德审判代替法律，是道德对法律的挟持。那么，在司法实践中，面对复杂变幻的案件事实，法官真的能只作为“自动售货机”的角色，任何案件投置于其中便可以从另一端输出判决结果吗？法官仅依据法律而不问世事作出的裁判真的是公正，并符合民意的吗？运用社会主义核心价值观释法说理真的是道德绑架法律吗？这些问题的背后隐含着对法律与道德关系的深刻判断，牵涉着“相对于道德价值而言法律是如何被理解的”这样一个难题。持上述认识的法官很明显陷入了法律的概念“天堂”，“法律心智从整体上看一直在耗尽心力地思考法律本身，但却满足于对法律与之相关且与之区分的那个东西（道德）不闻不问”。[①] 他们希望从现成的规则那里寻找安全感，相信只要遵照规则的指示行事就可以最大限度地降低行为风险，但是这与中国当下的社会现实却格格不入，无法解决社会中出现的严重的道德失范的问题。在佛山小悦悦事件、南京彭宇案、天津许云鹤案中，社会公众表现出了对当下社会道德境况的深深忧虑。[②] 司法裁判不应、也不能仅仅依据法律规范作出裁判，特别是在法律与伦理、法律与道德相互交织的疑难案件中，裁判的考量必须综合分析政治效果、法律效果和社会效果，达到三者的有机统一，达到法、理、情的有机融合。这也正是我们在推进依法治国方略下，强调法治、德治相结合的原因所在。法律的实施需要道德的有力支持，道德水平的提高会增强人们的守法意识，使人们更加自觉地严格遵守法律规定。

误区三：运用社会主义核心价值观释法说理是博眼球的政策导向

部分法官认为，面对繁重的审判工作压力，要求法官运用社会主义核心价值观释法说理是审判工作的负担，是博眼球、画蛇添足的做法。这样的思想在一线法官

---

① ［美］朗·富勒：《法律的道德性》，郑戈译，商务印书馆2005年版，第5页。

② 孙海波：《疑难案件与司法推理》，北京大学出版社2020年版，第83页。

中似不少见。这也是我们在此文第一部分，花大量笔墨阐述运用社会主义核心价值观释法说理重大意义的原因所在。如果法官仅仅将眼光局限在“案结”，而不是“事了”，把办案理解为“机械化的流水线”，而不是“社会治理的贡献者”，把裁判结果视为“个体影响”，而不是“群体效应”，把裁判过程视为“法律套用”，而不是“规则引领”，那运用社会主义核心价值观释法说理确似可有可无。但是，我们必须正视国家治理和社会治理中司法裁判的多重功能，即价值引导功能、社会秩序型构功能、教育功能等。司法裁判通过对事实认定和法律关系等的判定，向社会提供善与恶、是与非、美与丑的评判标准，通过一个个鲜活的司法裁判，弘扬真善美、鞭笞假丑恶，影响、引导、塑造人的价值观、人生观、道德观和荣辱观。

深入推进社会主义核心价值观融入裁判文书释法说理是人民法院一贯践行和弘扬社会主义核心价值观，以公正裁判树立行为规则，引领社会风尚的重要举措。各级人民法院要坚持依法治国和以德治国相结合，正确理解和深刻认识社会主义核心价值观与法律规定之间的内在统一关系，切实发挥司法裁判在国家治理、社会治理中的规范、评价、教育、引领等功能。

最高人民法院　最高人民检察院　公安部　司法部
关于对判处管制、宣告缓刑的犯罪分子适用禁止令有关问题的规定（试行）（节录）

2011年4月28日　　法发〔2011〕9号

第八条　人民法院对判处管制、宣告缓刑的被告人宣告禁止令的，应当在裁判文书主文部分单独作为一项予以宣告。

最高人民法院　最高人民检察院　公安部
国家安全部　司法部
关于规范量刑程序若干问题的意见（节录）

2020年11月5日　　法发〔2020〕38号

第二十五条　人民法院应当在刑事裁判文书中说明量刑理由。量刑说理主要包括：

（一）已经查明的量刑事实及其对量刑的影响；

（二）是否采纳公诉人、自诉人、被告人及其辩护人、被害人及其诉讼代理人发表的量刑建议、意见及理由；

（三）人民法院判处刑罚的理由和法律依据。

对于适用速裁程序审理的案件，可以简化量刑说理。

最高人民法院
关于印发《关于人民法院案件案号的若干规定》及配套标准的通知

2015 年 5 月 13 日　　法〔2015〕137 号

本院各业务单位；各省、自治区、直辖市高级人民法院，解放军军事法院，新疆维吾尔自治区高级人民法院生产建设兵团分院：

最高人民法院审判委员会第 1645 次会议审议通过《关于人民法院案件案号的若干规定》（以下简称《规定》）及配套标准，现予以印发。

执行中发现情况和问题请及时报告最高人民法院。

联系人：最高人民法院研究室统计工作办公室

联系方式：010－6755××××（电话），6755××××（传真）

关于人民法院案件案号的若干规定

为统一规范人民法院案件案号的编制、使用与管理，根据有关法律、行政法规、司法解释及最高人民法院规范性文件规定，结合工作实际，制定本规定。

一、一般规定

第一条　本规定所称的案号是指用于区分各级法院办理案件的类型和次序的简要标识，由中文汉字、阿拉伯数字及括号组成。

第二条　案号的基本要素为收案年度、法院代字、类型代字、案件编号。

收案年度是收案的公历自然年，用阿拉伯数字表示。

法院代字是案件承办法院的简化标识，用中文汉字、阿拉伯数字表示。

类型代字是案件类型的简称，用中文汉字表示。

案件编号是收案的次序号，用阿拉伯数字表示。

第三条 案号各基本要素的编排规格为："（" +收案年度+ "）" +法院代字+类型代字+案件编号+ "号"。

每个案件编定的案号均应具有唯一性。

二、法院代字

第四条 最高人民法院的法院代字为"最高法"。

各省、自治区、直辖市高级人民法院的法院代字与其所在省、自治区、直辖市行政区划简称一致，但第三款规定情形除外。

内蒙古自治区高级人民法院、中国人民解放军军事法院、新疆维吾尔自治区高级人民法院生产建设兵团分院的法院代字分别为"内""军""兵"。

第五条 中级、基层法院的法院代字，分别由所属高院的法院代字与其数字代码组合而成。

中级、基层法院的数字代码，分别由两位、四位阿拉伯数字表示，并按下列规则确定：

（一）各省、自治区按地级市、地区、自治州、盟等地级行政区划设置的中级法院和按县、自治县、县级市、旗、自治旗、市辖区、林区、特区等县级行政区划设置的基层法院，数字代码分别与其相应行政区划代码（即三层六位层次码）的中间两位、后四位数字一致；

（二）直辖市、中国人民解放军军事法院、新疆维吾尔自治区高级人民法院生产建设兵团分院所辖的中级法院，数字代码均按01－20确定；

（三）省、自治区、直辖市高级人民法院所辖的铁路、海事、知识产权、油田、林业、农垦专门中级法院，各省、自治区高级人民法院所辖的跨行政区划中级法院以及为省（自治区）直辖县级行政区划人民法院对应设立的中级法院，数字代码分别按71、72、73、74、75－80、81－85，87－95以及96－99确定；

（四）中国人民解放军军事法院和新疆维吾尔自治区高级人民法院生产建设兵团分院所辖的基层法院，以及在同一高院辖区内铁路、油田、林业、农垦专门中级法院所辖的铁路、油田、林业、农垦基层法院，数字代码的前两位与其中院数字代码一致，后两位均按01－40确定；

（五）地级市未设县级行政区划单位时，该市中级法院所辖基层法院的数字代码，前两位与该中院数字代码一致，后两位按71－80确定；

（六）在同一高院辖区内无铁路专门中院的铁路基层法院，其数字代码前两位为86，后两位按01－20确定；

（七）非林业、农垦专门中院所辖的林业、农垦基层法院及为非行政区划建制的开发区、新区、园区、库区、矿区等特别设立的基层法院，数字代码的前两位与其所属中院数字代码一致，后两位在91－99范围内确定。

前款第（二）项至第（七）项所列中级、基层法院，分别同属一个高院、中院的，综合设立先后、建制等因素编制数字代码顺序。

第六条　确定中级、基层法院的所属各省、自治区、直辖市高院，以人、财、物统一管理为标准。

本规定第五条第二款第（七）项所列基层法院的所属中院是指在同一高院辖区内主要承担该基层法院案件二审职权的中级法院。

三、类型代字

第七条　确定案件的类型代字，应结合案件所涉事项的法律关系性质与适用程序的特点。

类型代字应简练、贴切反映该类型案件的核心特征，用3个以内中文汉字表示。

每一类型案件的类型代字均应具有唯一性。

第八条　案件合并审理或并用多个程序办理时，以必须先决的事项及所适用程序作为确定类型代字的依据。

四、案件编号

第九条　不同法院承办或同一法院承办不同类型代字的案件，其编号均应单独编制。

第十条　同一类型代字的案件编号，按照案件在同一收案年度内的收案顺序，以顺位自然数编排，但第二款规定情形除外。

刑事复核案件的编号以8位自然数为固定长度，由承办法院随机确定，且不得依序编制。

五、案号管理

第十一条　案号的基本要素、规格及编制规则，由最高人民法院统一制定。

第十二条　各省、自治区、直辖市高级人民法院、中国人民解放军军事法院、新疆维吾尔自治区高级人民法院生产建设兵团分院及其所辖中级、基层法院的法院代字，由最高人民法院定期统一发布。

第十三条 行政区划发生变更但对应的中级、基层法院未作相应调整前，法院代字按原行政区划代码编制。

中级、基层法院因其原适用的第五条第二款所列规则情形发生变化的，法院代字按变化后情形应适用的编码规则编制。

第十四条 案件类型的具体划分及其代字，由最高人民法院另行制定标准。

第十五条 法律、行政法规的制定、修改、废止致使案件类型发生变化的，最高人民法院应及时调整案件类型及其代字标准。

最高人民法院制定、修改、废止司法解释或规范性文件将导致案件类型发生变化的，应同步调整案件类型及其代字标准。

第十六条 具体案件的案号编制，由各级法院的立案或承担相应职责的部门负责。

六、附则

第十七条 本规定自2016年1月1日起施行。

最高人民法院以前涉及案号的其他规定与本规定不一致的，以本规定为准。

本规定施行前已经编制案号但尚未办结的案件，其案号不因本规定的施行而变更。

附件1：人民法院案件类型及其代字标准（略）

附件2：《各级法院代字表》（略）

附件3：《人民法院案件收、立案信息登记表》（略）

最高人民法院
印发《关于修改〈关于人民法院案件案号的若干规定〉的决定》的通知

2018 年 12 月 7 日　　法〔2018〕335 号

各省、自治区、直辖市高级人民法院，解放军军事法院，新疆维吾尔自治区高级人民法院生产建设兵团分院；本院各单位：

根据审判工作需要，最高人民法院决定对《关于人民法院案件案号的若干规定》部分条款进行调整，并确定部分案件的专门审判代字，现予以印发，自 2019 年 1 月 1 日起施行。

执行中发现情况和问题请及时报告最高人民法院。

最高人民法院
关于修改《关于人民法院案件案号的若干规定》的决定

根据审判工作需要，对《关于人民法院案件案号的若干规定》作如下修改：

一、将第二条修改为："案号的基本要素为收案年度、法院代字、专门审判代字、类型代字、案件编号。

收案年度是收案的公历自然年，用阿拉伯数字表示。

法院代字是案件承办法院的简化标识，用中文汉字、阿拉伯数字表示。

专门审判代字是最高人民法院确定的专门审判类别简称，用 1 个中文汉字表示。

类型代字是案件类型的简称，用中文汉字表示。

案件编号是收案的次序号，用阿拉伯数字表示。"

二、将第三条第一款修改为："案号各基本要素的编排规格为：'（' + 收案年度 + '）' + 法院代字 + 专门审判代字 + 类型代字 + 案件编号 + '号'。"

三、将第五条第二款第三项修改为："（三）省、自治区、直辖市高级人民法院所辖的铁路、海事、知识产权、油田、林业、农垦专门中级法院，各省、自治区高级人民法院所辖的跨行政区划中级法院以及为省（自治区）内部分县级行政区划人民法院对应设立的中级法院，数字代码分别按71，72，73，74，75－80，81－85，87－95以及96－99确定；”

四、将第十条第一款修改为：“相同专门审判和类型代字的案件编号，按照案件在同一收案年度内的收案顺序，以顺位自然数编排，但第二款规定情形除外。”

专利等知识产权案件的专门审判代字

人民法院审理《全国人民代表大会常务委员会关于专利等知识产权案件诉讼程序若干问题的决定》所确定的案件，其专门审判代字为“知”。

最高人民法院
关于在同一案件多个裁判文书上规范使用案号有关事项的通知

2016 年 2 月 1 日　　法〔2016〕27 号

各省、自治区、直辖市高级人民法院，解放军军事法院，新疆维吾尔自治区高级人民法院生产建设兵团分院：

为规范案号在同一案件多个裁判文书上的使用，便于区分、识别，以满足审判执行工作实际需要，现就有关事项通知如下：

一、同一案件的案号具有唯一性，各级法院应规范案号在案件裁判文书上的使用。对同一案件出现的多个同类裁判文书，首份裁判文书直接使用案号，第二份开始可在案号后缀“之一”“之二”……，以示区别。

二、在同一案件的多个不同类型裁判文书之间，无需通过上述案号后缀方法进行区分。

三、同一案件不同类型的裁判文书均出现两个以上时，每一类型裁判文书从其第二份开始均可采用上述案号后缀方法加以区分。

四、上述所称裁判文书的类型包括判决书、裁定书、调解书、决定书以及通知书等。

附件：《同一案件多个裁判文书案号后缀示例》

附件

同一案件多个裁判文书案号后缀示例

一、对同一案件出现的多个同类裁判文书，首份裁判文书直接使用案号，第二份开始可在案号后缀“之一”“之二”……，以示区别

1. 某法院执行案件第一份裁定：

××××××中级人民法院

执行裁定书

（201×）×01执8号

2. 某法院执行案件第二份裁定：

××××××中级人民法院

执行裁定书

（201×）×01执8号之一

3. 某法院执行案件第三份裁定：

××××××中级人民法院

执行裁定书

（201×）×01执8号之二

二、在同一案件的多个不同类型裁判文书之间，无需通过上述案号后缀方法进行区分

1. 某法院一审案件管辖权异议裁定：

××××××中级人民法院

民事裁定书

（201×）×01民初9号

2. 某法院一审案件判决：

××××××中级人民法院

民事判决书

（201×）×01民初9号

三、同一案件不同类型的裁判文书均出现两个以上时，每一类型裁判文书从其第二份开始均可采用上述案号后缀方法加以区分

1. 某法院一审案件管辖权异议裁定：

××××××中级人民法院

民事裁定书

（201×）×01民初10号

2. 某法院一审案件先予执行裁定：

××××××中级人民法院

民事裁定书

（201×）×01民初10号之一

3. 某法院一审案件中间判决：

××××××中级人民法院

民事判决书

（201×）×01 民初 10 号

4. 某法院一审案件最终判决：

××××××中级人民法院

民事判决书

（201×）×01 民初 10 号之一